JN284843

上博楚簡研究

湯浅邦弘編

汲古書院

まえがき

一九九四年に上海博物館が入手した戦国時代の楚竹簡「上博《しゃんはく》楚簡《そかん》」は、世界の中国思想史研究者が今最も注目している新資料の一つである。公開が始まったのは、二〇〇一年。『上海博物館蔵戦国楚竹書』として、ほぼ毎年一冊のペースで刊行され、これまで、第五分冊までが公開されている。

この新資料を解読し、その思想史的意義を解明するために、我々は戦国楚簡研究会を発足させ、これまで、その研究成果を次のように発表してきた。

・『新出土資料と中国思想史』（『中国研究集刊』別冊、二〇〇三年六月）
・『戦国楚系文字資料の研究』（科研報告書、代表者竹田健二、二〇〇四年三月）
・『諸子百家〈再発見〉——掘り起こされる古代中国思想——』（浅野裕一・湯浅邦弘編、岩波書店、二〇〇四年八月）
・『戦国楚簡と中国思想史研究』（『中国研究集刊』第三六号、二〇〇四年十二月）
・『戦国楚簡研究』（浅野裕一、台湾・万巻楼、二〇〇四年十二月）
・『竹簡が語る古代中国思想——上博楚簡研究——』（浅野裕一編、汲古書院・汲古選書、二〇〇五年四月）
・『古代思想史と郭店楚簡』（浅野裕一編、汲古書院、二〇〇五年十一月）
・『中国出土古文献与戦国文字之研究』（福田哲之、台湾・万巻楼、二〇〇五年十一月）
・『戦国楚簡与秦簡之思想史研究』（湯浅邦弘、台湾・万巻楼、二〇〇六年六月）

右の内、特に、本書の前著となる汲古選書『竹簡が語る古代中国思想——上博楚簡研究——』は、上博楚簡を対象とした本邦初の共同研究の成果であった。同書によって上博楚簡の概要を初めて知ったという読者も多いと聞く。ただ同書は、その当時の最新刊である『上海博物館蔵戦国楚竹書』第三分冊までを対象とするものであった。それから約二年余りが経過し、『上海博物館蔵戦国楚竹書』は、さらに第四分冊と第五分冊を加えた。

そこで、我々は、前著刊行の後、直ちにこの新資料の研究に着手した。定例となった研究会合を重ね、釈読作業を進めた。第四分冊・第五分冊に収録された文献は計十五篇。読解が進むにつれて、中国思想史研究に新たな知見を加えることができた。

ちょうどその頃、中国の武漢大学から一通のEメールが届けられた。国際学会「新出楚簡国際学術研討会」への出席を要請されたのである。メンバーの内、浅野裕一、湯浅邦弘、福田哲之、竹田健二の四名がこの招請に応え、二〇〇六年六月、武漢大学において、それぞれ最新の研究成果を発表した。

中国では、上博楚簡の研究が、インターネット上に次々と公開されている。しかし、その多くは、一部の語句や文字の釈読をめぐる、いわば札記の類である。大局的な見地から文献の全体構造や思想史的意義について解明しようとする論考はほとんど見られない。そうした中で、我々の研究発表は斬新に映ったのであろうか。その後、武漢大学の「簡帛」ホームページ（HP）や上海社会科学院の「社会科学報」HPに我々の名前が取り上げられるに至った。こうした評価にも後押しされて、我々は論文を執筆し、研究会で検討を重ねていった。

本書は、そうした成果を基に、前著『竹簡が語る古代中国思想——上博楚簡研究——』の後を受け、その後の最新の研究成果を公表するものである。『上海博物館蔵戦国楚竹書』の第四分冊・第五分冊所収文献を主対象とした、本邦初の共同研究の成果である。

全体は三部構成とした。第一部の総論は、上博楚簡を含む新出土文献の研究がどのように進展し、また、どのような研究の展望を開きつつあるのかを概説する。第一章は、先行研究を網羅しながらの研究史となっており、第二章は、広く諸子百家研究という視野から、新出土文献が与える甚大な影響について論ずる。

続く第二部は、思想文献についての十三の論考で構成した。第三章から第九章までは、おおむね儒家系に分類される文献、第十章と第十一章は楚の現地性の文献、第十二章は『墨子』関係の文献、第十三章は兵学文献、第十四章は日食を凶兆とする文献、第十五章は道家・道教文献でおなじみの「彭祖」が登場する文献である。これまで公開されてきた上博楚簡の多くは儒家系文献であり、ここでも、儒家思想に関する論考が多くを占めるが、一方で、これまでの公開分には見られなかった墨家・兵学関係などの文献が対象となっている点も、ここでの大きな特色である。

第三部は、竹簡の字体や形制に関する論考三篇で構成した。楚簡の読解には、竹簡に記された楚文字や竹簡形制の分析が極めて重要な意味を持つ。第二部の思想史研究を支える重要な基礎研究であると言えよう。特に、「契口」の問題は、これまで中国の研究者もまったく気づかなかった重要な観点であり、竹簡の再配列に際して重要な指針を与えるものとなろう。

以上、全十八章からなる本書は、上博楚簡研究の最前線を紹介し、中国思想史研究に新たな展望を切り開こうとするものである。

なお、本研究は、平成十七年度〜二十年度日本学術振興会科学研究費基盤研究Ｂ「戦国楚簡の総合的研究」（研究代表者・湯浅邦弘）による研究成果の一部である。刊行に際しては、前著『竹簡が語る古代中国思想――上博楚簡研究――』および『古代思想史と郭店楚簡』に引き続き、汲古書院の石坂叡志社長の御高配を賜った。ここに厚く御礼申し上げたい。

二〇〇六年十一月十六日

湯　浅　邦　弘

目次

上博楚簡研究

第一部　総論

第一章　戦国楚簡と中国古代思想史研究

湯浅邦弘

はじめに

二十世紀末から二十一世紀初頭における中国古代思想史研究は、後世、どのような評価を受けるであろうか。恐らく、後の研究者たちは、一つの「画期」または「転換期」であったとの感想を抱くに違いない。

本稿では、上博楚簡・郭店楚簡などの新出土資料が中国古代思想史研究に劇的な展開をもたらしている現況について論じたい。まずは、これら戦国楚簡の発見を振り返り、続いて、郭店楚簡・上博楚簡に分けて、それぞれのめざましい研究の進展状況について論じ、最後に、日本における戦国楚簡研究の現状について言及することとする。

一　戦国楚簡の発見

新出土の文献が中国古代思想史研究に大きな影響を与えた事例としては、一九七〇年代に発見された銀雀山漢墓竹簡、馬王堆漢墓帛書、睡虎地秦墓竹簡がある。この内、銀雀山漢墓竹簡は、二つの『孫子』をはじめとする兵学思想研究の進展に寄与し、馬王堆漢墓帛書は、『老子』や道家思想の新研究を推し進め、睡虎地秦墓竹簡は、秦の法治や法思想の実態について重要な手がかりを与えてくれた。

しかし、これらを凌ぐ大きな衝撃を学界に与えているのは、一九九三年に湖北省荊門市郭店一号楚墓から出土した「郭店楚墓竹簡（郭店楚簡）」と、その翌年に上海博物館が入手した「上海博物館蔵戦国楚竹書（上博楚簡）」である。これらの新出土資料は、戦国時代の古文字で記されており、そこには、『周易』『詩経』『礼記』『老子』など伝世の主要な古典と密接な関係を有する諸文献のほか、儒家系・道家系さらには兵学などの知られざる思想文献が大量に含まれていた。まずは、これらの戦国楚簡の出土状況から振り返ってみることとしたい。

郭店楚墓竹簡（郭店楚簡）

一九九三年、中国の湖北省荊門市一帯の紀山楚墓群では、異様な光景が繰り広げられていた。大規模な盗掘活動である。本来、出土文物を管理すべき側の荊門市博物館副館長が関与した組織的な盗掘も行われ、重要な文物が他省に流失した。

こうした盗掘ブームの中で、荊門市紀山鎮郭店村の郭店一号楚墓もまた二度にわたる盗掘を受けた。郭店一号楚墓は、付近の農民が耕作用に封土を削り取っていたため、盗掘を招きやすい状況にあったのである。

一九九三年十月、二度目の盗掘によって、ついに槨板に穴が開けられ、青銅器など副葬品の一部が持ち去られた。これにより、荊門市博物館による緊急発掘調査が行われて、その中に八〇四枚の竹簡が含まれていることが判明した。荊門市博物館に移送された竹簡は、その後、数年にわたる化学処理が繰り返され、ようやく文字が判読できるまでになった。

この竹簡の発見については、まず湖北省荊門市博物館「荊門郭店一号楚墓」（『文物』一九九七年第七期）に紹介され、その後、発見から公開に至る過程が、劉祖信「在発現郭店楚簡的日子裡」（中国文物研究所編『出土文献研究』第六輯、世紀出版集団・上海古籍出版社、二〇〇四年十二月）、および劉祖信・龍永芳『郭店楚簡綜覧』（万巻楼、二〇〇五年三月）に詳しく紹介された。

郭店楚簡の全容が『郭店楚墓竹簡』（荊門市博物館編、文物出版社）として刊行されたのは、一九九八年五月のことである。

『郭店楚墓竹簡』は、竹簡すべての写真、釈文、語注を掲載したものであり、郭店楚簡研究の底本となるものであるが、同時にそれにより、次のようなことが明らかにされた。

①郭店一号楚墓の下葬年代は、その墓葬形態や出土器物から推測して、「戦国中期偏晩」、紀元前三〇〇年頃と推定される。

②墓主は、墓葬の規模から判断して、楚の上士の身分。副葬品に含まれていた漆耳杯の文字「東宮之師」によれば、楚王の太子の教育係であったと推測される。但し、この文字は「東宮之杯」に釈すべきであるとの説もあり、その場合は、東宮から下賜された品という意味であるから、墓主は、広く東宮の関係者の内の誰かということになる。

③竹簡は、八〇四枚の内、七三〇枚が有字簡。総文字数は、約一万二千字。異なり字数は、約千三百字。内、約半

数は『説文解字』に見えない字。
④竹簡の形態は、長さ十五cmから三十二・四cmまで、幅は〇・四五cmから〇・六五cmまで。概ね三種類に区分される。両端は、平頭と梯形の二種類。
⑤文字は「典型的楚国文字」。既に公表されている『包山楚簡文字編』（一九九三年）、『曾侯乙墓竹簡文字編』（一九九七年）とともに、戦国時代の文字状況を知るための貴重な資料である。

そして、郭店楚簡の内容は、竹簡の形制や字体などから次の一八種に分類された。

『老子』甲・乙・丙、『太一生水』

『緇衣』、『魯穆公問子思』、『窮達以時』、『五行』、『唐虞之道』、『忠信之道』、『成之聞之』、『尊徳義』、『性自命出』、『六徳』、『語叢』一〜四

この内、『老子』と『太一生水』は道家系文献、『語叢』は短文集、他は儒家系文献である。また、『老子』は、甲・乙・丙本を併せると、現行本『老子』のほぼ五分の二に該当し、『緇衣』は『礼記』緇衣篇と基本的に重複し、『五行』は馬王堆帛書『五行』の経部分と重なる文献であった。他はすべてこれまで知られていなかった古佚書である。

上海博物館蔵戦国楚竹書（上博楚簡）

一方、上博楚簡が発見されたのは、郭店楚簡発見の一年後に当たる一九九四年である。上博楚簡は、盗掘の結果流出した竹簡で、上海博物館が香港の古玩市場で購入した戦国時代の楚竹簡である。数量は全千二百余簡、字数は計三万五千字である。

現在、『上海博物館蔵戦国楚竹書』（上海古籍出版社）として刊行が続けられており、これまで、『上海博物館蔵戦国楚竹書（一）』（二〇〇一年十一月）、同（二）（二〇〇二年十二月）、同（三）（二〇〇四年三月）、同（四）（二〇〇四年十二月）、

同（五）（二〇〇五年十一月）が刊行された。内訳は次の通りである。

（一）『孔子詩論』『緇衣』『性情論』

（二）『民之父母』『子羔』『魯邦大旱』『従政』『昔者君老』『容成氏』

（三）『周易』『仲弓』『恒先』『彭祖』

（四）『采風曲目』『逸詩』『昭王毀室・昭王與龔之脽』『柬大王泊旱』『内礼』『相邦之道』『曹沫之陳』

（五）『競建内之』『鮑叔牙與隰朋之諫』『季庚子問於孔子』『姑成家父』『君子爲禮』『弟子問』『三徳』『鬼神之明融師有成氏』

上博楚簡は、盗掘されて香港の古玩市場に流出したものであるため、出土時期や出土地などは未詳である。ただ、『上海博物館蔵戦国楚竹書（一）』所収の馬承源「前言：戦国楚竹書的発現保護和整理」は、出土地について、湖北省からの出土であるという話が伝わっており、流出した時期が郭店一号楚墓の盗掘時期と接近していることから、郭店墓地出土の可能性も考慮されるという。

また、「馬承源先生談上海簡」（『上博館蔵戦国楚竹書研究』所収）には、二二五七 ± 六五年前という中国科学院上海原子核研究所による炭素十四の測定値が紹介されている。この数値は、一九五〇年を定点とする国際基準によって換算すれば、前三〇七 ± 六五年、すなわち前三七二年から前二四二年となり、下限は秦の将軍白起が楚都郢を占領した前二七八年に設定される可能性が高いことから、書写年代は前三七二年から前二七八年の間と推定される。つまり、上博楚簡と郭店楚簡とは、戦国時代の楚墓に副葬されたほぼ同時期の資料と見なされるのである。

二　戦国楚簡研究の展開

戦国楚簡の発見は、世界の研究者に大きな驚きを持って迎えられた。まず、『郭店楚墓竹簡』の刊行と相前後して、国際シンポジウム「郭店老子国際研討会」がアメリカのダートマス大学で開催された。一九九八年五月二十二～二十六日の五日間の日程で、これに先立つ同年三月末、『郭店楚墓竹簡』の出版元である文物出版社がシンポジウム参加者約三十名に『郭店楚墓竹簡』の試用本を送付して事前の検討を促し、その成果が発表・討論されたものである。

この内容については、池田知久「アメリカ、ダートマス大学「郭店老子国際研討会」」（『東方学』第九六輯、一九九八年）に詳しい報告が掲載されている。それによれば、荊門市博物館の劉祖信館長が「荊門郭店一号墓概述」という基調報告を行い、郭店一号楚墓が典型的な戦国中期の楚墓であること、下葬年代は包山二号楚墓よりやや遅れる紀元前四世紀末～三世紀初めであること、墓主は士の比較的高い身分であると推測されることなどを論じた。また、この学会の主題である郭店楚簡『老子』の基本的性格について、多くの中国人研究者が、すでに完成している『老子』五千言の一部と考えたのに対し、欧米の研究者や、日本からただ一人参加した池田氏は、形成過程にある『老子』の原型と考え、意見の対立があったという。

また、『郭店楚墓竹簡』が刊行された翌年には、「郭店楚簡国際学術研討会」が開催された。この国際学会は、武漢大学中国文化研究院、アメリカハーバード燕京学社、国際儒学聯合会、中国哲学史学会、湖北省哲学史学会の共催により、武漢大学において一九九九年十月十四～十九日の日程で行われたものである。提出された論文は八十篇を超え、三会場において計六十人の研究発表が同時進行で行われるという大規模な学会であった。この会議の特色は、文字学・考古学・簡牘学・文献学・哲学思想史・文化史など諸領域の研究発表が行われたこと、幅広い年齢層の研究者が一堂に会したこと、中国・台湾の研究者の交流が促されたことの三点である。

その成果は『郭店楚簡国際学術研討会論文集』（武漢大学中国文化研究院編《人文論叢》特輯）、郭斉勇主編、湖北人民出版社、二〇〇〇年五月）として刊行されている。この論文集の内容は多岐にわたるが、特に郭店楚簡『六徳』『語叢』『五行』『性自命出』『老子』『太一生水』に関する論考が多く、また巻末に「郭店楚墓竹簡研究目録」を附して、研究の基盤整備を進めようとした点に特色がある。

郭店楚簡研究の開始

郭店楚簡がこのように世界的な注目を浴びたのは、戦国時代の思想文献がまとまって大量に出土したという特異な事例であるからに他ならない。それらは従来の思想史の空白を埋め、また、通説を大きく書き換える可能性があると期待されたのである。

ただ、底本として公開された『郭店楚墓竹簡』は、初期段階での釈文であるため、注釈はやや簡略で、「待考」として釈読を保留している部分もあった。また、竹簡の編成は、あくまで第一次釈読に当たった研究者によるもので、そこで示された篇のまとまり自体がそもそも正しいのかという問題も残された。そこで、こうした点を解決するために、『郭店楚墓竹簡』を乗り越えようとする様々な試みが開始された。

まず、張光裕主編、袁国華合編、陳志堅・洪娟・余拱璧助編『郭店楚簡研究 第一巻 文字編』（芸文印書館、一九九九年一月）は、『郭店楚墓竹簡』を底本とし、郭店楚簡文字の釈読をまとめた字書である。『康熙字典』に従って楚簡文字を配列し直し、索引を付しているが、同時に、「原簡与釈文対照図版（含残簡）」として、原簡写真の横に独自の見解による手書き釈文を付している。残念ながら、個々の文字に対する注釈はないため、なぜそのように釈読を確定したのかの根拠が不明な場合もあるが、手がかりの少ない初期段階の研究においては、『郭店楚墓竹簡』の対校資料として大いに注目を集めた。同様に、『郭店楚簡文字編』（張守中・張小滄・郝建文撰集、文物出版社、二〇〇〇年五月）も、『郭店楚墓竹簡』を底本に竹簡文字の釈読と用例をまとめた字書である。

これらが網羅的に、竹簡個々の文字を分類・整理した工具書であるとすれば、郭店楚簡の全体あるいは特定の篇を取り上げ、その釈読・訳注・解説を示したものも次第に登場し始めた。

丁原植『郭店楚簡儒家佚籍四種釈析』（出土思想文物与文献研究叢書（一）、台湾古籍出版有限公司、二〇〇〇年十二月）は、郭店楚簡中の古佚書である『性自命出』『成之聞之』『六徳』『尊徳義』の四書について、釈読と詳細な解説を付す。各篇冒頭の「説明」では、竹簡情報、要旨、原釈文の分章と本書独自の分章を明示する。例えば『性自命出』の場合、原釈文では九段のところを、本書釈析では八段に再編するなど、独自の見解を提起している。最大の特色は、郭店楚簡の理論構造を具体的に解説する「全篇釈析」で、まず各段の要旨を述べてから釈文を載せ、具体的な解説を施す。図解を交えた丁寧な解説は、郭店楚簡の論理構造を理解する上での一助となった。

また、涂宗流・劉祖信『郭店楚簡先秦儒家佚書校釈』（出土文献訳注研析叢書P０１２、万巻楼、二〇〇一年二月）は、郭店楚簡の儒家系文献十四篇に対する釈文および注釈を載せる。各篇冒頭に「按」（該当の篇に関する簡単な説明）を附し、次に篇全体をいくつかの意味上の段落に分け、段落ごとにその釈文に対して「注」（当該段落の文章に類似する伝世文献の文章の指摘や字形に関する解説）・「釈」（一句ごとに対する語句・内容の解説）を附し、さらに「句意」として現代文による要約を記す。こうした文字の釈読・竹簡の配列などの他、篇章の名称や分章、さらには篇の枠組み自体にも独自の見解を提出しており、『郭店楚墓竹簡』の課題を解決しようとする姿勢が鮮明である。

郭店楚簡研究の展開

このように、『郭店楚墓竹簡』の釈読や竹簡配列、篇の枠組みや篇の名称について、次第に根本的な検討が加えられるようになった。その代表的な著作として、李零『郭店楚簡校読記（増訂本）』（北京大学出版社、二〇〇二年三月）がある。同書は、郭店楚簡全十八篇に対する釈文および注釈を掲載するもので、同氏の「郭店楚簡校読記」（陳鼓応編『道家文化研究』第十七輯（『郭店楚簡』専号）、生活・読書・新知三聯書店、一九九九年八月）の改訂版である。大きな特色としては、竹簡の形制や字体を重視して竹簡の分類や配列を再検討するという点があげられる。この観点から、同書は、郭店楚簡全篇を五組に分類しており、通常儒家系文献とされる『語叢四』も、「道家和道家陰謀派的文献」と位置づけられ、「第一組」に分類されている。また、「余論」は、個々の文字の認定や各篇の内容の検討のみならず、郭店楚簡の思想史上の位置づけという問題に言及するものであり、ここに至って、郭店楚簡の研究は、個々の文字や語句を釈読するという段階から、釈読を踏まえた思想史的検討の段階へと突入したのである。

同様に、陳偉『郭店竹書別釈』（新出簡帛研究叢書、湖北教育出版社、二〇〇三年一月）も、通行の釈文とは異なる竹簡配列や新解釈を提示するところに特色がある。特に、『尊徳義』『成之聞之』『六徳』の三文献については、原釈文（『郭店楚墓竹簡』）のまとまりを越えて竹簡の配列を大胆に入れ替え、各々「大常」（ほぼ『六徳』に相当）、「賞刑」（ほぼ『尊徳義』に相当）、「徳義」（ほぼ『成之聞之』に相当）と、新たに命名しつつ解釈を提示している。『郭店楚墓竹簡』の原釈文に寄りかからない新見解として注目されよう。その他、郭店楚簡全篇を対象とした訳注として、劉釗『郭店楚簡校釈』（福建人民出版社、二〇〇三年十二月）がある。

他方、郭店楚簡を研究対象とした専著や学術雑誌特集も登場するようになった。まず若手研究者の博士論文として、早くも二〇〇〇年十月に公開されたのが、丁四新『郭店楚墓竹簡思想研究』（東方出版社）である。同書は、著者が重要篇目と評価した『老子』『太一生水』『五行』『性自命出』『語叢』各篇の研究と、郭店楚簡全体を通しての儒家思想研究とをまとめたものである。その際、「心性」が思想史を考究する上で核心になるとし、特に、『五行』『性自命出』『語叢』を対象として、心性論の根元たる天命・天道観について探究している。

郭沂『郭店竹簡与先秦学術思想』（上海世紀出版集団・上海教育出版社、二〇〇一年二月）は、八五九頁からなる大著で、特に、郭店楚簡と『論語』『孝経』との関係、郭店楚簡と子思学派との関係を考察している。林素英『従《郭店簡》探求其倫常観念』（万巻楼、二〇〇三年一月）は、郭店楚簡儒家系文献に表れた服喪思想・倫理思想に関する研究書である。主として『六徳』を材料に、『論語』『孟子』『礼記』『儀礼』などとの比較を行い、その倫理思想としての特色を明らかにしようとするものである。考察の範囲を郭店楚簡内部に限定せず、他の伝世文献にも目配りしながら、郭店楚簡を思想史上に位置づける作業であると言える。顧史考（美）Scott Cook『郭店楚簡先秦儒書宏微観』（台湾学生書局、二〇〇六年六月）は、郭店楚簡の儒家系文献を対象として、「宏観（マクロ）篇」と「微観（ミクロ）篇」に分けて論述する。前半では、広い視野から、その思想史上および学術史上の意義を論じ、後半では、個々の文献の字句解釈について論ずる。

『五行』に注目するのは、劉信芳『簡帛五行解詁』（芸文印書館、二〇〇〇年十二月）である。同書は、郭店楚簡『五行』の認識論の特色を、馬王堆帛書『五行』と比較しながら研究したものである。同書のまとめとなる「《五行》述略」では、『五行』を内容面から大きく九つに分節し、また、『五行』の思想の成立時期について考察を加えている。魏啓鵬『簡帛文献五行箋証』（二十世紀出土簡帛文献校釈及研究叢書、中華書局、二〇〇五年十二月）も、三部構成による『五行』の研究書である。上巻では、「郭店楚簡『五行』箋証」として、原釈文と箋証とを掲載し、中巻では、関係研究として、「馬王堆帛書《徳行》校釈」、「馬王堆帛書《四行》校釈」、「帛書『徳行』研究札記」を収録し、下巻では、「簡帛『五行』直承孔子詩学——読《楚竹書・孔子詩論》劄記」、「論魯穆公問子思—郭店楚簡《魯穆公問子思》及相関問題研究」、「《子思子》輯佚校補」を掲載するなど、『五行』を中心とした包括的な研究となっている。

学術雑誌の特集としては、『郭店楚簡研究（《中国哲学》第二十輯）』（遼寧教育出版社、一九九九年一月）、および『郭店簡与儒学研究（《中国哲学》第二十一輯）』（遼寧教育出版社、二〇〇〇年一月）が刊行された。第二十輯は郭店楚簡特集号で、三十四本の論考を収録し、続編となる第二十一輯は二十三本を収載する。中でも、姜広輝「郭店楚簡与原典儒学——国内学術界関于郭店楚簡的研究（一）」、「郭店楚簡与早期道家——国内学術界関于郭店楚簡的研究（二）」は、郭店楚簡の成立年代や思想に関する当時の研究動向を確認する上で有益である。

郭店楚簡『老子』研究

ところで、郭店楚簡『五行』は、馬王堆帛書本にも『五行』があったことから注目されたわけであるが、それと同様の理由で、より多くの注目を浴びたのは、『老子』である。

前記のように、一九九八年五月、ダートマス大学で開催された「郭店老子国際研討会」も、標題に示されたとおり、特に郭店楚簡『老子』に注目するものであった。

一九九九年八月には、陳鼓応編『道家文化研究』第十七輯（生活・読書・新知三聯書店）が早くも、「『郭店楚簡』専号」として刊行され、ダートマス大学での討論会の概要報告を含め、十四本の『老子』関係論考を掲載した。『老子』は、現行本、馬王堆帛書本と、研究の蓄積があり、郭店楚墓から甲乙丙三種の写本が出土したことによって、『老子』研究が大きく前進すると期待されたのである。

この『老子』全体について、訳注と研究をいち早くまとめたのは、丁原植『郭店竹簡老子釈析与研究』（出土文献訳注研析叢書P００１、万巻楼、一九九八年九月）である。本書は、台湾の万巻楼が以後陸続と刊行することとなる「出土文献訳注研析叢書」の記念すべき第一号でもあり、郭店楚簡の三種『老子』写本に対する釈文と注釈を付したものである。また、単なる訳注ではなく、各章末では「資料研究」として、通行本や帛書本との関係などにも踏み込んだ思想史的分析を行い、郭店楚簡『老子』の思想史的特質やその成立過程についても考察を行っている。

同年には、崔仁義『荊門郭店楚簡《老子》研究』（科学出版社、一九九八年十月）も刊行された。同書の特色は、楚簡

『老子』を、『郭店楚墓竹簡』の分篇とは異なったA・B・Cの三つに再編する点にある。Aは『太一生水』と楚簡『老子』丙本であり、『太一生水』該当部は、竹簡の配列も独自の見解によって改めている。Bは楚簡『老子』乙本、Cは同・甲本に対応する。著者は、楚簡『老子』と馬王堆漢墓帛書『老子』との語気詞「也」の用法が基本的に一致するので、楚簡『老子』は、帛書『老子』の来源の一部分であると述べる。また、『太一生水』と楚簡『老子』丙本とを同一篇「老子A」とするのは、竹簡の形制が同一であることによる。結論として、同書は、楚簡『老子』がC↓B↓Aの順に形成されたとし、また、A・B・C各々の著者を『史記』に記される三人の老子（李耳、老莱子、太史儋）に比定するなど、大胆な見解を提示する。

同じく、楚簡『老子』の著者について言及するものに、張吉良『老耼《老子》太史儋《道徳経》』（斉魯書社、二〇〇一年九月）がある。同書は、郭店楚簡『老子』甲・乙・丙本に対する釈文と注解を掲げるが、同時に、「従老耼《老子》到太史儋《道徳経》」と題する論考で、楚簡『老子』の作者を「老耼」とした上で、伝本『老子』は、『史記』に記される三人の「老子」の一人「太史儋」が老耼『老子』を増訂したもの、との結論を提示している。

その後も、多くの『老子』関係書が次々に刊行された。劉信芳『荊門郭店竹簡老子解詁』（芸文印書館、一九九九年一月）は、郭店楚簡『老子』甲・乙・丙本に対する釈文および汻釈であるが、附録として『太一生水』の釈文と注釈、楚簡『老子』と帛書『老子』および王弼本との校勘、楚簡『老子』『太一生水』の検字表を付す。また、魏啓鵬『楚簡《老子》柬釈』（出土文献訳注研析叢書P〇〇三、万巻楼、一九九九年八月）も、『老子』甲・乙・丙本、並びに『太一生水』に対する釈文と注釈を掲げ、楚簡『老子』と『太一生水』に関する「研究札記」を記す。侯才『郭店楚墓竹簡《老子》校読』（大連出版社、一九九九年九月）も同様の注釈書であるが、本書は、最後に「読記」と題する思想的検討を行い、楚簡『老子』を、老子本人もしくはその弟子によって春秋末期に形成され、基本的に完成している古抄本だと論ずる。また『太一生水』で述べられている思想は老子に由来するもので、やはり春秋末期に形成されたものと推測する。
　彭浩編『郭店楚簡《老子》校読』（湖北人民出版社、二〇〇〇年一月）は、楚簡『老子』の釈文・注釈を掲げ、さらに馬王堆帛書『老子』甲本・乙本、王弼本、河上公本、龍興観本（即ち景龍碑本。唐・景龍二年（七〇八）河北易州龍興観道徳経碑）を、今本『老子』の順に従って比較している。同様に、楚簡『老子』を馬王堆帛書本などの諸本と対校したものに、鄒安華『楚簡与帛書老子』（民族出版社、二〇〇〇年六月）、廖名春『郭店楚簡老子校釈』（清華大学出版社、二〇〇三年六月）がある。前者は特に楚簡『老子』と帛書『老子』との比較に重点を置き、後者は馬王堆帛書『老子』甲本・乙本、王弼本、河上公本、傅奕本、范応元本、景龍碑本などと校勘するもので、文字の考証は極めて詳細である。

　こうした校勘という点に、特に力を入れたのが、李若暉『郭店竹書老子論考』（斉魯書社、二〇〇四年二月）である。本書の特色は、「異文」の扱いについて解説する点である。著者は、形・音・義・句形・思想などの観点から、異文を五つに分類する。楚簡『老子』に限らず、広く出土資料の研究手法を考える際に有用である。また、鄧各泉『郭店楚簡《老子》釈読』（湖南人民出版社、二〇〇五年三月）も、帛書本・通行本（河上公本・王弼本）と対校しながら、郭店楚簡『老子』甲・乙・丙本について、詳細な「釈読」を掲載する。

　さらに、楚簡『老子』研究の国際的な隆盛を実感できるのが、北京・学苑出版社が学苑海外中国学訳叢シリーズとして刊行した『簡帛老子研究』（(美) Robert G.Henricks（韓禄伯）、邢文改編、余瑾翻訳、二〇〇二年十一月）、『郭店老子東西学者的対話』（(美) Sarah Allan（艾蘭）・(英) Crispin Williams（魏克彬）・邢文編訳、二〇〇二年九月、『郭店楚簡与太一生水』として修訂版刊行、二〇〇五年七月）である。後者は、一九九八年にダートマス大学で開催された国際シンポジウムに基づく論文集である。中国の李学勤、裘錫圭、アメリカのWilliam Bolts（鮑則岳）、イギリスのPaul Tompson（譚朴森）等の欧米簡帛研究者の論文、および討論を掲載する。

このように、郭店楚簡研究の大きな柱の一つは、『老子』であったが、それを含めて、郭店楚簡全体について、総合的な検討を加える論文集も登場するようになった。『簡帛思想文献論集』（出土思想文物与文献研究叢書（五）、丁原植主編、王博著、台湾古籍出版有限公司、二〇〇一年五月）は、王博氏による十八本の論文が収録されている。書名は「簡帛」となっているものの、郭店楚簡に関する論文がほとんどである。『古墓新知』（出土思想文物与文献研究叢書（十）、龐樸等著、台湾古籍出版有限公司、二〇〇二年五月）も、郭店楚簡に関する論文集で、十六名の研究者による二十二本の論文が収録されている。『郭店儒簡論略』（出土思想文物与文献研究叢書（十三）、欧陽禎人著、台湾古籍出版有限公司、二〇〇三年四月）は、郭店楚簡の儒家系文献を中心にし、加えて、伝世文献、睡虎地秦墓竹簡などをも活用した視野の広い研究となっている。

以上のように、郭店楚簡の研究は、まず世界的な注目を浴びた『老子』の研究によって開始され、やがて郭店楚簡全体の思想史的意義の解明へと進みつつあると言えよう。

上博楚簡研究の開始

では、上博楚簡の研究はどのように進展してきたのであろうか。二〇〇〇年八月、北京において、「新出簡帛国際学術研討会」が北京大学・ダートマス大学・中国社会科学院の共催で開催された。これは、一九九八年五月にアメリカで開催された第一回国際簡帛研討会「郭店老子国際学術研討会」に続く第二回国際簡帛研討会という位置づけがなされた研究会である。そこではすでに上博楚簡に関する報告がなされているが、上博楚簡の公開が始まったのは、二〇〇一年のことであった。

『上海博物館蔵戦国楚竹書（一）』（馬承源主編、上海古籍出版社、二〇〇一年十一月）は、郭店楚簡研究に湧く学界に、さらに大きな興奮を与えることとなった。同書は、一九九四年に上海博物館が香港の古玩市場で入手した上博楚簡の内容を公開するものである。第一分冊では、『孔子詩論』『緇衣』『性情論』の三書が収録された。大小二種の図版（写真版）と釈文・注釈が掲載され、まさに上博楚簡研究の基本的文献として登場した。現時点で、第五分冊までが刊行されている。

ただ、本書においても、未釈・待考の文字が残されており、それをどのように克服するかは大きな課題となった。そこでまず登場したのが、『上博楚簡三篇校読記』（丁原植主編、李零著、万巻楼、二〇〇二年三月）である。これは、『上海博物館蔵戦国楚竹書（一）』に収録された『孔子詩論』『緇衣』『性情論』について、李零氏による釈文と注釈を掲げるものである。原釈文とは異なる釈読や竹簡配列を提示した部分もあり、最初の対校資料として注目された。同じく、第一分冊について釈文・研究を収載するのが、黄人二『上海博物館蔵戦国楚竹書（一）研究』（高文出版社、二〇〇二年八月）である。『上海博物館蔵戦国楚竹書』の釈読に比べてかなり詳細な訳注を掲げている。

続いて、『上海博物館蔵戦国楚竹書（二）』には、『民之父母』『子羔』『魯邦大旱』『従政』『昔者君老』『容成氏』の六書が、また、同（三）には『周易』『仲弓』『恒先』『彭祖』の四書が収録された。それぞれに対して、釈文、注釈を収載するのが、『《上海博物館蔵戦国楚竹書（二）》読本』（出土文献訳注研析叢書P０１６、季旭昇主編、陳美蘭・蘇建洲・陳嘉凌合撰、万巻楼、二〇〇三年七月）、および同『（三）読本』（出土文献訳注研析叢書P０２２、季旭昇主編、陳恵玲・連徳栄・李綉玲合撰、万巻楼、二〇〇五年十月）、さらには、黄人二『上海博物館蔵戦国楚竹書（二）研究』（高文出版社、二〇〇五年十一月）である。それぞれ原釈文と異なる釈読を提示している箇所が見られ、有力な対校資料となる。

これら各分冊を横断して、各文字の用例や字義を解説する字典の刊行が望まれるところであるが、当面、第一分冊と第二分冊に限定して、それを試みたのが、邱徳修『上博楚簡（一）（二）字詞解詁　上・下』（出土思想文物与文献研究叢書二十二、台湾古籍出版有限公司、二〇〇五年十月）である。総一三〇七頁という大冊で、『上海博物館蔵戦国楚竹書』第一分冊、第二分冊に収録されている九つの儒家系文献（『孔子詩論』『緇衣』『性情論』『民之父母』『子羔』『魯邦大旱』

ら総索引はないものの、画数順配列で、字典的性格を備えている。

『従政』『昔者君老』『容成氏』）を対象に、そこに登場する「字」「詞」の詳細な解説・論証を行った書である。残念なが

上博楚簡研究の展開

こうして、釈文や注釈書が次々と刊行される一方、上博楚簡に関する研究も徐々に公刊され始めた。『上博館蔵戦国楚竹書研究』（上海大学古代文明研究中心・清華大学思想文化研究所編、上海書店出版社、二〇〇二年三月）は、上博楚簡に関するまとまった論文集として初のものであろう。四十名の研究者による四十四本の論考が掲載されているが、特に、『孔子詩論』と『緇衣』に関する論文が多い点が注目される。その続編となるのが、『上博館蔵戦国楚竹書研究続編』（上海大学古代文明研究中心・清華大学思想文化研究所編、上海書店出版社、二〇〇四年七月）である。四十九名の研究者による五十八本の論考を掲載する。研究対象は、『上海博物館蔵戦国楚竹書（二）』所収の文献であり、特に『子羔』『魯邦大旱』『容成氏』に関する論考が多く収録されている。

上記二つの書でも注目を集めているが、上博楚簡の中でも、まず研究者の関心を呼んだのは、『孔子詩論』『性情論』『容成氏』であった。『容成氏』は、容成氏から文王・武王に至る古代帝王の系譜を記す長編（全五十三簡）の文献で、その禅譲説に思想的特色が見える。その系譜は伝世文献には見られない独特のものであるが、これについては、邱徳修『上博楚簡〈容成氏〉注訳考証』（出土思想文物与文献研究叢書（十五）、台湾古籍出版有限公司、二〇〇三年十月）という大冊がある。『容成氏』全体について、釈文と注釈、論考を掲げた初の書である。『容成氏』は今後、『史記』五帝本紀や『左伝』『国語』との比較分析が進めば、中国古代史の分野にも大きな影響を与えることとなろう。

次に、『性情論』は、名称（仮称）こそ異なるものの、基本的には郭店楚簡『性自命出』と同一の文献であった。人の性情と天命との関係を説くもので、『中庸』との関係が注目される文献である。丁原植『楚簡儒家性情説研究』

（出土文献訳注研析叢書Ｐ０１５、万巻楼、二〇〇二年五月）は、『性自命出』と『性情論』とを中心に、楚簡における性情説について論じた書である。両文献の釈文を掲載し、その異同について論じている。李天虹『郭店竹簡《性自命出》研究』（新出簡帛研究叢書、湖北教育出版社、二〇〇三年一月）は、『性自命出』を中心としながらも、『性情論』との比較検討も行っている。郭店楚簡『性自命出』の研究が上博楚簡『性情論』との比較によって進展することを示した好例である。

また、『孔子詩論』は、タイトル（仮称）に「孔子」を含むことから注目を浴びた。本文献は、まず詩の総論に始まり、以下、邦風（国風）・大夏・小夏（雅）・訟（頌）の各部についての総評、各詩の詩意解説が記されている。確認される詩の名称は、逸詩を含めて約六十篇、現行本『詩経』の約五分の一である。

この『孔子詩論』については既に三冊の専著が刊行されている。劉信芳『上海博物館蔵戦国楚簡孔子詩論述学』（安徽大学出版社、二〇〇三年一月）は、その嚆矢であり、全体の釈読、および伝世文献との関係について論ずる。同じく、黄懐信『上海博物館蔵戦国楚竹書《詩論》解義』（社会科学文献出版社、二〇〇四年八月）も、各章についてそれぞれ詳細な注釈や考察を加えている。陳桐生『《孔子詩論》研究』（中華書局、二〇〇四年十二月）は、訳注書ではなく、著者の釈読を踏まえた研究書である。『孔子詩論』の作者と成立年代について、「詩三百」篇を学んだ人物で子思学派と密接な関係を持ち、成立は子思・孟子の間とする結論を提示している。

なお、『孔子詩論』の竹簡には原題はなく、題名は仮称である。ただ、内容は、孔子が自らの詩論を語るものではなく、撰者が詩論を展開するに際し、一部孔子の語を引用するとの体裁であるから、「孔子詩論」との仮称はやや誤解を招く恐れがある。現時点では、単に『詩論』としておくのが妥当ではないかと思われる。

戦国楚簡の総合的研究

こうして郭店楚簡・上博楚簡の研究が進展してくると、両者を個別に研究するのではなく、その関係にも留意しながら戦国楚簡の全体像を把握しようとする試みも生まれてきた。研究書や論文集も、両者を包括するものが徐々に増えてくるようになる。

例えば、『郭店楚簡與早期儒学』（出土思想文物與文献研究叢書（十一）、龐樸等著、台湾古籍出版有限公司、二〇〇二年五月）は全二十二章からなり、郭店楚簡・上博楚簡を中心として新出土資料を「早期儒学」として位置づけようとする試みである。陳福濱主編『新出楚簡与儒家思想論文集』（輔仁大学文学院、二〇〇二年七月）は十一本の論文を収録するが、内容は郭店楚簡と上博楚簡にまたがり、特に、王金凌「《礼記・緇衣》今本与郭店、上博楚簡比論」、趙中偉「性自命出、命自天降——上海戦国竹簡〈性情論〉与郭店竹簡〈性自命出〉之人性論剖析」のように、伝世文献・郭店楚簡・上博楚簡を比較研究したものが注目される。『新出楚簡試論』（出土思想文物与文献研究叢書（三）、丁原植主編、廖名春著、台湾古籍出版有限公司、二〇〇一年五月）も郭店楚簡と上博楚簡に関する論文計十七本を収載する。

同じく廖名春『出土簡帛叢考』（新出簡帛研究叢書第二輯、李学勤主編、湖北教育出版社、二〇〇四年二月）は、同氏の既発表論考をまとめた論文集であるが、特に上博楚簡『孔子詩論』を中心に論じ、また、馬王堆帛書・銀雀山漢簡・張家山漢簡に関する論考も収録する。『楚地出土簡帛文献思想研究（一）』（丁四新主編、湖北教育出版社、二〇〇二年十二月）は郭店楚簡を中心としながらも、構成は、「郭店楚簡」「上博楚簡」「楚系《日書》与秦漢簡牘」「馬王堆帛書」の四部からなる。その続編となるのが、『楚地簡帛思想研究（二）』（丁四新主編、湖北教育出版社、二〇〇五年四月）である。ここでは特に、道家系の宇宙生成論を説く文献として『恒先』が注目されており、「上博楚簡《恒先》専題」として関係論考四本が収録されている。

また、新出土文献研究の方法論について、「異文」という観点から提言を行うのが、徐富昌『簡帛典籍異文測探』

（国家出版社、二〇〇六年三月）である。ここに言う「異文」とは、一つの書の異なる版本・伝本、あるいは異本間の別字を指し、本書では、郭店楚簡・上博楚簡を初めとする簡帛典籍と伝世文献との異文の実例を挙げて対照・考察しつつ、異文の発生する原因、異文を活用した校勘の方法などについても論ずる。

一方、国際学会の成果として、郭店楚簡・上博楚簡を包括する論文集も刊行され始めた。『新出簡帛研究』（北京大学震旦古代文明研究中心学術叢書之八、艾蘭、邢文篇、文物出版社、二〇〇四年十二月）は、二〇〇〇年八月に北京大学で開催された「新出簡帛国際学術研討会」の論文集である。この論文集で中心を占めるのは、郭店楚簡関係論文十七本、上博楚簡関係論文九本であり、内『孔子詩論』関係の論考が七本に及んでいることが特徴的である。

また、『新出土文献与古代文明研究』（謝維揚、朱淵清主編、上海大学出版社、二〇〇四年四月）は、二〇〇二年七月に上海大学と台湾楚文化研究協会とが主催し、上海博物館が協賛して開催された「〝新出土文献与古代文明研究〟国際学術研討会」の論文集である。郭店楚簡と上博楚簡とを中心にした論考六十四本を収録する。ここでも、『孔子詩論』関係の論考の多さが目立っている。

さらに、台湾大学東亜文明中心（二〇〇二年開設）が開催したシンポジウム「出土文献研究方法学術研討会」（二〇〇三年十月二十二日）、「上博簡與出土文献研究方法国際学術研討会」（二〇〇四年四月十日）などを中心として、その成果をまとめたのが、『出土文献研究方法論文集初集』（東亜文明研究叢書五五、葉国良・鄭吉雄・徐富昌編、台湾大学出版中心、二〇〇五年九月）である。ここでは、郭店楚簡関係論考二本、上博楚簡関係論考五本を収録するほか、「二重証拠法」、竹簡の「分章」「編聯」、「疑古」「信古」といった、出土文献の研究方法自体について専論を掲げる点に特色がある。

以上、郭店楚簡・上博楚簡の発見から、国際シンポジウムの開催、それぞれの研究の進展について概要を記してきた。やや閉塞感のあった従前の中国古代思想史研究が、戦国楚簡の発見によって爆発的な活況を呈するに至った様子を理解できるであろう。中国では、古代思想史を専門としながら出土資料を扱えないと「落伍学者」の烙印を押されるという話まである。多大の研究実績を有するベテランの研究者から、新進気鋭の若手研究者まで、多くの学者が戦国楚簡研究にしのぎを削っている状況は、まさに古代思想史研究の一大画期と評してよいであろう。

こうした中で次第に明らかになってきたのは、戦国楚簡が戦国中期以前の思想史の空白を埋める、極めて重要な資料群であるという事実であった。儒家の系譜で言えば、孔子から孟子に至る時代の儒者たちの活発な思想活動が明らかになり、また道家で言えば、『老子』『荘子』以外にも、『太一生水』『恒先』といった独特の宇宙生成論を説く文献が早くに成立していたことが判明したのである。

それでは、こうした中国・台湾・欧米の状況に対して、わが国の学界は、この戦国楚簡の発見をどのように受け止めたのであろうか。次に、日本における研究状況について論じてみたい。

三　日本における研究状況

一九九五年四月、中国出土資料研究会が誕生した。これは、従来の中国哲学、東洋史学、考古学、古文字学などの枠組みを超えて、出土資料の学際的な研究を進めることを目的に創設されたものである。その後、この研究会は、中国出土資料学会へと組織を拡充させ、『中国出土資料研究』の刊行を軸として、全国的な活動を展開している。

二〇〇〇年度の総会・大会では、「シンポジウム　出土資料学への探求」が開催され（二〇〇一年三月十九日、立正大学）、思想史、考古学、中国史学などの分野から、出土資料研究の基本的な方法論や郭店楚簡の研究について報告・討論が行われた。『中国出土資料研究』では、第三号（一九九九年三月）に郭店楚簡の小特集が組まれ、また、上記シンポジウムの成果や関係論考が第六号（二〇〇二年三月）の特集として公開された。現在も、『中国出土資料研究』は、戦国楚簡を含む新出土資料研究の一つの牽引役を果たしていると評価できる。

東京大学郭店楚簡研究会等の研究活動

この学会は、広く出土資料全般を対象とするものであったが、戦国楚簡を対象とした先鋭な研究を主導したのは、池田知久氏を代表者とする研究会である。上記のように、池田氏は、一九九八年五月にダートマス大学で開催された「郭店老子国際研討会」に日本人としてただ一人参加した。また、それに先立つ同年三月には、『郭店楚墓竹簡』試用本を受領し、日本ではいち早く郭店楚簡の解読に着手した。東京大学郭店楚簡研究会、および大東文化大学郭店楚簡研究班を発足させ、共同研究として着々と郭店楚簡の釈読を推進した。

池田氏自身の郭店楚簡『老子』に関する研究は、早くも一九九九年十一月に、『郭店楚簡老子研究』（池田知久著、東京大学文学部中国思想文化学研究室）として刊行された。郭店楚簡の三種の『老子』写本に対する釈文、注釈、論考、および郭店楚簡関係論著目録からなる研究書である。ここで注目されるのは、「前書き」で、郭店楚簡の成立時期について触れ、『窮達以時』を例に、戦国後期、紀元前二七八年前後もしくはそれ以降とする見解を示す点である。また、郭店楚簡『老子』を、すでに成書されていた『老子』五千言の一部分ではなく、なお形成途上にある『老子』最古のテキストと結論付けている。

また、研究会としての成果は、『郭店楚簡の思想史的研究』（東京大学郭店楚簡研究会編、東京大学中国思想文化学研究室、第一巻、一九九九年十一月。以後、現時点で第六巻まで刊行）、および『郭店楚簡の研究』（大東文化大学郭店楚簡研究班編、大東文化大学大学院事務室、第一巻、一九九九年八月。以後、現時点で第七巻まで刊行）として刊行が始まった。前者は、郭店楚簡の内、『魯穆公問子思』『五行』『唐虞之道』『性自命出』『成之聞之』『緇衣』の訳注を収録するほか、上博楚簡に関する情報（第二巻）、郭店楚簡に関係する文献目録（第三・四巻）、関係論考（第六巻）などを掲載する。また後者は、『太一生水』『窮達以時』『忠信之道』『性自命出』などの訳注、関係論考などを収載する。

これらの内、郭店楚簡に関する論考では、その成立時期に関して、特異な立場が表明された。すなわち、郭店一号墓の造営時期については、多くの副葬品の考古学的編年から、戦国中期（紀元前三〇〇年頃）とするのが一般的な見解であるが、ここでは、郭店楚簡各篇の成立時期を戦国末期とする論考が複数掲載されているのである。

そして、これらの訳注や論考は、その後、編集・修訂を経て、『郭店楚簡儒教研究』（池田知久編、汲古書院、二〇〇三年二月）として刊行されることとなる。ここに付された「序文」一～三は、郭店楚簡の概説、また「四、『郭店楚簡』を読むための工具書」は、楚系文字を読むための工具書の紹介・解説となっており、郭店楚簡研究の基盤整備を行ったものとして高く評価できる。

また、同研究会が科研費を取得して進めた共同研究の成果をまとめたものとして、『楚地出土資料と中国文化』（郭店楚簡研究会編、汲古書院、二〇〇二年三月）がある。主として郭店楚簡に関する論考をまとめたもので、十七名（日本人九名、中国人五名、韓国人二名、アメリカ人一名）の研究者による十七本の論文を収録する。前記の『郭店楚簡儒教研究』が郭店楚簡の儒家系文献に対する論文を収めているのに対し、本書はさらに、『老子』『太一性水』等の道家系文献に関するもの、また、馬王堆帛書、包山楚簡、尹湾漢墓簡牘等、「楚地」から出土した資料に関する論文をも幅広く収めている。

さらに、この研究会の活動は、上博楚簡についても継続されている。二〇〇三年四月に発足した上海博楚簡研究会がそれである。この研究会は、定期的に上博楚簡の釈読を進め、その成果として、『上海博楚簡『民之父母』『子羔』『魯邦大旱』訳注』（『出土文献と秦楚文化』創刊号、西山尚志・小寺敦・谷中信一著、上海博楚簡研究会編、二〇〇四年三月）、『上海博物館蔵戦国楚竹書『昔者君老』『容成氏』（上）訳注』（『出土文献と秦楚文化』第二号、曹峰・李承律著、上海博楚簡研究会編、二〇〇五年十一月）を刊行している。

このように、日本における郭店楚簡・上博楚簡の研究は、まずは池田知久氏を牽引者とする研究グループによって進展してきたと評することができよう。

基本的立場と方法論の問題点

ただ、その後、廖名春「論六経并称的時代兼及疑古説的方法論問題」（『孔子研究』二〇〇〇年第一期）のように、中国の刊行物において、池田氏が名指しで批判されるという現象がおこった。それは、戦国楚簡の成立時期に関する池田氏の見解が、世界の常識から外れているという批判であった。

確かに、上記の諸業績については、戦国楚簡研究を推進したという点で高く評価できる一方、方法論や結論にはやや疑問に思われる点もある。一つは、特に、池田氏・李承律氏の論考に顕著であるが、郭店一号楚墓の造営時期や上博楚簡の炭素十四の測定値を全く無視する形で、その成立時期が語られ、思想史上に位置づけられているという点である。その主要な方法論は、戦国楚簡のある文献と伝世の主要文献との比較によって、例えば、『荀子』との類似点が見られれば、楚簡の側に荀子または荀子後学の影響があるとし、その成立時期を『荀子』以降とみなす、という論法である。

しかし、郭店一号楚墓の造営時期を紀元前三〇〇年頃とする推定は、周辺の紀山楚墓群から出土した多くの副葬品に基づく考古学的分析の結果得られたものであり、大筋では動かないと考えられよう。もちろん、考古学的な分析も絶対とは言えず、炭素十四の測定値も、かなりの誤差を含むものである。ただ、こうした物的証拠を全く視野に入れず、独断的に思想史を組み立ててしまうという論法には、確かに釈然としないものが残る。楚簡のある部分と『荀子』とに類似点が見られる場合、なぜ一方的に楚簡の側が『荀子』の影響を受けたと考えなければならないのか、逆の可能性は想定できないのか、また、楚簡の成立を荀子またはその後学の後と考えた場合、それは、戦国時代の楚簡ではなく、秦簡や漢簡になってしまうのではないか、なぜ秦漢の竹簡に戦国楚系文字が記されていることになるのか、という疑問が次々に生じてくるのである。

これに対して、池田氏は、「世界の郭店楚簡の研究事情にうとい日本の入門者が、従来どおりの戦国中期の三〇〇年ごろ説にいつまでも束縛されているのでは、世界の研究の進展に後れを取るのではないかと恐れる」（『楚地出土資料と中国文化』まえがき十四頁）との危惧を表明し、中国でも郭店一号楚墓の下葬年代に異論を唱える学者がいるとして王葆玹氏の説を紹介する。

ところが、王氏の説「試論郭店楚簡的抄写時間與荘子撰写年代―兼論郭店與包山楚墓的時代問題」（『哲学研究』一九九九年第四期）については、すでに劉彬徽「関于郭店楚簡年代及相関問題的討論」（『早期文明與楚文化研究』、岳麓書社、二〇〇一年七月）が精密な検討を加え、所説を逐一徹底的に批判し、全く成立の余地がないことを立証している。また、徐少華「郭店一号楚墓年代析論」（『江漢考古』二〇〇五年一期、総第九四五）も、郭店一号楚墓から出土した多くの器物類の考察により、郭店一号楚墓の造営時期を「戦国晩期早段」（紀元前三〇〇年のやや後）で、下限は白起伐郢（前二七八年）以前とする見解を提示する。

やはり、郭店楚墓の下葬時期については、前三〇〇年頃とする通説を一応尊重した上で研究を進め、思想史的な検討によって得られた仮説と、これら考古学・文字学の通説とを擂り合わた上で、総合的な結論を得る必要があろう。

疑問としてあげられる第二の点は、池田氏の研究グループにどのような共通見解があるのかという点である。科研費による共同研究の成果として刊行された『楚地出土資料と中国文化』では、研究代表者の谷中信一氏が、「池田教授が本書の序文において出土資料研究の困難さを述べつつ、本書に収められた拙論に対して厳しい批判を行っておられるように、本研究会がまとまって定説といえるものを提起し得ているわけではないし、単に問題のありかを示し、今後の研究に一定の方向付けをなしえたに過ぎない」（あとがき五九九頁）と表明している。つまり、戦国楚簡の成立時期を戦国末期以降に引き下げようとするのは、池田氏・李承律氏など一部の特異な立場であり、それが共同研究の成果として、メンバーの合意を得たものではないということになるのであろうか。もちろん、個々の見解が異なるのは、研究を活性化させる上でむしろ歓迎すべきことではある。しかし、研究対象とする文献の成立時期という最も基本的な事柄についてさえ、何らの共通見解が示されなかったというのは、誠に残念である。

戦国楚簡研究会による研究活動

ただ、この共同研究は、日本の中国思想史研究に大きな足跡を残し、古代思想史研究がどのように進展していくべきなのかについて、重要な規範を示すものであった。一つは、膨大な新出竹簡に対する研究が、個人研究としてではなく、共同研究として進められるべきであることを明らかにした点であり、第二は、海外研究者との積極的な国際学術交流を進める必要があることを示した点である。

こうした理念は、戦国楚簡を対象とする今ひとつの研究会にも共通するものであった。浅野裕一氏を代表者とする戦国楚簡研究会がそれである。この研究会は、『郭店楚墓竹簡』の刊行によって郭店楚簡の全容が公開されたのを受け、一九九八年十月に結成された。筆者もその一員である。

活動は、当初、国内での定期的な研究会合を主としていたが、二〇〇〇～二〇〇三年度には、科研費の交付を受け（研究代表者竹田健二、基盤研究Ｂ「戦国楚系文字資料の研究」）、研究会の活動は大きな展開を遂げた。上海博物館を訪問したり、国際シンポジウムを大阪大学で開催するなど、国際交流も活発に展開された。

この研究会が最初に公開した共同事業は、戦国楚簡研究の基盤整備である。『新出土資料と中国思想史』（『中国研究集刊』別冊、二〇〇三年六月）では、郭店楚簡全文献と上博楚簡既刊分について、研究会の考察の結果を踏まえて詳細な解題を記し、さらに、郭店楚簡・上博楚簡の字体と形制について概説し、郭店楚簡形制一覧・上博楚簡形制一覧などを掲載した。

同じく、『中国研究集刊』には、『特集号　戦国楚簡と中国思想史研究』（『中国研究集刊』第三六号）が組まれた。これは、二〇〇四年三月に大阪大学で開催された国際シンポジウムの成果をまとめた特集で、日本語・中国語あわせて論考十七本、附録二点などによって構成されている。内容は、郭店楚簡・上博楚簡を中心とする論考、パネルディスカッションの記録、上博楚簡の形制一覧表、戦国楚簡研究関係HP紹介などからなる。

こうして研究の基盤整備を進める一方、同研究会は、国内外に向けて積極的に研究業績を発表していく。二〇〇四年には、科研共同研究の成果を、報告書『戦国楚系文字資料の研究』（二〇〇四年三月、研究代表者竹田健二）にまとめ、『諸子百家〈再発見〉――掘り起こされる古代中国思想』（浅野裕一・湯浅邦弘編、岩波書店、二〇〇四年八月）を刊行した。ここでは、主要な諸子百家の思想について概説しながら、新出土資料によって従来の学説がどのような見直しを迫られたのかについて述べる。

また、郭店楚簡については、『古代思想史と郭店楚簡』（浅野裕一編、汲古書院、二〇〇五年十一月）、上博楚簡については、『竹簡が語る古代中国思想――上博楚簡研究――』（汲古選書四二、浅野裕一編、汲古書院、二〇〇五年四月）が刊行された。前者は、郭店楚簡に関する論考十六本をまとめたものであるが、特に、全体の総論にあたる浅野裕一「戦国楚簡と古代中国思想史の再検討」は、郭店一号楚墓の下葬年代について、世界の通説通り紀元前三〇〇年頃とする立場を表明した上で、郭店楚簡の発見が、従来の思想史の常識をどのように覆しつつあるのかを解説する。また後者は、上博楚簡を対象とした、初の邦文による研究書であり、計十章からなる。個々の論考を通して、日本の出土資料研究の現状を広く紹介するとともに、今後の出土資料研究の展望を切り拓こうとするものである。

さらに、戦国楚簡研究会は、世界的な規模で急展開しつつある楚簡研究の状況に対応するため、二つの試みを行っている。一つは、研究会HPの公開である。日本国内では、思想史を専門としながら、戦国楚簡研究の状況が充分に把握できない研究者も多く、そもそも何が論点になっているのかさえ分からないという嘆きの声も聞こえてくる。そこで戦国楚簡研究会では、より多くの研究者に楚簡研究の状況を公開するため、研究会の公式ホームページ（http://www.let.osaka-u.ac.jp/chutetsu/sokankenkyukai/）を二〇〇四年度に開設し、研究情報の提供に努めている。中国では、簡帛研究（http://www.jianbo.org/）、簡帛（http://www.bsm.org.cn/index.php）、文物図象研究資料庫（http://saturn.ihp.sinica.edu.tw/~wenwu/ww.htm）などが積極的に情報公開を行っているが、日本国内ではまだこうした取り組みはほとんど行われていない。

今ひとつは、中国語による研究成果の公開である。浅野裕一『戦国楚簡研究』（出土文献訳注研析叢書Ｐ０１８、台湾・万巻楼、二〇〇四年十二月）、福田哲之『中国出土古文献与戦国文字之研究』（出土文献訳注研析叢書Ｐ０２３、台湾・万巻楼、二〇〇五年十一月）、湯浅邦弘『戦国楚簡与秦簡之思想史研究』（出土文献訳注研析叢書Ｐ０２４、台湾・万巻楼、二〇〇六年六月）はそうした成果の一端である。同研究会が日本国内のみならず世界の中国思想史研究を視野に入れて活動していることを示すものである。

おわりに

このように、日本国内における戦国楚簡研究は、世界の趨勢とはやや異なる展開を示していると言えるであろう。池田氏を代表者とする研究グループが、「『郭店楚簡』は、従来の先秦思想史の通説を大きく書き換える可能性を秘めている」（『郭店楚簡儒教研究』序文九頁）として戦国楚簡を高く評価しながらも、結局は、従来の思想史や過去の自説を保持する傾向の結論を導いているのに対して、浅野氏を代表とする戦国楚簡研究会は、郭店楚簡・上博楚簡が戦国中期以前の成立であるとの立場から、従来の思想史の常識がどのように見直されるべきなのかを積極的に模索しているのである。二つの研究会は、その方法論と結論とにおいて、極めて対照的な道を歩んでいると言えよう。

もとより、これらの研究活動に対する正当な評価は、後世の研究者によってなされるべきである。ただ、日本国内における戦国楚簡研究が画期的であったと後に評価されるためには、今後、より多くの研究者が戦国楚簡に挑戦する必要がある。

戦国楚簡が思想史研究に与える影響は甚大であり、広範な領域に影響が及ぶことは必至である。それが「戦国」の楚簡だから春秋時代や漢代の研究には影響がないとするのは誤りである。楚簡『緇衣』『五行』『周易』などの発見は、これまで秦漢以降の成立と考えられてきた『礼記』『五行』『周易』の成立と思想史的意義について根本的な見直しを迫る。詩・書・礼・楽・易・春秋の名を記す『六徳』は、これら六書が儒家の中で相当早くから経典視されてきたことを示唆している。『論語』『礼記』等における孔子言と似た文言を多数含む『民之父母』『内礼』『仲弓』『従政』などは、孔子とその弟子たちの活発な思想活動を髣髴とさせる。

こうした戦国楚簡の持つ意義を真摯に受け止めることができるか。中国史学・考古学・古文字学など周辺領域の成果にも慎重に目配りしながら、妥当な結論を導くことができるか。従来の思想史の通説にとらわれることなく、むしろそれを乗り越えようとする勇気を持てるか。我々には、重い課題が突き付けられている。

第二章　新出土資料と諸子百家研究

浅野裕一

はじめに

郭店楚簡や上博楚簡など、戦国中期（前三四二〜前二八二年）の楚簡の発見は、伝世資料を用いて進められてきた従前の古代中国思想史研究に、大きな変更をもたらしつつある。特に諸子百家研究の視点から見ると、郭店楚簡には儒家と道家の文献が、上博楚簡には儒家と道家と兵家の文献が含まれている。最初に上博楚簡の発見を報じた一九九九年一月五日付けの「文匯報」によれば、上博楚簡の総字数は約三五〇〇〇字で、儒家・道家・兵家・雑家などの文献八十数種にわたっているという。この内、雑家の文献とされているものの実体は不明で、上博楚簡の全容が公開された後でないと、雑家なる呼称が妥当か否かの判断はできない。

したがって、現段階で確認できるのは儒家・道家・兵家の三者で、墨家・名家・法家・陰陽家・縦横家・農家に関する文献は、今のところ戦国楚簡の中には含まれていない。そこで本章では、儒家・道家・兵家の三者に分けて、新出土資料の発見が諸子百家研究にどのような影響を及ぼしつつあるかを紹介して行くこととしたい。

一　儒家

儒家に関してまず取り上げるべきは、詩・書・礼・楽・易・春秋の六経が、いつ頃から儒家の経典となったのか、その時期をめぐる問題であろう。六経の中でも、経書となった時期が最も遅かったとされるのは、『易』である。『易』が儒家の経典となった時期に関して、津田左右吉『津田左右吉全集』（一九六五年・岩波書店）第十六巻・儒教の研究一・第二章「易の研究」第一章「周易」は、「之によつて見ると、今の形の易が成り立つたのは極く大まかにいつて、戰國時代であることが、ほゞ推測せられる。もう少し狹めていふと、その中ごろ以後ではあるまいかと思はれる」と、今の形の『易』が成立した時期を戦国中期以後だと推定する。

そしてまた「余はかう考へて、易が儒教の經典となつたのは漢代に入つてからのことではなからうかと思ふ」とか、「戰國末よりも前から易が儒教の經典として取り扱はれてゐなかつたことは、上記の考説から見ても疑があるまいと思ふ。齊に遊學したことのある荀卿が經典の名を擧げるに當つて易を度外視してゐるのは、少なくともそのころまで一般には易が經典として承認せられてゐなかつたことを示すものであらう。易の今の形をなしたのが戰國の中期以後であるとすれば、單にその點からも、かう見なければなるまい」と、『易』が儒家の経典となった時期を、漢代に入ってからだと主張する。

平岡武夫『經書の成立』（一九四六年・東方文化研究所）第一序説篇「經書と尚書」第二章「經書の始め」は、「現在の如き易經の形が成立したのは、漢代になつて後のことと言はれてゐる」と、今の形の『易』が成立した時期を漢代に入ってからとする。その上で、「春秋の場合と同じやうに、漢代になつて易の學問が盛になつて行き、やがてそれが漢代經學の理念によつて體系を整へられ、經典的な地位を確保するに到つたからである」と、『易』が儒家の経典となった時期を、やはり漢代に入ってからだと考えている。

武内義雄『易と中庸の研究』（一九四三年・岩波書店）第九章「易の倫理思想」四「提要」は、「之を要するに彖象傳の理想は中であり繫辭文言の中心は誠であるが、これは恰も中庸の内容と歩調を一にする。中庸は一般に子思の作だと傳へられてゐるが、その上半には過不及なき中を力說して居り、その後半には誠の道を詳說してゐる。さうしてその上半は假令子思の作でないとしても子思に近い時代の文章らしいが、その後半は秦の文であるらしいことは上に詳說した通りである。從つて易の彖象傳は中庸上半と相前後する述作で、繫辭文言は中庸の後半と略〻同じ頃の文章であらう。最後に說卦・序卦・及び大象はその内容より見て最も新しい部分でその成立は或は漢初まで降るかも知れない」と述べる。

すなわち、彖伝・象伝は戦国前期の成立、繫辞伝・文言伝は秦の始皇帝による統一後の成立、説卦・序卦・大象は漢初の成立だというのである。

そして武内義雄『中国思想史』（一九五三年・岩波書店）第十章「秦代の思想界」は、「子思の後学によって、易が儒家の経典として取り扱われつつあった際、たまたま始皇の焚書に遭遇して、詩書によって主張を述べる途を失った儒家は、幸に焼却を免れた易によって、その精神を発揚しようとつとめた。そうしてその結果、従来未だ闡明されなかった生の哲学を唱え出して儒家の思想体系に一新生面を開拓し、それと同時に従来明瞭な体系をもたなかった五経の学問に、更に易の一経を増して、六経を通貫する思想体系を作ろうとする機運を醸製して、次に起る経学時代の準備と成ったことは注意すべきである」と述べる。この文章は曖昧な表現に終始していて、易が儒家の経典となった時期を明言しないが、前二一三年の焚書より後、秦漢交代期か漢代に入ってからと考えているのであろう。

金谷治『秦漢思想史研究』（一九六〇年・日本学術振興会）第四章「秦漢儒生の活動（下）」第二節「『易傳』の思想」

は、「『易』が儒生に利用されて大はばに増補整備され、ついに儒家の経典とも考えられるようになったのは焚書以後のことだとしてほぼ誤まりがなかろう」とか、「『易傳』の成立が長い間にわたって多くの手をへてできたものに相違ないが、儒家の経典として整備されたのはおおよそ秦から漢初へかけての時代で、その際、全般にわたって大はばな改修が加えられたであろうということである」と述べて、『易』が儒家の経典となった時期を、やはり焚書以後、秦漢交代期か漢代に入ってからと考えている。

また「道徳の基礎を「人に忍びざるの心」というような内的な心情に止めないでさらにその形而上学的根拠を求め、それを宇宙自然界の統一的な秩序に見出して、すべての人間生活の規範をそこにとることによって整斉たる道義的統一世界の理論を追求したのが、この期の儒生の哲学的な動きであったといえるようである。それが新しい政治的大統一の時代に対応するものでもあったことは、いうまでもない。『易傳』の作者たち、とりわけてその繋辞・文言の中心的な作者たちは、そうした気運のなかで、『易』こそはそのような宇宙自然界の秩序を最も適切に具象化したものであり、さればこそ聖典として永世にわたる人生規範の書である、と強調した。『易』が経典となったのは、この意味においてのことである」とも説く。すなわち、人間社会の倫理に宇宙・自然界の統一的秩序といった形而上学的根拠を与え、秦・漢といった統一国家成立の時勢に対応しようとしたところに、儒家が『易』を経典化した原因があったとする主張である。

以上紹介したのが、『易』が儒家の経典になった時期に関する代表的な説で、論者によって少しずつ結論を異にするが、始皇帝の焚書以降、漢初の時期までとするのが多い。そしてこれが、学界の通説となってきたのである。だが郭店楚簡『六徳』や『語叢』一の発見によって、これまでの通説は根本的に覆されることとなった。

『六徳』には、「諸を詩・書に観れば則ち亦た在り。諸を礼・楽に観れば則ち亦た在り。諸を易・春秋に観れば則ち亦た在り」と、詩・書・礼・楽・易・春秋の名称が見える。これは先秦の儒家が経典とした「六経」の内容と完全に一致する。これによって『六徳』が著作された戦国前期（前四〇三～前三四三年）には、儒家がすでにこれら六種の典籍を経典視していたことが判明したのである。

さらに『語叢』一にも、「易は天道と人道を会《あつ》むる所以なり」「詩は古今の志を会むる所以なり」「春秋は古今の事を会むる所以なり」といった記述が見える。こうした記述は、『語叢』一が著作された当時、儒家が易・詩・春秋を自分たちの経典としていた状況を物語る。[1]

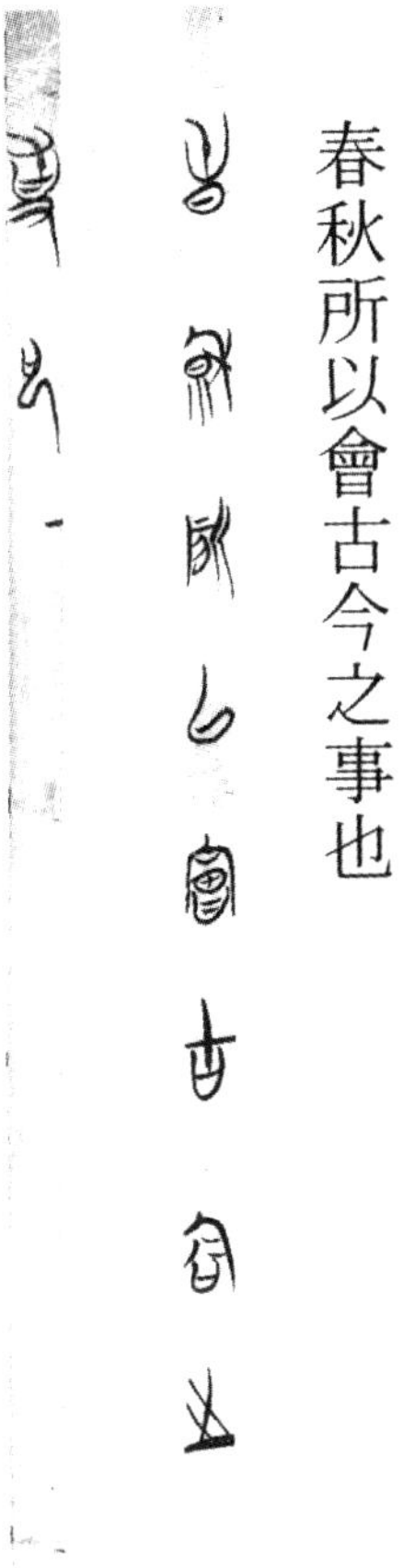

郭店楚簡『語叢』一

また『易』そのものの成立時期に対しても、上博楚簡は大きな知見をもたらした。上博楚簡の中には、『易』が五十八簡、三十五卦分含まれていた。この上博楚簡『周易』は、簡頭から卦画・卦名・卦辞・爻名・爻辞が連続する構成を示しており、その文章は伝世の『周易』のテキストと基本的に一致する。

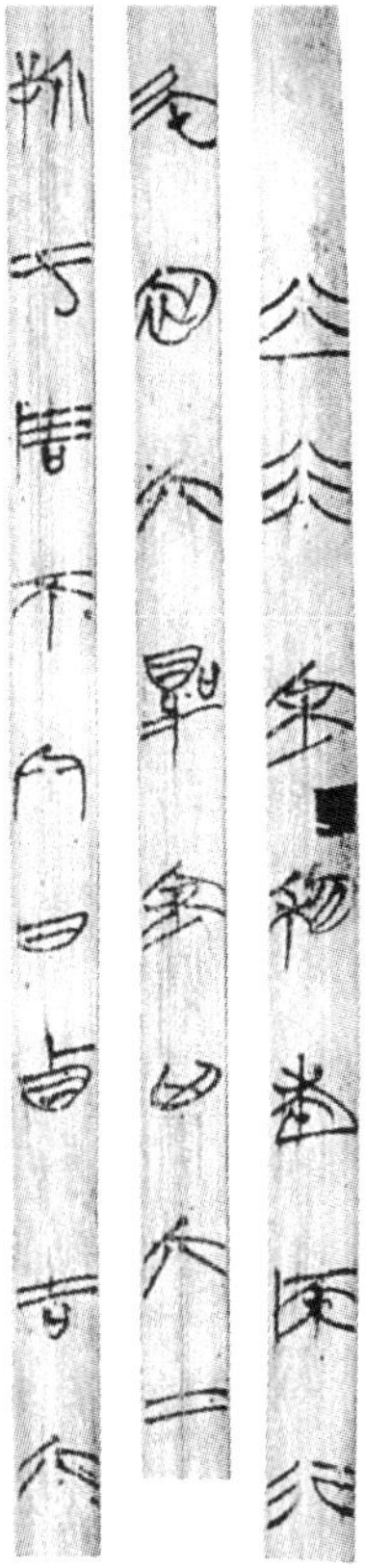
上博楚簡『周易』

近藤浩之氏は、「今の形の易が成り立つたのは極く大まかにいつて、戰國時代であることが、ほゞ推測せられる。もう少し狹めていふと、その中ごろ以後ではあるまいかと思はれる」と、今の形の『易』が成立した時期を戦国中期以後だと推定した津田左右吉の説を踏襲して、戦国中期以前にはまだ卦名が存在していなかったとか、卦辞や爻辞が定型化し始めたのは戦国中期末以降で、戦国最末までの間に急速に定型化したのではないかとする見解を提出した。(2)

だが戦国中期（前三四二〜前二八二年）の楚墓から、伝世本とはとんど同じ内容の『周易』が発見されたことにより、遅くも戦国前期には、伝世本と大差のない形で『周易』が存在していた状況が判明したのである。したがって津田説や近藤説が成り立つ余地は完全に消滅したと言える。

さらに『易伝』の成立に関しても、新出土資料の発見は従来の見方に根本的な変更を迫っている。馬王堆三号漢墓より出土した帛書『周易』には、二三子問・繫辞・要・易賛・繆和・昭力などの『易伝』が付いている。帛書『易伝』は、今の十翼とは大きく内容が異なり、両者に共通するのは繫辞伝のみである。帛書『周易』が出土した馬王堆三号漢墓の造営時期は、前一六八年、前漢文帝の前元十二年である。そこで帛書『周易』が書写された時期は、前二〇二年の漢帝国成立後ほどない時期と考えられる。とすれば帛書『周易』が附載する『易伝』は、遅くも戦国後期（前二八一〜前二二一年）には著作されていたと見なければならない。

この点から考えて、「繫辭文言は中庸の後半と略〻同じ頃の文章であらう」として、繫辞伝の成立時期を始皇帝の統一後とする武内説や、「『易傳』の成立が長い間にわたって多くの手をへてできたものに相違ないが、儒家の経典として整備されたのはおおよそ秦から漢初へかけての時代で」とか、「それが新しい政治的大統一の時代に対応するものでもあったことは、いうまでもない。『易傳』の作者たち、とりわけてその繫辭・文言の中心的な作者たちは、そうした気運のなかで、『易』こそはそのような宇宙自然界の秩序を最も適切に具象化したものであり、さればこそ聖典として永世にわたる人生規範の書である、と強調した」と述べて、繫辞伝の成立時期を秦漢交代期とする金谷説などが成り立つ余地は、ほとんど消滅したと言わざるを得ない[3]。

このように『易』が儒家の経典となった時期を、前二一三年の焚書以降、漢初までの間としてきた従来の通説は、そのすべての論点にわたって、もはや成り立たないことが明白となった。それでは次に、『春秋』に関しても若干触れて置くことにしよう。

上述したように、郭店楚簡『六徳』や『語叢』一の記述によって、戦国前期から『春秋』がすでに儒家の経典とされていた状況が確認された。我々は「孔子は懼れて春秋を作る」（『孟子』滕文公下篇）とか、「孔子曰く、其の義は則ち丘窃かに之を取る」（『孟子』離婁下篇）といった孟子の発言によって、孟子の時代、すなわち戦国中期には、『春秋』が儒家の経典となっていたことを知っていた。郭店楚簡の発見は、それを改めて裏付けたのである。

したがって、『春秋』は前三三八年以後、斉の王権正統化理論として作られたとする平勢隆郎氏の一連の研究もまた、郭店楚簡の発見によって、全く成り立たないことが証明されたのである[4]。そもそも平勢説は、戦国中期には周王と斉・魏・秦・韓・趙・燕・中山・宋・楚・越の十一王が並び立ったが、いずれも自らを唯一の天子だと考えて正統性を主張し合い、相互に正統抗争を繰り返したとする前提に立つ。称王した戦国諸侯が自らを天子だと考えたというのは、自国を王朝だと認識したというのと同じ意味になる。しかるにその当時、周王朝は現に存続していた。現に周王朝が存在し、都の洛陽に天子がいるにもかかわらず、称王した戦国諸侯が、自国を王朝だと認識する事態は起こり得ない。事実、天子とは洛陽にいる周王を指すというのが当時の共通認識であって、前記の十国が自国を王朝だと主張したことを示す歴史資料は何一つ存在しない。

もし前記十国が、周王朝の存在を一斉に否定して、自らを唯一の天子だと考えて抗争したとすれば、それは「正統」抗争にはならない。誰が正統かをめぐって抗争できるのは、正統か否かを判定できる基準が、当事者間の共通認識として諒解されている場合に限られる。しかも「正統」とは、継続・継承を前提とした価値概念であり、正統抗争とは、言い換えれば後継者争いなのである。十一王は、いったい何の正統をめぐって抗争したというのか。十一王は、いったい誰の後継者たらんとして抗争したというのか。

周王を含む十一王は、自分こそ周の正統な天子だと主張し合って抗争したのか。そんな馬鹿げたことはあり得ない。十一王は、周王朝の存在を無かったことにし、周王朝を飛び越して、自分こそ夏王朝や殷王朝の正統な後継者だと主張し合って抗争したのか。これまた馬鹿馬鹿し過ぎてあり得ない。

もし周王朝はすでに廃絶されたと宣告して、周王朝の後釜を狙って抗争したのだとすれば、それは王朝を自称する十国による、新王朝樹立の抗争ということになる。この場合は、後に秦がそうしたように、軍事力によって他国を征服し続け、自分以外の王朝を名乗る勢力を一掃することが先決である。武力による統一が達成されないのに、屁理屈をこねる宣伝活動に熱を入れるのは、議論倒れでほとんど無意味であるが、仮にそれをしたとしても、それは自己の行為の「正当」化でしかあり得ない。周王朝最後の天子から禅譲されたとする形でも取らない限り、そこに継続・継承の概念は存在し得ないからである。周王まで含んだ十一王が抗争したというのであれば、禅譲による継続性の偽装は不可能であるから、「正統」抗争は全く不可能で、せいぜい「正当」化競争にしかならない。

そもそも戦国中期に周王朝が廃絶された史実もなければ、周王朝はもはや滅亡したと宣告し、自ら周に取って代わる新王朝の創立を宣言した諸国家が並立した史実も一切ないのであるから、平勢説は事実無根の虚構から出発しているのであり、話の第一歩からしてすでに成り立っていない。平勢氏本人も、師説に追従する信奉者たちも、誰一人として何の正統をめぐって抗争していたのか説明できない。正統抗争、正統抗争と吹聴して置きながら、それが何の正統なのか説明できないのでは、全くお話にならないであろう。

平勢説とは、覇者体制の構築を目指す有力諸侯間の主導権争いとそれに伴う箔づけ行為を、自分だけが唯一の天子だと主張する正統抗争だと錯覚・誤認した間抜けな勘違いに過ぎない。[5]出発地点からして、すでに滑稽な勘違いである以上、その余が誤謬と牽強付会の連続であるのは論を俟たない。一人二役の猿芝居を演じ、おちゃらけでかわそうとしようが、一片の資料的根拠もないまま、ひたすら妄想を書き連ねようが、そんな姑息な欺瞞行為で、虚偽を真実だと言いくるめることなど不可能である。[6]郭店楚簡『六徳』や『語叢』一の記述は、新出土資料の方面から、平勢説が単なる妄想に過ぎない事実を証明する鉄証である。

次に新出土資料と『礼記』及び『大戴礼記』の関連について紹介してみる。郭店楚簡と上博楚簡には、それぞれ『緇衣』が含まれている。新出の『緇衣』と伝世の『礼記』緇衣篇との間には、かなりの異同が見られるが、両者は基本的に同一の文献である。

戦国楚簡中に『緇衣』が含まれていた事実は、古代中国思想史研究にどのような影響を与えるであろうか。武内義雄『易と中庸の研究』第五章「子思学派思想の展開」二「子思子語録の教――「忠敬」」は、「果たして然らば表記・緇衣・坊記の三篇は、中庸の本書と中庸説との中間に位して「中」の道徳説から「誠」の哲學に展開する子思學派の思想發展の過程を物語るものといふことができる」と、『礼記』の中庸・表記・緇衣・坊記の四篇を、もともとは「子思子」の一部であった子思学派の著作と推定した上で、中庸篇を「中庸」を主題とする前半（「中庸本書」）と「誠」を主題とする後半（「中庸説」）に二分し、「中庸本書」（戦国前期）→表記・緇衣・坊記三篇（戦国末・秦初）→中庸説（始皇帝の統一後）とする図式を提示した。

だが郭店楚簡『緇衣』や上博楚簡『緇衣』の発見によって、武内説の図式の二番目は完全に破綻することとなった。『緇衣』は遅くとも戦国前期にはすでに成立していたことが明白となったからである。したがって武内説の図式は、その全体が成り立たないとしなければならない。

武内説は前掲の図式に基づきつつ、儒家が『易』を経典視した時期との関連から、儒家が『易伝』に見られるような形而上的思索を開始した時期を、戦国末から秦の始皇帝の時代に求めたのであるが、この『易と中庸の研究』の結論もまた、成立不可能だと言わざるを得ない(7)。

さらにまだ写真や釈文は公開されていないが、上博楚簡中には『武王践阼』と『曾子立孝』の両篇が含まれている。この両篇は、『大戴礼記』の武王践阼篇・曾子立孝篇と基本的に重なる文献である。そもそも『礼記』と『大戴礼記』は、前漢武帝期に河間の献王が収集した「礼記」、『漢書』芸文志が記す「記百三十一篇」に由来する。したがって、「献王の得る所の書は、皆古文先秦の旧書にして、周官・尚書・礼・礼記・孟子・老子の属あり」とする『漢書』河間献王伝を信ずれば、『礼記』も『大戴礼記』も「古文先秦の旧書」だったことになる。

だが疑古の風潮は、この古伝承にも疑惑のまなざしを向けた。武内義雄「儒学史資料として見たる両戴記」（一九二六年・『内藤湖南博士還暦祝賀支那学論叢』、後に『武内義雄全集』第三巻・一九七九年に収録）は、『礼記』の孔子閒居篇と仲尼燕居篇、『大戴礼記』の王言篇は、『韓詩外伝』に似ているので漢初の成立だろうと推測した。だが上博楚簡の中に、『礼記』孔子閒居篇と重なる『民之父母』が含まれていたことによって、武内説は物理的に成り立たないことが実証された。

これまで『礼記』と『大戴礼記』については、『漢書』河間献王伝を始めとする古伝承を疑って、大学篇や中庸篇を含む大半の篇を漢初の成立と考えるのが通説であった。しかし『礼記』中の二篇（緇衣・孔子閒居）と『大戴礼記』中の二篇（武王践阼・曾子立孝）が戦国中期の楚墓から出土したことにより、逆に『礼記』と『大戴礼記』の大部分が先秦の古書である可能性が高まってきている。『礼記』や『大戴礼記』の諸篇を、さしたる根拠もなく漢代の著作としてきた従前の思想史研究は、今後大幅に見直す必要があろう。

郭店楚簡については、その全容が公開されて以来、夥しい数の研究が発表されてきている。とりわけ多くの研究者の注目を集めたのは、『性自命出』であった。それは『性自命出』が、「凡そ人は性有ると雖も、心は志を奠《さだ》むること亡く、物を待ちて而る後に作り、悦ぶを待ちて而る後に行い、習うを待ちて而る後に奠まる。喜怒哀悲の気は性なり。其の外に見わるるに及ぶは、則ち物之を取ればなり。性は命より出で、命は天より降る。道は情に始まり、情は性より生ず」と、「天」「命」「性」「道」「情」などのタームを用いて、人の本性に関する形而上的思索を展開しており、その思考形態が「天の命ずる之を性と謂い、性に率う之を道と謂い、道を修むる之を教と謂う」とする『中庸』と、極めてよく似ていたからである。そのため『性自命出』と『中庸』が説く人性論の共通性と差異について、さまざまな角度から膨大な研究が蓄積されてきたのである。

もとより『性自命出』と『中庸』がよく似た思考を共有しているからといって、両者が同一の文献だなどと言った人間は一人もいないのであって、もともと両者が別々の文献である以上、仔細に検討すれば、そこに各種の違いが見出されるのは当たり前である(8)。『中庸』に比較して、『性自命出』の側に外部からの後天的修養を重視する性格が強く見られ、それが荀子の「性僞之分」の先蹤と見られることなどは、すでに多くの研究者の指摘するところである。

そうした違いがありながらも、『性自命出』と『中庸』の関係が注目されるのは、両者が共通のタームを使用しつつ、人の本性に関する形而上的思索を展開するとの、大きな共通性を示すからである。これまでは、儒家がそうした形而上的思索を開始できたのは、『老子』を始めとする道家思想や『易』の影響を受けてから後のことだと考えられてきた。しかも儒家が『易』を自分たちの経典に取り込んだのは、始皇帝による「挾書之律」の施行や焚書が行われて以降のことだとされるとともに、『老子』の成立時期も孟子より後で、遅ければ漢初まで降るとされてきた。その結果、儒家が『中庸』後半を著作した時期も、秦とか漢初だと推定されてきたのである。

そもそも武内義雄『易と中庸の研究』が「朱子章本の第二章から二十章の初までが中庸の本書、第二十章五達道を説く部分から三十三章までと、その初に首章を加へたものが中庸説で、本書の解釋敷衍にあたるものであらうと私は考へる」（第三章「子思子の分析」）と説き、金谷治『秦漢思想史研究』第四章「秦漢儒生の活動（下）」第一節が、「第二章から第二十章前半までを古い『中庸』とし、第一章・第十六章と第二十章後半以下とを新しい『中庸説』だと考えたのが、武内義雄博士である。これは単なる想像をめぐらした結果の浮説のようにも思われがちであるが、『中庸』一篇の内容をしさいに吟味すると、このように資料分析を加えて考えることの正しさを認識せずにはおれない」とか、「これらの点を綜合して考えると、分析の細部についてはなお考究の余地もあろうが、内容の二分説は当然承認さるべきで、最近学者の間でもその立場を取る者が少なくない。もはや定説とみなしてよいであろう」などと説く『中庸』二分説こそは、わが国における古代中国思想史研究を誤った方向に導いてきた元凶である。(9)

だいたい『中庸』のような短い篇が、前後百五十年以上の間隔を置いて、古文と今文で半分ずつ書かれるなどということ自体、あり得ない浮説である。郭店楚簡『五行』と馬王堆帛書『五行』が示すように、最初に経部分が書かれ、時を経て経文の意味が分からなくなりかけた後に、説部分が書かれるという場合は、前後二段階にわたって著作される事態が起こりうる。ただしこうした場合は、郭店楚簡『五行』のように経部分だけで単行するテキストと、馬王堆帛書『五行』のように経と説を合わせたテキストとが流布することとなる。(10)

もし『中庸』の前半と後半の成立時期が、百五十年以上も離れていたとすれば、前半だけのテキストと、前半と後半を合わせたテキストの双方が流布したはずである。しかも後半が成立したのが始皇帝による統一後だとなれば、それより百五十年も前に成立していた前半のみのテキストの側が圧倒的に数が多かったはずで、河間の献王が収集した『礼記』のように漢初に伝わったテキストは、古文で記された前半のみのテキストであった可能性が高いであろう。しかるに漢代に前半のみのテキストが存在した形跡は全くないのである。

しかも『中庸』の後半とされる部分は、『五行』の説部分のように、前半の個々の文章を解説する形式にはなっていない。おまけに郭店楚簡『緇衣』や上博楚簡『緇衣』は、基本的に伝世の『礼記』緇衣篇と同一の文献であり、上博楚簡『民之父母』と『礼記』孔子間居篇の関係も同様である。したがって前半を子思ないしその門人の著作、後半を秦代の子思学派の著作とする形の二分説は、到底成り立たない。この誤った構図から抜け出さない限り、古代思想史の俯瞰図を正しく描き直すことはできないであろう。

今回、戦国中期の造営である郭店一号楚墓から『性自命出』が発見されたことにより、儒家が遅くも戦国前期の段階から、人性論に関する形而上的議論を展開できていた状況が明らかになったのである。すでに戦国前期の儒家に、そうした形而上的思索が可能だったのであれば、『中庸』の最終的な成立時期を秦や漢初まで引き下げるべき論拠は消滅するわけで、『中庸』の成立時期を戦国前期と想定しても、思想史的に何ら不自然ではないということになる。

『性自命出』は上博楚簡の中にも含まれていて、こちらは『性情論』と命名されたが、両者は基本的に同一の文献である。ただし両者の間には、文章の排列などにかなりの異同が見られる。戦国中期の段階で、すでにこうした別系統の異本を生じていた現象は、その流伝がかなり長期にわたった可能性を示唆する。この点も、儒家が早い段階から性に関する形而上的思索を開始していた状況を物語るであろう(11)。

新出土資料と儒家の関係については、さらに天人相関思想の問題を取り上げる必要があろう。上博楚簡の中には、『魯邦大旱』と命名された文献がある。「魯邦に大旱あり。哀公孔子に謂わく、子は我が為に之を図らざるか」と大旱魃への対応策を諮問された孔子は、「邦に大旱あるは、乃ち諸を刑と徳とに失うこと毋からんか」と答える。この刑と徳とは、上天が君主に降す刑罰と恩賞の意味で、『魯邦大旱』の思想は、有意志の人格神である上天が、君主の為政の善悪に応じて賞罰を降すとの天人相関思想だと言える。

だが一方で『魯邦大旱』は、「如し夫の刑と徳とを正して、以て上天に事うれば、此れ是なるかな。若し夫の珪璧・幣帛を山川に薆《かく》すこと毋きも、乃ち不可なること毋し」と、山川に供物を捧げて降雨を祈る雨乞いの祭祀に対しては、その有効性を全面的に否定する。これは、上天の権威自体は承認して天人相関の枠組みを維持しながら、巫術を用いて上天や山川の神霊に働きかけようとする方法のみを否定する思想である。

巫祝の巫術を恃む政治から、君主の徳を重視する政治への転換を説き、上天や上天が管轄する天道に働きかけられるのは君主の徳だけだとする形で、もともと最高の巫祝であった君主に、上天や天道に対する神通力を回復させ独占させようとする動きは、鄭の子産、晋の叔向、斉の晏嬰など、貴族として君主を補佐する賢人政治家が活躍した春秋後期、前六世紀に興った新たな思潮である。一方で刑徳論によって天人相関思想の枠組みを維持しながら、他方で宗教的祭祀を否定するという『魯邦大旱』の思想構造も、こうした流れを受けたものであろう[12]。

これとの関係で興味深いのは、上博楚簡『柬大王泊旱』の内容である[13]。『柬大王泊旱』は、「柬大王は旱を泊《とど》めんとし、亀尹羅に命じて大夏に貞《うらな》わしめ、王自ら卜に臨む。王、口に嚮いて立つに、王は滄《さむけ》して……に至る」と、楚の簡王（在位：前四三一～前四〇八年）が、楚を襲った大旱魃が止むよう、郢の近くで漢水と江水が合流する大夏（江夏郡・雲杜県・夏水）の地で、雨乞いの祭祀を行うところから話が始まる。簡王が太陽に向かって祭祀を始めようとしたとたん、日光から遮断された王はにわかに悪寒に襲われる。

「亀尹は王の日より遮られて疥を病み、儀《ようす》の愈いよ突《ふか》きを知る。贅尹《ばいいん》も王の病の勝《さか》んなるを知る。亀尹は速やかに卜して」と、亀尹と贅尹は王がかなりの重病にかかった事態を察知する。そこで亀尹は、亀卜によって王の病気の原因を探ろうとする。その結果、「膚中に成す者は、名山・名渓の楚邦に祭られんと欲する者有ること無からんか。当に謐《ひそ》かに之を大夏に卜し、如し表あらば、将に之を祭るべしと」と、亀尹は贅尹に対し、王の皮膚病の原因は、楚国に祭祀されないのを怨む名山・名渓の祟りではないかとの占断を告げ、密かに大夏に卜して、もし表徴が現れるようであれば、名山・名渓の神々を祭祀の対象に加えるべきであると提案する。

そこで、「藚尹は許諾す。謐かに之を卜するに表あり」と、亀尹が占ってみると、果たせるかな表徴が現れたので、藚尹はその次第を王に報告する。すると王は、「王曰く、如し表あらば、速やかに之を祭らん。吾は瘙にして病を鼠《わずら》えり」と、直ちに該当する神々を祭祀して、病の原因を除去するよう命ずる。

ところが藚尹は、「藚尹答えて曰く、楚邦に常有り。故に楚邦の鬼神の主の為にするも、敢えて君王の身を以てせず」として、王の意向に反対する。楚国には祭祀に関する常法があり、それに基づけば、祭祀は楚国の鬼神の主のために行うのであって、君主一身のために祭祀するとの作法は存在しないというのが、その反対理由である。さらに藚尹は「鬼神の常を変乱すれば、故ち夫の上帝・鬼神・高明は……」と述べて、祭祀の常法を勝手に改変したりすれば、上帝・鬼神の罰を受けるだろうと戒める。

「……安んぞ敢えて祭を殺《はぶ》かん。君王の身を以て祭を殺くは、未だ嘗て有らず」といった記述から判断すると、このときの祭祀の変更は、単に従来祭られていなかった山川を祭祀の列に追加するに止まらず、これまで祭られていた対象を一部除外して、祭祀対象を入れ替える形であったと考えられる。だからこそ藚尹は、楚の常法を乱すものだとして、強硬に異議を唱えたのであろう。

だが王は、「王以て藚尹高に問う。不穀は瘙《かゆみ》甚だしく、病むこと驟《はや》くして高山・深渓を夢みたり」と、夢に高山・深渓を見たことを盾に意見を変えず、鼓を打ち鳴らしながら夏水を渉り、名山・名渓を新たに祭祀の対象に加える意志を神々に告げてはどうかという臣下の提案に同意し、それを実行しようとする。

ところが、「王は諾し、将に鼓して之を渉らんとす。王は参闔の未だ啓かれざるを夢みる。王は以て相屡と中余に告ぐ。今夕、不穀の夢みること此くの若し。可ならんか」と、王は宮殿の三つの闔門が開かない夢を見る。門が開かなければ、鼓を打ち鳴らしながら夏水を渉り、神々に告知できないのではないかと不安になり、王は相屡と中余に対応策を尋ねる。すると二人は、「相麼・中余答うるに、君王尚お以て大宰晋侯に問わんか。彼は聖人の子孫にして、将に必ずや……」と、大宰晋侯の意見を求めるよう勧める。

そこで王は、「……鼓して之を渉らんとするに、此れ可ならんか」と、これまでの経緯を説明した上で、対処法を尋ねる。これに対して大宰は、「大宰進みて答うるに、此れ謂う所の旱母なり。帝は将に之に命じ、諸侯の君の治むる能わざる者を修めて、之に刑するに旱を以てせしむ。夫れ旱毌しと雖も、百姓は移りて以て邦家を去らん。此れ君為る者の刑なり」と答える。

上帝は、諸侯でありながら国家をきちんと統治できない君主に対し、配下の旱母に命じて旱魃を起こさせる手段で天刑を降すのだが、今日の事態はまさしくそれだというのである。要は簡王が楚国を統治できていない不始末に対する上帝の怒りなのだから、たとえ旱魃が止んだとしても、それで上帝の怒りが解けるわけではなく、民衆が楚国を捨てて他国に移住するとの天刑を受けるだろうと、簡王に反省を促す。

恐懼した王は、「王は天を仰ぎて後、詨《よ》ばわりて大宰に謂う。一人政を治むる能わざれば、而ち百姓以て絶つか」「歳は安くにか熟すと為すや」と、大宰に善後策を尋ねる。これに応じて大宰は、「大宰答うるに、如し君王、郢を修むれば、高方も然るが若く理まらん」と、まず手始めに国都の郢をきちんと治めれば、遠方の地域もそれに準じて治まるでしょうと提案する。それを受け入れた王は、「王は四郭を修むるを許諾す」と、国都・郢の城郭の修理を命じ、次いで郊外の民衆の様子を視察に出かける。

すると、「三日にして、王又た埜に逗《とど》まる者に吷人有るを見る。三日にして大いに雨ふり、邦は之に漫《ひた》る。駐を発して四疆に蹠《つか》わすに、四疆は皆熟す」と、国政に精勤する簡王の改心ぶりを見て、上帝の怒りも解け、降雨によって国中の旱魃は解消し、駿馬を走らせて四方の辺境を視察させたところ、すべての地方で穀物が実っている状況が確認できたという。

『柬大王泊旱』は全十六簡であるが、脱簡が多数存在すると思われ、その全体構成を復元することは不可能に近い。したがって、以上紹介したのは、位置関係が不明だったり、残欠していて文意が不明だったりする部分を捨象して、残された簡から読みとれる範囲内での大意である。

興味深いのは、鬼神の主に対する国家的祭祀と、簡王の皮膚病平癒のための祭祀の軽重が、天秤にかけられている点である。突然の罹患に動揺した簡王は、亀尹の亀卜に従い、「名山・名渓の楚邦に祭られんと欲する者」を祭祀の対象に追加して、祟りを祓おうとする。これに対して贅尹は、先王や祖先神、后土や司命など、楚国全体を守護する鬼神の主を祭祀するのは、国家全体の公的利益のためだから当然だが、君主個人の私的利益のために祭祀の対象を変更するのは、楚国の常法に背反するとして反対する。つまりここには、君主個人よりも国家、私的利益よりは公的利益を優先させるべきだとの考えが、明確に語られているのである。

亀尹と贅尹の立場の違いに託されたこの議論は、祭祀に関する楚国の常法、楚国の伝統を墨守すべきか改変すべきかといった意見の対立で、いわば楚固有の土着的性格の強い議論なのだが、それにもかかわらず贅尹が「鬼神の常を変乱すれば、故ち夫の上帝・鬼神・高明は……」と述べて、祭祀の常法を勝手に改変したりすれば、上帝・鬼神の罰を受けるだろうと戒める点が注目される。すなわち贅尹は、土着的性格の強い議論に中原の上天・上帝信仰を持ち出してきたのである。『柬大王泊旱』の結論から言えば、このときの簡王の主張は否定され、贅尹の主張の方が肯定されていることになる。とすれば『柬大王泊旱』は、中原の上天・上帝信仰を論拠に楚国の伝統維持を訴える主張に軍配を上げたわけで、楚が受容した中原の上天・上帝なる神格が、すでに楚の神々の守護神としての地位を獲得していた状況を伝えている。

もう一つ興味深いのは、大宰の発言である。大宰は楚が旱魃に見舞われた原因を、簡王が楚国をきちんと統治していない失政に対し、上帝が降した天刑だと説明する。これは先に紹介した『魯邦大旱』の思想構造と全く同じで、山川の祟りだとした上で、巫術を用いて山川の神霊に働きかけようとする巫祝の言を否定して、災害の原因を君主の為政の是非に還元する思想である。

災害を人格神たる上天・上帝が天子の失政を咎めて降した大罰だとするのは、中原に定着していた上天・上帝信仰に基づく解釈で、その古い形態は『詩経』や『書経』の中に保存されている。『詩経』や『書経』に見える上天・上帝信仰では、失政を咎められて災殃を降されるのは、もっぱら天下の君主たる天子である。しかるに『魯邦大旱』では、旱魃は上天が魯の哀公の失政に対して降した天刑だとされ、『柬大王泊旱』においても、旱魃は上帝が楚の簡王の失政に対して降した天刑だとされている。上天・上帝→王（天子）といった元来の構図が、上天・上帝→諸侯といった図式にまで拡大解釈されることによって、上天・上帝信仰が一国統治のレベルにまで応用されているのである。「帝は将に之に命じ、諸侯の君の治むる能わざる者を修めて、之に刑するに旱を以てせしむ」との大宰の発言は、こうしたレベルの引き下げを明言している。

と当時に大宰の発言もまた、楚が受容した中原の上天・上帝信仰に基づく君主論・統治論が、楚の土着的議論を超越した権威を獲得していた状況を物語っている。「大宰、陵尹に謂う。君は入りて僕の言を君王に語れ。君王の瘙《やまい》は今日より以て瘥《い》えんと」とか、「君王の病は将に今日より以て已《い》えん」といった大宰の発言からすると、国政に精勤する簡王の改心ぶりを見て、上帝が旱魃なる天刑を解除するとともに、王の皮膚病も消えたとする筋書きだったと思われる。とすれば、王の皮膚病の原因は祭祀されていない山川の祟りだとする亀尹と、それに従って祭祀の対象を入れ替えようとする簡王、楚の伝統を乱すとしてそれに反対する釐尹といった三者の対立関係も、旱魃は上天が簡王の失政に対して降した天刑だとの理解にさえ到達すれば、天刑の解除に伴って自ずと解消するとの構図が描かれていることになる。結局は大宰が説く上帝と簡王の関係こそが問題解決の基軸なのであり、前記三者の意見の相違も、所詮は二義的な意義しか持っていなかったことになる。やはりこうした構成も、中原より受容した上天・上帝信仰に基づ

図Ⅰ

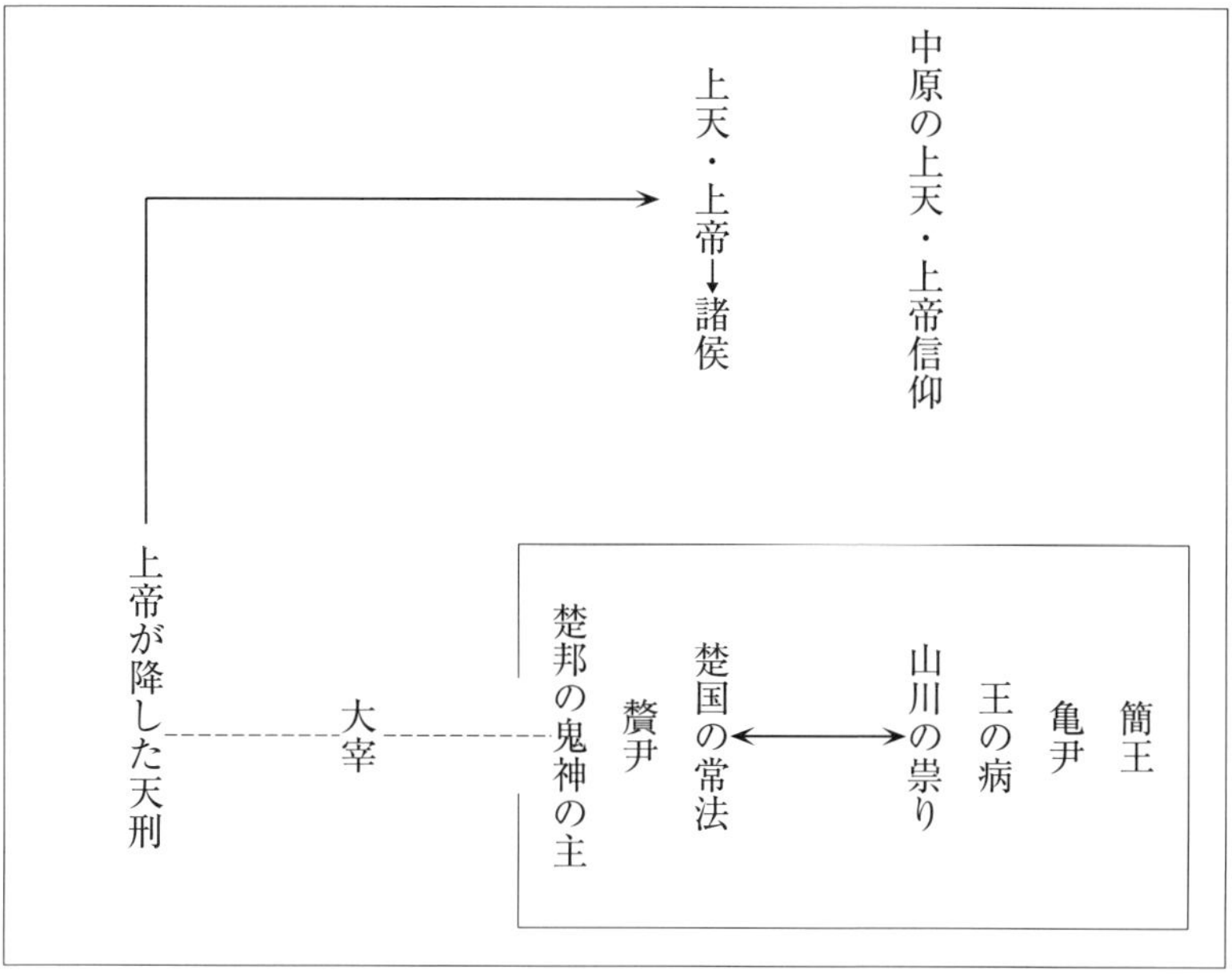

く君主論・統治論が、楚の土着的議論を超越した権威を獲得していたことを示すものであろう。（図Ⅰ参照）

『魯邦大旱』はもとより斉・魯といった山東地方で著述された文献であろう。『魯邦大旱』とよく似た話は、『晏子春秋』晏子諫・第十五「景公欲祠霊山河伯以祷雨」にも見えており、もともとの話型は中原で形成されたものであろう。(14) これに対して『柬大王泊旱』は、楚で著作された現地性の文献と推定される。内容が楚の簡王と臣下たちの物語であることが、その最大の理由であるが、話の作り方も『魯邦大旱』と『柬大王泊旱』とでは大きく異なっている。『魯邦大旱』の場合、登場人物は哀公・孔子・子貢の三人、場面は魯の朝廷と曲阜の街角の二つで、物語を構成する上で必要最小限度の要素に絞られている。

これに対して『柬大王泊旱』の側は、簡王・亀尹羅・贅尹高・大宰晋侯・相屡・中余の他に、「大宰起ちて之に謂う。君らは皆楚邦の将軍なるに、色を作して廷に言う」「陵尹・贅尹は皆其の言を紿《うたが》い、以て大宰に告ぐるに、君は聖人にして且つ良く長ぜり」「……安んぞ敢えて祭を殺かん。君王の身を以て祭を殺くは、未だ嘗て有らずと。王は入りて以て安君と陵尹子高に告げ」「大宰、陵尹に謂う。君は入りて僕の言を君王に語れ」「令尹子林、大宰に問う」「相󠄁・中余と五連少子、及び寵臣は皆逗まり」と、将軍・陵尹子高・安君・令尹子林・五連少子・寵臣などが続々と登場してくる。登場人物の頻繁な交替に伴い、場面もまためまぐるしく切り替わって、全体はかなり複雑な構成を呈する。

このように楚特有の官職名を冠した臣下たちが入れ替わり立ち替わり登場し、場面が次々に転換する構成は、斉・魯といった山東地方で成立した文献には見られない独特のスタイルで、『柬大王泊旱』が楚で著作されたことを裏付けている。

これに似た現象は、上博楚簡『昭王毀室』にも見える。(15)「卲王は室を死湑の滸《ほとり》に為る。室既に成りて、将に之を落せんとす。王は邦大夫に誡《つ》げて以て飲酒す。既に釁して之を祭す」と、楚の昭王（在位：前五一五～前四八九年）は、死湑の畔に離宮を造営し、大夫たちを招集して落成式を挙行する。すると、「王入りて将に客《とど》まらんとするに、一君子の喪服にして廷を蹦《こ》え、将に閨に蹠《いた》らんとするもの有り」と、喪服で廷内に侵入し、宮殿の門に向かって進んで行く君子が現れる。

そこで、「稚人之を止めて曰く、君王始めて室に入るに、君の服は以て進むべからず」と、警備の侏儒は、王が初めて離宮入りしためでたい日に、喪服のあなたを通すわけには参りませんとの口上で、これを制止する。だが君子は、「止まらずして曰く、小人の告ぐるや、将に今日に窆《ほうむ》らんとす。尓必ず小人を止めんとすれば、小人は将に寇を召かんとすと。稚人敢えては止めず」と制止を聞かず、是非とも今日中に王に直訴する必要があるのだ、もしお前が私を阻止するのであれば、わしは徒党を引き連れて乱入するぞと脅したので、侏儒は引き下がる。

「閨に至るに、卜命尹陳省、視日為り。告ぐ。僕の母は、君王の不逆なるを辱め、僕の父の骨は、此の室の階の下に在り。僕は将に亡老に殮《おさ》めんとす。……僕の并するを得ざるを以て、僕の父母の骨は私自《みずか》ら敷《わ》かれんとす」と、君子が閨門に至ると、卜命尹陳省が君主への取り次ぎ役として勤務していた。そこで君子は、「よりによって離宮の落成といった王のめでたい日に私の母が亡くなったのだが、私の父の遺骸は離宮の階段の下に葬られている。私は母の亡骸を亡父の傍らに合葬したいと願っている。もし私が合葬できなければ、父母の遺骸はこのまま別れ別れになってしまう」と事情を説明して、王への取り次ぎを求める。

ところが「卜命尹之れが告を為さず」と、卜命尹は取り次ぎを拒否する。すると君子は、「君、僕が告を為さざれば、僕は将に寇を召かんとす」と、侏儒に対したのと同様、徒党を率いて乱入するぞと脅迫する。「卜命尹は為に之を告ぐ」と、やむなく王に取り次いだところ、昭王は「……曰く、吾は其れ尓の墓を知らざるなり。尓何ぞ須《ま》たんや。既に格《いた》らば焉に事に従え」と、父母を合葬したいとの君子の願いを聞き入れ、直ちに埋葬に取りかかるよう促す。

ついで昭王は、「王は居を平漫に徙し、卒に大夫を以て平漫に飲酒せしめ、因りて至俑に命じて室を毀《こぼ》たしむ」と、平漫の離宮に居を移し、参集していた大夫たちをも平漫に移動させて、そこで改めて飲酒させるとともに、至俑に命じて墓地の上に築いた離宮を取り壊させる。

以上が『昭王毀室』の内容であるが、ここでも昭王・邦大夫・君子・稚人・卜命尹陳省・至俑など多くの人物が登場し、場面も五回ほど転換する。『昭王毀室』もその内容から判断して、『東大王泊旱』と同じく楚で著作された現地性の文献と考えられるが、両者の間には話の作り方に強い共通性が見られる。

こうした特徴から、『東大王泊旱』が楚で成立した文献であることは確実といえる。それにもかかわらず、国家を襲う大旱魃を、上天・上帝の君主に対する懲罰・天刑だと解釈する思考、及び上天・上帝の権威自体は承認して天人相関の枠組みを維持しながら、巫術を用いて上天・上帝や山川の神霊に働きかけようとする方法のみを否定して、巫祝の巫術を恃む政治から、君主の徳を重視する政治への転換を説く思考は、『魯邦大旱』と全く一致している。このことは、中原の上天・上帝信仰を一国の君主レベルまで引き下げて国内統治に適用する政治思想が、かなり早い段階から楚に導入された状況を示唆している。

『昭王毀室』に関しても、これとよく似た話が『礼記』檀弓、『晏子春秋』内篇諫下第二・景公路寝台成逢于何願合葬晏子諫而許第二十、『晏子春秋』外篇第七・景公台成盆成活願合葬其母晏子諫而許第十一などに見える。君主が奢侈を極めて楼台を建築すると男が現れ、亡くなったばかりの母の遺骸を、楼台の下に眠る父の亡骸と合葬したいと願い出て許可されるとの話型は、そもそも中原で形成されたものであろう。この種の話型は、君主に対して、自分の贅沢のために庶人の墓地の上に宮殿・楼台を築く行為を戒めるとともに、孝子による合葬の願い出を許可して君主の徳を示すべきである、との教戒を説くためのものであろう。[16]したがって『昭王毀室』の場合も、『柬大王泊旱』と同じく中原の政治思想が楚に導入された事例と考えられる。

ただし留意すべきは、『魯邦大旱』の側が孔子と子貢が登場する明確な儒家系文献であるのに対して、『柬大王泊旱』の側には取り立てて儒家的な色彩が見られない点である。大宰が「聖人の子孫」とか「聖人」と呼ばれている点が若干引っかかるが、「聖人」の内実が儒家思想と関係するのか、それとも土着的思考の産物なのかは、今のところ不明である。

中原で形成された君主論・統治論を取り入れながらも、巧みに翻案して、話の作り方が完全に楚国風のスタイルで統一されている現象は、基盤となっている楚の文化がいかに強力であったかを物語る。『魯邦大旱』は儒家思想を説く目的で、儒家の学団内で作られた文献であろう。だが『柬人王泊旱』や『昭王毀室』は、特定の思想集団の手になる文献とは考えられない。恐らくは楚の朝廷内で、楚の先王たちを顕彰する目的で作られたものであろう。望山楚簡において、「歸玉柬大王、己巳内齋」（望山楚簡一〇六）と、息子の聲王や孫の悼王とともに簡王が祭祀の対象となっていることも、その推測を裏付けるであろう。

楚特有の官職名を冠した臣下たちが多数登場して、それぞれの職掌範囲や情報伝達の経路が示される点や、王が臣下や人民にどう対処したかが主題とされている点は、これらの文献が先王顕彰の目的とともに、太子教育の教材の意味も兼ねていた可能性を窺わせる。『魯邦大旱』と『柬大王泊旱』の話の作り方の違いは、両者の性格的差異に由来するであろう。

そして『柬大王泊旱』や『昭王毀室』に見える中原の君主論・統治論と楚の政府機構の合体は、楚の伝統を強固に維持しながら、その一方で中原文化をも摂取して、中原諸国に対抗せんとした楚国の状況の反映だとも考えられる。また「柬大王は旱を泊めんとし」と王号を称する一方で、「帝は将に之に命じ、諸侯の君の治むる能わざる者を修めて、之に刑するに旱を以てせしむ」と、自らを周の封建体制に属する諸侯と位置づける『柬大王泊旱』の立場も、自らを周王朝に対抗すべき対等な王朝だとは主張しないものの、王であることによって中原の諸侯国よりも上位にあると位置づける、楚の立場の投影であろう。

最後に上博楚簡『内礼』について紹介してみよう。[17]『内礼』は十簡から成るが、完簡が四枚、上下を綴合した整簡が三枚、残欠簡が三枚、附簡が一枚である。第一簡の背に「内礼」と篇題が記されている。行論の便宜上、その全文を段落に分けて示して置く。

A　君子の孝を立つるや、愛を是れ用い、礼を是れ貴ぶ。故に人の君為る者は、人の君の其の臣を使う能わざる者を言うも、人の臣の其の君に事う能わざる者を言うに与せず。故に人の臣為る者は、人の臣の其の君に事うる能わざる者を言うも、人の君の其の臣を使う能わざる者を言うに与せず。故に人の父為る者は、人の父の子を畜う能わざる者を言うも、人の子の孝ならざる者を言うに与せず。故に人の子為る者は、人の子の孝ならざる者を言うも、人の父の子を畜う能わざる者を言うに与せず。故に人の兄為る者は、人の兄の弟を慈しむ能わざる者を言うも、人の弟の兄に承《したが》う能わざる者を言うに与せず。故に人の弟為る者は、人の弟の兄に承う能わざる【者を】言うも、【人の兄の弟を慈しむ能わざる者を言うに与せず。】

B　【故に】曰く、君と言うときは、臣を使うを言うのみ。臣と言うときは、君に事うるを言うのみ。父と言うときは、子を畜うを言うのみ。子と言うときは、父に孝なるを言うのみ。兄と言うときは、弟を慈しむを言うのみ。弟と言うときは、兄に承うを言うのみ。此に反けば乱るるなり。

C　君子の父母に事うるや、私の楽しみ亡く、私の憂い亡し。父母の楽しむ所は之を楽しみ、父母の憂うる所は之を憂う。善なれば則ち之に従い、不善なれば之を止む。之を止むるも可とせざれば、憫みて可とせざるに任せ、死に至ると雖も之に従う。孝にして諫めざれば【孝を】成さず。【諫めて従わざれば、亦た】孝を成さず。

D　君子【曰く】、孝子の食わざるや、腹中に在るが若く巧変す。故に父母は之に安んずれば、己より起こるが如しと。君子曰く、孝子は父母に疾有らば、冠するに力めず、行うに頒《かたひじは》らず、扆《ついたて》に立たず、庶語せず。時味に攻・禁・行して五祀に祝し、剴《あ》たらば必ず益有り。君子は以て其の孝を成す。

E　是を君子と謂う。君子曰く、孝子の父母に事うるや、食の悪しきを以て美しとして之を下し、……君子曰く、悌とは民の経なり。小に在りては争わず、大に在りては乱さず。故に少為りては必ず長の命を聴き、賤為りては必ず貴の命を聴き、人の観《みかけ》に従う。然らば則ち戻より免る。……

F　……□難亡し。姑姉妹を忘るること毋くして、之を遠ざけ敬わば、則ち民に礼有り。然る後に之を奉らば以て準に中る。（附簡）

最初のAには、君―使、臣―事、父―畜、子―孝、兄―慈、弟―承、との関係が設定される。その上で『内礼』は、六者の在るべき姿を提示する。君主の例で言えば、そもそも君主は、臣下の適切な使役を己の職分としている。そこで、他国の君主で臣下をうまく使いこなせていない事例に関しては、我が身を反省する自戒の材料ともなるので、その話題に加わっても構わない。だが他国の臣下で君主にきちんと仕えられない事例に関しては、とかくそれを引き合いに、君主たる自分の責任を棚上げして、臣下に責任を転嫁する方向に議論が流れやすいので、君主はそうした話題に加わってはならない。

『内礼』はこうした主張を、他の五者に対しても同様に適用する。すなわちAの段落で強調されるのは、君臣・父子・兄弟の三種の対において、君・臣・父・子・兄・弟のそれぞれが、自己の本分に専念すべきであるとの主張である。

次のBも、Aと同様の論旨を述べる。君主の立場にある人物と語る場合は、相手の本分である臣下の使役にのみ話題を限るべきであり、臣下の立場にある人物と語るときは、相手の本分である君主への精勤にのみ話題を限定すべきだと言う。Bはこの論理を父・子・兄・弟の四者に対しても同じように適用する。

『内礼』のこの部分と類似する文章が、伝世文献の『大戴礼記』曾子立孝篇に見える。以下に該当部分を示してみる。

（a）曾子曰く、君子の孝を立つるや、其の忠を之れ用い、其の礼を之れ貴ぶ。故に人の子為りて其の父に孝なること能わざる者は、敢えて人の父の其の子を畜う能わざる者を言わず。人の弟為りて其の兄に承う能わざる者は、敢えて人の兄の其の弟に順《おし》う能わざる者を言わず。人の臣為りて其の君に事うる能わざる者は、敢えて人の君の其の臣を使う能わざる者を言わざるなり。

（b）故に父と言うときは、子を畜うを言うのみ。子と言うときは、父に孝なるを言うのみ。兄と言うときは、弟に順うるを言うのみ。弟と言うときは、兄に承うを言うのみ。君と言うときは、臣を使うを言うのみ。臣と言うときは、君に事うるを言うのみ。

Aと（a）は基本的に同じ発想に基づいているが、顕著な違いとしては、Aの側が君・臣・父・子・兄・弟の六者すべての当為を扱うのに対して、（a）の側が子・弟・臣の三者についてのみ当為を記す点が挙げられる。すなわちAが上位者と下位者の双方に対して在るべき姿を示すのに対して、（a）は下位者の在るべき姿しか示さないのである。こうした相違は、Aの側が上位者と下位者を問わない形で人倫の双務性を説くのに対して、（a）の側は下位者の上位者に対する片務的責任のみを説いているかのように見える。

確かにこの範囲にのみ限定すれば、そうした理解も可能となる。ただしBと（b）を比較すると、（b）もBと全く同様に、六者それぞれに対して、対を構成する相手の非を言挙げして責任を転嫁すべきではなく、あくまでも自己の本分に専心すべきだと語られている。またEにおいては、「悌とは民の経なり。小に在りては争わず、大に在りては乱さず。故に少為りては必ず長の命を聴き、賤為りては必ず貴の命を聴き、人の観に従う」と、上位者に対する一方的服従が求められており、この点まで含めて考えると、『内礼』の側が人倫の双務性を主張する立場であるのに対して、『大戴礼記』曾子立孝篇の側は下位者から上位者への片務性を主張する立場で、両者の思想が大きく異なっているとまで断定するのは躊躇される。いまだ内容は公開されていないが、上博楚簡の中には『大戴礼記』曾子立孝篇と重なる文献が含まれており、最終的な判断はそれと『内礼』との比較を俟たなければならない。

Aと（a）の間には、もう一つの違いがある。Aでは、語ってよい話題も、語ってはならない話題も、ともに他国や他家の失態の事例とされている。これに反して（a）では、語ってよい話題の側はなく、他国や他家の上位者による失態の事例のみが、語ってはならない話題として挙げられている。しかも（a）では、Aの語ってよい事例の部分が、「人の子為りて其の父に孝なること能わざる者は」と、他国や他家の失態の事例ではなく、本人の過失となっている。自分自身父に対する孝を実践できていない者が、他家の子を養育できない父親の過失を引き合いに出して、暗に父親がきちんと養育してくれなかったから、自分も父親に孝を行わなくて当然だと匂わせる、責任転嫁の態度を取ってはならないというのである。

他の事例を持ち出す間接的表現により、暗に対を構成する相手の非を指摘し、自己の責任を相手に転嫁してはならないとする発想自体は、Aと（a）に共有されているのだが、Aでは本人に過失があるとの設定がなされていないのに対して、（a）では本人が自己の本分を怠っているとの状況が、前提条件として設定される。つまり（a）では、本人にはそもそも相手の過失を批判する資格がないとの形が取られているのである。

そもそも無資格者は他人を批判できないとする（a）の形の方が、他国の君主で臣下をうまく使いこなせていない事例に関しては、我が身を反省する自戒の材料ともなるので、その話題に加わっても構わないが、他国の臣下で君主にきちんと仕えられない事例に関しては、とかくそれを引き合いに、君主たる自分の責任を棚上げして、臣下に責任を転嫁する方向に議論が流れやすいので、君主はそうした話題に加わってはならないとするAの持って回った言い方よりは、はるかに論理が明快である。そうしたあからさまな論理を、父・兄・君などの上位者に適用することを憚って、（a）が父・兄・君三者に関する記述を敢えて省いた可能性も考えられる。

因みにBや（b）に似た文章は、『儀礼』士相見礼にも次のように見える。

凡そ言は、対するに非ざれば、妥して而る後に言を伝う。君と言うには、臣を使うを言うのみ。大人と言うには、君に事うるを言うのみ。老者と言うには、弟子を使うを言うのみ。幼者と言うには、父兄に孝弟なるを言うのみ。衆と言うには、忠信慈祥を言うのみ。官に居る者と言うには、忠信を言うのみ。

続くCに関しても、類似の文章が『大戴礼記』曾子事父母篇に存在する。

（c）單居離、曾子に問いて曰く、父母に事うるに道有るかと。曾子曰く、有り、愛して敬す。父母の行い、若し道に中らば則ち従い、若し道に中らざれば則ち諫む。諫むるも用いられざれば、之を行うこと己由りするが如くす。従いて諫めざるは、孝に非ざるなり。諫めて従わざるも亦た孝には非ざるなり。孝子の諫めは、善に達するも敢えて争弁せず。（中略）孝子に私楽無し。父母の憂うる所は之を憂い、父母の楽しむ所は之を楽しむ。孝子は唯だ巧変す。故に父母は之に安んず。

父母の非行は断固諫めるべきだが、どうしても聞き入れないときは、たとえ非行であろうとも、父母に付き従うべきだとする論旨は、Cと（c）の双方に共通する。また父母の心を己が心とせよとするCの冒頭部分と類似する文章が、（c）の後の方に見える。なおDに登場する「巧変」の語が、（c）の最後の方にも見えている。

さらにDに関しても、内容的に一部重なる文章が、『礼記』曲礼上に存在する。

（d）父母に疾有らば、冠する者は櫛《くしけず》らず、行くに翔《かたひじは》らず、言うに惰《おこた》らず、琴瑟御せず。肉を食らうも味を変ずるに至らず、酒を飲むも貌を変ずるに至らず。笑うも矧《はぐきみ》せず、怒るも詈らず。疾止まば故《もと》に復す。

文章まで似通っているのは始めの二三句目までで、後半の表現は一致していないが、父母が病気にかかったときに、子の取るべき謹厳な態度を示すとの意図は、両者に共通している。

このように『内礼』と内容的に重なる文章が、『大戴礼記』曾子立孝篇や曾子事父母篇、『礼記』曲礼上、『儀礼』士相見礼など、多くの文献にまたがる形で散見する現象は、基本となる最初の文章が作られた後、さまざまなバリエーションを派生させながら、複数の文献の中に取り込まれていった状況を物語っている。

上博楚簡の『内礼』や『曾子立孝』は、郭店楚簡とほぼ同じ時期、戦国中期の書写とされているから、両者にまたがって基本素材となった文章は、春秋末から戦国前期にかけて作られた可能性が高い。郭店楚簡の儒家系文献に関しても、事情はほぼ同じであったと考えられる。

これまでは、前四七九年の孔子の死後、直伝・再伝・三伝の門人たちの思想活動については、確かな資料がなく、ほとんど不明のままであった。上記の時代は、まさしく彼らの活動時期に該当する。したがって郭店楚簡や上博楚簡の儒家系文献は、孔子から孟子までの空白期間を埋める貴重な手がかりと言える。今後これらの研究が進めば、孔子から孟子に至る儒家思想の展開が、より詳細に解明されるであろう。

二　道家

『老子』は道家の書の代表として、後世に大きな思想的影響を与え続けてきた。『老子』の作者はおおむね老聃とされてきたが、この老聃の伝記そのものがすこぶる曖昧模糊として捉えどころがなく、実在の人物かどうかさえ疑わしい状況であった。そのため『老子』の作者は誰なのか、『老子』の成立時期はいつ頃なのかとの問題は、古来多くの人々の頭を悩ませ続けた謎であった。

ところが近年、この謎を解く手がかりになりそうな発見が相次いでいる。最初の発見は、一九七三年に湖南省長沙馬王堆前漢墓から出土した、甲乙二種の帛書『老子』である。二つ目の発見は、一九九三年に湖北省荊門市郭店の戦国中期の楚墓から出土した甲乙丙三種の竹簡『老子』である。そこで以下、新出土資料の発見がこの問題にどのような知見をもたらしたのかを紹介してみよう。

これまで『老子』の成立時期については、多くの異説が並び立ってきた。『史記』老荘申韓列伝によれば、老子（李耳・老聃）は周王室の図書を管理する史官で、孔子は魯から周の都・洛陽に留学し、老子から礼学を学んだという。この伝承をそのまま信ずれば、老子の活動時期は孔子とほぼ同時期、すなわち前六世紀後半から前五世紀の前半となる。司馬遷はまた、老子は周の衰退を見て西方に姿を消したが、関所の役人の尹喜に懇願され、「道徳経」上下二篇、つまり『老子』五千言を書き残したとも記すから、『老子』の成立時期も、やはり春秋後期となる。これが『老子』の成立時期を最も古く設定する立場である。ただしこれは、『史記』の記述を無批判に信じた場合の説であって、学問的には信憑性に乏しいものとして否定されてきた。

疑古派は当然この説を疑い、さまざまな批判を提起した。梁啓超は「論老子書作於戦国之末」（『古史弁』第四冊・一九三三年）で、『老子』には「仁義」の語が見えるが、仁と義の連称は孟子の専売品であるから、孟子の時代より前に『老子』が存在したはずはなく、「王侯」「侯王」「萬乗之君」とか「取天下」といった語句も、春秋時代の人間にはふさわしくない戦国的用語だとして、『老子』が作られたのは春秋末ではなく戦国末だと主張した。

さらに顧頡剛は「従呂氏春秋推測老子之成書年代」（『古史弁』第四冊）において、『呂氏春秋』には『老子』と似通った文句が多く見えるが、明確に『老子』からの引用とは認めがたく、『呂氏春秋』が編纂された当時（前二三九～前二三五年）には、まだ今の形のような『老子』は存在していなかったのではないかと推測する。その上で顧頡剛は、『老子』と『荀子』の文体は極めてよく似ており、『老子』が書かれた時代は荀子の活動時期に近いとする。彼はこれらを論拠に、『老子』が今の形に定着したのは、早ければ戦国末、遅ければ漢初だと結論づけた。

日本においても江戸時代の儒者・斎藤拙堂は、『拙堂文集』巻四において、仁義の連称は孟子に始まり、『老子』が「大道廃れて仁義有り」（第十八章）とか、「仁を絶ち義を棄つれば、民は孝慈に復る」（第十九章）などと仁義を譏るのは、孟子に反対しようとしたからだとして、老子は孟子より後の人物だと考えた。

また武内義雄『老子の研究』（一九二七年・東京改造社）第四章「道徳経の考察」四「道徳経の内容」は、「道徳経五千言が西暦紀元前二百四十年ごろすなわち周末・秦初の編纂だとすれば、その内容が純然たる老聃の語ばかりでないことも想像される。而してそれが慎到・韓非系の学者の手に出たとすれば、その内特にその派の思想すなわち法家言の混入が多いことも推して知ることが出来るが、現在の道徳経は単に法家言だけでなくさらに外の思想が雑っているように見える」と、法家の言が混じる今の『老子』は慎到・韓非系の学者が伝えたテキストで、その成立時期は前二四〇年頃、戦国末から秦初の間だと推測した。

これに対して津田左右吉『道家の思想と其の展開』（一九二七年・東洋文庫論叢・第八、一九三九年に岩波書店より再版）第一篇「道家の典籍」第一章「老子」は、「仁義が儒家の標語となつたのは孔子よりも後であるとしなければならず、従つて「老子」は孔子時代の制作として認め難いことになる」とか、「孟子の主張に正反對であり、その思想を根本的に覆へさうとする「老子」の説が當時に存在してゐたならば、孟子は必ず口を極めてそれを論難したであらうに、それが見えないのは、仁義を強調して說いたものが孟子であることと參照して、「老子」が孟子よりも後の制作であることを示すものであらう」と、斎藤拙堂の説を踏襲し、『老子』が仁義を排斥したのは、孟子の思想を根本的に覆そうとしたものであるが、『孟子』には『老子』への論難が見えないから、『老子』は孟子より後の成立だと推定する。

さらに木村英一『老子の新研究』（一九五九年・創文社）第二篇「道徳経の原形」序説は、「道徳經編成の材料となつたものは、漢初に道家の學が大きく成立した際、自然にその思想の中心になつたであらうところの、道家の先學中の重要な一人である老聃の遺言、それと襲合して傳はつてゐたであらう所の若干の先學達の遺言、老聃を尊信する人達によつて理想化されて作られた所の、老聃の遺訓としての形を取る教訓、それ等と相襲合して傳誦されたであらう所の俚言や格言等、の集積し混融せる一群の傳誦であつて、それが適當に取捨され整理されて、道家の經典に仕立てられたものが道德經であらうと思はれる。そしてその取捨・整理の工作も、亦必ずしも一人一時の事業と限る事は出來ないであらう」と、『老子』は老聃の遺言や俚言や格言等、多様な材料を漢初の時期に取捨・整理して、道家の経典に仕立てたものであるが、その編成作業も数次にわたり、一人一時の制作ではないとの結論を提示する。

以上紹介した疑古派ないし釈古派の論調は、人ごとに少しずつ論法が異なってはいるが、その多くは『孟子』の内容を重要な判断基準とした上で、『老子』の成書年代の上限を孟子の活動時期（前三二〇～前二九〇年頃）の後に措定するという、大きな共通性を示している。下限の方は論者によって結論がまちまちであるが、遅く見る説では漢初まで下げている。

疑古派ないし釈古派の見解がほとんど通説・定説となっていた状況に対し、帛書『老子』の発見は大きな衝撃を与えた。帛書『老子』は甲本と乙本の二種類あるが、甲本の側がより古い時期の写本と考えられている。それは乙本が高祖劉邦の諱を避けて「邦」字を「國」字に改めるのに対して、甲本は「邦」字をそのまま使用しているからである。これによって甲本が書写されたのは、劉邦が死去して高祖と謚され、「邦」字が諱となった前一九五年以前であったことが判明する。

甲本はもとより多くの写本の一本であって、『老子』の原本ではないから、『老子』の成書年代は高祖の時代（前二

○二～前一九五年）をかなり遡ることになる。したがって、遅ければ漢初と推定した顧頡剛の説や、漢初の編纂とした木村英一説は、物理的に成り立たないことが明白となった。

また郭店楚墓から出土した竹簡『老子』の発見も、『老子』の成立時期をおしなべて戦国中期の孟子より後としてきた通説に対して、大きな衝撃を与えることとなった。竹簡『老子』の甲本・乙本・丙本は、簡式上の差異からそれぞれ別個の写本と考えられる上に、三本を合計しても今の『老子』の五分の二、三十一章分しかない。こうした現象をどう理解すべきなのかについては、原『老子』と呼ぶべきテキストから三種類の抄本が作られたとする見方と、竹簡『老子』は今の形に定着する途上の過渡的テキストだとする見方が対立し、現在も論争が続いている。

筆者は前者の見方、すなわち竹簡『老子』を抄本と見る解釈が妥当だと考える。もし三種の『老子』が抄本ではなく、形成途中の過渡的な姿を示すテキストだと仮定すれば、三本にはコア（核）になる共通部分が存在していなければならない。最初に書かれたコア部分を中心に、二次・三次としだいに増益部分が付け加えられて行き、最終的に今の形に定着したというのであれば、古い時期の写本にはコア部分以外の増益部分が少なく、新しい時期の写本には増益部分が多いとの現象が見られるはずである。しかるに三本の間には、そうした現象が全く見られない。

三本に見られる共通部分は、甲本と丙本に現行本『老子』の第六十四章後半が含まれるという、わずか一例にとどまる。つまり三本の間には、『老子』の原初部分と見なせるような共通部分が、全く存在していないのである。

それでは、ブロック工法のように、『老子』は幾つかの部分ごとに別々に作られ、後にそれらを合体させて完成したとの想定は可能であろうか。もし同一人物が各ブロックの作者なのだとすれば、そうした工法を採用すべき必然性がどこにもない。もし複数の人物ないしグループがそれぞれのブロックの作者なのだとすれば、そこに統一的意図は存在しないから、思想内容は整合性を欠いてバラバラになるはずである。しかもこの場合は、最終的にそれらを合体させる主体すら存在しないことになる。したがって、この可能性も全くないであろう。

そこで竹簡『老子』は、三種類の抄本だとしなければならない。筆写した複数の人物は、すでに存在していた完本『老子』から、それぞれ何らかの意図によって、ある部分のみを抄録したのである。しかも甲本と丙本の共通部分にも、すでにかなりの文字の異同が見られるから、同一のテキストから三種類の抄本が作られたとも考え難く、少なくとも甲本と丙本は別系統のテキストから抄写されたと考えられる[18]。

このことは、前三〇〇年をかなり遡る時期に、すでに何通りかの『老子』のテキストが広く通行していた状況を物語っている。原著が成立してから、転写が重ねられて広く伝播するまでには、相当の期間を要する。したがって、前三〇〇年頃の楚墓から三種類の抄本が出土した状況は、遅くもその五・六十年前には、すでに『老子』が成立していたことを示唆する。ただしこれは、成立時期の下限を最も新しく見積もった場合の想定であり、戦国初頭、さらには春秋末に成立していた可能性すら、完全に否定はできない。

このように見てくると、竹簡『老子』の発見は、孟子以前に『老子』が存在していた可能性を証明するもので、疑古派や釈古派の諸説に致命的打撃を与えたことは疑えない。「『老子』が孟子よりも後の制作であることを示すものであらう」とした津田左右吉説や、『老子』の成立時期を前二四〇年頃、戦国末から秦初の間だとした武内義雄説、『老子』が作られたのは春秋末ではなく戦国末だとした梁啓超の説などが成り立つ余地は、もはや消滅したと言ってよい。

次に新出土資料と比較する必要上、『老子』の宇宙生成論を確認して置こう。『老子』の宇宙生成論はまとまった形で記述されてはおらず、あちこちに散在する形で示される。「大道氾兮、其可左右。萬物恃之而生」（第三十四章）「萬物得一以生」（第三十九章）とか、「道冲而用之或不盈。淵乎似萬物之宗」（第四章）「道生一、一生二、二生三、三生萬物」（第四十二章）と、『老子』は「道」が万物を生じたとする。『老子』は同時に「天下萬物生於有、有生於無」（第四十章）とも言うから、無である「道」から万物が発生してきたことになろう。

だがこうした説明だけでは、なぜ無から有が生じてきたのかといった疑念を招かざるを得ない。そこで『老子』第二十一章では、「道之爲物、唯恍唯惚。忽兮恍兮、其中有象。恍兮忽兮、其中有物。窈兮冥兮、其中有精」と、恍惚・窈冥たる「道」の中に象・物・精などの物質的要素がすでに含まれていて、そのため無から有へと移行したのだと説明される。「故混而爲一」（第十四章）とか「有物混成、先天地生」（第二十五章）などと描写されるように、『老子』の「道」は当初から物質的性格を帯びさせられている。そうしないと、無から有への移行がなぜ生じたのかを説明できなくなるからである。

万物を生成し続ける「道」は、「人法地、地法天、天法道、道法自然」（第二十五章）とか、「萬物歸焉而不爲主。可名爲大」（第三十四章）と、万物発生後の世界をも背後で制御する宇宙の主宰者とされる。このように『老子』で万物の創造主・宇宙の主宰者とされる「道」は、上天・上帝のような有意志の人格神ではなく、観念的に設定された物質的存在である。

これまで宇宙生成論を備える道家思想としては、『老子』があるのみであった。しかし郭店楚簡『太一生水』や上博楚簡『恆先』の発見によって、すでに戦国前期から、宇宙生成論を備える道家思想が、『老子』以外にも複数存在していた状況が明らかになってきた。そこで次に『太一生水』の宇宙生成論を紹介してみよう。

太一水を生ず。水反りて太一を輔け、是を以て天を成す。天反りて太一を輔け、是を以て地を成す。天地【復た相輔け】、是を以て神明を成す。神明復た相輔け、是を以て陰陽を成す。陰陽復た相輔け、是を以て四時を成す。四時復た相輔け、是を以て滄熱を成す。滄熱復た相輔け、是を以て湿燥を成す。湿燥復た相輔け、歳を成して止む。

単純化すれば、ここには太一→水→天→地→神明→陰陽→四時→滄熱→湿燥→歳と展開する宇宙生成のプロセスが示されている。注目すべきは、このプロセス中に、上天・上帝が全く姿を見せない点である。換言すればこれは、上天・上帝抜きの宇宙生成論なのである。『太一生水』において宇宙の主宰者とされているのは、上天・上帝ではなく「太一」である。「太一」が宇宙を主宰する様相は次のように語られる。

是の故に太一は水に蔵《ひそ》み、時に行《めぐ》りて、周くして【成す】こと或り、【生ずるを以て】万物の母と【為】る。一《ある》ときは鈌き、一ときは盈たし、紀ぶるを以て万物の経と為る。此れ天の殺《そ》ぐ能わざる所、地の釐《ふや》す能わざる所にして、陰陽の成すこと能わざる所なり。君子の此を知るは、之を【聖】と謂う。

ここに描かれる「太一」は、「歳を成して止む」と世界の基本構造が完成した後、水中に潜みながら世界中を周行し、「万物の母」「万物の経」として、万物を生成し制御し続ける宇宙の主宰者である。しかもこの「太一」は、上天・上帝のような有意志の人格神ではなく、観念的に設定された物質的な存在とされている(19)。

上博楚簡『恆先』の場合、宇宙生成のプロセスは次のように説明される。

恆の先は無なるも、質・静・虚有り。質は大質となり、静は大静となり、虚は大虚とならば、自ら猒いて自ら忍ばずして、或《わく》作る。或有れば焉ち気あり。気有れば焉ち有有り。有有れば焉ち始め有り。始め有れば焉ち往く者有り。未だ天地有らざれば、未だ行を作すこと有らず。出でて虚静より生ずれば、一為ること寂の若く、夢夢として静同にして、未だ或は明らかならず、未だ或は滋生せず。気は是れ自ら生じ、恆は気を生ずること莫し。気は是れ自ら生じて自ら作る。恆は気の生ずるや、独り与すること有らざるなり。（中略）濁気は地を生じ、清気は天を生ず。気の伸ぶるや神なるかな。云云相生じて、天地に伸盈し、同出なるも性を異にし、因りて其の欲する所に生ず。察察たる天地は、紛紛として其の欲する所を復す。

永遠の恒常性を保つ「恆」なる原初の時期には、宇宙は無だったのだが、質と静と虚の三者だけは、最初から「恆」の中に存在していた。最初は微小だった質・静・虚の三者は、やがて膨張し始める。大質・大静・大虚へと増長した三者は、無の中に封じ込められたままの閉塞状況に不満を抱き、「恆」からの脱出を図る。その結果、「恆」の時期には存在しなかった「或」なる時期が発生する。

「或」の段階に入ると、質に由来する気が虚静より発生してくる。気は自分で生じ、自分で動き回るようになったので、「恆」は気の発生に何ら関与していない。虚静から生じてきた直後の気は、まだ混沌たる未分化状態にあった。そのため、気と表裏一体の関係にある「或」もまた、混沌・未分化の状態に止まっていた。

混沌として一だった気は分化し始め、濁気が地を、清気が天を形成して、天地が剖判する。気はさらに分化・拡延し続け、万物が相生じて天地に満ち溢れる。万物は等しく気から生じたのだが、それぞれに性を異にする。そのため万物は、それぞれ自分が欲する場所を選んで生じてくる。かくして天地は、万物がそれぞれの性の指示に従い、欲求する場所を選択して生成死滅する、慌ただしい空間となった。

以上が『恆先』が描く宇宙生成のプロセスである。留意すべきは、このプロセス中にも、上天・上帝が全く姿を見せず、完全に上天・上帝抜きの宇宙生成論になっている点である。

『恆先』において宇宙の主宰者とされているのは、「恆」である。「恆」が宇宙を主宰する様相は次のように語られる。

天下の作を挙ぐるや、恆に許《き》くこと無くして、其の所を非とすること無し。天下の作を挙ぐるや、其の恆を得ずして果遂すること無し。或を庸《もち》いて之を得るも、或を庸いて之を失う。

ここでは天下に覇者たらんとする諸侯の「作」が、「恆」の許可を得ずに為される非行として明確に否定され、「恆」の在り方を体得せずには、どんなに功業を追い求めても、決して成就しないと語られる。こうした主張から、「恆」が単に宇宙の原初の段階を指すに止まらず、世界が「或」に移行した後も、背後で「或」の世界を制御し続ける、宇宙の主宰者とされていたことが判明する。このように「恆」が宇宙の主宰者としての性格を持つため、「或」のやり方で成功したように見えても、結局は「或」のやり方を用いたために失敗に終わると警告されるのである。そして「恆」も、上天・上帝のような有意志の人格神ではなく、基本的には無でありながら、己の中に質・静・虚を内在させていた、半ば物質的な存在である。[20]

このように見てくると、『老子』『太一生水』『恆先』三者の宇宙生成論には、上天・上帝のような人間の模写としての人格神を宇宙の主宰者とはせず、「道」「太一」「恆」といった物質的な存在を観念的に設定し、ある種の神性を付与して物神化した上で、宇宙の創造主・主宰者に据えるとの大きな共通性が存在している。

宇宙生成論を伴う道家思想は、文明の発達に対して否定的な姿勢を示す。『老子』は「民に利器多ければ、国家滋ます昏く、人に技巧多ければ、奇物滋ます起こる」（第五十七章）「小国寡民にして、什佰に人の器有るも、用いざらしむ」（第八十章）と、文明を発達させる行為は、人間本来の生き方を喪失させるとして批判する。『太一生水』も、「天道は弱きを貴ぶ。成るを省く者は生を益す者なり。強きに伐《ほこ》らば、【死に】責めらる」と、強盛を誇り成功を追い求めるやり方を批判する。また『恆先』も、「凡そ采物多きも、先んずる者には善有り治有りて乱無し。人有れば焉ち不善有り。乱は人より出づ」と、人類による文明の形成に強い批判を加える。

宇宙生成論を伴う道家思想が持つ特色は、中原の上天・上帝信仰との比較によって、より鮮明となる。『詩経』や『書経』では、形象を持たない形而上的存在であり、有意志の人格神である上天・上帝が、天界から地上を支配していると考えられている。この上天・上帝は、人間から身体的要素を取り除いて感情や意志だけを残した、人間を模写した神格である。この上天・上帝信仰においては、世界はすでに存在している所与のものとしてのみ描かれ、宇宙の始原を語る宇宙生成論が思索の対象とされることはない。したがって上天・上帝は、宇宙の創造主ではない。

『詩経』や『書経』が描く世界では、天界の上天・上帝と、地上に君臨する王に統率された群臣・万民といった構図が最初から成立しており、どんなに話を遡らせても、堯・舜・禹の治水事業といった文明の建設や、「天の烝民を生ずるや」（『詩経』大雅・烝民）といった人類誕生の時点までである。

また『詩経』や『書経』の世界では、「天の烝民を生ずるや」と、人類は上天・上帝が自ら生じたものとして両者が直結され、人類に特別な地位が与えられる。そのため人類が作り上げた文明にも至上の価値が認められる。したがって『詩経』や『書経』では、上天・上帝と、王（天子）に率いられた人類による文明の維持が一貫した主題とされる。

これと比較すると、有意志の人格神を宇宙の主宰者としない点、宇宙の始原を語る宇宙生成論を思索の対象とする点、観念的に設定した物質的存在を宇宙の創造主・主宰者に据えて物神化する点、人類が文明を発展させる行為を批判する点などにおいて、宇宙生成論を伴う道家思想が、中原の伝統的上天・上帝信仰とはまるで異なる世界観であることが諒解される。

これまで我々が利用できた先秦の道家思想の文献は、ほとんど『老子』と『荘子』に限られていた。そのため『老子』が道家思想の始祖と目され、多くの場合、道家思想はすべて『老子』を始原として展開し発展してきたと考えられてきた。だが相次ぐ戦国楚簡の発見によって、『老子』『太一生水』『恆先』の三者が、それぞれ独自の宇宙生成論を掲げて並立していた状況が浮かび上がってきたのである。

それではこうした並立状況は、いつ頃出現したのであろうか。『老子』の成立時期については、成書年代の上限を、戦国中期の孟子の活動時期より後に措定するのが通説で、遅く見る説では漢初まで引き下げていた。

だが馬王堆前漢墓から帛書『老子』甲・乙本が発見されたことや、戦国中期の郭店一号楚墓より三種類の『老子』抄本が発見されたことによって、成立時期を戦国後期とか漢初としてきた通説は根本から覆ってしまった。『老子』は前三〇〇年頃と推定されている郭店一号楚墓の造営時期をかなり遡る時期、すなわち戦国前期には、すでに成立していた可能性が高くなった。この点は、同じく郭店一号楚墓から出土した『太一生水』に関しても全く同様である。

『恆先』を含む上博楚簡の場合は、盗掘品であるため出土地点は不明で、副葬された時期もはっきりしない。そこで中国科学院上海原子核研究所において、炭素14を用いた年代測定が行われた。その測定結果は二二五七±六五年で、一九五〇年が国際定点であるから、上博楚簡は前三〇八±六五年、つまり前三七三年から前二四三年の間の書写となる。

また『上海博物館蔵戦国楚竹書』第一分冊「前言」は、副葬時期について、竹簡や字体の分析、郭店楚簡との比較から、楚が秦の攻撃を受けて郢から陳に遷都する前二七八年以前と推定している。したがって上博楚簡の書写年代は、前三七三年から前二七八年の間となる。とすれば、原著の成立時期は当然写本の書写年代をかなり遡るから、『恆先』は遅くも戦国前期にはすでに成立していたと見なければならない。

以上述べてきた結果を踏まえると、『老子』『太一生水』『恆先』の三者は、戦国前期にはすでに独自の体系を掲げて並立していたと考えられる。もとより三者の成立時期が春秋末まで遡る可能性も排除できない。また、たまたま発見された郭店楚簡と上博楚簡の中に、『太一生水』と『恆先』が含まれていた状況を考えると、この三者以外にも、独自の宇宙生成論を持つ道家思想が存在していた可能性も残されている。

したがってこの種の道家思想は、春秋末から戦国前期にかけて、同時多発的に出現してきたと考えざるを得ない。

『楚辞』天問の冒頭には、「曰く、遂古の初めは、誰か伝えて之を道《い》うや。上下すら未だ形せざるに、何に由りて之を考うるや。冥昭すら瞢闇たるに、誰か能く之を極むるや。馮翼惟れ象するに、何を以て之を識るや」との疑問が提出される。

宇宙の始原の時代のことを、いったい誰が言い伝えていたのか。天地すら存在しない時代のことを、いったい何に基づいて考究したのか。闇と光さえ判然としない薄暗がりの時代に、誰が宇宙の姿を見極めたのか。無形の混沌の中から有象が生じたというが、どうやってそれを知ることができたのか。屈原はこうした疑念を表明するのだが、それは明らかに宇宙生成論の存在を前提に発せられた疑問である。

これを『恆先』に対応させれば、「遂古の初め」は「恆の先は無なるも、質・静・虚有り」に、「上下すら未だ形せざるに」は「未だ天地有らざれば、未だ行を作すこと有らず」に、「冥昭すら瞢闇たるに」は「夢夢として静同にして、未だ或は明らかならず」に、「馮翼惟れ象するに」は「気の伸ぶるや神なるかな。云云相生ず」に対応する。無論『老子』や『太一生水』にも、同様の対応関係を指摘することが可能である。

「太史公曰く、余れ離騒・天問・招魂・哀郢を読むに、其の志を悲しむ」（『史記』屈原賈生列伝）と、『楚辞』天問の作者と目される屈原は、楚の懐王（在位：前三二八～前二九九年）に左徒として重用され、王命により憲令を起草したが、讒言にあって漢水の北に追放される。後に政界に復帰するが、頃襄王（在位：前二九八～前二六三年）の初年に再び讒言により江南に追放され、前二七八年に国都・郢が秦軍の手中に落ちる悲報に接しながら各地を放浪し、ついに汨羅に身を投じたという。したがって屈原の活動時期は、前三二〇年頃から前二七〇年頃となる。

『楚辞』天問の内容は、屈原が天問を作る以前から、すなわち戦国中期後半より前の時代に、宇宙の始原を論ずる宇宙生成論が存在し、彼がそれを知っていた状況を示している。やはりこれも、春秋末から戦国前期にかけて、各種の宇宙生成論を掲げる道家思想が形成されていたことの補証となろう。

それでは宇宙生成論を持つ道家思想が、同時多発的に出現した地域はどこであったろうか。それを探る手がかりは、老子伝説の中にある。老子伝説の多くは、「老子なる者は、楚の苦県・厲郷・曲仁里の人なり」「或るひと曰く、老莱子も亦た楚人なり」（『史記』老荘申韓列伝）「陽子居、南のかた沛に之き、老聃は西のかた秦に遊び、郊に邀え、梁に至りて老子に遇う」（『荘子』寓言篇）「老子、姓は李、字は伯陽、楚の相県の人なり」（邊韶「老子銘」）と、老子の出身地を陳の故地である楚の北辺や、楚の北辺に隣接する宋国の沛とする。また戦国中期、斉の稷下にやって来た環淵は、「環淵は楚人」（『史記』孟子荀卿列伝）と楚人とされ、『漢書』芸文志の班固自注は「老子の弟子」だと記す。こうした伝承の存在は、『老子』が成立した地域がやはり楚の北辺だったことを示唆するものであろう。

『詩』や『書』を先王の書として尊ぶ中原の文化圏では、有意志の人格神である上天・上帝こそ宇宙の主宰者であるとの固定観念が、確固として定着している。この上天・上帝信仰においては、宇宙の始原が思索の対象とされることはなく、「天の烝民を生ずるや」（『詩経』大雅・烝民）と、せいぜい人類の誕生から話が始まる。春秋末に中原の魯で形成された儒家や墨家の学団は、伝統的な上天・上帝信仰の枠組みを踏襲し、『詩』や『書』を経典視した。当然儒家や墨家の思想では、宇宙生成論が思索の対象とされることはなく、「古え民の始めて生ずるや」（『墨子』尚同上篇）と、やはり人類の誕生から話が始まる。同じく中原の文化圏で成立した史官の天道思想は、上天・上帝よりも占星術を主体とする天道を前面に押し出すが、宇宙の始原を説明する宇宙生成論の体系は備えていない。

殷の末裔たる宋の出身である荘子の場合は、その世界観の中に上天・上帝が一切登場せず、世界を混沌とする点では、中原の文化的伝統と大きく性格を異にするが、世界を所与のものと理解して、宇宙の始原を思索の対象としない点では、中原の文化的伝統と一致している。[21]

したがって、文王・武王が上天より受命したとの建国神話を奉ずる周の王朝体制の下、中原の文化圏から、上天・上帝を無視ないし否定して、宇宙生成論を説く思想が生み出された可能性は低い。もしこうした宇宙生成論を肯定した場合は、殷周革命はその理論的根拠を喪失してしまうからである。

とすれば、『老子』『太一生水』『恆先』などの宇宙生成論は、周の王朝体制に組み込まれておらず、中原の文化圏に対抗する独自の文化圏の中から発生してきた可能性が高い。周の王朝体制の下で王号を名乗れるのは、周王ただ一人であり、中原諸侯が王号を僭称し始めるのは、戦国中期になってからである。しかるに呉・楚・越など長江流域の諸国は、春秋時代から王号を称して周に対抗していた。前六〇六年に楚の莊王が兵を率いて周の都・洛陽に乗り込み、周王に鼎の軽重を問うたのは、その象徴的な事例である。

そこで范蠡も、「王孫雒曰く、子范子よ、先人に言有りて曰く、天を助けて虐を為す無かれ。天を助けて虐を為す者は不祥なり」（『国語』越語下）と中原の格言を持ち出されても、「范蠡曰く、王孫子よ、昔吾が先君は固より周室に子を成さず。故に東海の陂に浜す。（中略）余は靦然として人面たりと雖も、吾は猶お禽獣なり。又た安んぞ是の誐たる者を知らんや」（『国語』越語下）と、越は周の王朝体制に組み込まれずに、東海の海浜に棲んでおり、我々越人は、厚かましく人間の顔はしているが、実は野獣なのだとの理由を挙げて、その権威を認めないのである。

上天・上帝は感情や意志のみを持ち、身体・形象を持たない形而上的神格であるが、それは人間から身体的要素を取り除いて感情や意志だけを残したもので、あくまでも人間を模した神格である。これに反して「道」「太一」「恆」などは、人間の似姿としての性格を持たず、たとえ観念的に設定された物ではあっても、基本的には物としての性格を示す。この人か物かとの差異は、哲学的には本質的な違いであって、両者の間には超え難いほどの深い断絶が存在する。人間を模写した人格神を宇宙の主宰者に立てる思考を否定し、物に神性を帯びさせて物神化した上で宇宙の創造主・主宰者に据える思想は、中原の文化圏、周の王朝体制下の地域からは、決して生み出されないであろう(22)。

以上の理由から筆者は、『老子』『太一生水』『恆先』などの宇宙生成論は、春秋末から戦国前期にかけて、中原に隣接する楚の北辺に現れた思想だと考える。この種の宇宙生成論への疑問が『楚辞』天問に記されることも、その補証となろう。これら三種の宇宙生成論は、いずれも中原の天道思想を占星術の性格を捨象した上で取り込んでいる。こうした現象も、その成立地域が中原と隣接し、中原文化を部分的に摂取できる位置にあったからだと考えられる。

これまでは宇宙生成論を備えた道家思想は『老子』だけであったが、『太一生水』や『恆先』の発見によって、『老子』だけが孤立して存在していたのではなく、宇宙の始原を思索する思潮が広く存在していたことが初めて判明した。ただし春秋末から戦国前期にかけて、なぜ楚の北辺にこうした思想的営みが生じたのかは、今のところ全くの謎であり、これは今後解明すべき思想史上の大きな課題である。

三　兵家

一九七二年四月、山東省臨沂県銀雀山一号漢墓から大量の竹簡が発掘された。出土した竹簡の大半は、『孫子兵法』『孫臏兵法』『六韜』『尉繚子』『守法守令』などの兵家の書物で、兵法書以外では『晏子春秋』が含まれていた。

中国最古の兵法書として有名な『孫子』十三篇の作者については、『史記』孫子呉起列伝の伝承通りに春秋時代の呉の孫武と見る説と、戦国期に何者かが偽作したとする後人偽作説、戦国中期に活躍した斉の孫臏と見る説などが対立していた。近年は孫武自著説は疑古派や釈古派の批判を受けて影を潜め、後人偽作説や孫臏自著説が大勢を占めるに至っていた。ところが銀雀山漢簡の発見によって、事態は一挙に逆転する。銀雀山漢簡には伝世の十三篇『孫子』に相当する資料の他、従来知られなかった孫武と孫臏に関する二種類の兵法書も含まれていた。この三者の関係を分析した結果、『孫子』十三篇が孫武に関する兵法書の一部であったことが確定し、後人偽作説や孫臏自著説は否定されることとなった。

また『六韜』や『尉繚子』に対しても、戦国末から秦・漢期にかけての偽作と見るのが一般的であった。だが前漢武帝期の墓から『尉繚子』の竹簡三十二枚、『六韜』の竹簡五十三枚が発見された事実によって、秦・漢以降の偽作とする説は覆ってしまった。詳しい成立事情についてはなお不明な点が残るが、両書が先秦の古書であることは、ほぼ確定的となった。

『上海博物館蔵戦国楚竹書（四）』（上海古籍出版社・二〇〇四年・十二月）には、『曹沫之陳』の篇題を持つ兵家の文献が収録されている。『曹沫之陳』はこれまで亡佚していた兵法書で、そこには『孫子』を始めとする伝世の兵法書とは異質な兵学が説かれている。

『曹沫之陳』は、完簡二十本、上半部と下半部を綴合した整簡二十五本、残簡二十本の合計六十五本から成る。ただし整簡の幾つかについては、綴合に疑問も残されている。[23] 簡長は約四七・五センチメートルで、編綫は三道、上下端は平斉である。第二簡の背に「曹沫之陳」と篇題が記される。文意の接続しない箇所が複数存在することから、かなりの脱簡があることは確実で、全体は竹簡七十枚を超す長編だったと思われる。

『曹沫之陳』は、曹沫が魯の荘公（在位：前六九三～前六六二年）に対して、斉に奪われた領土を奪回すべく、失地回復の戦いを勧める状況を設定する。

魯の荘公は将に大鐘を為らんとして、型既に成る。曹沫は入りて見えて曰く、昔え周室の魯に邦せしむるや、東西七百、南北五百にして、山に非ず沢に非ざれば、民ならざること有ること亡し。今、邦は彌いよ小さくして鐘は彌いよ大なり。君其れ之を図れ。

魯の宮殿に入った曹沫は、周王室から封建された当時の領土が縮小して行く現状を省みず、音楽に溺れて大鐘を製作せんとする荘公の姿勢を批判する。だが荘公は、「昔施伯は寡人に語りて曰く、君子の之を得ると之を失うとは、天命なりと」と、謀臣・施伯の言を盾に、失地回復の戦いを拒絶する。だが曹沫に諫められた荘公は自らの不明を恥じ、「乃ち鐘型を毀つを命じて邦の政を聴く。昼に寝ねず、酒を飲まず、楽を聴かず」と、国内統治に精励し始める。「還年にして曹沫に問いて曰く、吾は斉と戦わんと欲す。問う、陳するは奚如、辺城を守るは奚如」と、ついに斉と戦う決心をした荘公は、曹沫に兵法の伝授を乞い、以下『曹沫之陳』は荘公と曹沫の問答の形式で兵法を語る。

したがって戦争目的は、国境付近の城邑を防衛しつつ、斉との会戦に勝利して有利な立場で講和し、斉が奪った土地を魯に返還させるといった、国境沿いの城邑の奪回にある。したがって、数日といった短期間の会戦がそのまま戦争全体である形態を取る。そのため、『孫子』のように数年にわたる長期戦は想定されず、進撃距離も魯の国都・曲阜から斉との国境付近までと、一〇〇キロメートル内外の短い距離が想定されている。

『孫子』は、六十二年にわたる呉越抗争を状況として設定するが、呉越抗争は国境沿いの土地の争奪が戦争目的ではなく、敵国の完全制圧を目的とし、前四七二年の呉の滅亡で終結している。また『孫子』の作者とされる孫武が立案した呉の対楚戦役も、敵国の覆滅を目指した長期戦で、前五一一年から前五〇六年の楚都・郢の占領まで六年間継続している。

したがって『孫子』の場合は、一度の会戦がそのまま戦争全体となる単純な形を取らず、国境を突破した遠征軍が、機動戦をくり返して進路や目的地を秘匿しながら敵国奥深く侵入し、国都攻略の擬態を演出する一方、自軍が脱出不可能な重包囲に陥ったかの状況を自ら作り出して、敵の主力軍を誘い出し、決戦に勝利して敵国の意図を挫いた後に帰還するとの複雑な構造を持つ。

これに比べると『曹沫之陳』が想定する戦争は、期間も進撃距離も極めて短く、戦場も国境付近の一地点に想定されるために、『孫子』のように補給の困難さが強調されることはなく、前線への軍需物資の輸送が国家経済を疲弊させるとの警告も説かれない。

「三軍境に出でて必ず勝つは、以て邦を治むること有るべし」と、国境付近での作戦のみを想定する『曹沫之陳』と、「散地には則ち戦うこと無く」（九地篇）と、国境付近での戦闘を回避し、「馳車千駟、革車千乗、帯甲十万、千里にして糧を饋る」（作戦篇）長距離進撃を想定する『孫子』との懸隔は大きいとしなければならない。

『曹沫之陳』の軍隊は、「車間に伍を容れ、伍間に兵を容れ、常有るを貴ぶ」「車を率いるには車を以てし、徒を率いるには徒を以てす」と、戦車部隊が主力で、それに歩兵部隊が随伴する、春秋時代の軍隊に一般的な形態を取る。したがって整備された道路以外進めない両軍の進撃経路は、互いに察知し合うことが可能であり、また戦車が戦闘可能なのは平坦な場所に限られるから、双方は同一の地点を会戦が生ずる戦場として予期し得る。そこで戦闘は、互いが遭遇を期す平原での会戦といった、一定の様式に従う形を取る。両軍が戦場で対峙した後に戦闘が開始されるので、必ず正攻法による正面攻撃の形を取り、待ち伏せ攻撃や背後や側面からの奇襲攻撃による勝利は想定されていない。

『曹沫之陳』においては、戦闘が一定の様式に従って正攻法で行われるため、『孫子』のように詭詐権謀が勝利の要因とはされずに、軍の士気の高さに勝利の関鍵が求められる。兵士の士気を鼓舞する方策としては、地位の高い人物を指揮官に選任することが挙げられる。「凡そ貴人は前位の一行に処らんことを思う。後るれば則ち亡ぶを見ん。進むには必ず二将軍有り。将軍無ければ必ず数獄大夫有り、裨大夫無ければ必ず数大官の師・公孫公子有り。凡そ有司・率長は、伍の間に必ず公孫・公子有り。是を軍紀と謂う」とか、「人、士を使わば、我は大夫を使う。人、大夫を使わば、我は将軍を使う。人、将軍を使わば、我は君身ら進む。此れ戦いの顕道なり」などと、敵軍の指揮官よりも地位の高い人物を指揮官に任命し、なおかつ君主を始めとする貴族が先陣を切って戦う姿勢を示せば、民は統治者が本気だと感じて戦意が高揚し、勝利できると述べられる。

『曹沫之陣』に示される陣は戦車と歩兵の混成部隊から成り、戦車と戦車の間に随伴歩兵を配置する形で、横一列に展開する戦列「行」を組む。そして「凡そ貴人は前位の一行に処らんことを思う」「厚食を【立つるは】、前行を為さしめんと思えばなり。三行の後に、苟も短兵を見れば」と、この戦列を前・中・後の三行配置する。『曹沫之陣』には、これ以外の陣形は全く記述されないから、上記の陣形が普遍的な陣形と考えられていたのであろう。これは、春秋時代に中原で行われていた戦車戦の典型的な形を保存するものと言えよう。

さらに陣法に関する特色としては、斉と魯の力関係を反映してか、劣勢を立て直す方策への関心が強い点が挙げられる。次にその一例を示してみよう。

荘公又た問いて曰く、槃（瘢）戦を復するに道有るかと。答えて曰く、有り。既に戦いて豫に復するに、軍中に号令して曰く、甲を繕い兵を利くせよ。明日将に戦わんとすれば、則ち旗旄は傷亡するも、槃は行に就け……□人、吾れの戦うは敵天命に順わざればなり。師を返して将に復せんとす。

ここには一度会戦して敗れ、手ひどい損傷を受けて退却したとき、どのように態勢を立て直すべきかが示される。戦場から退却して戦闘隊形を解き、行軍隊形に戻った軍に対して、損傷した兵装や兵器を修繕させ、損害を受けて戦力を消耗した部隊を統合・再編して戦力を回復させ、敵国の非を鳴らして戦争目的の正当性を再確認させることなどが、その方策とされる。

このように『曹沫之陣』は、敵軍との会戦を兵学の中心に据える。「槃戦を復する」例のように、一度会戦して敗退した後ですら、退却地点で劣勢を立て直し、「明日将に戦わんとす」とか「師を返して将に復せんとす」と、翌日戦場に戻って再度会戦しようとする。

『曹沫之陳』が会戦に強く執着するのは、春秋時代の戦車中心の戦争では、会戦以外に勝敗を決する形式が想定できないからである。したがって『曹沫之陳』では、敵を罠にかけて奇襲して勝つ戦術は説かれないし、逆に敵の奇襲に備える用心も説かれることがない[24]。「鳥の起つ者は、伏なり。獣の駭く者は、覆なり」(行軍篇)と、伏兵や奇襲への注意を促す『孫子』とは、大きく異なっているのである。

特に「槃戦を復する」方策の記述は、自軍が会戦に敗れ、損傷を受けて退却したにもかかわらず、敵軍が追撃してこない状況を前提にしている。もし会戦での勝利に乗じて敵軍が追撃に移り、徹底した掃討戦を行うのであれば、戦場からわずかに退却した地点に止まって劣勢を立て直し、翌日戦場に戻って再び会戦を挑む行為は全く不可能だからである。

春秋時代に中原で行われた戦車戦においては、両軍が予め会戦の日時や場所を取り決めたり、戦場で対陣した後、勇者が進み出て致師や請戦の儀礼が行われるなど、戦闘は一定の様式に従って行われた。車列が乱れて一方が戦闘不能に陥ったり、指揮官が戦死したり、本陣の軍旗が刈られたりすると、その時点で敗北したと判定され、敗者は戦場から退却し、勝者はそれを追撃しない決まりであった。

要するに戦争は、貴族を中心とした戦士の美学に則る形で行われたのであり、正々堂々と相まみえ、勇気と戦闘技量を発揮して名誉を獲得する点にこそ、戦闘の本質があると考えられたのである。したがって『孫子』のように、「其の無備を攻め、其の不意に出づ」(計篇)「兵は詐を以て立つ」(軍争篇)といった詭詐権謀が戦闘の本質だとは、決して考えられなかったのである。

『曹沫之陳』に描かれる戦闘形態は、春秋時代に中原で行われた戦車戦の様式をおおむね踏襲したものであり、その兵学もまた、基本的にそうした戦闘形態を前提に組み立てられていると言える。今回『曹沫之陳』の発見により、長江下流域の呉で形成された『孫子』の兵学が、中原の伝統的兵学といかに異質なものであったかが、改めて確認できたのである。

おわりに

郭店楚簡は戦国中期、前三〇〇年頃に造営された楚墓からの出土であり、その書写年代はさらに数十年遡ることになる。上博楚簡の書写年代も郭店楚簡とほぼ同時期と推定されている。両者に登場する歴史的人物の中で最も時代が降るのは、郭店楚簡『魯穆公問子思』の穆公（在位：前四〇九～前三七七年）と、上博楚簡『柬大王泊旱』の簡王（在位：前四三一～前四〇八年）である。

仮に郭店楚簡や上博楚簡の書写年代を前三二〇年頃とすれば、穆公の死から六十年、簡王の死から九十年ほど経っていることになる。『魯穆公問子思』や『柬大王泊旱』が穆公や簡王の死後、さほど間を置かずに、二十年ぐらい後に成立したとすれば、原著が成立してから写本によって流布し、その一本を墓主が入手するまで、『魯穆公問子思』の場合は四十年ほど、『柬大王泊旱』の場合は七十年ほど経っていたことになる。こうした例から考えると、原著が成立してから、写本によって広く流布し、その一本を墓主が入手して、死後墓中に副葬されるまでには、およそ半世紀ほどの期間が必要だったと思われる。

諸子百家の黄金時代は、斉の威王（在位：前三五八～前三二〇年）と宣王（在位：前三一九～前三〇一年）の時代である。これはちょうど、郭店楚簡や上博楚簡が書写されたであろう時期と重なる。したがって郭店楚簡や上博楚簡の中に、稷下の学士の著作が入ることは不可能で、現にそうした文献は含まれていない。

稷下の学士の著作が発見される可能性があるのは、彼らの活動時期から半世紀ほど遅れた時期、つまり戦国後期（前二八一～前二二一年）の後半に造営された墳墓となる。楚墓で言えば、秦の攻撃を受けて郢から陳に遷都した前二七八年以降に、陳の近辺に造営された墳墓であれば、臨淄に参集した著名な思想家の著作が出土する可能性があろう。

本章の冒頭で、郭店楚簡や上博楚簡には墨家・名家・法家・陰陽家・縦横家・農家に関する文献が含まれていないと述べたが、郭店楚簡や上博楚簡が威王・宣王期以前に成立していた文献であることを考慮すれば、墨家以外の諸学派に関しては、それも当然の現象としなければならない。新出土資料の発見により、諸子百家全般にわたって研究が前進するには、稷下の学士の活動時期よりも後で、なおかつ秦の焚書よりも前である、戦国後期後半の墳墓からの発見を待たねばならない。

注

（1）この点の詳細に関しては、拙稿「戦国楚簡と古代中国思想史の再検討」（『中国出土資料研究』第六号・二〇〇二年）参照。

（2）「從出土資料看〈周易〉的形成」（漢城'98国際周易学術会議論文集『21世紀與周易』・一九九八年）、「包山楚簡卜筮祭祷記録與郭店楚簡中的《易》」（武漢大学中国文化研究院編『《人文論叢》特集郭店楚簡国際学術研討会論文集』湖北人民出版社・二〇〇〇年）。

（3）この点に関しては、浅野裕一・湯浅邦弘共編『諸子百家〈再発見〉』（岩波書店・二〇〇四年）第七章「孔子は『易』を学んだか」参照。

（4）『新編史記東周年表』（東京大学東洋文化研究所、東京大学出版会・一九九五年）、『中国古代紀年の研究』（東京大学東洋文化研究所、汲古書院・一九九六年）、『左傳の史料批判的研究』（東京大学東洋文化研究所、汲古書院・一九九八年）、『『史記』二二〇〇年の虚実』（講談社・二〇〇〇年）、『中国古代の予言書』（講談社現代新書・二〇〇〇年）、『よみがえる文字と呪術の帝国』（中公新書・二〇〇一年）、『『春秋』と『左伝』』（中央公論新社・二〇〇三年）など。

（5）　この点に関しては、拙稿「『春秋』の成立時期――平勢説の再検討――」（『中国研究集刊』二十九号・二〇〇二年）参照。

（6）　筆者は注（5）に前出の拙稿において、平勢説が全くの虚構であり、平勢説が言う正統抗争などそもそも存在しなかったことを指摘した。これに対して平勢氏は、注（4）に前出の『『春秋』と『左伝』』の中で筆者の批判に言及し、反論めいた言辞を述べている。ただしそれは、巻末の「余話」なる体裁で行われている。しかもこの「余話」は、AとBの問答の形式を取る。その理由を平勢氏は、「この方法は、『公羊伝』や『左伝』がとっているやり方である。すでに本書を読み進めてこられた読者は、この方法がけっこう効果をあげることがおわかりかと思う」と説明する。だがこれは、何の説明にもなっていない。「けっこう効果をあげる」との文句に実質的な中身はなく、問答体なる形式によっていかなる効果が上がるのか、何一つ説明されてはいないからである。しかもAとBがそれぞれ誰なのかの説明も全くなされていない。話の内容から推測するに、Aは平勢氏ご本人、Bは門人の一人であるかの設定と思われる。ところがこの問答全体が平勢氏一人の筆であるから、結局はAもBも平勢氏ご本人だということになる。

他人から加えられた批判に対し、かかる形式で反論したかに装うこと自体、はたしてまともな研究者であるのか否か、疑念を抱かせるに充分である。もしこの「余話」に再批判を加えようとする場合、形式上はBは門人であって平勢氏本人ではないことになっているが、実際にはBも平勢氏の発言であるから、Bの発言に対する批判は、そのまま平勢氏を批判したことになるのだといった断りを、いちいち入れなければならぬことになる。このように、学術的討論になじまないふざけた形式を取ること自体、学問を堕落させる行為に他ならない。

門人役を演ずるBは、話題を提供する狂言回しを務めたり、Aの発言内容を補足したり、Aの言説に相槌を打って賛同して見せるのだが、所詮は一人二役の猿芝居であるから、自分で自説に納得して見せているに過ぎない。にもかかわらず表面上は、あたかも平勢氏の説明を受けて、相手が充分納得したかの体裁を取るのである。もしこれが、「けっこう効果をあげる」ことの中身なのだとすれば、まことに卑怯な手口だと言わねばならない。

以上述べてきたのは形式にまつわる問題であるが、しからば反論の具体的中身はどうか。かつて筆者は、①郭店楚簡『六徳』や『語叢』一の記述から、『春秋』が戦国前期にすでに儒家の経典になっていたことは明白であり、前三三八年以降に王権正統化理論として斉の朝廷で作られたとする平勢説は完全に破綻すること、②春秋孔子著作説を唱えた孟子の思想活動と平勢説が、全く相容れない矛盾を呈すること、③『春秋』及び三伝は、正統抗争の宣伝手段にはなり得ず、史書を用いた宣伝合戦など何一つ存在しなかったこと、④戦国中期に称王した各国は称王行為を相互に承認し合っていたのであり、自分だけが唯一正統な天子であり、他は偽天子だと主張し合って、正統抗争を繰り返したなどという事実そのものが最初から存在しないことの四点を、主要な批判点として指摘した。

しからば「余話」は、この批判にどう反論しているのか。①に関してAは、「郭店楚簡のなかに『春秋』という名前が見えるわけでしょう。その『春秋』は、前三三八年前後にはできあがっていたから前三〇〇年前後に記されるのは当然だというのが私の見解だけどね。本書を読んでいただければわかると思うけど、『春秋』にこう書いてある、という言い方は、どの国でも、それぞれの論理を使ったものができる。『春秋』の記事があるということと、『春秋』を魯の年代記だと信じることとは違うよ。前三〇〇年前後の楚では、楚なりの『春秋』の議論があったんだろう」とか、「郭店楚簡の年代関係、そして郭店楚簡における『春秋』の記載自体は、このさい議論の分かれ道にはならない。浅野さんの「若いころ云々」の推論と、「国ごとに『春秋』についての理解が異なるし、斉で作られた『春秋』は前三三八年前後にはできあがっていたから、前三〇〇年前後に楚で楚なりの『春秋』の議論があるのは当然だ」という私の「推論」が、郭店楚簡の時期を共通の理解として存在する。郭店楚簡の『春秋』についての記事は、名前とわずかな説明だけで、『春秋』本文とそのサブテキストが引用されているわけではないから、いずれの推論も成り立つ」などと喋る。

だがこれは、全くのお笑い種でしかない。儒家の文献である『六徳』が詩・書・礼・楽・易・春秋の名称を列記するのに対して、郭店楚簡は楚簡なのだから、そこに登場する『春秋』は魯の『春秋』ではなく、斉で作られた『春秋』に関する楚の議論だというのが、平勢氏の反論である。いったい儒家が自分たちの経学史観に基づいて六経の名称を列挙するとき、その中の『春秋』を儒者が魯の年代記だとは信ぜず、斉で作られた王権正統化理論だと信ずることなどあり得ない。また『六徳』は同時に出土した『魯穆公問子思』が明示するように、斉・魯といった山東地方で著述された文献なのであって、そこに楚での議論が記されるなどといったことも、あり得ないのである。苦し紛れの詭弁もここまで来ると、滑稽を通り越してお気の毒な感じさえしてくる。

Aは前三三八年以降に作られた『春秋』に関する議論が、前三〇〇年前後に記されるのは当然だと言うが、それは郭店一号楚墓の造営時期なのであって、『春秋』が作られ、それを儒家が経典視し、その状況を前提に『六徳』が著作され、それが写本によって流布し、その中の一本を墓主が入手し、しばらく生存した後、死亡して墓中に副葬される、といった経緯があった上での前三〇〇年なのである。それをAは「議論があった」時期にすり替えているのだが、それでは筆者の批判に何一つ反論したことにはならない。上述した長い経緯を踏まえれば、遅くも戦国前期には『春秋』は作られており、なおかつ儒家の経典となっていたのである。

「余話」は、「B：すると、踰年称元法は前三四三年ごろには、すでに議論されていた、ということになりますね」「A：そうなんだよね。前三三八年よりさかのぼってしまった。ただしね、『春秋』、もちろん斉の『春秋』を言ってるんだけど、その成立に関わるのは、やっぱり前三三八年なんだよ」とか、「B：『春秋』成立ですが、浅野先生は、先生の意見が前三三八年より後を構想している、とお思いなんでしょうか」「A：早くとも前三三八年という年代強調に気になる部分もないわけではないが、そう思えるね。私の見解に対するご意見としては、前三三八年でも前三三八年前後でも、前三四三年のほうにややさかのぼっても同じだとは、思うけどね」などと喋る。つまりAは、前三三八年が前三四三年あたりまで遡っても構わないと年代をスライドさせ、郭店楚簡との年代衝突を回避しようとするのだが、郭店楚簡『六徳』には『春秋』なる書名が記されているのであり、それが前三三八年以降に『春秋』が作られたとする平勢説を成り立たなくしているのである。それに対して、「踰年称元法は前三四三年ごろには、すでに議論されていた」と、踰年称元法が議論され始めたとする年代を持ち出してみても、矛盾は何一つ解消されない。そもそも『春秋』の成立年代と踰年称元法の議論は性質が異なる。性質が異なる年代を並べて、「前三三八年でも前三三八年前後でも、前三四三年のほうにややさかのぼっても同じだとは、思うけどね」などとするのは、見苦しい言い訳に過ぎず、「それは私の議論の「ゆれ」にはならない。一見「ゆれ」が見えるとすれば、それは魏を含めて踰年称元法を語る文脈と、斉の『春秋』を語る文脈があるからであって、年代上のずれがそこにからんでくるんだよね」などと居直る前に、自らが『春秋』の著作時期と議論が始まった時期を截然と区別する必要がある。

そもそも平勢説は、踰年称元法が初めて採用されたのは前三三八年で、それ以前は立年称元法だったと主張するが、立年称元法なるものが存在した史料的根拠を一つも挙げていない。古代中国を扱って置きながら、昭和から平成に改元された例しか挙げられないのでは、お話にならぬであろう。

またAは、「私の推論には、膨大な年代矛盾解消作業がさらに控えている。バランス悪いよね。浅野さんは、この私の年代矛盾解消作業には、疑問を提示されたままだ。浅野さんの年代矛盾解消作業があれば、私のほうも、その浅野さんの作業に疑問を提示できるんだけどね。浅野さんの作業がないから、釣りあいがとれないんだろうね。疑問の提示だけでは反論にならない。だから、次は私の「作業」に対する浅野さんの「作業」だと思うよ。これまでも「今後に期待する」と繰り返し述べてきた。浅野さんには、さしあたり、つまり、浅野さんの年代矛盾解消作業を展開される前に、私の作業のどこが誤りかを具体的に指摘していただけるものと期待してるんだけどね」と喋る。

つまりAは、自分がやったのと同じ年代矛盾解消作業をしないで置いて、自説を批判するのは不当だと訴えているわけである。これは、年代矛盾解消作業なる弾幕を張って、内側に入り込ませないようにする手口で、Aの常套手段となっている。あちこちで得意げにこの手口を多用するところを見るに、Aは極めて分かりの悪い人物と思われるので、簡明な比喩で説明してみよう。ある人物が複雑怪奇にしてでたらめな計算をして、東京ドームよりも八畳間の方が広いとの結論を出したとしよう。そこで私が八畳間と同じ面積のカーペットを東京ドームに広げたところ、カーペットの周囲にグランドが広がっていたので、その結論は誤りだと証明したとする。このとき、ある人物が、お前は私が苦労して行った計算をしないで置いて、結論だけ否定するのは不当な証明方法だ、それでは私の結論に対する反論にはならないと言ったとすれば、周囲の人々はそれに納得するであろうか。

結論が誤っていると証明すれば、それで説の当否に関する証明作業は完了するのである。Aは勝手に計算して、勝手に計算間違いをしたのであるから、そんなにどこが誤りか知りたければ、自分で検算をすればよいのであって、他人に対して自分の杜撰な計算に付き合えと要求するのは、責任転嫁の不当な要求である。そもそもシーツのしわをハサミでちょん切ってはむりやり縫い合わせ、シーツのしわを解消しましたなどと言い張る愚行に付き合うべき義理など、どこにもない。はっきり言って置く。私が行ったのは「疑問の提示」ではなく、「結論の否定」である。

平勢氏は『東洋文化』第八十五号「江戸と中国古代を考える」の中で、「手書きの時代であるから、大量に印刷して配布したということにはならないが、戦国時代の諸国家は、自分たちが作った書物を、宣伝用に敵対する国家に送りつけた場合もあったようだ。送られた側は、敵国の王を正統とする内容に憤然とする。国家内部でも、学習用・宣伝用に書物は書き写される。だから送られない国家があっても、スパイを送り込んで盗んでくることができる。盗んできた内容を見た場合も、その内容に憤然とすることになった」（三四頁）などと述べる。おそらく筆者の批判③への反論のつもりなのであろう。だがそうした事実が存在した史料的根拠は、一切示されない。そんな史料はどこにも存在しないのだから当然である。「史料批判的研究」を標榜して置きながら、一片の史料的根拠も示せぬ妄想をずらずらと書き連ねるのは噴飯もので、とても正気の沙汰とは思えない。

①から④までの筆者の批判に対し、平勢氏は何一つ反論できていない。斉で作られた『春秋』は前三三八年前後にはできあがっていたから、前三〇〇年前後に楚で楚なりの『春秋』の議論があるのは当然だとする①への反論が、議論のすり替えによるごまかしであることは、上述したごとくである。②の批判に対しては、「A：そうだね。浅野さんは、孔子が作ったことだけを問題にする従来のご意見だし」と、立場の違いを問題にして切り抜けようとするが、問題はいずれの論証が妥当性を持ち得るかなのであって、立場の違いに還元して済む話ではない。「余話」は孟子の活動と平勢説との矛盾について、何一つ反論できていない。③については、上記のような妄想を書き連ねただけであって、全くお話にならない。④については、「たがいに認めあっていた」というのは、漢代の認識だろうわ」などと喋るが、自説を前提にした独りよがりの空想に過ぎず、何の客観性もない。

平勢説について論ずべきことはまだまだあるが、大分長くなったので別の機会に譲ることとする。平勢説のような妄説を前に、誰一人批判を加えず座視・黙認したとあっては、誤謬に気が付かない間抜けや、人付き合いを優先させる、学者の名にも値しない臆病者しかいなかったかの印象を後世に与え、学界の汚点ともなりかねない。紙数を割いて私見を述べた所以である。

（7）この点の詳細については、拙稿「郭店楚簡『緇衣』の思想史的意義」（『集刊東洋学』第三十六号・二〇〇一年）参照。

（8）金谷治「楚簡「性自命出」篇の考察」（『日本學士院紀要』第五十九巻第一号・二〇〇四年）は、『中庸』と「性自命出」の間には、「天・命」の世界の強調と「道・教」の世界の重視という対照的な違いがあると指摘した上で、「『中庸』にみられるような広大で深刻な天命思想がすでに戦国中期のころにあったのか、という問題である。『中庸』と「性自命出」篇との短い形式的な類似句を根拠にして楚墓の下葬年代によって『中庸』の成立年代を類推するというのは、いかにも形式的に過ぎるのではなかろうか。最高の「天命」の内在と道徳の絶対的究極的な根元としての「誠」とが結びついた思想的立場の成立には、なお簡単ではない慎重な歴史的考察が必要だと思われる」と述べる。

すなわち金谷氏は、「天命」の内在と「誠」が結びついた思想がすでに戦国中期にあったのか疑問だとした上で、戦国中期に『中庸』があった可能性に否定的姿勢を表明したのである。

『性自命出』の発見によって、儒家が遅くも戦国前期の段階から、人性論に関する形而上的思索を展開できていたことが判明した。すでに戦国前期の儒家にそうした形而上的思索が可能だったのであれば、その当時多様なパターンの人性論が形成・提出されたと考えられる。したがって『中庸』の最終的な成立時期を秦や漢初まで引き下げるべき論拠は消滅するから、『中庸』の成立時期を戦国前期に想定しても、思想史的には何ら不自然ではない。

ただしこれは、一般的可能性の指摘に止まるのであって、『中庸』が戦国前期に存在していたことを確実に証明するものではない。これは金谷説についても同様で、『性自命出』と『中庸』の間に見られる差異をいくら指摘しても、だからといって戦国中期にまだ『中庸』が存在しなかったことの証明にはならない。「天命」の内在と「誠」が結びついた思想が『性自命出』にないからといって、同時代の他の文献にもなかったとは言えないからである。

このように『性自命出』の範囲だけではいずれとも決め難いとすれば、『性自命出』の外に「天命」の内在と「誠」が結びついた思想があるかどうかが、重要な判断材料となる。ここで思い出されるのは、『孟子』離婁上に「孟子曰く、下位に居りて上に獲られざれば、民は得て治むべからざるなり。上に獲らるるに道有り。友に信ぜられざれば上に獲られず。友に信ぜらるるに道有り。親に事えて悦ばれざれば、友に信ぜられず。親に悦ばるるに道有り。身に反して誠ならざれば、親に悦ばれず。身を誠にするに道有り。善に明らかならざれば、其の身に誠ならず。是の故に誠なる者は天の道なり。誠ならんと思う者は人の道なり。至誠にして動かざる者は未だ之れ有らざるなり。誠ならずして未だ能く動かす者有らざるなり」とあることである。

これは『中庸』の「下位に在りて上に獲られざれば、民は得て治むべからず。上に獲らるるに道有り。朋友に信ぜられざれば上に獲られず。朋友に信ぜらるるに道有り。親に順ならざれば、朋友に信ぜられず。親に順なるに道有り。諸を身に反して誠ならざれば、親に順ならず。身を誠にするに道有り。善に明らかならざれば、身に誠ならず。誠なる者は天の道なり。之を誠にする者は人の道なり。誠なる者は勉めずして中り、思わずして得らる。従容として道に中るは聖人なり。之を誠にする者は、善を択びて固く之を執る者なり」と、ほとんど同じ内容である。

孟子は戦国中期の思想家で、郭店一号楚墓の墓主とほぼ同時代を生きた人物である。その著作の中に、「是の故に誠なる者は天の道なり。誠ならんと思う者は人の道なり」と、『中庸』と瓜二つの文章が見られる以上、道徳の根元たる天の「誠」を君子の修養目標とする思想が、戦国中期に存在していたことは明白である。そして『性自命出』の側には、「性は命より出で、命は天より降る」と、人に内在する本性を天命とする思考が見える。とすれば、性なる形での「天命」の内在と、道徳の根元としての「誠」の思想は、それぞれ戦国中期には存在していたことになる。金谷氏は『中庸』において両者が結合していると述べるが、それは氏の解釈によって結びつけられているのであり、天―命―性とする首章に「誠」の語は存在せず、「誠なる者は天の道なり」とする部分に天命や性は説かれていないから、両者は直接結合しているわけではない。そうであれば、この両者をともに含む『中庸』が、戦国前期ないし戦国中期に成立していても、何ら不思議ではないこととなろう。

『性自命出』は、同時に出土した『魯穆公問子思』との関係から、子思学派と密接に関わる文献と推測される。また上博楚簡の中にも『性自命出』と重なる異本、『性情論』が含まれることから、すでにその伝承がかなり長期にわたっていたと推定される。また孟子が、『中庸』の作者と目される子思学派と深い繋がりを持つことも、論を待たないところで、『孟子』離婁上の文章が当時の『中庸』からの引用であった可能性すら残る。これらの諸点を勘案するとき、戦国中期以前に『中庸』が成立していた可能性は、さらに高まるであろう。

金谷氏は、自ら「天命」の内在と「誠」が結びついた思想の有無を、『中庸』の成立時期を判断する基準に据えたのだが、そうであれば、どのような方向で処理するかは別として、『孟子』離婁上の文章をも当然考察対象に取り上げて議論すべきであったろう。一切言及されないのは、まことに不可解である。

（9）『中庸』二分説については、拙著『孔子神話』（一九九七年・岩波書店）第三章「孔子の聖人化」参照。

（10）『五行篇』については、拙著『黄老道の成立と展開』（一九九二年・創文社）第三部「黄老道の衰退」、及び拙稿「『五行篇』の成立事情——郭店写本と馬王堆写本の比較——」（『中国出土資料研究』第七号・二〇〇三年）参照。

（11）この点に関しては、竹田健二「郭店楚簡『性自命出』と上海博物館蔵『性情論』との関係」（『日本中国学会報』五十五集・二〇〇三年）参照。

（12）『魯邦大旱』については、拙稿「上博楚簡『魯邦大旱』における「名」」（『国語教育論叢』第十四号・木村東吉先生退官記念号・二〇〇五年）、及び「上博楚簡『魯邦大旱』の刑徳論」（『中国研究集刊』三十六号・二〇〇四年）参照。

（13）『上海博物館蔵戦国楚竹書（四）』（上海古籍出版社・二〇〇四年）所収。

（14）『晏子春秋』晏子諫・第十五「景公欲祠霊山河伯以祷雨」では、「吾れ人をして卜せしむるに云わく、祟りは高山・広水に在り」と、高山・大河の祟りだとされるが、祟りを招いた原因には触れられない。

（15）『上海博物館蔵戦国楚竹書（四）』（上海古籍出版社・二〇〇四年）所収。

（16）『晏子春秋』の主役は当然ながら晏嬰で、晏嬰が景公を諫めて景公が態度を改める体裁を取る。これに対して『昭王毀室』では、昭王自身が前非を悔いて善処する体裁を取る。

（17）『上海博物館蔵戦国楚竹書（四）』（上海古籍出版社・二〇〇四年）所収。なお『内礼』の附簡は『上海博物館蔵戦国楚竹書（五）』が収録する『季康子問孔子』の一部と見なすべきだとする見解が、本書第十六章に示されているので参照されたい。また『上海博物館蔵戦国楚竹書（二）』が収録する『昔者君老』が、『内礼』の一部であったとする指摘も存在する。これについても、本書第十六章を参照されたい。

（18）この点に関しては、拙稿「郭店楚簡『太一生水』と『老子』の道」（『中国研究集刊』二十六号・二〇〇〇年）参照。

（19）『太一生水』に関しては、注（18）に前出の拙稿参照。

（20）『恆先』の詳細については、拙稿「上博楚簡『恆先』の道家的特色」（『早稲田大学長江流域文化研究所年報』第三号・二〇〇五年）参照

（21）荘子の思想については、拙稿「荘周寝言」（金谷治編『中国における人間性の探究』創文社・一九八三年・所収）参照。

（22）中原の上天・上帝信仰に立脚する思想と道家的宇宙生成論を接合する試みには、極めて大きな困難が伴う。この点に関しては、拙稿「黄帝書『十六経』の宇宙生成論」（『中国研究集刊』三十九号・二〇〇五年）参照。

（23）この点に関しては、本書・第十七章参照。

（24）『曹沫之陳』の詳細については、本書・第十三章参照。

第二部　思想史研究

第三章　『三徳』の全体構造と文献的性格

湯浅邦弘

はじめに

『上海博物館蔵戦国楚竹書（五）』（上海古籍出版社、二〇〇五年）所収の新出土文献『三徳』には、極めて興味深い天人相関思想をうかがうことができる。本章では、この『三徳』を取り上げ、検討を進めることとしたい。

但し、『三徳』には竹簡の断裂箇所もあり、また、未釈字・難読字も多い。インターネット上には、すでに、この『三徳』について、多くの札記が掲載されているが[1]、全体の文意を確定し、その思想史的意義を解明した論考はまだ見られない。

そこで、本章では、『三徳』の思想史的特質と意義とを解明するための基礎作業として、まずは、全体の釈読を試み、その文献的性格を明らかにすることとしたい。

『三徳』の書誌情報は次の通りである。原釈文の担当者は李零氏。竹簡全二十二枚、附簡一枚[2]。完簡は五枚、整簡が十枚、残簡八枚。簡長は完簡の場合、四四・七〜四五・[illegible]cm。編綫は両道、右契口（契口については、本書の第十七章・第十八章参照）。簡端は平斉。総字数は八九八字（合文二、重文九）である。

竹簡の配列については、すでにいくつかの異説が提起されている。筆者は、李零氏の原釈文の、特に後半部分の連接については疑問を感ずる点もある。しかし、後述のように、他の配列案にも決定的な論拠はなく、ここではとりあえず、李零氏の釈文・配列を基にして検討を進めることとしたい。釈読や接続について問題がある場合には、その都度注記する。

以下では、『三徳』全体の釈文を掲げる。便宜上、七節に分けて、それぞれ原文、書き下し文、現代語訳、解説を加えることとする。なお、ここに言う原文とは、『上海博物館蔵戦国楚竹書（五）』における李零氏の原釈文を基とし、諸氏の見解をも参考にしながら、最終的に筆者が確定した釈文を指す。解説中、単に「釈文」という場合は、李零氏の原釈文を指す。字句の確定に問題がある点については、以下で解説を加えたい。

また、01・02などの数字は原釈文の竹簡番号、「■」は墨釘、「=」は、重文記号または合文記号、【　】は残欠箇所を補った部分、「?」は原釈文が「未釈」「待考」とし、現時点で隷定できていない字、「／」は断裂した竹簡を綴合した箇所、「……」は竹簡の断裂や難読字のため、現時点で訓読または現代語訳ができていない箇所であることを示す。

一　『三徳』釈読

（1）

01天供時■、地共材■、民共力■、明王無思■、是謂三徳。卉木須時而後奮■、天悪如近■。平旦毋哭、晦毋歌、弦望齊宿、是謂順天之常■。02敬者得之■、怠者失之■、是謂天常■。天神之【□。毋爲□□】、皇天將惼之■。毋爲僞詐、上帝將憎之■。忌而不忌、天乃降災■、已而不已、03天乃降異■。其身不没、至于孫=（孫子）■。陽而幽■、是／謂大慼■、幽而陽、是謂不祥■。齊=（齊齊）節=（節節）、外内有辨、男女有節、是謂天禮■。敬=之=（敬之敬之）、天命孔明■。

01天は時を供し、地は材を供し、民は力を供し、明王思う無し、是れを三徳と謂う。卉《き》木時を須《ま》ちて後奮うは、天近《せま》るが如くするを悪めばなり。平旦に哭する毋く、晦《くら》きに歌う毋く、弦望に斉宿す、是れを天の常に順うと謂う。02敬しむ者は之を得、怠る者は之を失う。是れを天常と謂う。天神之【□。□□を為す毋かれ】、皇天将に之を惼《いまし》めんとす。偽詐を為す毋かれ、上帝将に之を憎まんとす。忌むべくして忌まざれば、天乃ち災いを降し、已むべくして已めざれば、03天乃ち異を降す。其の身没せずして、孫子に至る。陽なるべくも而して幽、是れを大慼（憂）と謂い、幽なるべくも而して陽、是れを不祥と謂う。斉斉節節、外内辨有り、男女節有り、是れを天礼と謂う。之に敬しみ之に敬しめば、天命孔明たり。

天は時を提供し、地は材を提供し、民は力を提供し、そのことによって賢明な王はあれこれと思い悩むことがない。これを「三徳」と言う。草花がしかるべき時を待って、その後で成長・開花するのは、時の推移を無視して急迫するようにするのを天が憎むからである。昼間に声を上げて泣くことをせず、夜間には歌わず、半月と満月の日には、ものいみして夜を明かす。これを「天の常に従う」と言う。慎む者は得ることができるが、怠る者は失ってしまう。これを「天常」と言う。天神……をしてはならない。皇天はそれを戒めるであろう。詐欺を行ってはならない。上帝はそれを憎むであろう。当然忌むべきなのにそれを忌まなければ、天は災害を降し、当然止めるべきなのにそれを止めなければ、天は異変を降す。そうなると、天寿を全うできず、その報いは子孫にまで至る。明るくしているべき時に暗くしている。これを「大慼《せき》（大いなる憂い）」と言い、逆に、暗くしているべき時に明るくしている。これを「不祥」と言う。身をきちんと整えて、内外に区別があり、男女の間に節度がある。これを「天礼」と言う。慎みの上にも慎めば、天の命は非常に明らかとなる。

若干の語注を付しておこう。冒頭の「供」、竹簡の字体は「共」に隷定できるが、釈文は「共」を「供」に釈読する。また、「天」と「時」、「地」と「材」との関係については、17簡に「知天足以順時、知地以固材、知人足以會親」とある。

「明王無思」について、曹峰は、この「無思」を「無為」の意と解し、統治の無為を説くなど、本書は馬王堆漢墓帛書『黄帝四経』に類似すると説く。しかし、統治者がことさらな作為を施さなくても世界が治まるというのは、儒家系文献でも、「子曰、無為而治者其舜也與、夫何為哉、恭己正南面而已矣」（『論語』衛霊公篇）のように説かれる理想の姿である。またそもそも、『黄帝四経』の最大の特質である周期的天道観は本書には見えず、両者を安易に関連づけるのは問題である。『三徳』と『黄帝四経』との関係については、本書の次章「『三徳』の天人相関思想」において改めて詳述したい。

「三徳」の語は、釈文が指摘するとおり、『大戴礼記』四代篇の、魯の哀公と孔子の問答の中に見える。但し、本書と『大戴礼記』の「三徳」が同意であるかどうかは慎重な検討を要するであろう。この点についても、次章において検討したい。

「天悪如近」の「近」字、釈文の隷定は「忻」であるが、難解な箇所である。「忻」は「近（迫）」に釈読する用例が、郭店楚簡『性自命出』41簡に「義道為忻（近）忠」と見える。ここでは、草木が天の時の到来を待たずせっかちに発芽・生長しようとするのを天が憎むから、の意と解す。

「平旦」は寅の刻。明け方。『孟子』告子上に「其日夜之所息、平旦之氣、其好惡與人相近也者幾希」とある。「平旦」に「哭」するという行為は、「陽」時に「幽」の行いをすることであり、忌むべきものと考えられる。

「晦毋歌」の「晦」字、釈文は「明」と隷定した上で、「天亮」の意とし、夜半の後、日の出前の時間帯と説くが、范常喜は、楚簡の他の「明」字と字形が異なることを指摘して、「瞑」の異体字とし、「昏暗」「陰沈」の意で、『抱朴子』内篇・微旨に「晦歌朔哭」とあるのと同じく、不吉な事であると説く。晏昌貴も「晦」字であるとし、睡虎地秦簡《日書》甲種一五五簡背面に「墨（晦）日、利壞垣、徹室、出寄者、毋歌。朔日、利入室、毋哭。望、利為囷倉」、『顔子家訓』風操に「道書又曰、晦歌朔哭、皆當有罪。天奪之算、喪家朔望、哀感彌深、寧當惜壽、又不哭也」とあるのを指摘する。「晦」時に「歌」うという行為は、「幽」時に「陽」の行いをすることであり、忌むべきものと考えられる。

「天之常」および「天常」については、留意しておきたい点がある。『呂氏春秋』では、大楽篇に「音樂之所由來者遠矣、生於度量、本於太一。太一出兩儀、兩儀出陰陽。陰陽變化、一上一下、合而成章。渾渾沌沌、離則復合、合則復離、是謂天常」、同・古楽篇に「昔葛天氏之樂、三人操牛尾投足以歌八闋。一曰載民、二曰玄鳥、三曰遂草木、四曰奮五穀、五曰敬天常」とあり、音楽と「天常」との連関が看取できる。「樂」については、『三徳』07簡に「喜樂無期度、是謂大荒」、11簡に「入虛毋樂、登12丘毋歌」、16簡に「喪怠係樂、四方來囂」と後述されており、「天」との関係上、極めて重視されていたことが分かる。

なお、陳剣は、この第2簡の後に第4～5簡が接続するとして、「是謂順天之常。04如反之、必遇凶殃」と続ける。但し、「如反之」の前が全て良いこと、後がすべて悪いことで統一的に解釈できればよいが、4簡以降にも良否の両方が記されているので、必ずしもこうした接続であるとは限らない。また、侯乃鋒は、1簡＋4～5簡の接続の前に、

2簡が位置していたとし、その理由として、2簡に「是謂天常」、1簡に「順天之常」とあり、「古書行文語氣」からして、まず「天常」と言い、その後に「天之常」と敷衍しているからと説く。但し、先に「天之常」と言い、その後に「天常」と略称したという、全く逆の可能性もあり、それだけでは確定的なことは言えない。また、そもそも2簡の「天常」は、天から与えられた人間の側の守るべき掟を意味するのに対して、1簡の「天之常」は天の側の常道を意味しており、両者の意味内容は異なっている。

皇天・上帝が「降災」するという用例としては、『書経』商書・伊訓に「惟元祀、十有二月、乙丑、伊尹祠于先王、奉嗣王祗見厥祖……于其子孫弗率、皇天降災」、『左伝』僖公十五年に「上天降災」などと見える。『三徳』と『詩経』『書経』との類縁性については、本書の次章において改めて論じたい。

「已而不已、天乃降異」の「已」字、晏昌貴は「巳」と読み、「祀」の意に解す。つまり本句は「當祀而未祀、如此則天降之異」の意であると説く。しかし、ここでは「災」が降された後も悪事を「已《や》」めなければ「異」が降る、という文意が込められている可能性もある。もしそうであるとすれば、春秋公羊学ほど明確ではないにしても、公羊学的な災異の思想が説かれていることになる。この点についても、次章で詳述する。

「其身不没、至于孫＝(孫子)」の「其身不没」は、天寿を全うしないの意。『国語』晋語一に「君未終命而不歿、君其若之何」、『左伝』僖公二十二年に「楚王其不沒乎」、その杜預注に「不以壽終」、『墨子』天志上篇に「故使不得終其壽、不歿其世」などとある。後半の合文号は、「子孫」と釈読する可能性もあるが、この前後が押韻しているとの曹峰の指摘を踏まえ、釈文の「至于孫＝(孫子)」にそのまま従った。

「陽而幽」の陽と幽との対比は、『礼記』郊特牲に「昏禮不用樂、幽陰之義也。樂、陽氣也」と見える。ほぼ「陽」「陰」の意に理解して良いと思われるが、明確な「陰陽」思想が説かれているかどうかは疑問である。

「是謂大慼」の「慼」字、釈文は、「憂」の意と解す。

(2)

04如反之、必遇凶殃■。毋訢政卿於神次■。毋享逸安■求利■。殘其親■、是謂罪■、君無主臣、是謂危■。邦家其壞■。憂懼之閒■、疏達之次■、毋謂之05不敢■、毋謂之不然。故常不利■、邦失憲常、小／邦則剗、大邦過傷■。變常易禮、土地乃坼、民乃囂死■。善=才=（善哉善哉）三善哉、唯福之基■、過而改06新■。㒅=（興興）民事■、行往視來■。民之所喜■、上帝／是祐■。凡托官於人、是謂邦固■、托人於官、是謂邦窳■。建五官弗措、是謂反逆■。土地乃坼■、民人乃07喪■。喜樂無期度、是謂大荒■、皇天弗諒、必復之以憂喪■。凡食飲無量計■、是謂淫荒、上帝弗諒■、必／復之以荒■。上帝弗諒■、以祀不享■。

04如《も》し之に反すれば、必ず凶殃に遇う。政卿を神次に訢《はずか》しむる毋かれ。逸安を享し利を求むる毋かれ。其の親を残す、是れを罪と謂い、君に主臣無し、是れを危と謂う。邦家其れ壊れん。憂懼の間、疏達の次、之を05敢てせずと謂う毋かれ、之を然らずと謂う毋かれ。故常を利とせず、邦憲常を失えば、小邦なれば則ち剗《けず》られ、大邦過《はなだ》だ傷わる。常を変え礼を易えれば、土地乃ち坼《さ》かれ、民乃ち囂死す。善きかな善きかな三善なるかな。唯だ福の基は、過てば改06新す。民事を興し興し、行き往きて視来す。民の喜ぶ所は、上帝是れ祐く。凡そ官を人に托す、是れを邦固と謂い、人を官に托す、是れを邦窳《ゆ》と謂う。五官を建てて措かず、是れを反逆と謂う。土地乃ち坼かれ、民人乃ち07喪ぶ。喜楽に期度無し、是れを大荒と謂い、皇天諒とせず、必ず之に復するに憂喪を以てす。凡そ食飲に量計無し、是れを淫荒と謂い、上帝諒とせず、必ず之に復するに荒を以てす。上帝諒とせず、以て祀るも亨けず。

もし、これ（天人の良好な関係）に反すれば、必ず大いなる災いにあうであろう。政治上、重要な地位にある者を祭祀の際に辱めてはならない。逸楽の境地を享受し利を追求してはならない。自分の親をそこなう、これを罪と言い、君主に頼りとなる臣下がいない、これを危と言う。（そのような状態であれば）国家は崩壊するであろう。憂いのどん底にあっても、順調の極みにあっても、政治を敢行しないと言ってはならず、そうした状態ではないと言ってはならない（現状をしっかりと把握しなければならない）。古来の常道に利を認めず、国の法を失うようであれば、小国であれば削られ、大国であれば甚だ損なわれるであろう。常道を変え礼を変えれば、土地は割かれ民は怨嗟の声を上げて死ぬことになろう。よいかな、よいかな、大いによいかな。ただ幸福の基盤は、過失があればそれを改め新しくすることである。民の事業を興し、為政者が現地に行って視察する。民の喜ぶところは、上帝もそれをたすける。およそ官職を適任者に託す、これを「邦固（国が固い）」と言い、特定の人に官職を託す、これを「邦窳（国がゆがむ）」と言う。重要な五つの官職を立てておきながら、適正に措置しない。これを（天への）反逆という。土地は割かれ、民人はそれにより滅ぶであろう。喜び楽しみに限度がない、これを「大荒」と言い、そうした状況を皇天は了承せず、必ずこれに憂愁と喪失という現象で報復するであろう。およそ飲食に限度がない、これを「淫荒」と言い、そうした状況を上帝は了承せず、必ずこれに飢饉という現象で報復するであろう。そのような事態に至っては、上帝は了承せず、あわてて祭祀しても、もうそれを受けないであろう。

本節には、難解な箇所がある。「疏達之次」と読んだ箇所は、陳偉説によるが、意味は未詳である。釈文も「待考」とする。

「變常易禮」について、曹峰は「變×易×」の句形が『黄帝四経』に見られるとし、「變故亂常、擅制更爽。心欲是行、身危有〔殃、是〕謂過極失當」（『経法』国次）、「天有恒幹、地有恒常」（『十六経』果童および行守）、「過極失當、變故易常。徳則无有、措刑不當。居則无法、動作爽名。是以受其刑」（『十六経』姓争）などを指摘する。しかしこれは、必ずしも『三徳』と『黄帝四経』とに特有の句法ではない。例えば、他にも『管子』形勢篇に「天不變其常、地不易其則」、同・七法篇に「變俗易教」などと見える。

いずれにしても、『三徳』では、このように強い保守的立場が強調されているが、法家系の文献では、逆に、こうした保守的立場が否定されている。例えば、『韓非子』南面篇に「不知治者、必曰、無變古、毋易常」、『商君書』更法篇に「臣故曰、『治世不一道、便國不必法古』。湯武之王也、不循古而興。殷夏之滅也、不易禮而亡」と見える。

竹簡の接続について、「過而改06新」の部分、『周易』益卦に「君子以見善則遷、有過則改」。『史記』扁鵲倉公列伝・太倉公に「妾切痛死者不可復生而刑者不可復續、雖欲改過自新、其道莫由、終不可得」などと類似句が見えるが、陳剣は、22簡＋6〜7簡の接続を想定し、「22四荒之内、是帝之□。臨民以仁、民莫弗06新。興興民事、行往視來。民之所喜、上帝／是有（祐）」と読む。曹峰も22簡＋6簡の接続を支持するが、ここに「之」を補って「過而改之」と読む点にはあまり根拠がない。

「凡托官於人、是謂邦固、托人於官、是謂邦窊」には、「固」と「窊」の意味をめぐって対立する二つの見方がある。李零釈文は、「固」は良い状態、「窊」は悪い状態と取り、前句と後句とは意味が対立しているとするが、陳偉は逆に、「固」は「鄙陋」「廃」「病」という悪い意味、「宮」（釈文が窊と隷定する字）は「膂（背骨）」という良い意味に取る。しかし、侯乃鋒はやはり「固」は良い意味、「覆」（釈文が窊と隷定する字）は悪い意味であると説く。ここでは、釈文・侯乃鋒の意見を採用した。

「民人乃07喪」の接続について、陳剣は06＋17の接続を想定し、「民人乃17落。敬天之敔、興地之矩」と読むが、ここでは、06＋07の接続でよいと考えて解釈した。

「喜樂無期度」の「期度」、釈文は「限度」に読むが、孟蓬生は「限度」は古語ではないとして「期度」に読み、

「終極」「窮尽」の意と説く。何有祖は「謹度」に読み、王蘭もそれを支持して『潜夫論』断訟篇に「敕民慎行、徳義無違、制節謹度」とあり、『孝経』諸侯章に「在上不驕、高而不危、制節謹度、滿而不溢」とあるのを指摘する。ここでは、孟蓬生説に従った。

「滔皇」について、釈文は「饕皇（饕はむさぼる）」に読むが、楊澤生は「淫荒（人道に外れたすさんだ行い）」に読み、『史記』殷本紀に「當是時、夏桀為虐政淫荒」、『漢書』揚雄伝下に「又恐後世迷于一時之事、常以此取國家之大務、淫荒田獵、陵夷而不禦也」、『漢書』諸侯王表に「然諸侯原本以大、末流濫以致溢、小者淫荒越法、大者睽孤横逆、以害身喪國」とあるのを指摘する。曹峰は、飲食を貪る者を古人は「饕餮」と呼んだので、「饕皇」でよいとし、『史記』五帝本紀に「縉雲氏有不才子、貪于飲食、冒于貨賄、天下謂之饕餮」とあるのを指摘する。ここでは、楊澤生説に従った。

(3)

08邦四益、是謂方華、雖盈必虛■。宮室過度■、皇天之所惡■、雖成弗居■。衣服過制、佚於美、是謂違章■、上帝弗／諒。鬼神禋祀、上帝乃怡、邦家09……保、乃無凶災■。高陽曰、「毋凶服以享祀■、毋錦衣絞袒■」。?子是謂忘神……

08邦四益あり、是れを方華と謂い、盈つると雖も必ず虚なり。宮室度を過ぐれば、皇天の悪む所となり、成ると雖も居らず。衣服制を過ぎ、美に佚す、是れを違章と謂い、上帝諒とせず。鬼神もて禋《いん》祀すれば、上帝乃ち怡《よろこ》び、邦家09……保、乃ち凶災無し。高陽曰く、「凶服以て享祀する毋かれ、錦衣もて絞袒《こうたん》する毋かれ」。?子是れを忘神と謂う……

国に利益があふれている、これを「方華」と言い、今は満ちていてもそのうち必ず虚しくなる。宮室が度を過ぎて立派であれば、皇天の怒りを買うところとなり、建物が完成しても、そこに長く住むことはできないであろう。衣服が度を過ぎて、あまりに華美におちいっている。これを「違章」と言い、上帝はそれを了承しないであろう。鬼神を祭祀すると上帝は喜び、国は……保たれ、そして大きな災いはおこらない。高陽は、「喪服で祭祀してはならず、あでやかな衣服で葬礼をおこなってはならない」と説いた。……これを「忘神」と言う。

冒頭の「方華」について、釈文は「方芋」と読み、范常喜は「方盂」（方形で、中央が丸くくぼんだ大ざら）に読むが、いずれも文意未詳である。ここでは、何有祖・曹峰が「方華」とするのに従った。

「宮室過度」については、馬王堆漢墓帛書『称』に、「宮室過〔下〕度、上帝所悪、為者弗居、雖居必路」という類似句が見える。

本節には、「鬼神」「上帝」が併記されるが、そのような例としては、『墨子』天志上篇に「故昔三代聖王禹湯文武、欲以天之為政於天子、明説天下之百姓、故莫不犓牛羊、豢犬彘、潔為粢盛酒醴、以祭祀上帝鬼神、而求祈福於天」とある。「天命鬼神」の用例としては、『春秋繁露』祭義篇に「見不見之見者、然後知天命鬼神、知天命鬼神、然後明祭之意、明祭之意、乃知重祭事、孔子曰、吾不與祭、如不祭。祭神如神在」とある。

「禋」はまつる。身を潔め斉戒して祭祀すること。『左伝』隠公十一年に「吾子孫其覆亡之不暇、而況能禋祀許乎」。天神を祭る礼としては、『周礼』春官・大宗伯に「以禋祀祀昊天上帝、以實柴祀日月星辰」とある。

「高陽」は、『三徳』の中で唯一登場する固有名詞である。すなわち顓頊のこと。五帝の一で黄帝の孫、十歳の時に少昊を輔佐し、二十歳で帝位に即いたと伝えられる。初め高陽に建国したので、高陽氏と号す。都を帝丘（今河北省濮陽縣）に建てた。『史記』五帝本紀・黄帝に「黄帝崩、葬橋山。其孫昌意之子高陽立、是為帝顓頊也」、同・帝顓頊に「帝顓頊高陽者、黄帝之孫而昌意之子也。靜淵以有謀、疏通而知事。養材以任地、載時以象天、依鬼神以制義、治氣以教化、絜誠以祭祀。北至于幽陵、南至于交阯、西至于流沙、東至于蟠木。動靜之物、大小之神、日月所照、莫不砥屬」とあり、顓頊の事績と本書の主旨とに類似性がうかがわれる。すなわち、天人相関を基調とする本文献の主旨に照らして、こうした顓頊像は取り上げるに最も相応しい帝王像と考えられるのである。

「毋凶服以享祀、毋錦衣絞袒」について、釈文は、『礼記』玉藻篇に「君衣狐白裘、錦衣以裼之」とあるのを指摘する。『礼記』内則篇にも「不有敬事、不敢袒裼」とある。「裼《せき》」は肌ぬぐ。衣をずらせる。陳偉は、この句を「毋凶服以享祀、毋錦衣絞袒」に読み、「凶服」は喪服、「享祀」は祭祀、「絞」「袒」はともに凶服の特徴であると説く。「絞」は腰縄をしめる、「袒」は袒免《たんぶん》。左の肩をぬいで冠をぬぎ髪をくくる。近親でない者の喪礼である。

いずれにしても、この高陽（顓頊）の発言は単に喪服のことを言っているのではなく、その直後に「?子是謂忘神」と解説されてことから推測されるように、祭祀すなわち「順天」「敬天」の重要性を説くものであると考えられる。この高陽の発言も、全体の論旨と一貫性を有すると思われる。

「?子是謂忘神」は未詳部分である。王貴元は冒頭の字を「傒」に読み、「傒子」（奚子）とは、伝説で初めて車を造ったとされる「奚仲」のことであるとして、『左伝』定公元年に「薛之皇祖奚仲居薛、以為夏車正」とあるのを指摘し、高陽は夏の古帝、奚仲は夏の車正であるから、二人が続けて登場するのも妥当であるとする。曹峰は、「毋錦衣絞袒?子、是謂忘神」と句読し、ここまでが高陽の発言であると説く。いずれも一説であるとは思われるが、確証はない。

（4）

10皇后曰立。毋爲角言■、毋爲人倡■、毋作大事■、毋刈常■、毋壅川■、毋斷洿■、毋滅宗■、毋虚牀■、毋／□敵■、毋變事■、毋煩姑嫂、毋11恥父兄■、毋羞貧■、毋笑刑■、毋揣深■、毋度山■、毋逸其身、而多其言■。居毋惰■、作毋荒■。善勿／滅■、不祥勿爲■。入墟毋樂■、登12丘毋歌、所以爲天禮■。臨川之都■、凭岸之邑■、百乘之家■、十室之聚■、宮室汙池■、各慎其度■、毋失其道■。絀／欲殺人、不飲■不食■。秉之不固■、

10皇后曰立。角言を為す毋かれ、人倡を為す毋かれ、大事を作す毋かれ、常を刈る毋かれ、川を壅《ふさ》ぐ毋かれ、洿《お》を断つ毋かれ、宗を滅ぼす毋かれ、牀を虚しくする毋かれ、敔《ぎょ》を□する毋かれ、事を変うる毋かれ、姑嫂を煩わす毋かれ、11父兄を恥ずかしむる毋かれ、貧を羞ずかしむる毋かれ、刑を笑う毋かれ、深を揣《はか》る毋かれ、山を度《はか》る毋かれ、其の身を逸して其の言を多くする毋かれ。居るに惰《おこた》る毋かれ、作すに荒なる毋かれ。善は滅す勿かれ、不祥は為す勿かれ。墟に入りて楽する毋く、12丘に登りて歌う毋きは、天礼を為す所以。臨川の都、凭《ひょう》岸の邑、百乘の家、十室の聚、宮室汙池、各々其の度を慎み、其の道を失う毋かれ。殺人を欲するを絀《しりぞ》け、不飲不食。秉之不固、

皇后曰立。激しい言葉で言い争いをしてはならない。人前で声高に騒いではならない。軽率に大事を行ってはならない。常道に反するような行為をしてはならない。川の流れを塞いではならない。水流の積聚する所を断絶してはならない。家系を絶やしてはならない。床を虚しくしてはならない。敵を□してはならない。既定の事業を変更してはならない。姑《しゅうとめ》や嫂《あによめ》を煩わしてはならない。父兄を辱めてはならない。貧者を辱めてはならない。受刑者を笑ってはならない。川の深度を測ってはならない。山の高さを測ってはならない。自分自身が逸楽にしていておしゃべりが過ぎてはならない。家にいて怠惰にしていてはならない。仕事をするのに粗雑ではいけない。善いことをなくしては

ならない。不祥のことを行ってはならない。廃墟に入って音楽を奏でず、丘に登って歌わないのは、天の礼に従う所以である。川に臨む大都、岸に近い邑、百乗の家、十室ほどの集落、宮室汙池は、それぞれその程度を慎み、その道を失ってはならない。殺人の欲望を退け、……。

本節は、「毋～～」という句法を連続させ、天のあり方に違反することを厳しく禁止する。冒頭の「皇后曰立」は文意未詳である。曹峰は「皇后」は黄帝のことで、「立」はその発言、「立身処事」の意であると説くが根拠に乏しい。「角言」について、釈文は「争訟」の意と推測する。広く言葉による争いの意であろう。なお以下、「毋～～」句が二十四連続するが、概ね二句ずつ意味的に対になっていると思われる。

「人倡」の「倡」は、となえる、あるいはうたいめ（歌を歌って聞かせる人。広く音楽師や俳優のこと）。釈文は「先人而発」とするが、人前で声高に騒ぐの意かと推測される。前句と対になっている可能性が高いであろう。

「大事」について、釈文は、祭祀や兵戎などの重大事とする。下句の「毋刈常」と対であるとすれば、常道に反するような大事を意味し、「毋作大事」とはそうした行為を軽率に行ってはならないの意となる。

「毋刈常」の「刈」字、釈文は未定字で「察?」とするが、李天虹は「刈」に読み、害・断の意と説く。晏昌貴も同様に、「撲」または「剪」の意と解す。季旭昇は「害」に読む。筆者もこれらの諸氏と同様の意に理解した。

「毋滅宗、毋虚牀」についてはいくつかの異説があるが、筆者は、『左伝』定公四年に「乗人之約、非仁也。滅宗廢祀、非孝也」、『墨子』明鬼下篇に「且禽艾之道之曰、得璣無小、滅宗無大。則此言鬼神之所賞、無小必賞之、鬼神之所罰、無大必罰之」とあり、また『国語』楚語下・葉公子高論白公勝必乱楚国に「夫誰無疾眚。能者早除之。舊怨滅宗、國之疾眚也」などとあるのを重視して、両句とも、家系を断絶してはならないという意であると理解する。後半の「毋虚牀」の「牀」は床、寝台の意であり、「虚牀」とは子作りに努力しない、の意ではないかと推測される。

「敔」は『説文解字』に「敔、禁也」とあり、晏昌貴は、包山楚簡に郷・里のような意味で記されることを指摘するが、直前に文字の欠落もあり、文意未詳である。

「毋煩姑嫂」について釈文は「毋焚古?」とするが文意未詳である。劉国勝は、下句の「毋恥父兄」との対応を考え、「毋煩姑嫂」に読む。ここでは劉氏の説に従った。

「毋揣深、毋度山」の「揣」は測る。「揣深」「度山」は、山川の神を冒瀆する行為として否定されているのではないかと推測される。

「入墟毋樂」の「墟」字、釈文は「虚」に隷定するが、晏昌貴は「墟」（山頂の中央部がくぼんだ大きな丘の意）に読み、下の「丘」に対応すると説く。曹峰は、「墟」「丘」ともに戦争や自然災害による廃墟の意であると説く。筆者は、「墟」については廃墟、「丘」は文字通りの丘であると考える。廃墟で音楽を奏でることも、丘の上で歌うことも、ともに、天の礼を失することになるとの意識が前提にあると推測される。

「臨川之都」の「臨」字について、釈文は、隷定字は「監」であるが、「臨」の誤写であるとし、「臨川之都」とは、川に臨んだ大都の意とする。

「十室之聚」の「聚」は釈文未釈字である。釈文は、『管子』に十家を「游」（立政篇）または「連」（乗馬篇）とする用例があることを指摘する。何有祖は「佸」、蘇建洲は「聚（州）」、曹峰は「造」に読む。ここでは蘇建洲氏の説に従った。

（5）

13?·爲首■。身且有病■、惡菜與食■。邦且亡■、惡聖人之謀■。室且弃■、不遂祭祀■、唯?·是服■。凡若是者、不有大禍／必大恥■。天之所敗節其賕■、而14寡其憂■。興而起之■、思道?·而勿救■。方營勿伐■、將興勿殺■、將齊

勿剳■。是逢凶孽■、天災繩〻（繩繩）、弗滅不隕■。爲／善福乃來■、爲不善禍乃有之。埤
15聽其營、百事不遂、慮事不成■。仰天事君、嚴恪必信■、俯視【百／姓】、務農■敬戒■。毋不能而爲之■、毋能
而易之■。驟奪民時■、天飢必來。16奪民時以土功、是謂稽■、不絶憂恤■、必喪其匹■。奪民時以水事、是謂順、
喪以係樂■、四方來囂■。奪民時以兵事■、是【謂厲】

13?爲首。身且《まさ》に病有らんとすれば、菜と食とを悪む。邦且に亡びんとすれば、聖人の謀を悪む。室且に弃てられんとすれば、祭祀を遂げず、唯?是服。凡そ是くの若き者は、大禍有らざれば必ず大恥あり。天の敗る所、其の賕を節して、14其の憂いを寡なくす。興こして之を起こし、道を思いて救《とど》むる勿かれ。方に営まんとするに伐つ勿かれ、将に興らんとするに殺《そ》ぐ勿かれ、将に斉わんとするに剳《さ》く勿かれ。是れ凶孽に逢い、天災縄縄として、滅《き》えず隕ちず。善を為せば福乃ち来り、不善を為せば禍乃ち之有り。埤（俾）

15其の営を聴くも、百事遂げず、事を慮るも成らず。天を仰ぎて君に事え、厳恪なれば必ず信あり、【百姓】を俯視し、農に務めて敬戒せしむ。不能にして之を為す毋かれ、能にして之を易うる毋かれ。驟《しば》しば民の時を奪えば、天飢必ず来る。16民の時を奪うに土功を以てす、是れを稽と謂い、憂恤を絶たざれば、必ず其の匹を喪う。民の時を奪うに水事を以てす、是れを順と謂い、喪いて以て楽を係《つづ》ければ、四方来囂す。民の時を奪うに兵事を以てす、是れを【厲と謂い】

?を首と為す。体がまさに病気になろうとしているときには、その前兆として食事を嫌うようになる。国がまさに滅びようとしているときには、その前兆として、為政者が聖人の言を聴かなくなる。家がまさに天から見捨てられようとしているときには、その前兆として、祭祀を全うしなくなる。……。およそこのような状態であれば、大いなる

災禍があるか、さもなくば大いなる恥辱を受けることとなる。……。大いに振興し、正道を思い、躊躇してはならない。今まさに運営しようとしてる時に、それを挫折させるようなことをしてはならない。今まさに勃興しようとしている時に、その勢いを殺ぐようなことをしてはならない。今まさに整わんとしている時に、それを裂くようなことをしてはならない。そのような行為は、不吉な災いに逢い、天災が次々と消えることなくやってくる。善行をなせば福がやってくる。不善を行えば災いがおこる。……。

その営みを聴いても、万事遂げることができない。事を慮っても完成しない。天君を仰いでお仕えし、己に厳しく慎めば、必ず天に信頼される。百姓を広く見て、農業に専念して慎み戒めるようにさせる。能力がないものに強要してはならず、その仕事に能力がある者を他のことに使ってはならない。しばしば民の時を奪うと、必ず天の飢饉がやってくる。土木工事で民の時を奪う。これを「稽（とどめる）」と言い、為政者が民の憂恤を取り除かなければ、必ず民を失うこととなる。治水工事で民の時を奪う。これを「順」と言い、民を失ってなお逸楽を続けていれば、四方の民が抗議にやってくる。軍事で民の時を奪う。これを「厲」と言い……。

「不遂祭祀」について、釈文は「不隋祭祀」と釈読するが、文脈上、「隋（こぼつ）」では意味が通らない。筆者は字形の相似から「遂」字と取りたい。晏昌貴も、隆、祟、歆などの字が入るべきであるとする。王蘭は「不隨祭祀」に読む。

「天之所敗節其賕」について、釈文は「天之所敗多其喜」とする。李天虹は「天之所敗、多其賕（まいない、賄賂）」に読み、禤健聰は「多」には隷定できないとして「天之所敗、節其賕」とするが、いずれも文意未詳である。

「方營勿伐」について、釈文は「方縈勿伐」と釈読して、「縈」字は營の借字とする。なお、曹峰はこの前後三句の「縈」「興」「育（釈文が齊と隷定する字）」はすべて植物の成長過程を表す語であると説く。

「是逢凶孽」の四字目、釈文は「朔」に似ているとするが、李天虹は「孽」に読む。孽は非正室の生んだ子。災禍の意。『左伝』昭公十年に「蘊利生孽、姑使無蘊乎」とある。ここでは李氏の説に従った。

「爲不善禍乃有之」の「有」字、釈文は「或」に隷定した上で「惑」に読む。筆者は「或」と隷定した上で、「有」の意と解したい。なお、晏昌貴は「或」のままで「又」の意に解する。

本節の接続について問題となるのは、14簡と15簡の関係である。釈文では、「埤15聖（聴）其營」と続けるが、意味の連続については未詳とする。陳剣は、13～14＋19の接続を想定し、「俾勿増、廢人勿興。皇天之所弃、而后帝之所憎」と続けて読む。

「慮事不成」について、釈文は「且事不成」と釈読するが、陳偉は、上句との対応から、「慮事不成」と読む。ここでは、陳偉氏に従った。

全体の文意との関係で問題となるのは、「仰天事君」である。この「君」を君主の意と取ると、ここのみ臣下の立場から「事君」を説くことになり、全体の論調と合致しない。『三徳』の基調は、為政者（王・君）に対して、「順天」「敬天」の重要性を説くという点にある。ここでは、「天君」の互文の可能性を指摘しておきたい。または、「天を仰ぎて君として事える」の意の可能性もある。

「俯視【百／姓】」について、竹簡の断裂部分、釈文は「百姓」の二字を補うが、曹峰は「地理」を補う。後続の「民」との関係を重視すれば、「百姓」の可能性が高いであろう。

「驟奪民時、天飢必來」以下の部分は、『呂氏春秋』上農篇に「時事不共、是謂大凶。奪之以土功、是謂稽、不絶憂唯、必喪其粃。奪之以水事、是謂籥、喪以繼樂、四鄰來虛。奪之以兵事、是謂厲、禍因胥歳、不舉銍艾。數奪民時、大饑乃來。野有寢耒、或談或歌、旦則有昏、喪粟甚多。皆知其末、莫知其本、真」と類似句が見える。范常喜は『呂氏春秋』に「數奪民時、大饑乃來」とあるので、ここの「天飢」は「大飢」の誤写であるとする。しかし、ここでは

「民の時を奪う」ことが天罰であることを強調しているとすれば、むしろ「天」の方がよいと思われる。

「不絶憂恤、必喪其匹」について、范常喜は「不繼憂恤、必喪其匹」に読み、「匹」は釈文の説くような「配偶」の意ではなく、匹夫・百姓の意であると説く。但し、『呂氏春秋』上農篇には「不絶憂唯」と「絶」に作っている。ここは、「為政者が民に対する「憂恤（いたわり）」を継続しなければ」の意ではなく、「為政者が民の「憂恤（うれい）」を取り除かなければ」の意であろう。

「是謂順」の「順」は、ひとまず釈文の釈読に従うが、ここは、文脈から判断して何か悪い意味でなければならない。『呂氏春秋』上農篇は「奪之以水事、是謂籥」に作る。「籥《やく》」は三つ穴のあいた笛。習字用の書写版（石板・黒板）。『説文解字』に「籥、書僮竹笘也」、その段玉裁注に「籥亦謂之觚。蓋以白墡染之、可拭去再書者」とある。兪越は、「籥」では意味不通として「淪」に読み、『莊子』知北遊篇の釈文に「瀹、漬也」とあるのを指摘する。陳斯鵬は「潮」に読み、「淖」（汚泥の中に溺れる）の意と解す。一説であろう。いずれにしても、「順」では意味が通らない。

「喪怠係樂、四方來囂」に関連して、『呂氏春秋』上農篇の当該部分は「喪以繼樂、四鄰來虐」（高誘注に「繼、續也」）に作る。「喪以繼樂」は、（民を）失うことになっても（君主が）まだ楽しみを続けている（音楽にふけっている）、の意であろう。

「奪民時以兵事、是【謂厲】」の欠字補充は、『呂氏春秋』上農篇に「奪之以兵事、是謂厲」とあるのによる推定である。

（6）

17茖■。敬天之囧、興地之矩■、恒道必皇。天哉／人哉、凭何親哉■、没其身哉■。知天足以順時■、知地足以固材■、知人足以會親■。不修其成■、而18死於刃下■。狝貌食虎■、天無不從■。好昌天從之■、好旺天從之■、好祓天従之■、好長天従之■。順天之時、起地之【紀】……

17茖。天の圄に敬しみ、地の矩を興せば、恒道必ず皐《あき》らかなり。天なるかな人なるかな、凭何親哉、其の身を没するかな。天を知れば以て時に順うに足り、地を知れば以て材を固くするに足り、人を知れば以て親に会《あつ》むるに足る。其の成を修めざれば而ち18刃下に死す。豺貌虎を食う、天従わざる無し。昌を好めば天之に従《よ》り、旺を好めば天之に従り、祓を好めば天之に従り、長を好めば大之に従る。天の時に順い、地の【紀？】を起こし……

茖。天の禁ずることに慎み、地の則《のり》を発揮すれば、常なる道は必ず明らかになるであろう。天なるかな人なるかな。……。寿命を全うすることができるであろう。天を知れば、それによって時に従うことができ、地を知れば、それによって資源を把握することができ、人を知れば、親しい者を集めることができる。その完成を修めなければ刃の下に死すこととなろう。……。「昌」を好めば天はそれに従い、「旺（旺盛）」を好めば、天はそれに従い、「祓」を好めば、天はそれに従い、「長」を好めば、天はそれに従う。天の時に従い、地の紀をおこし、……

李零氏の原釈文は、このあたりから接続関係がほとんど未詳となる。曹峰は8簡＋17簡で、「邦家［不？］茖（路？露？）」と読むが、「不」字を補わなければならないのが難点である。

「敬天之圄」の「圄」字、釈文は未詳とする。類例として、『書経』周書・洛誥に「敬天之休」、『詩経』大雅・生民之什・板に「敬天之怒、無敢戯豫、敬天之渝、無敢馳驅」などの例が見える。『三徳』と『詩経』『書経』との強い類縁性を示唆する箇所である。陳偉は「圉」「圄」に読み、「禁」の意と解す。ここでは、陳偉氏に従い、「圄」に読む。

「知天足以順時」以下、天・地・人が並列関係に置かれており、冒頭の第1簡に呼応する。天・地・人の並列は、

例えば、『管子』内業篇に「天主正、地主平、人主安靜。春秋冬夏、天之時也、山陵川谷、地之枝也、喜怒取予、人之謀也、是故聖人與時變而不化、從物而不移。能正能靜、然後能定」と見える。

「知地足以固材」の「知地」は、『周礼』地官司徒・土訓に「以詔辟忌、以知地俗」とある。「固」字、釈文は「古」と隷定した上で「固」に釈読するが、秦暁華は「由（育）」に読み、『詩経』小雅・南有嘉魚之什・菁菁者莪に「菁菁者莪、樂育材也、君子能長育人材、則天下喜樂之矣」とあるのを指摘して、「培養人材」の意と説く。確かに、『周礼』『詩経』の用例に沿って解釈すれば、地方の人材の意味とも取れるが、ここは「知天」「知地」「知人」が並列された箇所であり、「知地」とはむしろ大地の資源を把握して確固たるものにするというような意味かと推測される。

17・18簡の接続について、釈文は、一応の連接を想定するが、陳剣はこの17簡の後に15〜16簡が接続するとして、「不修其成、而15聴其營、百事不遂、慮事不成」と読む。先述の通り、14・15簡の接続には問題があった。17＋15簡とするのは、妥当な説であろう。

また、陳剣は、21簡とこの18簡が接続するとして、「諒、竿之長。枸株覆車、善游者18死於梁下、豻貌食虎」に読み、軽微なことに注意を怠ると大きな禍敗となるの意であると説く。これも、傾聴に値する意見であろう。

「豻貌食虎、天無不從」について、釈文は「豻貌」を「狻猊《さんげい》」（獅子）の別名とし、「食虎」は祥瑞であるから「天無不從」だと説く。

「好昌天從之」以下の四句の内、二句目の「旺」字、李天虹は「賁」に隷定すべきであるとし、禤健聰は「喪」に読む。三句目の「祓」字、陳剣は「犮」に読むが、侯乃鋒は「昌」「旺」「祓」「長」の四句、いずれも良い意味だとして三句目を「祓《ふつ》（福）」と解す。ここでは、侯氏の説に従った。

「起地之【紀】」について、曹峰はここが全文の結語であり、篇首の天・地・人に呼応しているはずだとして「起地之【材、□民之□】」と推測する。但し、そもそも18簡は下端残欠で、末尾かどうか確認できない。(3)

(7)

以下、19簡～附簡までは、釈文で接続未詳とされている部分である。また、未釈字・難読字も多く、文意を取りづらい箇所も多い。便宜上、第(7)節として一括して掲げる。

19牆勿増■、廢人勿興■。皇天之所弃■、而后帝之所憎■。晦曰冥冥、上天有下政、晝□……

19牆は増す勿かれ、廃人は興す勿かれ。皇天の弃つる所にして、后帝の憎む所なり。晦を冥冥と曰う。上天に下政有り、晝□……

牆は増してはならない。廃人を起こしてはならない。皇天の見捨てるところとなり、后帝の憎むところとなるであろう。晦いさまを「冥冥」と言い、……。

冒頭句、釈文は四字句である可能性を指摘する。陳剣は14簡が接続するとして、「俾牆勿増」とする。妥当な見解であろう。三字目を「牆」に読むのは、季旭昇・李天虹の説による。

「后帝」について、釈文は「句帝」と隷定した上で、「后帝」に釈読する。天帝の意であろう。『詩経』魯頌・駉之什・閟宮に「皇皇后帝、皇祖后稷」（箋云、皇皇后帝謂天也）、『論語』堯曰篇に「予小子履、敢用玄牡、敢昭告于皇皇后帝。有罪不敢赦。帝臣不蔽、簡在帝心。朕躬有罪、無以萬方。萬方有罪、罪在朕躬」とある。

「晦曰冥冥」について、釈文は「毋曰冥冥」とするが、文意未詳である。劉信芳は「晦」に読む。ここでもその説に従った。

20……付?之不戯■。至刑以依■、?去以謀■。民之所欲■、鬼神是祐■。慎守虚?……

20……付?之不戯。至刑以依、?去以謀。民の欲する所は、鬼神是れ祐く。虚?を慎み守り……

……。民の欲するところは、鬼神もそれを助ける。……。

全体の文意は未詳であるが、民の切望するところについて、鬼神がそれに助力すると説かれている点は注目される。人と鬼神との密接な関係を説く部分であり、天人相関を基調とする『三徳』全体の文意に沿った内容である。

21……京■、竿之長枸株覆車善游者、

文意未詳であるが、前記の通り、陳剣は、この21簡が18簡に接続するとして、「諒、竿之長。枸株覆車、善游者死於梁下、豺貌食虎」に読み、軽微なことに注意を怠ると大きな禍敗となるの意であると説く。

22……之疏未可以遂■、君子不慎其徳■。四荒之内、是帝之【關】■。臨民以仁■、民莫弗【親】

22……之疏未可以遂、君子は其の徳を慎まず。四荒の内、是れ帝の【関】。民に臨むに仁を以てすれば、民親しまざる莫し。

「君子不慎其徳」の「君子」は、『三徳』中唯一登場する点で注目されるが、竹簡の断裂から前句との対応が不明であり文意未詳である。

「是帝之【闢】」の欠字補充について、釈文は未釈、何有祖は「闓」と読み、「四荒之内、皆在帝之里、即皆爲帝土」の意と解す。范常喜も、意味は同様としつつも、字形から「闓」には読めないとし、「闢」（門戸の意）に読む。

なお、接続について、陳偉は22＋6の可能性を指摘する。ここでも、その可能性を考慮し、第6簡冒頭の「新」字を「親」に釈読してみた。

【附簡】……【不】懈于時■。上帝喜之、乃無凶災。……

（香港中文大学中国文化研究所文物館所蔵）

【附簡】……時に懈《おこた》らず。上帝之を喜び、乃ち凶災無し。……

時をおろそかにしない。そうした様子を上帝は喜び、不吉な災いがおこることもない。……

「凶災」は、『礼記』月令に「是月也……必有凶災」とある。曹峰は、この後に9簡「……保、乃無凶災」の接続を想定するが、竹簡残欠のため確定しがたい。

以上、上博楚簡『三德』を、七節に分けて釈読してきた。難読文字や竹簡の断裂もあって、未釈の部分も若干残るが、『三德』の思想史的特質と意義とを解明する基礎は一応整ったと言えよう。但し、竹簡の配列・接続については、右の釈読の中でも言及してきた通り、李零氏の釈文以外に、すでにいくつかの異説が提示されている。しかし、この文献では、二十二簡全ての再配列を確定するための決定的な根拠がなく、現時点では、全体の連接を特定するのは甚だ困難であると言わざるを得ない。

では、連接が確定しない以上、内容の分析は行えないのであろうか。この問題について、筆者は、次のような理由から、一定の読解が可能であると考える。そこで、『三德』の文献的性格について検討してみよう。

二　『三德』の文献的性格

『三德』の竹簡配列・接続は、依然として不明な箇所が多い。ただ、『三德』の文献的特質として、論説形式の文献であるということは、指摘できるであろう。

これまで公開された上博楚簡には様々な文献が含まれているが、文献的特質という観点から、主なものを分類してみると、おおよそ次のようになると思われる(4)。

第一は、『魯邦大旱』『民之父母』『相邦之道』『彭祖』『昭王毀室』『昭王與龔之脽』『柬大王泊旱』『曹沫之陳』などに見られる会話体の文献である。『魯邦大旱』では、魯の哀公と孔子および子貢の会話によって話が進行し、『民之父母』を構成するのは、子夏と孔子の問答である。『彭祖』も、君主である彭祖と臣下である耇老との君臣問答によって構成されている。同様に、『昭王毀室』『昭王與龔之脽』は、楚の昭王に関わる説話、『柬大王泊旱』は、楚の簡王に関わる説話であるが、ともに王と臣下の会話体である点に共通の特徴を有する(5)。

これらの文献は、竹簡の配列・接続に関する考察が、決定的な意味を持つと言えよう。「〜曰」という発話の部分を手がかりに文脈を推定し、竹簡をほぼ完璧に再配列することもできる。しかしその反面、研究者の側が接続を誤解してしまったり、脱簡のために再配列が困難となっている場合には、深刻な事態が発生する。例えば、実は孔子の発言である部分を子貢の発言であると誤読してしまったり、竹簡の接続を誤解して文意が完全に逆転してしまうなどの重大な事態を招くこととなるからである。

これに対して、第二の型としてあげられるのは、『孔子詩論』『緇衣』『性情論』『従政』『昔者君老』『容成氏』『恒先』『内礼』などに代表される論説形式の文献である。この内、『孔子詩論』は、「詩」についての論評で、撰者の解説が大半を占めるが、部分的に、「孔子曰」として孔子言が挿入される。『緇衣』は、基本的に現行本『礼記』緇衣篇と同内容の文献であり、「子曰」を区切りとして全二十三章によって構成される。『性情論』は、郭店楚簡『性自命出』と基本的に同内容の文献である。「命」「性」「情」などについて論説する内容で、全体はいくつかのブロックに分けられる。『従政』は、「聞之曰」という聞き書きの体裁に特色を持ち、少なくとも十八程度の節から構成される。(6)『容成氏』は、古代帝王の系譜を記しながら禅譲論を説くという、首尾一貫した長大な文献である。『恒先』は、独特の宇宙生成論を説く。『内礼』は、七段落からなり、第一から第四段落までは、連続して文意が読み取れるが、五段落以降は、連続が認められず、それぞれ独立した節のようにも見える。部分的に『大戴礼記』曾子立孝篇・曾子事父母篇の記述と密接な関係が認められることから分かるように、「孝」や「礼」について論説する文献である。

これらの文献は、どのように竹簡の配列・接続が検討されるのであろうか。まず、『孔子詩論』『緇衣』『内礼』など、伝世文献と重複する部分を有する文献は、その関係を手がかりに、比較的容易に再配列が確定される場合がある。『孔子詩論』は、『詩経』が手がかりとなり、『緇衣』や『内礼』は、『礼記』や『大戴礼記』が大きな手がかりとなる。

また、『容成氏』や『恒先』のように、一つの主題のもとに順序よく論説が展開される場合も、論理そのものが再配列の大きな手がかりになると言えよう。会話体ではないものの、論説全体に一貫した文脈が認められるからである。『容成氏』であれば、古代帝王の系譜に沿って論説が進んでいるわけであるから、堯と禹の登場の順番が入れ替わったりすることはない。また、『恒先』も、宇宙生成の過程を説いているのであるから、原初的な「恒先」から順を追って論説が進められているのは当然である。「恒先」や「気」を説いている宇宙生成の初期の段階に、突如「人」が登場することはありえない。こうした文献では、竹簡の配列・接続は、先の会話体の文献と同様、決定的な意味を持っていると言えよう。

ところが、『性情論』や『従政』は、やや特殊な状況にある。これらは、言わば「ブロック体」の論説形式を取る文献である。『性情論』は、郭店楚簡『性自命出』と基本的には同一の文献であるが、どのように考えても、竹簡配列は『性自命出』と同一にはならない。ブロックごとに相当の入れ替えがあると考えられる。すなわち、『性情論』と『性自命出』とは、同一文献の異なるテキスト（異本）と考えられ、しかも、その相違は、この文献が、ブロック体の論説形式を取っていることに由来すると推測される。[7] つまり、文献全体が、大筋では共通の主題を抱えながら、その論述は、多くのブロックの集積からなっていると考えられるのである。それ故、ブロック内の文脈は一定でありながらも、ブロックごとの入れ替えが、伝写の間に生じたのであろう。

『従政』も、「聞之曰」という聞き書きの体裁で全体が構成されているが、竹簡の配列については、異説も多い。その原因は、そもそもこの文献が、「聞之曰」を書き出しとするブロック体の論説によって構成されているからである。ブロックごとの緊密な論理の展開というものは特に想定できず、全体は「従政」という主題のもとに緩やかな関係を持って配置されていると考えられる。この点は、『性情論』『性自命出』と同様である。

また、このことを伝世文献との関係から裏付けるのは、『緇衣』である。『緇衣』は、郭店楚簡『緇衣』、『礼記』緇衣篇と基本的には同一内容であるが、楚簡本と現行本との間には、構成の相違がある。現行本『礼記』緇衣篇は「子曰」で始まる章が二十五あるのに対して、楚簡本『緇衣』は、『礼記』緇衣篇の第一章、第十六章、第十八章に相当する部分が存在せず、また第七章に相当する部分が二つの別の章となっている。さらに、現行本『礼記』緇衣篇に見られる『易』からの引用は、楚簡本には存在しない。このことは、現行本にしろ、楚簡本にしろ、「緇衣」という文献が、多くのブロック（章）から構成されており、伝写の過程で、ブロックごとの異同を生じやすかった、という事情を示唆しているであろう。

これらの文献では、脱簡・残簡の程度にもよるが、先の論説形式のものとは異なり、竹簡の配列・接続を完璧に確定するのは至難の業であると言えよう。幸い、『性情論』『従政』とも、墨釘・留白の現象によって、末尾簡を特定することはできる。しかし、他の竹簡の配列・接続は、不明な箇所を残している。

では、この場合、内容面の検討はいっこうに進まないのであろうか。確かに、『性情論』『従政』とも、各ブロック間が緊密な論理によって連続しているわけではない。会話体で構成される文献や、一貫した論説によって文脈が連続する文献に比べれば、その読解には困難が伴うとも言える。しかし、このことは逆に、致命的な誤読があまり生じないことをも意味するのではなかろうか。つまり、会話体の文献では、一つの竹簡配列の誤りが致命的な誤読につながってしまうわけであるが、『性情論』や『従政』では、ブロック内の論理を正確に読み取れば、たとえ、ブロック間の接続が未詳であるとしても、文献全体の意味はほぼ適正に読み取れると言える。例えば、『従政』において、三番目のブロックと四番目のブロックとを入れ替えたからといって、全く読解ができなくなるわけではない。それはちょうど、『論語』において、特定の章を除き、「子曰」で始まる孔子の言葉（章）を多少入れ替えても、『論語』全体の読解に大きな支障を来すことがないのと同様である。

従って、こうした文献においては、仮に竹簡全体の連接が確定できなくも、ブロックごとの考察は充分可能となる。そして、そうした検討の蓄積の上に立って、総合的にその文献の思想内容を解明することが可能となるのである。

それでは、上博楚簡『三徳』の文献的性格は、右のいずれに該当するであろうか。それは言うまでもなく、論説形式の文献である。僅かに、第9簡に「高陽曰」、第10簡に「皇后曰」とあるが、これは、撰者の論説の中に、「曰」句が挿入されたものであり、先の『孔子詩論』に類似する事例である。『三徳』全体が会話体の文献でないことは明らかであろう。また、『三徳』の論述は、『恒先』や『容成氏』のように、緊密に連続する首尾一貫した論説形式というよりは、どちらかと言えば、『性情論』や『従政』に近い形式であると推測される。

おわりに

なお、現時点において、竹簡配列に関する主要な見解は次の通りである。原釈文の作成を担当した李零氏は、1～9、10～16、17＋18、19……22、附簡、と配列する。1～9、および10～16、さらに17＋18の連接はほぼ確実であるが、19簡以降の連接は未詳とする見解である。これに対して、陳剣氏は、1＋4～5、13～14＋19、17＋15～16、21＋18、22＋6～7、12＋20という連接を想定する。侯乃鋒氏も、1＋4～5という連接を支持した上で、その前に2簡を配置する。王蘭氏は、2＋3＋1＋10＋11＋12上＋附簡＋8下＋9＋4＋5という前半のグループと、13＋14＋19＋12下＋20＋22＋6＋7＋8上＋21＋18＋17＋15＋16という後半のグループに大別する。曹峰氏は、全体を上篇と下篇に分け、上篇は、「1～5」、「22＋6～8＋17」、「17＋15＋16＋9」、という三節から成り、下篇は、「9～12」、「12＋20＋13＋14＋19＋21＋18」、「18」の三節から成るとする。

いずれの見解にも参照すべき点はあり、本章でも、重要な異説は右の釈読の中で紹介してきた通りである。しかしながら、これらのいずれに依拠しても、『三徳』全体が明快に通読できるというわけではない。その原因は、『三徳』がそもそも、「天」「人」関係についての複数の論述から構成されている点に求められよう。『性情論』や『性自命出』

のような明確なブロックとまでは言えないにしても、全体は、いくつかの章から成ると考えるのが妥当である。また、『三徳』では、末尾簡を特定できず、文献の首尾が未詳である点も再配列の困難に拍車をかけていると言える。従って、『三徳』については、明確な根拠の無いまま竹簡の連接のみについて議論するよりは、『三徳』全体を、論述のまとまりごとに解析し、内容の考察を進めていく方が遥かに生産的であると言えよう。

筆者は、こうした方針に基づき、次章において、『三徳』の思想史的特質や意義について考察を進めることとしたい。

注

(1) 武漢大学簡帛研究中心「簡帛網」(http://www.bsm.org.cn/index.php)、および「簡帛研究」(http://www.jianbo.org/)参照。以下の釈読では、煩雑を避けるため、諸氏の見解を紹介する際には、その氏名(敬称略)のみを掲げる。論考名、インターネットへの掲載日などについては、右の各サイトをご覧いただきたい。

(2) 上博楚簡『三徳』は、竹簡全二十二枚から成る。但し、香港中文大学中国文化研究所文物館所蔵の竹簡一枚が、実は『三徳』の一部であるとの可能性が指摘されており、本稿でも、この一簡を加えて考察を進めることとしたい。

(3) 戦国楚簡における末尾簡の特定については、拙稿「上博楚簡『従政』の竹簡連接と分節について」(『中国研究集刊』騰号(第三十六号)、二〇〇四年)参照。本稿はその後、『竹簡が語る古代中国思想——上博楚簡研究——』(浅野裕一編、汲古書院、二〇〇五年)に採録し、また、中国語に翻訳して、拙著『戰國楚簡與秦簡之思想史研究』(台湾・万巻楼、二〇〇六年)にも収録している。

(4) 各文献の概要については、「戦国楚簡研究の現在」(『中国研究集刊』第三十三号、二〇〇三年)収録の各文献解題、および「「上博楚簡」解題——『上海博物館蔵戦国楚竹書』(三)(四)所収文献——」(『中国研究集刊』第三十八号、二〇〇五年)の各解題参照。なお、『易』『采風曲目』『逸詩』については、特殊な形態であるため、以下の考察からは除外する。

（5）『彭祖』『昭王毀室』『昭王與龔之脽』の詳細については、それぞれ本書の第十五章、第十章、第十一章参照。

（6）『従政』の詳細については、拙稿「上博楚簡『従政』の竹簡連接と分節について」（『中国研究集刊』騰号（第三十六号）、二〇〇四年）、「上博楚簡『従政』と儒家の「従政」」（同）参照。この二篇は、後に『竹簡が語る古代中国思想――上博楚簡研究――』（浅野裕一編、汲古書院、二〇〇五年）に採録し、また、中国語に翻訳して、拙著『戰國楚簡與秦簡之思想史研究』（台湾・万巻楼、二〇〇六年）にも収録している。

（7）『性自命出』と『性情論』との関係については、竹田健二氏「郭店楚簡『性自命出』と上海博物館蔵『性情論』との関係」（『日本中国学会報』第五十五集、二〇〇三年）参照。

第四章　『三徳』の天人相関思想

湯浅邦弘

はじめに

前章において、筆者は、『上海博物館蔵戦国楚竹書（五）』（上海古籍出版社、二〇〇五年）所収の新出土文献『三徳』を取り上げ、その全体の釈読を試みた。

本章では、その作業を基に、『三徳』の思想史的特質と意義について考察を加えることとしたい。以下、原文を引用する際には、前章に提示した筆者の釈文・訓読を使用することとする。意味内容の詳細や当該部分に関する異説などについては、前章をご覧いただきたい。

なお、上博楚簡の筆写年代については、周知の通り、二二五七±六五年前という中国科学院上海原子核研究所の炭素十四の測定値が紹介されている。(1) この数値は、一九五〇年を定点とする国際基準によって換算すれば、前三〇七±六五年、すなわち前三七二年から前二四二年となり、下限は秦の将軍白起が郢を占領した前二七八年に設定されることから、(2) 書写年代は前三七二年から前二七八年の間の可能性が高いと推定される。原本の成立は当然これを遡るわけであるから、本章では、取りあえず、この『三徳』について、遅くとも戦国時代の中期頃までに成立した文献であるとの前提に立って考察を進め、内容の検討を終えた後、この点について改めて分析を加えてみたい。

一　天人相関思想の構造

『三徳』の最大の思想史的特色は、その明快な天人相関思想である。以下では、『三徳』における「天」「人」関係の論述を五つに分類しながら検討してみる。

（一）人為（良）

第一は、人為の良否の内、「良」について論ずるものである。

①01天供時■、地共材■、民共力■、明王無思■、是謂三徳。（天は時を供し、地は材を供し、民は力を供し、明王思う無し、是れを三徳と謂う。）

②01平旦毋哭、晦毋歌、弦望齊宿、是謂順天之常■。（平旦に哭する毋く、晦《くら》きに歌う毋く、弦望に斉宿す、是れを天の常に順うと謂う。）

③03齊＝（齊齊）節＝（節節）、外内有辨、男女有節、是謂天禮■。（斉斉節節、外内辨有り、男女節有り、是れを天礼と謂う。）

④11入墟毋樂■、登12丘毋歌、所以爲天禮■。（墟に入りて楽する毋く、12丘に登りて歌う毋きは、天礼を為す所以。）

⑤15仰天事君、嚴恪必信■、俯視【百／姓】、務農■敬戒■。毋不能而爲之■、毋能而易之■。（天を仰ぎて君に事え、厳恪なれば必ず信あり、【百姓】を俯視し、農に務めて敬戒せしむ。不能にして之を為す毋かれ、能にして之を易うる毋かれ。）

⑥17敬天之圄、興地之矩■、恒道必皇。（天の圄に敬しみ、地の矩を興せば、恒道必ず皇《あき》らかなり。）

⑦17知天足以順時■、知地足以固材■、知人足以會親■。（天を知れば以て時に順うに足り、地を知れば以て材を固くするに足り、人を知れば以て親に会《あつ》むるに足る。）

例えば、②では、「平旦毋哭、晦毋歌、弦望齊宿（平旦に哭する毋く、晦きに歌う毋く、弦望に斉宿す）」るという行為が「順天之常（天の常に順う）」ことになると説く。また、③では、「外内有辨、男女有節（外内辨有り、男女節有り）」という状態が「天礼」であり、④では、廃墟で音楽を奏でたり、丘に登って歌ったりしないのは、「天礼」を遵守する所以であると説く。

右の内、①と⑦は「天」「地」「人」という世界の枠組みを提示しており、本文献が、いわゆる「三才」の世界構造を前提に論じていることが分かる。ただ、『三徳』全体では、「天」「地」「人」が並列的に論じられるわけではない。

この点については、後述する。

（2）人為（否）

第二は、第一とは逆に、人為の良否の内、「否」について論ずるものである。

①03陽而幽■、是／謂大慼■、幽而陽、是謂不祥■。（陽なるべくも而して幽、是れを大慼《せき》（憂）と謂い、幽なるべくも而して陽、是れを不祥と謂う。）

②09高陽曰、「毋凶服以享祀■、毋錦衣絞袒■」。?子是謂忘神……。（高陽曰く、「凶服以て享祀する毋かれ、錦衣もて絞《こう》袒《たん》する毋かれ」。?子是れを忘神と謂う……。）

③10毋爲角言■、毋爲人倡■、毋作大事■、毋刈常■、毋壅川■、毋斷洿■、毋滅宗■、毋虚牀■、毋／□敌■、毋變事■、毋煩姑嫂、毋11恥父兄■、毋羞貧■、毋笑刑■、毋揣深■、毋度山■、毋逸其身、而多其言■。居毋惰■、作毋荒■。善勿／滅■、不祥勿爲■。（角言を為す毋かれ、人倡を為す毋かれ、大事を作す毋かれ、常を刈る毋かれ、川を壅《ふさ》ぐ毋かれ、洿《お》を断つ毋かれ、宗を滅ぼす毋かれ、牀を虚しくする毋かれ、敌《ぎょ》を□する毋かれ、事を変うる毋かれ、姑嫂を煩わす毋かれ、11父兄を恥ずかしむる毋かれ、貧を羞ずかしむる毋かれ、刑を笑う?毋かれ、深を揣《はか》る毋かれ、山を度る毋かれ、其の身を逸して其の言を多くする毋かれ。居るに惰《おこた》る毋かれ、作すに荒なる毋かれ。善は滅す勿かれ、不祥は為す勿かれ。）

④12臨川之都■、凭岸之邑■、百乘之家■、十室之聚■、宮室汙池■、各慎其度■、毋失其道■。（臨川の都、凭《ひょう》岸の邑、百乗の家、十室の聚、宮室汙池、各々其の度を慎み、其の道を失う毋かれ。）

例えば、③のように、「毋～、毋～」と禁止の構文を連続させ、好ましからざる人為が列挙される。そして、それら不善の人為は、「大感（憂）」（③）、「不祥」（③）、「忘神」（②）などの語で総括される。

（3）人為→結果（良、否）

第三は、人為（良否）に対応する結果が明示されるものである。

①04毋詬政卿於神次■。毋享逸安■求利■。殘其親■、是謂罪■、君無主臣、是謂危■。邦家其壊■。（政卿を神次に詬《はずか》しむる毋かれ。逸安を享し利を求むる毋かれ。其の親を残す、是れを罪と謂い、君に主臣無し、是れを危と謂う。邦家其れ壊れん。）

②05故常不利■、邦失憲常、小／邦則剗、大邦過傷■。變常易禮、土地乃坼、民乃囂死■。（故常を利とせず、邦憲常を失えば、小邦なれば則ち剗《けず》られ、大邦過《はなは》だ傷わる。常を変え礼を易えれば、土地乃ち坼《さ》かれ、民乃ち囂死す。）

③06凡托官於人、是謂邦固■、托人於官、是謂邦窳■。建五官弗措、是謂反逆■。土地乃坼■、民人乃07喪■。（凡そ官を人に托す、是れを邦固と謂い、人を官に托す、是れを邦窳《ゆ》と謂う。五官を建てて措かず、是れを反逆と謂う。土地乃ち坼かれ、民人乃ち07喪ぶ。）

④08邦四益、是謂方華、雖盈必虚■。（邦四益あり、是れを方盂と謂い、盈つると雖も必ず虚なり。）

⑤13身且有病■、惡菜與食■。邦且亡■、惡聖人之謀■。室且弃■、不遂祭祀■、唯?是服■。凡若是者、不有大禍／必大恥■。（身且《まさ》に病有らんとすれば、菜と食とを悪む。邦且に亡びんとすれば、聖人の謀を悪む。室且に弃てられんとすれば、祭祀を遂げず、唯?是服。凡そ是くの若き者は、大禍有らざれば必ず大恥あり。）

⑥14爲／善福乃來■、爲不善禍乃有之。（善を為せば福乃ち来り、不善を為せば禍乃ち之有り。）

⑦15聴其營、百事不遂、慮事不成■。（其の営を聴くも、百事遂げず、事を慮るも成らず。）

「良」の人為については、例えば⑥のように、「福乃來（福乃ち来る）」という良い結果、「否」の人為については、例えば①の「邦家其壊（邦家其れ壊れん）」、②の「土地乃坼、民人乃喪（土地乃ち坼かれ、民人乃ち喪ぶ）」、⑤の「不有大禍必大恥（大禍有らざれば必ず大恥あり）」などといった悪い結果が示される。即ち、人為の善悪に対応して福禍がもたらされるという明快な因果律が説かれているのである。ここに直接「天」「帝」などの語は見えないが、こうした良否の結果は天人相関の結果としてもたらされたものだという意識が前提にあると推測される。そのことを裏付けるのは、次の第四・第五の例である。

（4）人為→天→結果（良）

第四は、良い人為が天に感応し、天から良い結果が降されると説くものである。

①03敬=之=（敬之敬之）、天命孔明。（之に敬しみ之に敬しめば、天命孔明たり。）
②06畢=（興興）民事■、行往視來■。民之所喜■、上帝／是祐■。（民事を興し興し、行き往きて視来す。民の喜ぶ所は、上帝是れ祐く。）
③08鬼神禋祀、上帝乃怡、邦家09……保、乃無凶災■。（鬼神もて禋《いん》祀すれば、上帝乃ち怡《よろこ》び、邦家09……保、乃ち凶災無し。）
④18好昌天從之■、好旺天從之■、好祓天從之■、好長天從之■。順天之時、起地之【紀】……。（昌を好めば天之に従《よ》り、旺を好めば天之に従り、祓を好めば天之に従り、長を好めば天之に従る。天の時に順い、地の【紀】を起こし……）
⑤20民之所欲■、鬼神是祐■。（民の欲する所は、鬼神是れ祐く。）
⑥【附簡】……【不】懈于時■。上帝喜之、乃無凶災。（……時に懈らず。上帝之を喜び、乃ち凶災無し。）

天の側は「天命」「上帝」「天」「天之時」「鬼神」などの語で表され、一定していない。ただ、例えば、②の「上帝是祐（上帝是れ祐く）」、③の「上帝乃怡（上帝乃ち怡ぶ）」、④の「天從之（天之に従う）」、⑤の「鬼神是祐（鬼神是れ祐く）」、⑥の「上帝喜之（上帝之を喜ぶ）」のように、いずれも、明確な意志・感情を持つ存在として説かれる点に特徴がある。『三德』における「天」の性格を考える際、重要な点であろう。これについては後に改めて詳述したい。

（5）人為→天→結果（否）

第五は、第四とは逆に、悪い人為が天に感応し、天から悪い結果（災異）が降されると説くものである。『三德』全体の中で、分量的に最も多い部分である。

①02敬者得之■、怠者失之■、是謂天常■。天神之【□。毋爲□□】、皇天將憪之■。毋爲僞詐、上帝將憎之■。忌而不忌、天乃降災■、已而不已、03天乃降異■。其身不没、至于孫＝（孫子）■。（敬しむ者は之を得、怠る者は之を失う、是れを天常と謂う。天神之【□。□□を為す毋かれ】、皇天将に之を憪《いまし》めんとす。偽詐を為す毋かれ、上帝将に之を憎まんとす。忌むべくして忌まざれば、天乃ち災いを降し、已むべくして已めざれば、03天乃ち異を降す。其の身没せずして、孫子に至る。）

②04如反之、必遇凶殃■。（如《も》し之に反すれば、必ず凶殃に遇う。）

③07喜樂無期度、是謂大荒■、皇天弗諒、必復之以憂喪■。凡食飲無量計■、是謂淫荒、上帝弗諒■、必／復之以荒■。上帝弗諒■、以祀不享■。（喜楽に期度無し、是れを大荒と謂い、皇天諒とせず、必ず之に復するに憂喪を以てす。凡そ食飲に量計無し、是れを淫荒と謂い、上帝諒とせず、必ず之に復するに荒を以てす。上帝諒とせず、以て祀るも享けず。）

④08宮室過度■、皇天之所惡■、雖成弗居■。衣服過制、佚於美、是謂違章■、上帝弗／諒。（宮室度を過ぐれば、皇天の悪む所となり、成ると雖も居らず。衣服制を過ぎ、美に佚す、是れを違章と謂い、上帝諒とせず。）

⑤14方營勿伐■、將興勿殺■、將齊勿剗■。是逢凶孽■、天災繩＝（繩繩）、弗滅不隕■。（方に営まんとするに伐つ勿かれ、将に興らんとするに殺《そ》ぐ勿かれ、将に斉わんとするに剗《さ》く勿かれ。是れ凶孽に逢い、天災繩繩として、滅《き》えず隕ちず。）

⑥15驟奪民時■、天飢必來。16奪民時以土功、是謂稽■、不絶憂恤■、必喪其匹■。奪民時以水事、是謂順、喪以係樂■、四方來囂■。奪民時以兵事■、是【謂厲】……。（驟《しば》しば民の時を奪えば、天飢必ず来る。16民の時を奪うに土功を以てす、是れを稽と謂い、憂恤を絶たざれば、必ず其の匹を喪う。民の時を奪うに水事を以てす、是れを順と謂い、喪いて以て楽を係《つづ》ければ、四方来囂す。民の時を奪うに兵事を以てす、是れを【厲と謂い】……。）

⑦19牆勿增■、廢人勿興■。皇天之所弃■、而后帝之所憎■。（牆は増す勿かれ、廃人は興す勿かれ。皇天の弃つる所にして、后帝の憎む所なり。）

天の側は「天」「天神」「皇天」「上帝」「后帝」などの語で表され一定していないが、例えば、①の「【毋為□□】、皇天將憴之。毋爲僞詐、上帝將憎之（□□を為す毋かれ、皇天将に之を憴《いまし》めんとす。偽詐を為す毋かれ、上帝将に之を憎まんとす）」や「忌而不忌、天乃降災、已而不已、天乃降異（忌むべくして忌まざれば、天乃ち災いを降し、已むべくして已めざれば、天乃ち異を降す）」のように、また③④の「上帝弗諒（上帝諒とせず）」、⑦の「后帝之所憎（后帝の憎む所なり）」のように、いずれも意志・感情を持ち、人類に災禍を降す神格として説かれている。

また、不善の行為に対しては、「其身不没、至于孫子（其の身没せずして、孫子に至る）」と、天の降す「災」「異」によって天寿を全うできず、その災いが子孫の代にまで至ると説くなど、不善の人為に対して強い警告が発せられる。

二　天の思想の特色

以上、『三徳』における天人関係の論述を五つに分類しながら考察してきた。以下では、これらの分析の結果を、改めて次の三点にまとめてみよう。

第一は、『三徳』における強烈な天人相関思想と災異説である。右の（1）類〜（3）類において、直接「天」や「帝」の語が記されない場合も、それは、人事の枠内で完結している議論ではないと思われる。（1）類〜（3）類も、（4）類、（5）類のように、天との関係が強く意識されていた可能性が高い。（4）類、（5）類では、人為が天（皇天・上天・上帝・鬼神）の知るところとなり、天がその人為に応じた禍福を人間（王・邦）に降すという明快な天人相関思想が説かれている。そうした構図が、本文献を貫く基調であったと考えられよう。

そして、こうした天人関係は、『詩経』や『書経』のそれと酷似する。上天、上帝を世界の主宰者として仰ぐ『詩経』『詩経』と『三徳』とは、その点において極めて近い関係にあると言える。例えば、『書経』では、「天乃大命文王、殪戎殷（天は乃ち大いに文王に命じて、戎殷を殪《たお》せり）」（康誥篇）、「旻天大降喪于殷（旻天大いに喪を殷に降す）」（多士篇）、「今予發、惟恭行天之罰（今予発（武王）、惟れ天の罰を恭行す）」（牧誓篇）のように、殷周の王朝交代が天の意志であると説かれる。天は、天命の授与という形で、王朝の誕生という最大級の恩寵を与え、逆に王の不善に対しては、王朝の滅亡という最大級の災禍を降すのである。『詩経』でも、「皇矣上帝、臨下有赫、監觀四方、求民之莫（皇いなるかな上帝、下に臨みて赫たる有り。四方を監観して、民の莫《さだ》まらんことを求む）」（大雅・文王之什・皇矣）、「天降喪亂、滅我立王（天は喪乱を降し、我が立王を滅ぼす）」（大雅・蕩之什・桑柔）と、上帝が天下の究極の支配者であり、民にまでその支配力が浸透していることをうたう。『書経』『詩経』と『三徳』との思想的類縁性が看取されよう。

　また、次のような「災」「異」の説明は、春秋公羊学の災異思想に展開する可能性を持っていたと言える。『三徳』の02簡～03簡にかけて、「忌而不忌、天乃降災、已而不已、天乃降異。其身不没、至于孫子（忌むべくして忌まざれば、天乃ち災いを降し、已むべくして已めざれば、天乃ち異を降す。其の身没せずして、孫子に至る）」とあった。これは、まず、人が忌む（慎む）べきなのにそれを忌まなかった場合、天はそれに感応して、災害を降す。また、止めるべきなのにそれをやめなかった場合、天はそれに感応して、異変を降す。そうなるともはや人為ではいかんともしがたく、人は天寿を全うできないばかりか、その災禍は子孫の代にまで及ぶ、と説くものであった。

　これは直ちに、次のような災異説を想起させるであろう。すなわち、『春秋繁露』では、「其大略之類、天地之物、有不常之變者、謂之異。小者謂之災、災常先至、而異乃隨之。災者、天之譴也。異者、天之威也（「其の大略の類、天地の物、常ならざるの変なる者有り、之を異と謂う。小なる者之を災と謂い、災常に先ず至り、而して異乃ち之に随う。災とは、天の譴なり。異とは、天の威なり）」（必仁且智篇）と災異を定義する。もっとも、公羊学の方は、災と異との関係がより明快に説かれている。まず、天が人間に降す「変」の内、「小」さなものを「災」と言い、これによって天は悪事を働いた人間に警告を発する。人はその災害を単なる自然災害と考えずに、天が自らに降した警告と受け取らなければならない。それにも関わらず、反省のないまま悪事を継続すると、天は次に、より大きな「異」を降し、人を譴責する。このように、公羊学の定義では、「災」「異」は「変」の大小として説明され、かつ、時間的には、まず「災」、続いて「異」、という前後関係が明示されるのである。

従って、『三徳』の説明は、この公羊学の定義ほどには明確ではないとも言える。確かに「災」「異」の規模の大小は明示されていない。しかし、「忌（慎むべきこと）」に「災」が対応し、「已（直ちに中止すべきこと）」に「異」が対応していることから考えれば、やはり『三徳』でも、「災」が比較的小さな災害、「異」がより甚大な異変であるとされていた可能性は充分考えられる。また、「災」「異」の前後関係は、この語順を尊重すれば、公羊学の定義と同様である。しかも、「異」の結果、人は天寿を全うできず、その災禍は子孫の代にまで及ぶという解説は、「異」を天の譴責であるとする公羊学の定義と軌を一にするものである。公羊学の隆盛は、漢代春秋学の中であるとされるが、こうした災異説の発想自体は、すでに、この『三徳』の中に存在していたと言えるであろう。

第二は、稀薄な天道思想である。古代中国における天の思想には、いくつかの型が見られる。代表的なものは次のようなものであろう。

一つは、「上天」「上帝」などを世界の主宰者として仰ぐ天の思想である。この場合、人為の良否がその上天・上帝の知るところとなり、それに対応した禍福が人間に降される、と説かれる。いわゆる天人相関の思想である。前記の通り、伝世文献で言えば、『書経』『詩経』に見られる天がこれに該当する。比較的古い型の天の思想であると言えよう。

今ひとつは、理法としての天である。前者の天が、姿こと見せないものの、明確な意志・感情を持つ人格神的な主宰者として登場するのに対して、理法としての天は、「陰陽」「日月」「四時」といった天体の周期運動や四季の推移として示される。「天道」思想と称される所以である。この場合も、むろん、天は人と無関係に存在するのではなく、人はその理法に沿って行動することを求められる。もしその理法に違反すれば、人は災禍を被ることとなる。そのような意味では、やはり天人相関の思想構造を持つと言える。

また、これ以外に、上帝・上天を最上位に据えながら、天と人との間に理法を介在させる、言わば折衷型の天の思想もある。さらに、郭店楚簡『窮達以時』や荀子の「天人の分」の思想のように、天の領域と人の領域との間に相関関係はないとする思想も見られる。(3)

それでは、『三徳』の天は、このいずれに該当するであろうか。『三徳』の主役は「上天」「上帝」「天神」「皇天」「后帝」などの語で表される世界の主宰者である。これらは、「上帝乃怡（上帝乃ち怡ぶ）」、「上帝喜之（上帝之を喜ぶ）」、「皇天將僶之（皇天将に之を僶《いまし》めんとす）」、「上帝將憎之（上帝将に之を憎まんとす）」「上帝弗諒（上帝諒とせず）」のように、人為に対して明確な意志・感情を持ち、「天乃降災（天乃ち災を降す）」、「天乃降異（天乃ち異を降す）」、「天飢必來（天飢必ず来る）」などと、災異を直接的に人間世界に降してくる。そして、その天と人との間に、気・陰陽・日月・刑徳・四時といった周期的な天道は介在していない。『三徳』の天人関係は極めてダイレクトである。むしろ、理法としての天や天道思想が見えない点にこそ、『三徳』の思想的特色があると言えよう。

第三として留意しておかなければならないのは、『大戴礼記』との関係である。冒頭の第1簡で、「三徳」が「天供時、地供材、民供力、明王無思、是謂三徳（天は時を供し、地は材を供し、民は力を供し、明王思う無し、是れを三徳と謂う）」と定義されていた。これについて、釈文を担当した李零氏は、『大戴礼記』を参考資料として注記する。つまり、「有天德、有地德、有人德、此謂三德。三德率行、乃有陰陽。陽曰德、陰曰刑（天徳有り、地徳有り、人徳有り、此れを三徳と謂う。三徳率い行われて、乃ち陰陽有り。陽を徳と曰い、陰を刑と曰う）」（四代篇）という一文である。

では、『三徳』と『大戴礼記』における「三徳」の意味内容は全く同じなのであろうか。『大戴礼記』では、「天徳」

「地徳」「人徳」を「三徳」と定義した後、続いて、「陰陽」や「刑徳」の思想を導いている。一方、『三徳』では、天地人それぞれが自己の役割を果たし、「明王」が「無思」でいられる状態が「三徳」であると定義する。同じ「三徳」の語を使いながら、『大戴礼記』とは意味内容が異なると言えよう。しかも、『三徳』には、「時」「幽」「陽」などの語は僅かに見えるものの、「陰陽」「刑徳」「気」「四時」といった天道思想につながるような要素は全く見られない。前記の通り、『三徳』の天の思想は、「上天」「上帝」と人との直接的関係という点に特色があり、『詩経』や『書経』の天と酷似する。すなわち、相対的に古い型の天の思想が説かれていると推測されるのである。

また、確かに第1簡では、世界の枠組みとして、「天」「地」「人」が併記されており、この点に限って言えば、『大戴礼記』と類似する。しかし、その後の文脈においては、この三者が同等の比重で説かれるのではない。重視されているのは、専ら「天」と「人」の関係である。天・地・人が登場するのは、第1簡以降では第17簡のみである。もちろん、『三徳』に、天・地・人のいわゆる「三才」の世界構造が見られる点は極めて重要であるが、『三徳』の撰者の興味は、ほとんど「天」と「人」との関係に集中していたと考えられる。その意味では、『大戴礼記』との密接な関係を想定して良いか、疑問が持たれる。また、これに関連して、本文献に付けられた「三徳」という仮称も、全体の内容を適切に表しているかどうか、再考の余地があると言えよう。

三　編集意図と読者対象

次に、『三徳』の編集意図と読者対象について考えてみよう。

これまで筆者が分析を加えてきた上博楚簡の内、例えば、『従政』は、儒家自らが求めた「従政」の際の心得を、孔子からの聞き書きとしてまとめた文書であった。この場合、元来この文献は、儒家集団の内部文書的性格を有していたと推測される。(4) 同様に、子貢と孔子の問答で構成される『民之父母』や、「詩」の論評の中に孔子の言を挿入する『孔子詩論』、魯の哀公と孔子、子貢の会話で進行する『魯邦大旱』なども、儒家集団の活動と密接な関係を持つ文献であると考えられる。その成立地としては、儒家の活動拠点である魯や斉が想定されるであろう。

一方、『昭王毀室』や『昭王與龔之脽』は、楚の昭王の政治的事績を顕彰する内容で、楚の現地性の文献であると推測される。また、その読者対象として最もふさわしいのは、昭王以後の歴代の楚王、太子、貴族などであると考えられた。(5) 同様に、彭祖と耇老の君臣問答で構成される『彭祖』や、魯の荘公と曹沫の問答形式を取る『曹沫之陳』なども、政治や軍事の要諦を説く文献で、読者対象としては、やはり、王や貴族が想定される。(6)

では、『三徳』は、どのような編纂意図を持ち、どのような読者対象を想定する文献だったのであろうか。

『三徳』の思想的特質は、天（上天・上帝）と人との明快な相関思想を前提に、読者に対して、「順天」「敬天」することの重要性を説く点にある。一方で、「毋～～」という構文を連続させ、「順天」「敬天」しないことが「邦」「家」「身」の衰亡につながることを強く警告する。またそれに関連して、「毋刈常（常を刈る毋かれ）」、「故常不利、邦失憲常、小邦則剗、大邦過傷（故常を利とせず、邦憲常を失えば、小邦なれば則ち剗《けず》られ、大邦過《はなは》だ傷わる）」、「變常易禮、土地乃坼、民乃囂死（常を変え礼を易えれば、土地乃ち坼かれ、民乃ち囂死す）」のように、強い保守的立場を表明する。

そして、その際、「君」「臣」「民」「邦家」「都」「邑」「奪民時」などの語が見えることから明らかなように、『三徳』が説くのは、基本的には国家論・政治論である。このことは、第1簡に「明王」、第4簡に「君」の語が見えることからも明らかであろう。『三徳』の主たる読者対象は「邦」の「王」であると推測される。一般の臣下や士大夫や民に向けての思想とは考えられない。

それでは、『三徳』の撰者は、どのような人物あるいは集団だったのであろうか。『三徳』は、前記の通り、『詩経』や『書経』に酷似する天の思想を説いている。広義の儒家系文献であるという推測も促されるであろう。しかし、

『三徳』には、孔子の言が引用されたり、孔子と弟子との問答が展開されるといったことはない。少なくとも、『魯邦大旱』や『従政』のような意味での儒家系の文献であるとは言えないであろう。

しかも、『三徳』の内容は、『詩経』『書経』に見える天人相関思想のエッセンスのみを抽出したかの如くである。そうした点を重視すれば、『三徳』は、中原で成立した文献、極言すれば、『詩経』『書経』と密接な関係にある周の王室内で成立した文献であるという可能性も想定される。

四　『三徳』の思想史的位置

次に、『三徳』の思想史的位置について考えてみよう。前記のように、『三徳』の基調をなす天人相関思想、および編集意図、読者対象なども併せ考えて、伝世文献の中で最も性格が近いのは、『書経』である。さらに、「皇天」「上帝」「鬼神」などの登場という点では、『書経』とともに『詩経』『墨子』も類似する。但し、『詩経』が詩歌、『書経』が聖王の言、『墨子』が子墨子の言、という基本的な性格であるのに対して、『三徳』は、天人相関の理論だけを撰者が集中的に論説する、という大きな相違がある。

こうした『三徳』の内容については、すでにいくつかの見方が提出されているので、以下では、それらの説を検討しながら、『三徳』の思想史的位置を検討してみたい。

まず、曹峰氏と福田一也氏の研究について考えてみよう。曹峰氏は、『上海博物館蔵戦国楚竹書』第五分冊が刊行されると、「《三徳》与《黄帝四経》対比研究札記（一）」（武漢大学簡帛研究中心「簡帛網（http://www.bsm.org.cn/index.php）」二〇〇六年三月二十二日）を皮切りに、『三徳』に関する釈文・論考を、「簡帛網」上に相次いで発表してきた。氏の「《三徳》中的〝皇后〟為〝黄帝〟論」（「新出楚簡国際学術研討会」会議論文集、武漢大学、二〇〇六年）も、それらの延長線上に位置する内容である。

すなわち、上博楚簡『三徳』と馬王堆漢墓帛書『黄帝四経』とに多々類似点があるとした上で、『三徳』は典型的な黄老思想の著作であり、従って、『三徳』の中で「高陽（顓頊）」とともに「曰」字を付して発言者とされている「皇后」は、実は「黄帝」のことである、との結論である。この研究は、『三徳』と『黄帝四経』との比較検討によって、両者がともに黄老思想の文献であるという思想史的位置付けをする点に最大の特色がある。

これに対して、福田一也氏「上博簡五《三徳》篇中〝天〟的観念」（「新出楚簡国際学術研討会」会議論文集、武漢大学、二〇〇六年）は、全く異なる結論を提示する。福田氏は、古代中国の天の思想には、「上天」「上帝」などの人格神的天と、陰陽・日月・四時などを具体的な内容とする理法としての天とが見られるが、『三徳』の天が前者であるのに対して、『黄帝四経』の天は後者であり、基本的な天の性格が異なると説く。そして福田氏は、曹峰氏の説を批判して、『三徳』は黄老思想の著作ではなく、むしろ礼を重視する儒家文献であると主張するのである。

ここで注意したいのは、研究の基本的な方法論である。まず、曹峰氏は、一連の論考において、『三徳』と『黄帝四経』に多くの類似点があると主張する。それは、用語・用韻・句法といった観点からの類似点の指摘であり、そのこと自体に誤りはない。氏が指摘する通り、「天」「地」「民（人）」、「天」、「時」、「高陽」「皇后」「后帝」「上帝」、「幽」「陽」、「故常」「幹常」、「小邦（國）」「大邦（國）」、「聖人之謀」、「土攻」、「不祥」、「不……乃……」、「毋……」などの語句（あるいは類似する語句）は、確かに『黄帝四経』にも見える。また、『三徳』には多くの墨釘が施されており、部分的に押韻が意識されていたと推測される。『黄帝四経』に韻語が見える点も、氏が指摘する通りである。

しかし、曹峰氏の指摘の内、まず、「天地人」という世界の枠組が『三徳』と『黄帝四経』に見られるという点について言えば、こうした世界の枠組みを前提に立論する書は、何もこの両書に限定されるわけではない。

また、「時」の語は、確かに『三徳』『黄帝四経』の両者に共通して見られるが、『三徳』には「四時」の語は見られない。『三徳』が説くのは、天の特性としての「時」であり、あくまで、「地」の「材」、「民」の「力」と対比されるものに過ぎない。それは、黄老思想に見られるような、明確な「四時」ではない。

「陰陽」も同様である。『三徳』には、「幽」と「陽」の語は見える。それは、ある意味で、「陰陽」に通ずるとも言えるが、『三徳』には、明確な「陰陽」や「刑徳」の思想は見られない。

さらに、「高陽」の語にも注意を要する。確かに、高陽は、『三徳』『黄帝四経』の両書に登場する。しかし、『三徳』に見られる固有名詞が「高陽」のみであるのに対して、『黄帝四経』（『十六経』）では、「高陽」は多くの登場人物の中の一人に過ぎない。高陽の語のみを手がかりに、その文献的性格を同一視することはできないであろう。

これに関連して、「新出楚簡国際学術研討会」における曹峰氏の発表論文は、『三徳』に見える「皇后」が実は「黄帝」である、との結論を提示するものであった。しかしながら、これは、議論がやや倒錯している印象を受ける。氏の見解は、『三徳』と『黄帝四経』とがともに黄老思想の文献であり、『黄帝四経』には黄帝と高陽が出てくるから、この『三徳』にも黄帝が出てくるはずだという無理な論理展開になっている。加えて、『黄帝四経』（『十六経』）は、黄帝と臣下の閹冉・力墨などとの会話体によって構成されているのに対して、『三徳』は、基本的に論説形式である。両者には、こうした形式上の相違も指摘できる。(7)

類似性ということを問題にするのであれば、個々の用語や句法のみならず、最も根幹となる思想の枠組みや特質をこそ指摘しなければならない。『三徳』については、その天の思想が酷似している『詩経』や『書経』をまず取り上げるべきであり、また、『黄帝四経』については、浅野裕一氏『黄老道の成立と展開』（創文社、一九九二年）がすでに論証する通り、『国語』越語下篇などに注目すべきであろう。総じて、曹峰氏の見解は、細部の類似点を指摘するに止まり、思想の根幹についての検討を軽視しているように見受けられる。

こうした曹峰氏の方法論・結論に比べれば、福田氏の見解は、『三徳』における天の基本的性格を正しく押さえた点で、穏当な結論を導いていると言えよう。ただ、「儒家思想」の文献とする結論については、若干の注意が必要となるのではなかろうか。

先に考察した通り、上博楚簡では、儒家文献と考えられる場合、それ相当の明快な根拠が存在した。例えば、『魯邦大旱』のように、魯の哀公と孔子、子貢の問答で構成されているとか、『従政』のように、孔子言の引用（聞き書き）を集成しているといった場合である。これらは、明らかに、孔子以後の儒家によって編纂された文献と考えて良いであろう。

しかし、『三徳』には、そうした要素は皆無である。「曰」字を付けて発言者とされているのは、高陽と皇后のみであり、孔子やその弟子を窺わせるような要素はない。また、「天」や「礼」の重要性は説かれるものの、「仁」「義」「忠」「信」など儒家特有のタームも見られない。

とすれば、「儒家文献」というのは、後世の指標から判断してそのように見える、という意味にとっておく方が良いであろう。この『三徳』がもともと儒家（特に孔子集団）によって編纂されたものであるかどうかは、その内容だけからは分からない。前記の通り、むしろ、『詩経』や『書経』のように、周王室との関係も想定される。

そうした意味で、この文献は、一面において、『書経』と類似した思想史的意義を有していたと言えるのではなかろうか。『書経』はもともと王者の言を記した文献であったが、『詩経』とともに孔子集団が教学のテキストとして尊重したことから、後に経典の地位に上昇していったものである。『三徳』も、元来、孔子集団とは無縁の産物ではあったが、後に儒家によって尊重される思想内容を備えていた、との推測はできるであろう。ただ、『書経』は儒家の経典となり、『三徳』は後に散逸してしまったという点は、その後の歩みの大きな相違である。

なお、両氏以外で、『三徳』の思想史的意義に言及しているものとして、歐陽禎人（張杰）氏の「《上博簡・五》学術価値考論」（「新出楚簡国際学術研討会」会議論文集、武漢大学、二〇〇六年）がある。氏の見解は、『三徳』に限定したものではなく、広く『上海博物館蔵戦国楚竹書（五）』所収の文献を総括するものであるが、『三徳』に関わる結論は次の三点に集約できる。

第一は、『三徳』をはじめ『上海博物館蔵戦国楚竹書（五）』所収の文献は、「理論原創時期」の著作ではなく、原創理論が改写・転述されて民間に流伝した通俗読み物であり、その学術的意義は注釈者が言うほど重要ではない。第二は、その文献の時代は比較的新しく、世俗の儒家思想の中に、原始儒家とは異なる雑駁な思想（道家・法家・黄老の道など）が混入している。第三は、文献の作者は、刑徳、道法、黄老思想などを折衷した俗儒であり、孔子の言う「小人儒」である。

これは、他の多くの論考が特定の部分についての語釈や札記に止まっているのに対して、文献の全体の意義を捉えようとした点に、その特色が認められる。

しかしながら、氏の結論は、個々の文献に対する実証的な考察から導かれたものであるかどうかについて、甚だ大きな疑問が持たれる。まず、『上海博物館蔵戦国楚竹書（五）』所収の全文献を視野に収めようとする点は良いとしても、それらを一括して、民間に流伝した通俗読み物であるとしたり、原始儒家とは異なる雑駁な思想が混入しているとする点などは、やや粗雑な議論であると言えよう。これらの文献は、編集の便宜上、『上海博物館蔵戦国楚竹書』の第五分冊にたまたま編入されたものに過ぎず、個々の文献の思想史的特質や意義は、当然、個別に検討しなければならない。同様のことは、他の分冊についても言える。例えば、第三分冊所収の全文献を一括して、その思想史的意義を論ずることができるのか、第四分冊所収の全文献の成立時期を一括して、ある時期に特定できるのか、ということを考えてみれば、こうした方法論に根本的な無理があることが分かるであろう。

また、『三徳』について、原始儒家とは異なる雑駁な思想（道家・法家・黄老の道など）が混入しているとする点や、その作者が、刑徳、道法、黄老思想などを折衷した俗儒であるとする点も、『三徳』の内容からは全く実証できない見解であると言えよう。雑駁か否かという点について言えば、前記の通り、『三徳』の内容は、むしろ、天と人との直接的な関係を説くという点で、極めて純粋・単一であるとも言える。少なくともそこに、道家思想や法家思想の要素は見られない[8]。また、黄老思想については、すでに曹峰氏の見解を論評する際に指摘した通り、黄老思想の最大の思想的特質である天道思想は、『三徳』には全く見えない。

さらに、氏が何をもって「原始儒家」や「俗儒」と考えるのかは未詳であるが、いずれにしても、そうした曖昧な思想史的位置づけは説得力を持たないと言えよう。仮に、氏の言う「原始儒家」が孔子および孔子集団の思想を指すとすれば、『三徳』の成立は、むしろ、その「原始儒家」に先行するという可能性すら想定できるであろう。前記の通り、『三徳』の天の思想は、『書経』に最も類似しているからである。残念ながら、『三徳』には、成立時期を特定できるような要素はない。ただ、少なくとも、そこに、比較的古い型の天の思想が説かれていることだけは確かである。

付言すれば、『三徳』に登場する固有名詞は「高陽（顓頊）」のみであり、太古の時代が論説の前提として設定されている。また、第6簡の「建五官弗措」の「五官」について、釈文は『礼記』曲礼下に「天子之五官、曰司徒、司馬、司空、司士、司寇、典司五眾」とあるのを指摘するが、『国語』楚語下に「於是乎、有天地神民類物之官、是謂五官」（韋昭注「類物、謂別善悪・利器用之官」）とあるような「五官」であるとすれば、殷周時代の官職名ではなく、太古の時代を前提にしている可能性もあろう。全体に、状況設定としては、かなり古い時代が想定されているように思われる[9]。

おわりに

以上、本章では、上博楚簡『三徳』の思想史的特質と意義について検討を加えてきた。『三徳』の最大の思想史的特質は、上天・上帝を世界の主宰者として仰ぐ天の思想にあった。

人為の良否が上天・上帝の知るところとなり、それに対応した禍福が降されるとする天人相関思想は、中原で成立した『詩経』『書経』に特徴的に見られる思考である。それ故、本章では、この『三徳』について、周王室との関係を想定してみた。

なお、このような天人関係は、実は、他の上博楚簡にも見ることができる。例えば、『魯邦大旱』や『柬大王泊旱』では、旱魃が、天の降した災禍であるとされており、また、『昭王與龔之脾』では、楚が呉に侵略されたのは、天の降した「禍」であるとされている。旱魃といった大災害や国都が奪取されるといった戦災などは、天の降した重罰であるとの意識を反映するものであろう。[10] この点は、『三徳』において、不善の人為が上天・上帝に感応し、天の報復・厳罰として、「土地乃ち坼かれ、民人乃ち喪ぶ」とか、「其の身没せずして、孫子に至る」とか、「必ず之に復するに憂喪を以てす」などといった結果を招くと説かれるのと基本的には同様である。『詩経』『書経』に見られるような、言わば中原型の天の思想は、このように、楚簡の中にも伝えられていたのである。

注

（1）「馬承源先生談上海簡」（『上博館蔵戦国楚竹書研究』、二〇〇二年、上海書店出版社）参照。

（2）前二七八年の「白起伐郢」後、紀山古墓群に楚の貴族墓が造営されなくなり、楚文化の継承が見られなくなることについては、劉彬徽「関于郭店楚簡年代及相関問題的討論」（『早期文明與楚文化研究』、岳麓書社、二〇〇一年）参照。

（3）郭店楚簡『窮達以時』の「天人の分」の思想については、浅野裕一「『窮達以時』の「天人の分」について」（『古代思想史と郭店楚簡』、汲古書院、二〇〇五年）参照。

（4）『従政』の詳細については、拙稿「上博楚簡『従政』の竹簡連接と分節について」（『中国研究集刊』第三十六号、二〇〇四年）、「上博楚簡『従政』と儒家の「従政」」（同）参照。この二篇は、後に『竹簡が語る古代中国思想――上博楚簡研究――』（浅野裕一編、汲古書院、二〇〇五年）に採録し、また、中国語に翻訳して、拙著『戰國楚簡與秦簡之思想史研究』（台湾・万巻楼、二〇〇六年）にも収録している。

（5）『昭王毀室』『昭王與龔之脽』の詳細については、本書の第十章および第十一章参照。

（6）『彭祖』『曹沫之陳』の詳細については、本書の第十五章および第十三章参照。

（7）但し、曹峰氏が指摘するとおり、『三徳』と『黄帝四経』との間に相当の用語の類似があることは事実である。筆者は、『三徳』における、こうした要素の一部が後の黄老思想に流入したという可能性は想定できると考える。

（8）歐陽禎人氏は、あるいは、『三徳』の中に『呂氏春秋』上農篇との類似句があることをもって、『三徳』に法家思想の要素があると考えているのかもしれない。しかし、上博楚簡の筆写年代と『呂氏春秋』の成立時期とを冷静に考えてみれば、『三徳』の記述が『呂氏春秋』に先行することは明らかであろう。但し、『三徳』の記述がオリジナルであったかどうかは分からない。あるいは、こうした表現自体は古くから存在し、それを『三徳』や上農篇が自己の論説の中に組み入れていったという可能性は考えられよう。

（9）ただ、「古い」とは言っても、『三徳』の論説は宇宙創造に遡るような深遠な議論ではない。この点は、同じく戦国楚簡の郭店楚簡『太一生水』や上博楚簡『恒先』と比較してみれば明らかであろう。『太一生水』や『恒先』は、人類誕生を遙かに遡る宇宙創造の時から説き起こす。これに対して、『三徳』は、上古に遡って議論しているようであるが、それは、せいぜい人類誕生以後、特に、聖王出現以後のことである。このことも、『三徳』と『詩経』『書経』との類似性を示唆しているであろう。なお、『詩経』『書経』の天（上天・上帝）の思想と『太一生水』『恒先』の宇宙論との比較については、浅野裕一氏「上天・上帝信仰と砂漠の一神教」（『中国研究集刊』第四十号、二〇〇六年）参照。

（10）この点については、本書の第十一章「語り継がれる先王の故事――『昭王與龔之脽』――」参照。

第五章　『君子爲禮』と孔子素王説

浅野裕一

一　『君子爲禮』の解釈

『上海博物館蔵戦国楚竹書（五）』（上海古籍出版社・二〇〇五年十二月）には、『君子爲禮』が収録されている。この『君子爲禮』には、孔子素王説へと発展して行く興味深い記述が見られる。そこで本章では、『君子爲禮』に対する筆者の解釈を示した上で、孔子素王説との関連を考察してみたい。

『上海博物館蔵戦国楚竹書（五）』には張光裕氏による『君子爲禮』の釈文が収められている。現存する竹簡は十六枚であるが、完簡は二枚のみで残欠が多い。簡長は五十四・一センチメートルから五十四・五センチメートルの間で、編綫は三道、契口は右側にある。もともとの篇題はないが、第一簡中から四文字を取って『君子爲禮』と命名したものである。まず張光裕氏の釈文に従う形で原文を示して置く。

顏淵侍於夫子。夫子曰、回、君子爲禮、以依於仁。顏淵作而答曰、回不敏、弗能少居也。夫子曰、坐、吾語汝。
言之而不義、」（1）
口勿言也。視之而不義、目勿視也。聽之而不義、耳勿聽也。動而不義、身毋動焉。顏淵退、數日不出。……」
（2）
【問】之曰、吾子何其惰也。曰、然、吾親聞言於夫子、欲行之不能、欲去之而不可。吾是以惰也。「顏淵侍於夫
子。夫子曰」（3）
……淵起、逾席曰、敢問何謂也。夫子知而□信斯人、欲其」（4）
好。凡色毋憂、毋佻、毋怍、毋謠、毋……」（5）
……正見毋側視。凡目毋遊、定見是求。毋欽毋去、聽之晉徐、稱其衆寡」（6）
…醴而秀。綮毋廢、毋痌、身毋偃、毋靜、行毋眡、毋摇、足毋墜、毋高。其才……」（7）
……廷則欲齊齊、其在堂則……」（8）
回、獨知人所惡也。獨貴人所惡也。獨富人所惡也。貴而能讓、□斯人、欲其[illegible]□□貴□……」（9）
……昔者仲尼箴徒三人、第徒五人、芫贅之徒……」（10）
非子人。子羽問於子貢曰、仲尼與吾子產孰賢。子貢曰、夫子治十室之邑亦樂、治萬室之邦亦樂。然則……」
（11）
孰賢。子貢曰、舜君天下……」（12）
……非以爲己名、夫……」（13）
……□非以己名、然則賢於禹也。契舜」（14）
……豈與禹孰賢。子貢曰、禹治天下之川……」（15）

……子治詩書………」（16）

（第一簡・第二簡・第三簡の墨鉤前まで）

顏淵侍於夫子。夫子曰、回、君子爲禮、以依於仁。顏淵作而答曰、回不敏、弗能少居也。夫子曰、坐、吾語汝。言之而不義、」（1）

口勿言也。視之而不義、目勿視也。聽之而不義、耳勿聽也。動而不義、身毋動焉。顏淵退、數日不出。………」（2）

【問】之曰、吾子何其瘠（1）也。曰、然、吾親聞言於夫子、欲行之不能、欲去之而不可。吾是以瘠也。乛」（3）

顔淵、夫子に侍す。夫子曰く、回よ、君子は礼を為すに、仁に依るを以てすと。顔淵作《た》ちて答えて曰く、回は不敏にして、少《しば》らくも居ること能わずと。夫子曰く、坐せ、吾は汝に語《つ》げん。之を言いて不義なれば、」（1）口は言う勿れ。之を視て不義なれば、目は視る勿れ。之を聴きて不義なれば、耳は聴く勿れ。動きて不義なれば、身は動く毋れと。顔淵は退きて、数日出でず。……」（2）之に問いて曰く、吾子は何ぞ其れ瘠《やつ》るるやと。曰く、然り、吾は親しく言を夫子に聞くに、之を行わんと欲するも能わず、之を去らんと欲するも可ならず。吾は是を以て瘠るるなりと。乛」（3）

顔淵は孔子先生のお側に控えていた。先生は、回よ、君子は礼を行うときに、仁かどうかを基準にするものだと言われた。顔淵は立ち上がってお答えした。回は愚昧ですから、短い間も実践はできませんと。すると先生は言われた。席に座れ、わしはおまえに教えてやろう。もしその場で発言することが義ではないと判断したならば、口を閉ざして言葉を発してはならない。もしそれを見ることが義ではないと判断したならば、目をそらして見てはならない。もしそれを聞くことが義ではないと判断したならば、耳をふさいで聞いてはならない。もしその場で動くことが義ではないと判断したならば、じっとして身体を動かしてはならないと。そう教えられた顔淵は退出して、数日間部屋から出てこなかった。………（心配した門人仲間が部屋を訪ねて）顔淵に質問した。あなたはどうしてそんなにもやつれたのかと。顔淵は答えた。そうなんだ。私は直接孔子先生から教えを受けたにもかかわらず、それを実践することができず、さりとて先生の教えを忘れ去ることもできないでいる。だから私は（その狭間で）憔悴してしまったんだと。

（第三簡の墨鉤後・第九簡A・第四簡・第九簡B）

張光裕氏の排列は先に紹介した通りであるが、陳剣《談談《上博（五）》的竹簡分篇・拼合与編聯問題》（武漢大学簡帛研究中心・簡帛網２００６年2月１９日）は、それに疑念を呈し、第一簡・第二簡・第三簡・第九簡・第四簡とする排列の組み替え案を提出した。

これに対して陳偉《《君子爲禮》９号簡的綴合問題》（武漢大学簡帛研究中心・簡帛網２００６年4月１６日）は、第九簡を「囘、獨知人所惡也。獨貴人所惡也。獨富人所惡」（９A）と「也。貴而能讓、【則】斯人欲其長貴也。富而………」（９B）の二つに分けた上で、第三簡の墨鉤後・第九簡A・第四簡・第九簡Bとする排列案を提示した。確かに基本的には妥当な見解だと思われるので、ここでは陳偉氏の案に従う形で解釈を行う。

顔淵侍於夫子。夫子曰「（３）

囘、獨知人所惡也。獨貴人所惡也。獨富人所惡【也】………」（９A）

………【顔】〔2〕淵起逾席曰、敢問何謂也。夫子知而【能】〔3〕信、斯人欲其」（4）

也。貴而能讓、【則】〔4〕斯人欲其長貴也。富而………」（9B）

顔淵、夫子に侍す。夫子曰く、」（3）
回よ、独知は人の悪む所なり。独貴は人の悪む所なり。独富は人の悪む所なり。………」（9A）
………顔淵起ちて席を逾えて曰く、敢て問う、何の謂ぞやと。夫子は知なるも能く信なれば、斯人は其の……を欲する」（4）
なり。貴なるも能く譲らば、則ち斯人は其の長く貴たらんことを欲するなり。富むも………」（9B）

顔淵は孔子先生のお側に控えていた。先生は言われた。回よ、飛び抜けて知者なのは衆人に憎まれる。飛び抜けて地位が高いのは衆人に憎まれる。飛び抜けて金持ちなのは衆人に憎まれる。………顔淵は立ち上がると席を踏み越えて、次のように言った。敢てお尋ねしますが、それはどういうことですか。先生は知者ですが（人を欺いたりせず）誠実に他人に応接しますから、接した人々は……と願います。地位が高くても謙譲な態度で応対しますから、接した人々は長く高い地位にいて欲しいと願います。富んでいても………


（第五簡・第六簡・第七簡・第八簡）

好。凡色毋憂、毋佻、毋怍、毋搖、毋………」（5）

………正見毋側視。凡目毋遊、定見是求。毋欽毋去。聽之晉徐、稱其衆寡」（6）

…聽而秀。肩毋廢、毋痌〔5〕。身毋偃、毋倩〔6〕。行毋眡、毋搖。足毋墜、毋高。其在……」（7）

………【其在[7]】廷則欲齊齊、其在堂則………」（8）

好。凡そ色は憂うる毋れ、佻《かるがる》しくする毋れ、怍《は》ずる毋れ、揺らす毋れ、毋………」（5）

………正見して側視する毋れ。凡そ目は遊ぶこと毋く、定見を是れ求む。欽《かが》むこと毋く去ること毋く、之を聴くに晉徐たりて、其の衆寡を称《はか》る」（6）

…聴而秀。肩は廃《おと》す毋れ、痾《いか》らす毋れ。身は偃《かが》む毋れ、倩《わら》う毋れ。行は眡《みまわ》す毋れ、揺《ふらつ》く毋れ。足は墜《ひきず》る毋れ、高《あ》ぐる毋れ。其れ……に在れば」（7）

………【其の】廷に【在れば】則ち斉斉たらんと欲し、其の堂に在れば則ち………」（8）

好。およそ顔色容貌は、憂い顔をしてはならず、浮かれ顔をしてはならない。おずおずと恥ずかしげにしてはならず、偉そうに体をゆすってはならない。……まっすぐ前を見て脇見をしてはならない。およそ目はきょろきょろしてはならず、視線を定めることに心がける。その場にかがみ込んではならず、その場から離れてはならない。呼び出されたらゆっくり進み、（その後の行動の遅速は）参列者の多寡に応じて判断する。…聴而秀。肩を落としてはならず、肩を怒らせてもいけない。身体をかがめてはならず、にやにや笑ってはならない。行動はあたりを見回してはならず、ふらついてはならない。足は引きずってはならず、高く上げすぎてもいけない。……にいる場合は………。朝廷にいる場合は厳粛な態度を心がけ、廟堂に上った場合は………。

（第十簡）

第十簡は『君子爲禮』に占める位置が全く不明である。そこで仮にここに置いて解釈を行うことにする。

……昔者仲尼箴徒三人、第徒五人、芫贅之徒……」(10)

……昔、仲尼は箴徒三人、第徒五人、芫贅の徒……」(10)

……昔、仲尼には……に優れた門人が三人、……に優れた門人が五人、……に優れた門人が……

（第十一簡・第十五簡・第十三簡・第十六簡・第十四簡・第十二簡）

陳剣《談談《上博（五）》的竹簡分篇・拼合与編聯問題》は、第十一簡・第十五簡・第十三簡・第十六簡・第十四簡・第十二簡・『弟子問』第二十二簡とする排列の組み替え案を提出している。『弟子問』第二十二簡を最後に付け加える点には賛同しがたいが、その他は妥当な見解と考えられるので、ここではそれに従う形で解釈を行う。

行[8]人子羽、問於子貢曰、仲尼與吾子產孰賢。子貢曰、夫子治十室之邑亦樂、治萬室之邦亦樂。然則【賢[9]於子產】」
(11)
矣。與禹孰賢。子貢曰、禹治天下之川」(15)
□以爲己名。夫」(13)
子治詩書[10]」(16)
亦以己名。然則賢於禹也。與舜[11]」(14)
孰賢。子貢曰、舜君天下……」(12)

行人子羽、子貢に問いて曰く、仲尼と吾が子産とは孰れか賢なるやと。子貢曰く、夫子は十室の邑を治むるも亦た楽しみ、万室の邦を治むるも亦た楽しむ。然らば則ち【子産よりも賢なり】」(11)

矣。禹とは孰れか賢なるや。子貢曰く、禹は天下の川を治め」(15)

□以て己が名と為す。夫」(13)

子は詩書を治め」(16)

亦た以て己が名とす。然らば則ち禹よりも賢なり。舜とは」(14)

孰れか賢なるや。子貢曰く、舜は天下に君たりて……」(12)

行人子羽（公孫揮）が子貢に訊ねた。仲尼と我が鄭の子産とでは、どちらが優れているのでしょうか。子貢は答えた。孔子先生はわずか十戸ほどの村を治めても楽しまれ、一万戸の国を治めてもまた楽しまれた。してみれば孔子先生の方が子産よりも優れているよ。それでは禹とはどちらが優れているのでしょうか。子貢は答えた。禹は天下の河川を改修し、それによって自分の名声を獲得した。孔子先生は『詩』や『書』を編集し、それによって自分の名声を獲得した。してみれば孔子先生の方が禹よりも優れているよ。それでは舜とはどちらが優れているのでしょうか。子貢は答えた。舜は天下に天子として君臨し、………。

二　『君子爲禮』の内容

『君子爲禮』の内容は大きく四つに分類できる。第一簡・第二簡・第三簡の墨鉤前までの部分は、礼の実践に関する顔淵の説話である。孔子は顔淵に向かい、礼の実践は仁に基づくべきだと教える。顔淵が自分にはとても実行できないと答えたため、孔子はより詳細に実践法を教授する。その方法とは「言之而不義、口勿言也。視之而不義、目勿視也。聽之而不義、耳勿聽也。動而不義、身毋動焉」と、不義か否かを基準に行動を選択せよとするものであった。

初めには「君子爲禮、以依於仁」と、礼の根本は仁だと言って置きながら、後で不義か否かを基準にせよと言うのは、矛盾するかのようである。恐らく作者は、礼↑義↑仁との構図を想定していたのであろう。個々の場面でどのように振る舞うのが礼であるかを判断するには、その行為が義であるか不義であるかを基準とすべきであり、義か不義かを判断する基準は、他者への思いやり、すなわち仁を基準にすべきだというのであろう。そこで顔淵は部屋に引きこもり、実践のイメージトレーニングに励んだのだが、少しも実行できず、かといって師匠の教えを忘れ去ることもできずに懊悩したとされる。この説話は、次に示す『論語』の内容と深い関わりがある。

（A）顔淵問仁。子曰、克己復禮爲仁。一日克己復禮、天下歸仁焉。爲仁由己、而由人乎哉。顔淵曰、請問其目。子曰、非禮勿視、非禮勿聽、非禮勿言、非禮勿動。顔淵曰、回雖不敏、請事斯語矣。（顔淵篇）

（B）子曰、回也、其心三月不違仁。其餘則日月至焉而已矣。（雍也篇）

（C）子曰、吾與回言終日、不違如愚。退而省其私、亦足以發、回也不愚。（為政篇）

（D）子曰、回也非助我者也。於吾言無所不說。（先進篇）

先頭の（A）は、仁をめぐる孔子と顔回の問答である点で、『君子爲禮』の説話と大きな共通性を示す。さらに仁の総括的説明から、仁の具体的実践方法に話が進む点や、仁が礼と結合されている点、視・聴・言・動の四つが礼を実践する眼目とされている点、顔回が自分は無能だと応ずる点など、両者の間には強い類似性が看取できる。

『論語』では（B）のように、門人の中で顔回だけが三ヶ月もの間仁を実践できたとされ、（C）のように孔子の教えを聞いて退出した後は、教えを実践できたとされている。しかるに『君子爲禮』の側では、孔子の教えを実践できず、さりとて教えを忘れ去ることもできずに悩み続ける顔回像が描かれる。これはむしろ、孔子の言であれば何でも真に受け、一切疑問を感じない（D）の愚直な顔回像に近い。

『論語』が現在の形に編集された時期は明確でないが、『君子爲禮』の顔淵説話は、上述の強い類似性から判断して、少なくも（A）のような資料を下敷きにして、それを説話化したものと考えられる。したがって『君子爲禮』は、『論語』の成立過程を研究する上で貴重な手がかりを含んでいると言えよう。

続く第三簡の墨鉤後・第九簡A・第四簡・第九簡Bのまとまりは、やはり顔淵と孔子の問答である。孔子は顔淵に対し、独知・独貴・独富は衆人から嫉まれて憎しみを買う存在だと教える。それを聞いて異常に興奮した顔淵は、孔子先生は知者ではあるが、他者に誠実に接するから、決して衆人から憎まれてはいないと異議を唱える。

残存する文章を見る限り、孔子は独知・独貴・独富と自分自身を結びつけてはいない。にもかかわらず顔淵が独知と孔子を結びつける以上、第九簡Aや第四簡の残欠部分に、独知・独貴・独富と自分とを結びつけて説く孔子の言葉が記されていたのだと推測される。ただし疑問なのは、孔子と独知は容易に結びつくとしても、孔子と独貴・独富が結びつきにくい点である。『論語』の中で孔子は、魯の大夫であったかのように記されるから、その真偽はともかく、独貴の方はまだ可能性があろう[12]。だが孔子と独富が結合すべき必然性は見出しがたい。竹簡に欠損部分が多いため、これ以上の詮索は難しいが、疑問が残る点である[13]。

次の第五簡・第六簡・第七簡・第八簡のまとまりは、礼の具体的実践方法を詳細に説く内容である。顔色・容貌や身体の細かな動きまで、いちいち規定する内容で一貫していて、前後の問答形式の説話類とは性格が大きく異なっている。釈文が指摘するように、『礼記』玉藻・曲礼・内則などの諸篇と関連する記述が多く、『礼記』諸篇の成立時期を考える上で、重要な手がかりを提供する。

最後の第十一簡・第十五簡・第十三簡・第十六簡・第十四簡・第十二簡のまとまりは、子羽と子貢の問答で構成される説話で、孔子素王説へと発展して行く興味深い内容を含んでいる。そこでこの部分については、節を改めて検討することにしたい。

三　孔子素王説との関連

行人子羽は子貢に向かい、「仲尼與吾子產孰賢」と、仲尼と鄭の子産とはどちらが優れているかと訊ねる。子羽が「吾子產」と語るのは、『左伝』襄公二十四年に「鄭行人公孫揮如晉聘。程鄭問焉曰、敢問降階何由。子羽不能對」と見えるように、子羽が鄭国の出身者だからである。これに対して子貢は、「夫子治十室之邑亦樂、治萬室之邦亦樂。然則【賢於子產】矣」と答える。だがこの子貢の発言には、幾つかの疑念が残る。

その第一点は、孔子が「十室之邑」を治めたとする史料がなく、ましてや君主として「萬室之邦」を治めたなどとする史料がどこにもない点である。このうち「十室之邑」の側については、『論語』の中に「子曰、十室之邑、必有忠信如丘者焉。不如丘之好學也」（公冶長篇）との記述がある。これ自体は孔子が「十室之邑」を治めたとする内容ではないが、この記述を拡大解釈して、孔子には「十室之邑」を治めた履歴があったとする話を捏造した可能性が考えられる。

それではもう一方の「萬室之邦」とは、いったい何を指しているのであろうか。一家族五口として計算すれば、「萬室之邦」の人口は五万人程度になる。これは魯よりは明らかに小国である。してみれば「邦」とは称しても、実際には一つの城邑とその周囲を想定しているとしなければならない。

ここで想起されるのは、『史記』孔子世家に「其後定公以孔子爲中都宰。一年四方皆則之。由中都宰爲司空、由司空爲大司寇」と、孔子が中都の宰に任命されたとの記述が存在する点である。魯の国内に中都なる城邑が存在したことは、『春秋』や『左伝』にも全く記載がないため、確認できない。そこでこの記述は、かねてから疑問視されてきた。もしかすると孔子の後学によって、孔子が中都を統治したとする話が捏造されていて、「治萬室之邦」なる記述はそれを前提にしているのかも知れない。もしそうだとすれば、孔子の履歴を偽装する作業は、孔子の死後ほどなく開始されていたことになる。

　第二の疑問は、子貢が孔子の統治実績のみを挙げて、子産の統治実績には一言も触れぬまま、孔子の方が優れているとの判定を下している点である。作者はなぜこうした不公平な構成を取ったのであろうか。子貢が孔子に軍配を揚げた理由は、「樂」の一点にある。とすれば、名宰相と謳われた子産も、楽しみながら鄭国を統治したのではなく、その鄭国統治は憂患に満ちたものだったとする話が、言わずもがなの前提として設定されていたとしなければならない。

虢地の会盟について論評する鄭の子皮と子羽。（『左伝故事』）

　大国の晋と楚の間にあって内紛続きの鄭を統治するのは、子産にとって確かに苦労の多い事業であったろう。しかしだからといって、子産の呻吟・苦心が自明の前提になるほど周知の事柄として、人口に膾炙していた痕跡はない。したがって、子産の治績に一切触れずに孔子に軍配を揚げる構成は、やはり均衡を失していると評さざるを得ない。恐らく作者は、子産が孔子より劣るとする有効な説明ができなかったのであろう。

次に子羽は、「與禹孰賢」と、孔子と夏の禹王とはどちらが優れているかと訊ねる。これに対する子貢の答えは、「禹治天下之川、□以爲己名。夫子治詩書、亦以己名、然則賢於禹也」というものである。「以爲己名」と「亦以己名」との評価は両者に共通するから、優劣の差は「禹治天下之川」と「夫子治詩書」の違いから導き出されているとしなければならない。つまり天下の河川を治めた禹と、『詩』『書』を治めた孔子とでは、孔子の側が優れているというのが、子貢の論理なのである。

なぜ天下の河川を治めた禹よりも、『詩』『書』を治めた孔子の方が優れているのか、その論拠は説明されていないため不明である。強いて推測すれば、禹の治水事業により天下の人民は安心して定住生活を送れるようになったのだが、孔子が行った『詩』『書』の編集事業は、先王の道を明らかにし、後世の君主たちに則るべき教化の指針を与えたのだから、孔子の方が優れているといった論法ではなかったかと思われる。すなわち禹の治水事業は、あくまでも衣食住といった即物的恩恵の次元に止まるが、孔子の『詩』『書』編集事業は、人倫を正す精神的恩恵の次元に到達しているので、孔子の方が優れているとの理由付けである。

続いて子羽は、「與舜孰賢」と、孔子と舜とはどちらが優れているかと訊ねる。これに対する子貢の答えは、「舜君天下」の四文字しか存せず、詳細は不明である。だが全体構成から判断して、子貢の結論が「賢於舜也」と、舜よりも孔子が優れているとする内容だったことは、容易に想像がつく。

その理由付けはもとより不明であるが、例えば、舜は天子として君臨し、天下全体を所有して名声を獲得したのに対し、孔子は寸土の領地すら所有しなかったのに、名声では舜を凌いでいるので、孔子の方が優れているといった説明だった可能性が考えられる。

この説話は、子産→禹→舜と、孔子と比較する人物の水準を次々に上げて行く構成を取る。最初の子産（?～前五二二年）は、鄭の名宰相として活躍した人物で、類似の人物としては、宰相として斉の桓公の覇業を補佐した管仲（?～前六四五年）、霊公・荘公・景公の三代にわたり宰相として斉の君主を補佐した晏嬰（?～前五〇〇年）、晋国の大夫として内政・外交に活躍した叔向などがいる。為政に異常な執念を示した孔子にとって、彼らは理想的人生を実現した先輩として、憧憬の対象、羨望の的であったろう。

孔子も彼らと同様の地位の獲得を目指し、諸国を流浪しながら各国の君主に登用を求めたのだが、結局どこの君主からもまるで相手にされなかった。こうなると、孔子が叶えられなかった夢を実現した彼らは、憧れの対象から、一転して嫉妬の対象、対抗心を燃やすべき相手へと変貌する。

孔子の後学たちは、現世における序列を空想の中で逆転させ、不遇に終わった孔子の人生を救済せんとするルサンチマン（復讐心）の情念から、『君子爲禮』のように、子産よりも孔子の方が優れているとする虚構を生み出したのである。内憂外患の極めて困難な状況の下、巧みに鄭の進路を舵取りして名宰相と謳われた子産と、生涯まともな官職にありつけず、何の統治実績もない孔子を比較し、子産の治績には一切触れずに、孔子に架空の治績を付加する操作によって、孔子は子産より優れているとむりやり結論づける説話は、こうして誕生した。

禹と孔子の比較は、子産との比較よりも格段に僭越である。禹は舜帝の命を受けて治水事業に邁進し、九州を定めた。後にその功績を認められ、舜から禅譲されて夏王朝の開祖となる。唐堯と虞舜、及び夏・殷・周三代の王朝を創始した禹・湯・文・武は、天下を安寧に統治した理想的な古代帝王であり、後世の王が則るべき模範として先王と総称される。先王の一人である禹王と一介の匹夫である孔子の優劣を比較する発想自体が、度を超して不遜な僭越である。ましてや禹よりも孔子が優れているとするに至っては、言語道断の暴論である。

孔子が禹よりも優れている理由として挙げられているのは、「治詩書」である。「治」は『詩』『書』を修得したとの意味にも解しうる。だが禹の治水事業との対応を重視すれば、孔子が『詩』『書』を整理して編集したとの意味に解する方がよいであろう。

『史記』孔子世家は、「孔子之時、周室微而禮樂廢、詩書缺。追迹三代之禮、序書傳、上紀唐虞之際、下至秦繆、編次其事。（中略）故書傳禮記自孔氏」と、孔子が古書記伝を整理して、上は唐虞から下は秦の穆公までの事績を編次し直したと記す。また「古者詩三千餘篇。及至孔子、去其重、取可施於禮義。（中略）三百五篇」と、三千余篇あった『詩』を孔子が整理して、三百五篇の形に編集したとも記す。今回の『君子爲禮』の発見によって、孔子が『詩』『書』を編集したとする虚構が、孔子の死後ほどなく後学の徒によって捏造されていた情況が判明したのである。なお竹簡は「治詩書」の後が欠損している。したがって本来の文章が「治詩書禮樂」や「治詩書禮樂易春秋」であった可能性も残されている(14)。

『君子爲禮』の僭越は止まるところを知らず、最後は孔子と舜の比較にまで及ぶ。孔子が舜よりも優れているとすれば、孔子は一介の民間人でありながら、先王すら凌ぐ至高の存在だということになる。ここまで来れば、孔子素王説を築く橋頭堡としては充分であろう。

四　孔子素王説の形成過程

ここで孔子素王説が形成されるまでの過程を振り返ってみよう。『論語』の中で孔子は、次のように舜や禹を称賛している。

（1）子曰、巍巍乎、舜禹之有天下也、而不與焉。（泰伯篇）

（2）子曰、無爲而治者、其舜也與。夫何爲哉。恭己正南面而已矣。（衛霊公篇）

（3）子曰、禹吾無閒然矣。菲飲食而致孝乎鬼神、悪衣服而致美乎黻冕、卑宮室而盡力乎溝洫。禹吾無閒然矣。（泰伯篇）

したがって、孔子自身に自らを舜や禹と比較して、自分の力が先王よりも優れていると誇る思考がなかったことは明白である。だが子貢は、すでに孔子の存命中から孔子を聖人化する言動を繰り返している。

（4）叔孫武叔毀仲尼。子貢曰、無以爲也。仲尼不可毀也。他人之賢者丘陵也。猶可踰也。仲尼日月也。無得而踰焉。人雖欲自絶、其何傷於日月乎。多見其不知量也。（子張篇）

（5）大宰問於子貢曰、夫子聖者與。何其多能也。子貢曰、固天縱之將聖、又多能也。子聞之曰、大宰知我者乎。吾少也賤。故多能鄙事。君子多乎哉。不多也。（子罕篇）

（6）陳子禽謂子貢曰、子爲恭也。仲尼豈賢於子乎。子貢曰、君子一言以爲知、一言以爲不知。言不可不愼也。夫子之不可及也、猶天之不可階而升也。夫子之得邦家者、所謂立之斯立、道之斯行、綏之斯來、動之斯和、其生也榮、其死也哀。如之何其可及也。（子張篇）

先頭の（4）において、子貢は孔子を「仲尼日月也」と、太陽や月に譬えている。どんなに頑張ってみても、天空に輝く太陽や月を土足で踏み越えられる者はいない。してみれば孔子を非難する行為など、全く不可能なのだ。これに引き替え他の賢者は、丘陵のごとき存在に過ぎない。多少平地より高くはなっていても、土足で走破する行為は可能である。これが子貢の論理である。そうであれば「他人之賢者」の一人である鄭の子産など、孔子の足元にも及ばないのは当然で、『君子爲禮』が「賢於子産也」と主張しても、別段怪しむに足らないこととなる。次の（5）では、子貢は孔子を「天縱之將聖」だと主張する。すなわち孔子は、天下の人間を統率すべく、上天から地上に派遣された聖人だというのである。（6）においても子貢は孔子を天に譬え、決して及ぶことのできない至高の存在だと宣伝する。さらに子貢は、孔子がもし国家の君主の地位を獲得すれば、理想的統治が実現するはずだとまくし立てる。

このように子貢は、学団外の人物から加えられる孔子批判に対抗して、孔子を天だ太陽だ月だ聖人だと喧伝して回る役割を一手に引き受けている。この点を踏まえれば、『君子爲禮』の中で、孔子を舜・禹・子産よりも優れていると主張しているのが子貢であるのも、単なる偶然ではないであろう。

孔子の在世中からすでに子貢によって開始されていた孔子聖人化の動きは、孔子の死後も学団内で継続される。『墨子』公孟篇にはそれを証明する記述がある。

公孟子謂子墨子曰、昔者聖王之列也、上聖立爲天子、其次立爲卿大夫。今孔子博於詩書、察於禮樂、詳於萬物。若使孔子當聖王、則豈不以孔子爲天子哉。子墨子曰、夫知者必尊天事鬼愛人節用。合焉爲知矣。今子曰、孔子博於詩書、察於禮樂、詳於萬物。而曰、可以爲天子。是數人之齒而以爲富。

墨子は孔子の死（前四七九年）より三十年ほど遅れて活動を開始した思想家であるから、公孟子は孔子再伝か三伝の弟子と考えられる。[15]その公孟子は、墨子に次のように語りかける。昔、聖王が天下の序列を定めたときは、上聖のランクの人物を天子に任命し、その次のランクの人物を卿や大夫に任命したのです。孔子は『詩』『書』に博学で礼や楽にも通じ、万物にも博識でした。ですから、もし孔子が聖王の御代に生まれていれば、堯が舜に、舜が禹に王位を譲ったように、どうして孔子を天子に任命しないことがありましょうや。

これに対して墨子は次のように応ずる。「尊天事鬼愛人節用」を実行する人物こそ知者と称すべきです。今あなたは、孔子は『詩』『書』に博学で礼や楽にも通じ、万物にも博識だったから、天子になって然るべきだったというが、それではまるで、他人の貸し出し証文を勘定して、自分の財産だと思い込むのと一緒じゃないか。

そもそも『詩』『書』は先王の治績の記録である。礼や楽もまた、王朝を創建した先王が創作したものである。そして万物は天地が生み出したものである。どんなに他人の製作物に詳しくても、自分が作ったことにはならない。そこで墨子は、自分では何も作り出さなかったくせに、他人の業績に詳しいから天子になって当然だと言い張るのは、他人の証文を数え上げて、自分の財産だと錯覚するのと同じだと皮肉ったのである。公孟篇の記述は、今まで紹介した資料の中で、初めて孔子王朝が実現すべきだったと語る点が注目される。

公孟子の後に続くのは、孔子の孫の子思やその門人の著作と目される『中庸』であろう。『中庸』の編述者は、「仲尼祖述堯舜、憲章文武、上律天時、下襲水土。辟如天地之無不持載、無不覆幬。辟如四時之錯行、如日月之代明」と、堯・舜・文・武の道を祖述した孔子を天地・四時・日月に譬え、天子の形式を備えないにもかかわらず、天下中の人々が則り従うべき道標・法則として君臨する、孔子の王者としての偉大さを顕彰する。編述者の意図は、孔子本人が無冠だったにもかかわらず、堯・舜・文・武といった古代先王の列に自らも連なり、実質的には王者として君臨していたとするところにある。

さらに編述者は、「唯天下至誠、爲能聰明睿知、足以有臨也」と主張する。やはりこの場合も編述者の意図は、天下の至誠たる孔子にのみ、真に天子として天下に君臨する資格が備わっていたのであり、それゆえに孔子は実質的に王者であったとする点にある。

続いて編述者は、「天下至誠」であり、生来「聰明聖知」で「達天徳者」であった孔子にのみ、王者としての天下の経綸が可能であると述べる。もとより孔子が王者として君臨する形態は、通常の王者とは異なる。孔子は無位無冠のまま、「經綸天下之大經、立天下之大本、知天地之化育」と、永遠の導師・規範として君臨する。

このような孔子の生き方は、無位無冠なる歴史的現実にのみ目を奪われるならば、暗然として不遇であるかに見える。しかし人類永遠の道標・法則として君臨する孔子の偉大さは、「君子之道、闇然而日章。小人之道、的然而日亡」と、時の経過につれてその輝きを増し続け、王者としての真の姿を顕現し始めるというのである。

次に編述者は、無冠の王者としての孔子の統治形態を説明する。君子は号令や賞罰といった外面的統治手段に頼らず、己の内面的徳が自ずと外界に発露・顕現して、「不動而敬、不言而信」と、無為・無言のまま統治する形態を取る。そこで、「君子不賞而民勸、不怒而民威於鈇鉞」と、天子の位に就いて斧鉞の威力を背景に天下に号令することのなかった孔子は、一見天子として天下に君臨しなかったように見えるが、実際には百君が則るべき法則として、「不大聲以色」「君子篤恭而天下平」といった沈黙の徳治を行っていたと。

『中庸』全体の編述意図は、受命なき聖人たる孔子を無冠の王者だと主張する点にある。孔子の直系を自負する子思学派にとって、それはとりわけ切実な意義を有するものであり、彼らはこうした形で孔子を聖人化し、孔子を王者だと偽ろうとしたのである[16]。

『中庸』の後に続くのは、子思の門人に学んだ孟子である。迂遠な表現形態を取る『中庸』に比べ、孟子はより明快な口調で孔子王者説を主張している。

伯夷伊尹於孔子、若是班乎。曰、否。自有生民以來、未有孔子也。曰、然則有同與。曰、有。得百里之地而君之、皆能以朝諸侯有天下。行一不義、殺一不辜而得天下、皆不爲也。是則同。曰、敢問其所以異。曰、宰我子貢有若、智足以知聖人、汙不至阿其所好。宰我曰、以予觀於夫子、賢於堯舜遠矣。子貢曰、見其禮而知其政、聞其樂而知其德。由百世之後、等百世之王、莫之能違也。自生民以來、未有夫子也。有若曰、豈惟民哉。麒麟之於走獸、鳳凰之於飛鳥、泰山之於丘垤、河海之於行潦、類也。聖人之於民、亦類也。出於其類、抜乎其萃、自生民以來、未有盛於孔子也。（『孟子』公孫丑上篇）

孟子は宰我・子貢・有若の口を借り、孔子こそは堯・舜をも遙かに凌ぐ聖人の中の聖人であり、人類の誕生以来、他に比類なき人物だと絶賛する。『君子爲禮』は孔子を禹や舜よりも優れているとしていたが、孟子はさらに過激の度を増し、理由を一切示さぬまま、「賢於堯舜遠矣」と、孔子は堯・舜なんかよりも遙かに優れていると断言する。そもそも孔子が、人類誕生以来飛び抜けて最高の存在なのであれば、もとよりいかなる先王も、百世の後王たちの規範である孔子の足元にも及ばないのは、理の当然である。

孟子はまた、伯夷・伊尹・孔子の三者は、百里四方の領地を得て君主の地位にさえあれば、諸侯たちを自国に入朝させて天子となり、自分の王朝を樹立できたのだとも言う。百里（四十キロメートル）四方の国とは、一つの城邑とその周囲で成立する程度の、当時にあっては全くの小国家に過ぎない。だが、もし孔子がその小国の君主の地位を獲得すれば、必ずや諸侯たちは孔子の徳を慕い、周を王室としてきた従前の態度を一変させ、今度は競って孔子の朝廷に入朝する。その時点で周王朝は廃絶されて新たに孔子王朝が成立し、孔子はたちどころに天子として天下を所有する。これが孟子が説く孔子王朝成立の筋書きである。

しからば孔子は、天子となるべきいかなる資格を備えていたのであろうか。孟子はそれを「孔子懼作春秋。春秋天子之事也。是故孔子曰、知我者、其惟春秋乎。罪我者、其惟春秋乎」（『孟子』滕文公下篇）と説明する。つまり、本来「天子之事」である『春秋』を孔子が著作したから、孔子には天子になる資格があるというわけである。さらに孟子は、「由文王至於孔子、五百有餘歳」（『孟子』尽心下篇）「五百年必有王者興。其閒必有名世者」（『孟子』公孫丑下篇）とも説明する。すなわち五百年周期で新たな王者が興起し、王朝が交替するとの暦運の法則があり、周王朝が創建されてから五百年後に現れた孔子こそ、周に代わる新王朝を創建すべき王者だったというのである。(17)

ここまで資格が備わっている以上、どこかの君主が孔子に心服して国家を譲るとか、せめて領土の一部を割いて孔子に君主の地位を与えるとか、何らかの形で手がかりとなる君主の地位さえ手に入れれば、後は孔子の偉大な徳の力が、自ずと孔子王朝を成立させるはずであった。だが歴史的現実としては孔子王朝が実現することはなく、天子どころか、孔子は一介の匹夫として落魄の人生を終えた。それはなぜか。孟子はその原因を次のように説明する。

匹夫而有天下者、德必若舜禹、而又有天子薦之者。故仲尼不有天下。(『孟子』万章上篇)

孟子は、孔子王朝が成立しなかった原因は、天子の推薦がなかったからだと言う。これは、「若使孔子當聖王、則豈不以孔子爲天子哉」としていた公孟子と同じ理屈である。

孟子の後を受けて戦国後期(前二八二～前二二一年)に活動した荀子は、孔子の偉大さを次のように顕彰する。

無置錐之地、而王公不能與之争名。在一大夫之位、則一君不能獨畜、一國不能獨容。成名況乎諸侯、莫不願以爲臣。是聖人之不得執者也。仲尼子弓是也。(『荀子』非十二子篇)

孔子仁知且不蔽。故學亂術、足以爲先王者也。一家得周道、擧而用之。不蔽於成績也。故德與周公齊、名與三王並。(『荀子』解蔽篇)

荀子は、孔子は錐を立てるほどの領地すら持たなかったのに、いかなる王公も孔子と名声を競うことはできなかったと、名声の獲得を基準に、現世での序列を逆転させようとする。また孔子の徳は周公旦と等しく、名声は禹・湯・文・武に匹敵したとして、孔子を先王と同格に扱う。このように荀子も、孔子と先王を比較してはいるのだが、孟子のように孔子は堯・舜を遙かに凌ぐとまでは主張しない。そもそも荀子においては、孔子崇敬の念が孟子ほどには強くない。したがって『荀子』には、『孟子』のように孔子王朝の成立を夢想する思考は見られない。

こうした荀子自身の姿勢を反映してか、後学の手になる堯問篇では、「爲說者曰、孫卿不及孔子。是不然」「觀其善行、孔子弗過」「天下不治、孫卿不遇時也。德若堯禹、世少知之」「嗚呼賢哉、宜爲帝王、天下不知」と、孔子への対抗心から、荀子こそが帝王となって荀子王朝を創建すべきだったのだと語られる。

荀子の活動時期とほぼ同じころ、荘周の後学たちは「素王」なる語を用い始める。伝世文献の中で最も早く「素王」の語が見えるのは、次に示す『荘子』天道篇である。

夫虛靜恬淡寂漠无爲者、萬物之本也。明此以南鄉、堯之爲君也。明此以北面、舜之爲臣也。以此處上、帝王天子之德也。以此處下、玄聖素王之道也。

天道篇の作者は、万物の根本が「虛靜恬淡寂漠无爲」であることを明確に認識しながら、天下に君臨するのが帝王・天子の徳であり、それを明確に認識しながらも、一介の庶人でいるのが玄聖・素王の道だと言う。こうした内容から判断すれば、「玄聖」や「素王」の語は、もともと荘周後学による造語だったと思われる。ただしそれは、あくまでも伝世文献の範囲内での推測であって、これ以前からすでに「玄聖」や「素王」の語が用いられていた可能性も否定はできない。

漢代に入ると、先に紹介してきた孔子王朝が実現すべきだったとする考えと、この「素王」概念が春秋公羊学によって結合され、孔子素王説が明確な形で唱えられるようになる。

太史公曰、余聞董生。曰、周道廢、孔子爲魯司寇、諸侯害之、大夫壅之。孔子知言之不用、道之不行也、是非二百四十二年之中、以爲天下儀表。貶天子、退諸侯、討大夫、以達王事而已矣。（『史記』太史公自序）

孔子作春秋、先正王而繫萬事、見素王之文焉。（『漢書』董仲舒伝）

司馬遷は董仲舒から、孔子は『春秋』に一字褒貶の筆誅を加え、天子を貶め、諸侯を退け、大夫を討って王者の事業を達成したと聞かされたと記す。これを裏付けるように董仲舒自身も、武帝の策問に応じた天人対策の中で、孔子は『春秋』に素王の文章を開示したと述べる。ここに至り、孔子は素王として孔子王朝を開き、王者として君臨していたとする孔子素王説は完成を見る(18)。

このように見てくると孔子素王説は、①孔子は先王よりも優れていた、②先王は王朝を創始したのだから、当然孔子も王朝の開祖となるべきだった、③それなのになぜ孔子王朝は実現しなかったのか、④その原因は孔子が君主ではなく、また天子の推薦がなかったからだ、⑤だが実は素王として君臨し、孔子王朝が実現していた、との順序で形成されて行ったことが判明する。

もとよりこの理論化は直線的に進行したのではなく、行きつ戻りつや曲折を経ている。それに伴って孔子に天子の資格を与える試みも一様ではなく、『詩』『書』を編集したとか、『春秋』を著作したとか、暦運の理法とか、名声では先王と並ぶとか、天や日月に等しい人類最高の存在だとか、理由付けの手法も様々である。

前記の①～⑤の中、④と⑤の間にはかなりの飛躍がある。すなわち、孔子王朝が実現しなかったのは残念だと怨む次元と、実は素王として君臨していたのだと妄想する次元との間には、相当の開きが存在するのである。孔子は永遠の道標・法則として沈黙の統治を行っていたとする『中庸』の発想と、孔子は『春秋』を作って王者になったとする公羊学の立場が、「素王」概念を媒介に結合して劇的な変化を生じ、孔子素王説の完成に至ったものと考えられる。

こうした経緯の上に『君子爲禮』を置いてみると、『君子爲禮』は孔子は先王よりも優れているとする①の段階にあり、資格を与える理由付けとしては、『詩』『書』を編集したとする方策を採っている。また孔子に架空の治績を捏造した点は、孔子を素王として君臨させる発想の萌芽的形態と言えよう。上博楚簡は戦国中期（前三四二～前二八二年）、前三〇〇年頃の写本であり、原著の成立時期はそれをかなり遡る。[19] したがって今回の『君子爲禮』の発見によって、我々は孔子素王説の原型が、春秋末から戦国前期（前四〇三～前三四三年）にかけて、すでに儒家によって形成されていたことを知ったのである。[20]

もとより孔子批判に対抗せんとした子貢の宣伝活動や、「子疾病。子路使門人爲臣」（『論語』子罕篇）と孔子を君主として葬らんとした子路の偽装工作は、その先蹤である。さらに言えば、「子曰、管仲之器小哉」（『論語』八佾篇）「如有用我者、吾其爲東周乎」（『論語』陽貨篇）とか「子曰、雍也可使南面」（『論語』雍也篇）と揚言して憚らない孔子の体質そのものの中に、後に孔子素王説を生み出すべき種子が宿されていたのである。

注

（1）原文は「賤」。釈文は「惰」に隷定するが、『季康子問於孔子』に「賤」と「肥」を対比する例があるとする陳剣《談談《上博（五）》的竹簡分篇・拼合与編聯問題》（武漢大学簡帛研究中心・簡帛網２００６年2月１９日）の指摘に従って、「瘠」に隷定した。

（2）９Aの末尾に「也」字を、４の冒頭に「顏」字を補った。

（3）竹簡が不鮮明なため釈文は未釈字としているが、後文との対応から「能」字を補った。

（4）竹簡が不鮮明なため釈文は未釈字としているが、「則」字を補った。
（5）釈文は苦痛の意に取るが、前の句との対応から肩を怒らす意に解釈した。
（6）釈文は安静の意に取るが、『論語』八佾篇に「巧笑倩兮、美目盼兮」とあるので、微笑の意に取った。
（7）後文との対応から「其在」二字を補った。
（8）原文は「行子人子羽」であるが、最初の「子」は衍字だと思われるので除いた。行人子羽は、子産と同時代の公孫揮を指す。公孫揮については、『左伝』に「鄭行人公孫揮如晉聘。程鄭問焉曰、敢問降階何由。子羽不能對」（襄公二十四年・前五四九年）「公固予之。乃受三邑。公孫揮曰、子産其將知政矣。讓不失禮」（襄公二十六年・前五四七年）とか、「於子蟜之卒也、將葬、公孫揮與裨竈晨會事焉。過伯有氏、其門上生莠。子羽曰、其莠猶在乎」（襄公三十年・前五四三年）「文子入聘。子羽爲行人、馮簡子與子大叔逆客」「公孫揮能知四國之爲、而辨於其大夫之族姓班位貴賤能否、而又善爲辭令」「子産乃問四國之爲於子羽、且使多爲辭令」（襄公三十一年・前五四二年）などと記述が見える。『左伝』によって子羽の活動が確認できるのは、襄公三十一年（前五四二年）が最後である。一方、孔子は前五五二年に生まれ、前四七九年に没したとされる。したがって子羽と孔子の人生は確かに重なってはいるが、ともに生きた期間は、長く見積もってもせいぜい二十年前後であろう。また子羽が子貢に対して、仲尼と鄭の子産とはどちらが優れているかと訊ねる設定は、孔子の名声がすでに天下に知れ渡っている状況を前提にしているから、問答が行われたのは、孔子が壮年を迎えた時期以降とならざるを得ない。とすれば、子羽が子貢に孔子と子産の優劣を問う設定には無理があり、実際にこうした問答が行われたとは考えがたい。
（9）第十四簡の「然則賢於禹也」との対応から「賢於子産」の四字を補った。
（10）第十三簡下端と第十六簡上端の破断面は形状が符合する。したがってこの両者は直接に接合していたと考えられる。
（11）釈文は未釈字としているが、「與」字に隷定した。
（12）「以吾從大夫之後、不可徒行也」（先進篇）「以吾從大夫之後、不敢不告也」（憲問篇）。
（13）陳剣「談談《上博（五）》的竹簡分篇・拼合与編聯問題」（簡帛網・二〇〇六年二月十九日）は、第四簡の「智而□信、斯人欲其……」を夫子（孔子）の発言と理解している。これを踏まえ、二〇〇六年十二月二十五日から二十八日まで松江市で行われた戦国楚簡研究会の口頭発表において、福田哲之氏から第四簡の「夫子」の下に「曰」の字を脱している可能性が高いとの指摘がなされた。確かにそのように考えれば、独富や独貴は直接孔子を指すことにはならないから、上述の疑問は解消する。

(14)『莊子』天運篇には「丘治詩書禮樂易春秋六經」とあり、郭店楚簡『語叢』一には「易所以會天道人道也」「春秋所以會古今之事也」とある。

(15)墨子の活動時期は前四五〇年頃から前三九〇年頃と推定される。この点の詳細については、拙著『墨子』（講談社学術文庫・一九九八年）の「解説」参照。

(16)こうした『中庸』の編述意図の詳細については、拙著『孔子神話』（岩波書店・一九九七年）第三章2「『中庸』における孔子の聖人化」参照。

(17)この点の詳細は、拙著『孔子神話』第三章3「孟子による孔子王者説と春秋著作説」参照。

(18)この点の詳細は、拙著『孔子神話』第四章3「董仲舒の孔子素王説」、及び第五章3「緯書と孔子素王説」参照。

(19)上博楚簡の年代については、浅野裕一編『竹簡が語る古代中国思想——上博楚簡研究——』（汲古選書42・汲古書院・二〇〇五年）「まえがき」参照。

(20)徐少華「論《上博五・君子為礼》的編聯與本文結構」（新出楚簡國際學術研討會・會議論文集（上博簡卷）中国・武漢・二〇〇六年六月）は、『君子爲禮』の内容は各学派の対立が激化した戦国中晩期の状況を反映した産物だと結論づける。だが『君子爲禮』の原著が戦国中晩期の状況を承けて著作されたのであれば、上博楚簡『君子爲禮』の書写年代は秦漢期となろう。これは前述した考古学的知見とは、全く相容れないものであり、到底成り立たない。

第六章　『相邦之道』の全体構成

浅野裕一

一

上博楚簡『相邦之道』の残存簡は四簡で、その中の三簡は残欠しており、ほぼ完全な状態を保存するのは第四簡のみである。第四簡の状況から、本来の簡長は五一センチメートル前後の長簡だったと推定される。残存文字数は、合文五・重文一を含む百七字である。もともとの篇題はなく、整理者が内容から『相邦之道』と命名した。

竹簡の排列については、第四簡に墨鉤が付され、以下が留白となっている点から、これが篇末に位置したことは確実であるが、他の三簡の次序については確証がない。本章では『相邦之道』の全体構成を考察するが、まず『上海博物館蔵戦国楚竹書（四）』が収録する張光裕氏の釈文と排列に従う形で、その全文を以下に示して置く[1]。

…先其欲、備其強、牧其倦。靜以待、待時出。故此（比）事、使出政。政毋忘所治、…（1）

□□□□人、可謂相邦矣。公曰、敢問民事。孔子…（2）

…實官倉、百工勸於事、以實府庫。庶【民】勸於四肢之藝、以備軍徒…（3）

者。孔子退、告子貢曰、吾見於君、不問有邦之道、而問相邦之道。不亦欽乎。子貢曰、吾子之答也何如。孔子曰、女（如）迺（斯）∠。（4）

二

本章では『相邦之道』がどのような全体構成を取っていたのかを考察する。第一・第二・第三の三簡は残欠が甚だしいので、後に検討することとして、ほぼ完全な状態を残す第四簡から検討を始めてみる。

第四簡には「孔子退きて、子貢に告げて曰く」とあるので、これ以前が、宮中における哀公と孔子の問答を記す部分だったことが判明する。哀公と孔子の問答の主題は、「吾れ君に見ゆるに、邦を有つの道を問わずして、邦を相《たす》くるの道を問う。亦た欽ばしからずや」との孔子の発言から、「相邦之道」に関する内容だったと推定できる。

この孔子の発言に対し、子貢は「吾子の答うるや何如」と訊ねる。つまり子貢は、「相邦之道」とはいかなるものかとの哀公の質問に対し、孔子がどのように答えたのかを訊ねたのである。そして張光裕氏の釈文に従えば、子貢に対して孔子は、「斯《か》くの如し」と応じたことになる。[2]

しかしながら子貢は、哀公と孔子の問答に立ち会っていないのであるから、孔子に「斯くの如し」とだけ答えられても、哀公に対する孔子の返答の内容を理解できるはずがない。したがって、「斯くの如し」との孔子の発言で篇全体を終結させることは、全体構成の上から不可能だとしなければならない。とすれば「女詘」二字を「如斯」と解した張光裕氏の隷定には、なお再考の余地があるであろう。

それでは篇末の「女詘」二字は、どのように解釈すべきなのであろうか。子貢に対する孔子の返答が僅か二字で終了している以上、孔子に「相邦之道」の内容を詳説せんとする意図が全くなかったことは明白である。したがって孔子は、返答を事実上拒否して、突き放す態度を取ったと見なければならない。

とすれば、「女詘」の意味内容として最も可能性が高いのは、「汝察せよ」といった類の発言であろう。二字の中、「女」を「汝」とする隷定には、もとより何の支障もない。残る問題は、「詘」を「察」に隷定できるか否かである。

三

郭店楚簡に記される「察」の字形は、・・・といった形態を示す(3)。一方『相邦之道』に記される「詘」の字形は、である。左偏が「言」であるところまでは、両者は共通している。問題は右旁の形が両者で大きく異なっている点である。「」にせよ「」にせよ、「」とは形が明らかに異なる。張光裕氏が指摘するように、後者の右旁は「西」（郭店楚簡の字形は「」）と解釈するのが妥当であろう。したがって、字形が似ていたために「詧」を「詘」に誤写した可能性は、極めて低いとしなければならない。

そこで別の可能性として考えられるのは、音通による仮借である。「詘」を形声文字と見た場合、声符「西」の古韻における帰属は、どのように考えられるであろうか。段玉裁は「六書音均表」「古十七部諧声表」第十三部（通常「文部」と称される）に「西声」を置く。また「詩経韻分十七部表」第十三部に、邶風・新臺二章における「洒」「浼」

「殄」の押韻例を挙げて、「西声」を十三部とし、さらに「西聲在此部。禮記與巡韻、劉向九歎與紛韻。漢魏晉人多讀如下平一先之音。今入齊」と説明している。

一方、「祭」及び「祭声」の「察」について、段玉裁はともに第十五部（通常「脂部」と称される）所属とする。そして第十三部と第十五部との関係について、「六書音均表」「古十七部合用類分表」「弟十三部弟十四部與弟十五部同入說」の中で、「弟十三部弟十四部與弟十五部合用最近」と述べて、その音の近いことを強調する。

戴震が段玉裁の第十五部である脂部の中から、祭部を独立させて以来、王念孫・江有誥・章炳麟・黄侃などがこの説を継承して今に至っているが、段玉裁が祭部を第十五部（脂部）から区別できなかったこと自体、「祭」「察」両者の音の近さを意味するものと考えられる。とすれば、「古十七部合用類分表」で段玉裁が述べた第十三部と第十五部の音の近さは、祭部の独立が定説となった現在においても、変わるものではないと言える。

声母については、「西」は中古歯頭音の心母で、これは上古においても変わらない。一方「察」は中古は正歯音の初母であるが、黄侃によれば中古の正歯音は上古では歯頭音と一類と見なされるため、この「察」は上古は歯頭音の清母とされる。すると「西」と「察」は、ともに歯頭音（舌尖摩擦音と破擦音）で調音点を同じくし、また韻もその音が近く、類似していたため、通仮する事態は十分可能性があったと考えられる。

とすれば、左偏「言」を共有する「詧（訾）」と「訊」が、「西」と「察」の音の近さから、通仮関係にあったと考えることができる。したがって問題の「女訊」二字を、「汝察」に隷定することが可能となるのである。

四

問題の二字を「汝察」と隷定し、孔子の子貢に対する返答を「汝察せよ」の意味に解釈するならば、『相邦之道』

の全体構成はどのようであったと推測できるであろうか。

第四簡の「吾れ君に見ゆるに、邦を有つの道を問わずして、邦を相くるの道を問う。亦た欽ばしからずや」との孔子の発言から、篇の冒頭部分は、「哀公召孔子而問相邦之道。孔子答曰、……」といった類の文章であったと推定される。

それでは、この質問に対する孔子の返答の中身は、どのようなものであったろうか。これを判断する上で重要なのは、第二簡の記述である。第二簡の「□□□□人、邦を相くと謂う可きなり。公曰く、敢えて民の事を問う。孔子……」といった記述は、孔子から「相邦之道」の内容を聞き出した哀公が、次に「民事」の内容を質問したことを示している。孔子の哀公に対する返答の内容を記すと考えられるのは、第一簡と第三簡である。この中、「百工勸於事、以實府庫」といった内容から、第三簡が「民事」に関する孔子の答えの一部であったことは確実である。したがって、残る第一簡が「相邦之道」に関する孔子の答えの一部だったと考えられる。そこでその内容を検討してみよう。

…先其欲、備其強、牧其倦、静以待。待時出。故此（比）事、使出政。政毋忘所治[4]、…

…其の欲を先《みち》びき、其の強《つと》むるを備え、其の倦むを牧《おさ》む。静以て待ち、時を待ちて出だす。故に事を比《そろ》えて政を出ださ使む。政、治むる所を忘るること毋ければ、…

残存部分の冒頭三句は、「A其B」の句形が共通しており、「其」は民を指すと思われる。民の欲望をうまく導いて、民が生業に精励するよう仕向け、民の倦怠を解消する。こうした手を打ちながら、焦らずに時を待ち、時機が訪れてから政令を発する。だから民の事業を計り比べて、（君主に）政令を出させる。政令が統治すべき民を無視したりしなければ、……。

第一簡に記される「相邦之道」の内容は、おおよそ上記のようなものだったと推測される。残存部分を見る限り「邦を相くる」補佐役の任務は、『論語』に「使民以時」（學而篇）とあるように、どのタイミングで政令を出させるかを君主に指南するところに重点が置かれていたようである。「故比事」とあるように、欠損部分には恐らく「民事」に対する言及があり、それを承けて哀公は、「敢えて民の事を問う」と、再度孔子に質問したのであろう。それでは次に、第三簡が記す「民事」の内容を検討してみよう。

…實官倉、百工勸於事、以實府庫。庶【民】勸於四肢之藝、以備軍徒(5)…

…官倉を実たし、百工は事に勧めて、以て府庫を実たす。庶民は四肢の藝に勧めて、以て軍徒に備う…

（農民は農事に励んで）政府の倉庫を穀物で満たし、工人は製作に励んで、政府の倉庫や武器庫を器物や武器で満たす。庶民は日頃から身体を鍛錬して、軍役に耐えられるよう備える。第三簡の残存部分の意味は、およそこうしたものであったろう。百工に関する文章との対応関係から考えると、「實官倉」を含む欠損部分は、「農夫勸於耕、以實官倉」といった類の文章だったと推測される。したがって残存部分から判断する限り、「民事」の内容は、農業による穀物の生産と備蓄、工業による器物・兵器の生産と備蓄、身体の鍛錬による兵役義務への準備といったものだったと考えられる(6)。

これまでの検討結果を踏まえつつ、竹簡の残存状況をも考慮に含める形で、改めて『相邦之道』の全体構成を検討してみよう。

第一簡は、上端・下端ともに残欠している。残存部分の長さは二十四・八センチメートルで、残存文字数は合文二・重文一を含む二十七字である。本来の簡長は、第四簡の状況から見て、五十一センチメートル前後の長簡で、完簡であれば四十数字から五十字程度が記されていたと判断できる。したがって第一簡には、上端・下端の欠損部分を合わせて、なお二十数字の文字が記されていたはずである。

そこでこの二十数字中に、「哀公召孔子而問相邦之道。孔子答曰、……」といった冒頭部分十五・六字と、「先其欲」の上と「政毋忘所治…」の下に位置する「相邦之道」の説明部分十字程度が収容されていたと推定できる。

また第二簡は上端が残欠していて、下端は完整であるから、[7]「□□□□人、可謂相邦矣」の上に、三十数字ほどの文字が記されていたことになる。「可謂相邦矣」との総括から、やはりこの部分も、「相邦之道」を説明する孔子の返答部分だったことは明確である。とすれば、第一簡で「相邦之道」を解説する残存分二十七字と推定分十数字を合わせた約四十字前後と、第二簡の推定分三十数字の合計七十数字が、「相邦之道」を説明する孔子の返答部分だったと考えられる。

第一簡と第二簡の間に、なお失われた一簡が存在した可能性も否定はできないが、一簡が五十センチメートルを超す長簡である点を考慮すれば、その可能性はむしろ低いであろう。もし失われた簡の存在を想定した場合は、前記七十数字にさらに五十字前後を加え、孔子の返答が百二十字から百三十字程度で終了したと見ることになる。佚失簡を想定しない場合は、七十数字で孔子の説明が終了したと見ることになるが、こうした想定も決して不自然ではない。

第三簡は残存する文字数が二十四字であるから、なお二十数字が記されていたと推定できる。[8]第二簡の末尾が「孔子」であるから、第三簡の冒頭には、「答曰」のような文字が記されていた可能性が高い。また第四簡の冒頭は「者。孔子退告子貢曰」となっているから、先頭の「者」一字までが、「民事」を説明する孔子の回答部分だったと推定される。とすれば第三簡は、ほぼその全体が「民事」を説明する孔子の回答部分で占められていたことになる。このように、ほぼ一簡分、五十字前後で「民事」に関する孔子の回答が終了したとする想定も、十分に成立し得るであろう。もとより第三簡と第四簡の間に、なお脱簡が存在したと考えることも可能で、その場合は、さらに五十字前後を加え、「民事」に関する孔子の回答が百字前後で終了したと見ることになる。

五

篇末の「女迺」二字を「如斯」と隷定した場合は、哀公と孔子の問答より前に、孔子が子貢に「相邦之道」を講釈する場面が存在したと想定しなければならなくなる。だが「女迺」二字を「汝察」と隷定した場合は、その必要はなくなる。後者の立場を取って『相邦之道』の全体構成を考えるならば、篇全体の論旨展開は次のようになる。

（一）孔子を召し出して「相邦之道」の内容を訊ねる、哀公の最初の質問。
（二）「相邦之道」の内容を説明する、孔子の最初の返答。
（三）「民事」の内容を訊ねる、哀公の二度目の質問。
（四）「民事」の内容を説明する、孔子の二度目の返答。
（五）退出後の孔子と子貢の問答。

『相邦之道』は、この五段階の論旨展開を、残存する四簡のみか、もしくはもう一簡か二簡を加えた五簡ないし六簡に記した文献だったと推定できる[9]。

それでは続いて、孔子がなぜ子貢の質問にまともに答えようとせず、突き放したとする構成が取られているのか、その理由を考えてみよう。『論語』には、哀公や門人などの質問に答える体裁で、孔子が為政の在るべき姿を語る記述が頻出する。

（1）哀公問曰、何爲則民服。孔子對曰、擧直錯諸枉、則民服。擧枉錯諸直、則民不服。（為政篇）

（2）季康子問、使民敬忠以勸、如之何。子曰、臨之以莊則敬。孝慈則忠。擧善而教不能則勸。（為政篇）

（3）子貢問政。子曰、足食足兵、民信之矣。子貢曰、必不得已而去、於斯三者、何先。曰、去兵。曰、必不得已而去、於斯二者、何先。曰、去食。自古皆有死。民無信不立。（顔淵篇）

（4）子路問政。子曰、先之勞之。請益。曰、無倦。（子路篇）

（5）定公問。一言而可以興邦有諸。孔子對曰、言不可以若是、其幾也。人之言曰、爲君難、爲臣不易。如知爲君之難也、不幾乎一言而興邦乎。曰、一言而可喪邦有諸。孔子對曰、言不可以若是、其幾也。人之言曰、予無樂乎爲君。唯其言而樂莫予違也。如其善而莫之違也、不亦善乎。如不善而莫之違也、不幾乎一言而喪邦乎。（子路篇）

（6）顔淵問爲邦。子曰、行夏之時、乘殷之輅、服周之冕、樂則韶舞、放鄭聲、遠佞人。鄭聲淫、佞人殆。（衛霊公篇）

（7）子張問政於孔子。曰、何如斯可以從政矣。……（堯曰篇）

さらに孔子が、誰に問われたわけでもなく、自ら理想的統治を開陳した例も見られる。

（8）子曰、道千乘之國、敬事而信、節用而愛人、使民以時。（學而篇）

（9）子曰、道之以政、齊之以刑、民免而無恥。道之以德、齊之以禮、有恥且格。（為政篇）

こうした例に見られるように、孔子は国家統治に強い関心を寄せるとともに、たとえ内容は空疎であっても、望ましい為政の在り方に一家言を持ち、常日頃それを門人たちに披瀝していた。その中には、君主の視点に立ち、君主がどのように国家を統治すべきかを説く体裁のものもあれば、以下に示すように、君主の補佐役、つまり「邦を相くる」者の視点に立ったものも存在する。

（10）子曰、善人教民七年、亦可以卽戎矣。（子路篇）

（11）仲弓爲季氏宰、問政。子曰、先有司、赦小過、擧賢才。曰、焉知賢才而擧之。曰、擧爾所知。爾所不知、人其舍諸。（子路篇）

（12）子路曰、衞君待子而爲政、子將奚先。子曰、必也正名乎。……（子路篇）

（13）子路問事君。子曰、勿欺也。而犯之。（憲問篇）

（14）季氏將伐顓臾。冉有季路見於孔子曰、季氏將有事於顓臾。孔子曰、求、無乃爾是過與。……今由與求也、相夫子、遠人不服、而不能來也。邦分崩離析而不能守也。而謀動干戈於邦内。吾恐。季孫之憂、不在於顓臾、而在蕭牆之内也。（季氏篇）

したがって孔子は、常々「相邦之道」を門人たちに語り聞かせていたのであり、前掲の（3）のように、子貢も当然それを聞かされていたことになる。『相邦之道』の作者も、こうした状況を前提に論旨を展開させたので、哀公に伝授した「相邦之道」の内容など、今さらお前に説明せずとも普段のわしの言説から察しがつくはずだと、突っぱね

子貢像（豁志『有教無類図』）

る構成を取ったのだと考えられる。

それでは最後に、哀公が「有邦之道」ではなく、「相邦之道」を訊ねた行為に対して、孔子がなぜ「亦た欽ばしからずや」と賞賛したのか、その理由を考えてみよう。上述したように孔子は、為政に強い執着を見せるとともに、「子曰、苟有用我者、期月而已可也。三年有成」（子路篇）とか、「如有用我者、吾其爲東周乎」（陽貨篇）と、為政の方策を指南する自己の能力に、絶大な自負心を抱いていた。

(15) 冉子退朝。子曰、何晏也。對曰、有政。子曰、其事也。如有政、雖不吾以、吾其與聞之。（子路篇）

魯に重大な政治的懸案が持ち上がれば、必ずや朝廷から自分に相談があるはずだとの孔子の言には、哀公の政治顧問としての強い自負心が滲み出ている。

(16) 子禽問於子貢曰、夫子至於是邦也、必聞其政。求之與、抑與之與。子貢曰、夫子温良恭儉讓、以得之。夫子之求之也、其諸異乎人之求之與。（學而篇）

ここには、孔子が行く先々の国家で、君主から為政について諮問されたと記されており、こうした実績も、自分には「相邦」に足る能力があるとの孔子の自信を、一層深めさせたであろう。
だが、だからといって孔子が、実際に魯において「相邦」の地位を獲得していたわけではない。上掲の（15）において、孔子自らが「雖不吾以」と告白するように、孔子の立場は全く実権のない、単なる政治顧問に止まり、その時々の諮問に応じてあれこれ意見を述べても、それが実行される保証はどこにもない、極めて実効性に乏しい役回りに過ぎなかった。

（17）陳成子弑簡公。孔子沐浴而朝、告於哀公曰、陳恆弑其君。請討之。公曰、告夫三子。孔子曰、以吾從大夫之後、不敢不告也。君曰、告夫三子者。之三子告。不可。孔子曰、以吾從大夫之後、不敢不告也。（憲問篇）

斉の君主を弑殺した陳成子を討伐すべきだと、孔子は哀公に進言する。[10] だが哀公は、魯の実権を握っている三桓子に掛け合えと言うのみで、まともに受け止めようとはしない。そこで孔子は三桓子に進言するが、あっさり断られてしまう。自分も大夫の端くれだと重要人物を気取ってみても、孔子の意見など何の重みも持ってはいなかったのである。

そもそも孔子の念頭にあった「相邦」とは、「子曰、管仲相桓公霸諸侯。一匡天下」（憲問篇）とあるように、桓公を補佐した管仲の立場、すなわち宰相としての権限を有する、恒常的な立場であった。しかるに孔子は、生涯そうした地位を獲得出来ずじまいに終わった。「相邦」に足る経世の才に無限の自負心を抱き、為政に異常なまでの執着を示しながら、「或謂孔子曰、子奚不爲政」（為政篇）とからかわれたように、ついに孔子はその地位を手中にできなかったわけで、孔子の胸中には無念の思いが鬱積し続けたであろう。[11]

（18）曰、今之従政者何如。子曰、噫、斗筲之人、何足算也。（子路篇）

今の政治に従事する者たちを、「斗筲之人」とこき下ろす孔子の発言には、我こそ「相邦」の任に当たるべき人材のはずなのに、なぜに自分よりはるかに劣った人物ばかりが国政の要職に登用されているのかといった、無念の思いが表出されている。

『相邦之道』の作者は、こうした孔子の心情を下敷きに話を作った。そこで、初めて「相邦之道」の重要性に目覚めた哀公の言動に対し、これで自分の前途も開けるとばかり、孔子が子貢に歓喜の情を吐露する場面を設けたのであろう。

『相邦之道』は、哀公と問答した孔子が、退出後に子貢と問答を交わすといった基本的枠組みに関して、『魯邦大旱』と極めてよく似た全体構成を取っている。恐らく両者は、同一の作者による一連の著作群に属する文献だと考えられる。(12)

注

（1）上海古籍出版社・二〇〇四年十二月。なお理解の便を計り原文の異体字は出来る限り通行の字体に改めた。また文意により第一簡の「此」字を「比」字に、第三簡の「軍」の下の文字「俊」を「徒」字に解した。

（2）張光裕氏は篇末の二字を「如斯」と解した理由を以下のように述べる。「訵」、从言从卤、卤形與《説文》古文「西」近同、故字可隷作「訵」。「訵」、字書未見、字既从言、應與語辭相關。「女訵」、於此疑或讀爲「如斯」。「西」、古音屬心紐脂部、「斯」爲心紐支部、兩者音近可通。

（3）引用の字形は、張光裕主編『郭店楚簡研究　第一巻文字編』（藝文印書館・一九九九年）に拠る。

（4）『論語』子路篇には「子路問政。子曰、先之勞之。請益。曰、無倦」とあって、先・勞・無倦が為政の要点とされているが、これは第一簡の内容とよく似ている。恐らく『相邦之道』の作者は、こうした文章を下敷きにしたと思われる。

（5）第三簡に二度出てくる「勸」は、『論語』為政篇の「季康子問、使民敬忠以勸、如之何。子曰、臨之以莊則敬。孝慈則忠。擧善而教不能則勸」と同じ用法であろう。

（6）孔子は、「子貢問政。子曰、足食足兵、民信之矣」（顏淵篇）とか、「子曰、善人教民七年、亦可以卽戎矣」（子路篇）「子曰、以不教民戰、是謂棄之」（子路篇）と軍備に言及しており、ここも民衆に軍事教練を施す意味に解した。

（7）第二簡の下端は完整で、合文の「孔」（孔子）で終わっている。したがって第三簡の冒頭は「答曰」であった可能性が高いであろう。

（8）第三簡の残存部分の長さは二十二・八センチメートルである。

（9）『相邦之道』の全体構成は、哀公と問答した孔子が、退出後に子貢と問答を交わすといった基本的枠組みに関して、『魯邦大旱』と極めてよく似ている。なお『魯邦大旱』の全体構成については、拙稿「上博楚簡『魯邦大旱』における「名」」、及び「上博楚簡『魯邦大旱』の刑徳論」参照。

（10）陳成子が主君の簡公を弑殺したのは、哀公十四年（前四八一年）である。

（11）この点の詳細については、拙著『孔子神話』（岩波書店・一九九七年）参照。

（12）儒家系文献の中では、門人が孔子に呼びかける呼称として「大子」や「子」を用いるのが一般的である。ところが『魯邦大旱』の中では、「子貢曰、否也。吾子若重其明歟」と、子貢が孔子に向かって「吾子」と呼びかけており、『相邦之道』でも子貢は、「子貢曰、吾子之答也何如」と、やはり孔子に「吾子」と呼びかけている。こうした特殊な共通性も、両者の関係の近さを補証するであろう。したがって『相邦之道』の残存部分においては、魯の君主は「公」とか「君」とのみ称されていて、具体的にどの君主を指すのかは判然としないのであるが、『魯邦大旱』では「哀公謂孔子」と、哀公と孔子の問答とされているから、『相邦之道』の「公」や「君」も哀公を指すと考えて差し支えないであろう。

［付記一］小論の音韻学的考察に関しては、音韻学者である東北大学大学院の花登正宏教授から貴重なご教示を賜った。ここに厚く感謝の意を表したい。

［付記二］その後、『説文解字』の「訊」字の説解によって、「迺」は「訊」の古文であることが判明した。そこで本稿において「汝察」と推定した二字は、「汝訊」に訂正したい。ただし「自分で考えよ」との返答である点は一緒であるから、これによって『相邦之道』の解釈に変更の必要は生じない。

第七章　『内礼』の文献的性格
――『大戴礼記』曾子立孝篇・曾子事父母篇との比較を中心に――

福田哲之

はじめに

『内豊（禮）』（以下『内礼』と表記）は、馬承源主編『上海博物館蔵戦国楚竹書（四）』（上海古籍出版社、二〇〇四年）において公表された出土古佚文献である。李朝遠氏による「『内礼』釈文考釈」にもとづき、竹簡の書誌にかかわる概要を以下に記す。

現存簡は十簡。そのうち完全な簡が四簡で、全長四十四・二㎝。二つの断簡を綴合して復原される整簡が三簡、上半段を存する残簡が一簡、下半段を存する残簡は一簡、上・下段を存し中段に缺失のある簡が一簡ある。編線は上・中・下三編で、第一編線は先端から一・二～一・四㎝、第三編線末端から〇・八～一・一㎝にあり、第一編線と第二編線、第二編線と第三編線の間はいずれも二十一㎝である。第一簡から第七簡までは連読することができ、全篇には句読符号が多見される。第一簡の背面に篇題「内豊」が倒書されている。なおこの十簡以外に、同一字体であるが文義が連続せず編線も整合しないため附簡とされた下半段のみの一簡がある。

『内礼』において注目されるのは、『大戴礼記』曾子立孝篇　曾子事父母篇、『礼記』内則篇・曲礼上篇、『儀礼』士相見礼篇などの伝存諸篇と関連する内容をもち、とりわけ『大戴礼記』曾子立孝篇・曾子事父母篇との間に密接な対応関係が認められる点である。ただし『内礼』と曾子立孝篇・曾子事父母篇との対応部分には、共通点と同時に少なからぬ相違点も認められ、かなり複雑な状況がうかがわれる。そしてこうした状況は、竹簡の排列復原に一定の有効性をもたらす反面、異説を生ずる原因にもなっている。

そこで本章では、『内礼』の文献的性格を明らかにするための作業の一環として、曾子立孝篇・曾子事父母篇との対応部分を中心に比較分析を試み、併せて竹簡排列の問題について検討を加えてみたい。

一　『内礼』釈文

本節ではまず、李朝遠氏の「釈文考釈」や諸家の見解にもとづき、私見を加えて作成した『内礼』の釈文を示す。[1]釈文は全体を①から⑥の六章に分け、便宜上、可能な限り通行の文字を用いた。釈文中の記号は、以下のとおりである。

【 】竹簡番号　ㄴ符号　［ ］缺字の補入　□残缺字の推定　〼竹簡の缺失

……前後の接続不明

①　君子之立孝、愛是用、禮是貴。故爲人君者、言人之君之不能使其臣者、不與言人之臣之不能事【1】其君者レ。故爲人臣者、言人之臣之不能事其君者、不與言人之君之不能使其臣者レ。故爲人父者、言人之【2】父之不能畜子者、不與言人之子之不孝者レ。故爲人子者、言人之子之不孝者、不與言人之父之不能畜子者レ。【3】故爲人兄者、言人之兄之不能慈弟者、不與言人之弟之不能承兄者レ。故爲人弟者、言人之弟之不能承兄【4】〔者、不與言人之兄之不能慈弟者。故〕曰、與君言、言使臣。與臣言、言事君。與父言、言畜子レ。與子言、言孝父レ。與兄言、言慈弟レ。【5】與弟言、言承兄。反此亂也レ。

②　君子事父母、亡私樂、無私憂。父母所樂樂之、父母所憂憂之。善則從之、不善則止之、止之而不可、隱而任【6】不可。雖至於死、從之。孝而不諫、不成孝、〔諫而不從、亦〕不成孝レ。

③　君子〔曰〕、孝子不食、若在腹中巧變、故父母安【7】之、如從己起。

④　君子曰、孝子父母有疾、冠不力、行不頌、不依立、不庶語。時昧、攻・禜・行、祝於五祀、剴必有益、君子以成其孝。【8】

……

是謂君子。

⑤　君子曰、孝子事父母、以食惡美下之。⧄【9】

……

⑥　君子曰、弟、民之經也。在小不爭、在大不亂。故爲少必聽長之命、爲賤必聽貴之命。從人勸、然則免於戻。【10】

……

論述の前提として、以下に釈文にかかわる補足説明を加えておきたい。

まず本文中の缺字の補入について、李朝遠氏は、曾子立孝篇・曾子事父母篇との対応や構文の共通性によって簡5に十四字、簡7に五字を補入している。この復原は簡長から推定される字数とも合致し、きわめて妥当性が高いと判断されることから、本章の釈文もそれにしたがった。

次に竹簡の排列については、簡1の冒頭部が「君子之立孝、愛是用、禮是貴」との書き出しで開始されることや、背面に「内豊」の篇題が記されることから、簡1が『内礼』の冒頭簡であったことはほぼ確実と見なされる。残存本文と曾子立孝篇・曾子事父母篇との対応から、①の簡1から簡6までの接続に異論はみられないが、②・③・④にかかわる簡6・簡7・簡8の接続に対して修正案が提起されている。この問題については、曾子事父母篇との関係から、本章第三節において検討を加える。

また、簡8から簡10にみえる「君子曰」という構文の共通性を踏まえれば、簡7の「君子孝子不食」は「君子」の後の「曰」字を誤脱したものと推定される。これによれば、簡7・簡8・簡9はさらに「君子曰、孝子」という共通の構文からなる一連の記述であったと見なされる。ただし簡8・簡9については、簡8末尾「君子以成其孝」と簡9冒頭「是謂君子」に「君子」の語が重複して一貫した文意を得がたいため、その間に缺脱を想定する必要があろう。

一方、竹簡の残存状況に注目すると、簡4〜簡9は、竹簡の断裂箇所がほぼ同位置にあり、これらが比較的近接した場所にあったことを示唆する。これに対して、簡10には断列がみられないことから、簡10は簡4〜簡9より後方に位置した可能性が指摘される。ただし、簡9・簡10はともに前後の接続や他の竹簡との関連が不明であるため、その内容を十分に把握し難い。

二　曾子立孝篇との比較

本節では、曾子立孝篇（冒頭章段）との間に対応関係が認められる『内礼』①を中心に比較分析をおこなう。はじめに両者の本文を対照して記号により対応関係を示し、それぞれの訓読を掲げる。[2]

『内礼』①（簡1～簡6）

A　君子之立孝、愛是用、禮是貴。

B　故爲人君者、言人之君之不能使其臣者、不與言人之臣之不能事【1】其君者┗。故爲人臣者、言人之臣之不能事其君者、不與言人之君之不能使其臣者┗。故爲人父者、言人之【2】父之不能畜子者、不與言人之子之不孝者┗。故爲人子者、言人之子之不孝者、不與言人之父之不能畜子者┗。【3】故爲人兄者、言人之兄之不能慈弟者、不與言人之弟之不能承兄者┗。故爲人弟者、言人之弟之不能承兄【4】［者、不與言人之兄之不能慈弟者。

C　故］曰、與君言、言使臣。與臣言、言事君。與父言、言畜子┗。與子言、言孝父┗。與兄言、言慈弟┗。【5】與弟言、言承兄。反此亂也┗。……【6】

曾子立孝篇（冒頭章段）

a　曾子曰、君子立孝、其忠之用、禮之貴。

b　故爲人子而不能孝其父者、不敢言人父不能畜其子者。爲人弟而不能承其兄者、不敢言人兄不能順其弟者。爲人臣而不能事其君者、不敢言人君不能使其臣者也。

c　故與父言、言畜子。與子言、言孝父。與兄言、言順弟。與弟言、言承兄。與君言、言使臣。與臣言、言事君。

『内礼』①

A　君子の孝を立つるは、愛を是れ用い、礼を是れ貴ぶ。

B　故に人の君為る者は、人の君の其の臣を使う能わざる者を言いて、与に人の臣の其の君に事う能わざる者を言わず。故に人の臣為る者は、人の臣の其の君に事う能わざる者を言いて、与に人の君の其の臣を使う能わざる者を言わず。故に人の父為る者は、人の父の子を畜う能わざる者を言いて、与に人の子の孝ならざる者を言わず。故に人の子為る者は、人の子の孝ならざる者を言いて、与に人の父の子を畜う能わざる者を言わず。故に人の兄為る者は、人の兄の弟を慈しむ能わざる者を言いて、与に人の弟の兄に承くる能わざる者を言わず。故に人の弟為る者は、人の弟の兄に承くる能わざる者を言いて、与に人の兄の弟を慈しむ能わざる者を言わず。

C　故に曰く「君と言《もの い》うときは、臣を使うを言う。臣と言うときは、君に事うるを言う。父と言うときは、子を畜うを言う。子と言うときは、父に孝なるを言う。兄と言うときは、弟を慈しむを言う。弟と言うときは、兄を承くるを言う。此れに反すれば乱るるなり」と。

曾子立孝篇（冒頭章段）

a　曾子曰く、君子の孝を立つるは、其の忠を之れ用い、礼を之れ貴ぶ。

b　故に人の子と為りて其の父に孝なる能わざる者は、敢えて人の父の其の子を畜う能わざる者を言わず。人の弟と為りて其の兄を承くる能わざる者は、敢えて人の兄の其の弟を順《おし》うる能わざる者を言わず。人の臣と為りて其の君に事うる能わざる者は、敢えて人の君の其の臣を使う能わざる者を言わざるなり。

c　故に父と言うときは、子を畜うを言い、子と言うときは、父に孝なるを言い、兄と言うときは、弟を順うるを言い、弟と言うときは、兄を承くるを言い、君と言うときは、臣を使うを言い、臣と言うときは、君に事うるを言う。

『内礼』A・B・Cは曾子立孝篇（冒頭章段）a・b・cに対応し、君臣、父子、兄弟の話題に関する礼という内容のみならず、本文においても密接な共通性が認められる。

一方、両者の相違点に注目すると、まず第一に指摘されるのは、曾子立孝篇は冒頭に「曾子曰」の三字を冠し、章段全体が曾子の言説として提示されるのに対し、『内礼』①では「曾子曰」の三字がなく、言説の主体者が明示されていない点である。この点については、同様な状況を示す『内礼』②とともに、『内礼』の文献的性格とも関連する問題であることから、全体の検討を踏まえて本章の最後に取り上げる。

第二は、『内礼』A「愛是用、禮是貴」を曾子立孝篇aは「忠之用、禮之貴」に作り「愛」―「忠」の異同が見られる点である。この問題について李朝遠氏は「竹書「炁（愛）」和「忠」在字形上有近似處、「炁」或誤摹為「忠」」と述べ、字形の類似による誤写の可能性を指摘している。これに対して廖名春「読楚竹書《内豊》篇劄記（一）」（「簡帛研究」網站、二〇〇五年二月二十日）は、「愛」―「忠」の異同を「同義換読」と見なし、「忠」と「愛」とが接近した意味をもつことを多くの例証によって明らかにしている。廖氏の見解にしたがった場合においても、李氏の誤写説の可能性は依然として残されるが、いずれにしても『内礼』A・曾子立孝篇aは、孝の実践における内的要因としての「忠愛」（まごころ）と外的要因としての「礼」の重要性を説く点で一致しており、『内礼』①と曾子立孝篇（冒頭章段）とが共通の思想的基盤をもつことを示している。

第三は、『内礼』B・Cがともに君臣、父子、兄弟の順であるのに対し、曾子立孝篇b・cは父子、兄弟、君臣と順序が異なる点である。これについても、父子関係の徳目であった孝を君臣関係まで包摂する概念として位置付ける点において、両者には共通の思想的基盤が認められることから、父子と君臣とのいずれを起点とするかという論理展開上の相違とみてよいであろう。

第四に両者の本文上の顕著な相違として注目されるのは、『内礼』Bでは例えば「故に人の父為る者は、人の父の子を畜う能わざる者を言いて、与に人の子の孝ならざる者を言わず。故に人の子為る者は、人の子の孝ならざる者を言いて、与に人の父の子を畜う能わざる者を言わず」（だから父たる者は、〈他人の〉父が子どもを養育できないことについて発言しても、ともに〈他人の〉子が父に孝でないことについて発言しない。だから子たる者は、〈他人の〉子が父に孝でないことについて発言しても、ともに〈他人の〉父が子を養育できないことについて発言しない）と、上位者・下位者相互の当為が説かれるのに対し、曾子立孝篇bでは「人の子と為りて其の父に孝なる能わざる者は、敢えて人の父の其の子を畜う能わざる者を言わず」（子であってその父に孝でない者は、〈他人の〉父が子を養育できないことについて発言しない）と、もっぱら下位者に対する当為が説かれており、父、兄、君という上位者側への言及は一切なされない点である。(3) ところが『内礼』Cおよび曾子立孝篇cでは、父子、兄弟、君臣の六者が取り上げられており、上述した順序の相違を除けば、両者の本文はほぼ一致している。その結果、『内礼』B・Cは、いずれも当為の対象が父子、兄弟、君臣の上下六者であるのに対し、曾子立孝篇b・cには、bは子、弟、臣の下位三者、cは父子、兄弟、君臣の上下六者という相違が認められるのである。(4)

この点について、次に構成の面から分析を加えてみよう。『内礼』A・B・Cは、孝と愛および礼との関係を説くAをうけて、Bの「故に人の君為る者は……」へ展開し、君臣、父子、兄弟の六者の礼が、それぞれに「故」の語を冠する共通形式で列挙されている。ところがCでは「故に曰く、君と言うときは……」と「曰」字を加えた引用の形式となっていることから、B・CはAに対する並列関係ではなく、CはBを踏まえた展開として位置付けられる［図1］。

〔図1〕A↓B「故……・故……」↓C「故曰……」

これに対して曾子立孝篇のa・b・cでは、孝と忠および礼との関係を説くaをうけて、bの「故に人の子と為りて其の父に孝なる能わざる者は……」へ展開するところは『内礼』と同様であるが、「故」字はbの冒頭のみに付されることから、bの全体を統括する語と見なされる。一方、cの「故に父と言うときは……」には『内礼』Cにあった「曰」字がみられず、冒頭のみに「故」字を付すbと同一の形式となっていることから、b・cはaに対する並列関係として位置付けられる〔図2〕。すなわち、bは父子、兄弟、君臣の上下関係という視点から、上位者の父、兄、君に対する下位者の子、弟、臣のあり方が取り上げられ、続いてcでは第三者と父子、兄弟、君臣との関係という視点から、六者のすべてが取り上げられたと理解されるのである。したがって、『内礼』①と曾子立孝篇（冒頭章段）とは思想的基盤を共有しながら、それぞれが独自の章段を形成していると見なすことができよう。

〔図2〕a↓
b「故……」・c「故……」

それでは、両者はいかなる関係を有するのであろうか。この問題を考察する上で注目されるのは、上述のごとく『内礼』Bと曾子立孝篇bとの間に相違が認められる点である。この点について、梁涛「上博簡《内礼》与《大戴礼記・曾子》」（「簡帛研究」網站、二〇〇五年六月二十六日）は、曾子立孝篇は「為人君」「為人父」「為人兄」の三句が流伝の過程で削除されたものであるとし、その原因を「而被删除的原因可能与后来儒家君臣父子関系被絶対化、竹簡要求君臣父子互「愛」・互「礼」的観点顕得大逆不道・難以被接受有関」と説明している。また浅野裕一氏も、無資格者は他人を批判できないとする曾子立孝篇bの形の方が、『内礼』Bの持って回った言い方よりは、はるかに論理が明快であるとし、「そうしたあからさまな論理を、父・兄・君などの上位者に適用することを憚って、曾子立孝篇が父・兄・君三者に関する記述を敢えて省いた可能性も考えられる」と述べている（本書第二章の浅野裕一「新出土資料と諸子百家研究」参照）。これらの見解を踏まえるならば、『内礼』①のごとき本文が曾子立孝篇（冒頭章段）の原型であった可能性が指摘されよう。

ただし留意すべきは、この点をもって『内礼』①が曾子立孝篇に先行したと一概には断定し得ない点である。本文の改変については少なくとも、曾子立孝篇の原本編述の段階で『内礼』①のごとき本文を素材として改変を加えた可能性と、『内礼』①のごとき本文をもつ曾子立孝篇原本が成立した後の段階で改変を加えて、現行の曾子立孝篇の本文が成立した可能性の二つが考慮される。現時点では、この問題に対して確定的な結論を提示することは困難であるが、いずれにしても『内礼』①が現行本曾子立孝篇（冒頭章段）の先行資料と密接な関係をもつ点については、ほぼ首肯し得るところであると言えよう。

三　曾子事父母篇との比較（一）

続いて、曾子事父母篇（冒頭章段）との間に対応関係が認められる『内礼』②を中心に比較分析をおこなう。上述のごとく『内礼』②の部分は、竹簡の排列に異説が提起されていることから、本節ではまず、この問題について検討を加えておきたい。なお、竹簡排列の問題は『内礼』②のみならず後続の③・④ともかかわることから、あわせて検討の対象とする。

魏宜輝「読上博簡楚簡（四）劄記」（「簡帛研究」網站、二〇〇五年二月十五日）は、簡6と簡7とを接続する李朝遠氏の原案に対して、以下のごとく簡6と簡8との接続によって曾子事父母篇との合致がもたらされることを指摘し、排列の修正案を提起している。

《内禮》簡6與簡8似可相綴連、「君子事父母、……善則從之、不善則止之。止之而不可、憐而任6／之、如從己起。……8」這與《大戴礼記・曾子事父母》中的「父母之行、若中道則從、若不中道則諫。諫而不用、行之如由己」十分相近。簡文中的「如從己起」與「行之如由己」應是一致的。

この修正案はその後、董珊「読《上博蔵戦国楚竹書（四）》雑記」（「簡帛研究」網站、二〇〇五年二月二十日）・曹建敦「読上博蔵楚竹書《内豊》篇札記」（「簡帛研究」網站、二〇〇五年三月四日）・梁涛「上博簡《内礼》与《大戴礼記・曾子》」（「簡帛研究」網站、二〇〇五年六月二十六日）などによって支持され、管見では修正案に対して原案を支持する見解は未だ提出されていないようである。そこで、以下に『内礼』と曾子事父母篇との比較分析の前段階として、この問題を検討してみたい。

まず、原案・修正案および対応する曾子事父母篇の釈文・訓読を掲げ、原案・修正案の対応関係を章の番号によって示す。[5] なお、修正案の引用は、『内礼』全体の釈文を提示する曹建敦「読上博蔵楚竹書《内豊》篇札記」にもとづくが、原案との比較の便宜上、私見により一部の文字や句読点をあらため、簡7の缺字を補った。

○原案

② 君子事父母、無私樂、無私憂。父母所樂樂之、父母所憂憂之。善則從之、不善則止之、止之而不可、隱而任【6】不可。雖至於死、從之。孝而不諫、不成孝、［諫而不從、亦］不成孝【。

③ 君子［曰］、孝子不匱、若在腹中巧變。故父母安【7】之、如從己起。

④　君子曰、孝子父母有疾、冠不力、行不頌、不依立、不庶語。時昧、攻・禜・行、祝於五祀、剴必有益、君子以成其孝。【8】

②　君子の父母に事うるは、私の楽しみ無く、私の憂い無し。父母の楽しむ所は之を楽しみ、父母の憂う所は之を憂う。善なれば則ち之に従い、善ならざれば則ち之を止め、之を止めて可ならざれば、隠して可ならざるに任《あ》たる。死に至ると雖も、之に従う。孝にして諫めざれば、孝を成さず。諫めて従わざるも、亦た孝を成さず。

③　君子曰く「孝子は匱《とぼ》しからず、腹中に在るが若く巧変す。故に父母之に安んずれば、己より起こるが如くす」と。

④　君子曰く「孝子は父母に疾有らば、冠は力めず、行は頌《ひじは》らず、依《ついたて》に立たず、庶語せず。時昧にあれば、攻・禜・行、五祀に祝《の》り、剴《あ》たれば必ず益有り。君子は以て其の孝を成す。

○修正案

②—1　君子事父母、無私樂、無私憂。父母所樂樂之、父母所憂憂之。善則從之、不善則止之、止之而不可、隱而任【6】之、如從己起。

④　君子曰、孝子父母有疾、冠不力、行不頌、不依立、不庶語。時昧、攻・禜・行、祝於五祀、剴必有益、君子以成其孝。【8】（簡文闕脱）

②—2（簡文闕脱）不可。雖至於死、從之。孝而不諫、不成孝〔諫而不從、亦〕不成孝」。

③　君子〔曰〕、孝子不匱、若在腹中巧變、故父母安。【7】

②―1 君子の父母に事うるは、私の楽しみ無く、私の憂い無し。父母の楽しむ所は之を楽しみ、父母の憂う所は之を憂う。善なれば則ち之に従い、善ならざれば則ち之を止め、之を止めて可ならざれば、隠して之に任たり、己より起こるが如くす。

④ 君子曰く「孝子は父母に疾有らば、冠は力めず、行は頌らず、依に立たず、庶語せず。時昧にあれば、攻・禁・行、五祀に祝り、剴たれば必ず益有り。君子は以て其の孝を成す。（簡文闕脱）

②―2（簡文闕脱）不可。死に至ると雖も、之に従う。孝にして諫めざれば、孝を成さず。諫めて従わざるも、亦た孝を成さず。

③ 君子曰く「孝子は匱しからず、腹中に在るが若く巧変す。故に父母安んず」と。

○曾子事父母篇（傍線部は『内礼』との対応部分）

單居離問于曾子曰、事父母有道乎。曾子曰、有、愛而敬。父母之行、（ア）若中道則從、若不中道則諫。諫而不用、行之如由己。從而不諫、非孝也。諫而不從、亦非孝也。孝子之諫、達善而不敢爭辨。爭辨者作亂之所由興也。由己爲無咎則寧、由己爲賢人則亂。（イ）孝子無私樂。父母所憂憂之、父母所樂樂之。（ウ）孝子唯巧變。故父母安之。若夫坐如尸、立如齊、弗訊不言、言必齊色。此成人之善者也。未得爲人子之道也。

單居離、曾子に問いて曰く、父母に事うるに道有るかと。曾子曰く、有り、愛して敬す。父母の行い、若し道に中らば則ち従い、若し道に中らざれば則ち諫む。諫しめて用いられざれば、之を行うこと己に由るが如くす。従いて諫めざるは、孝に非ざるなり。諫めて従わざるも、亦孝に非ざるなり。孝子の諫めは、善を達して敢て争辨せず。争辨は乱を作すの由りて興る所なり。己に由りて咎め無しと為せば則ち寧し。己に由りて人に賢ると為せば則ち乱る。孝子に私樂無し。父母の憂うる所は之を憂い、父母の楽しむ所は之を楽しむ。孝子は唯だ巧変す。故に父母は之に安んず。若し夫れ坐すること尸の如く、立つこと斉の如く、訊わず言わず、言必ず色を斉すは、此れ成人の善なる者なり。未だ人の子為るの道を得ざるなりと。

簡6と簡8とに問題を限定すれば、修正案は確かに、曾子事父母篇との対応関係を踏まえた妥当な見解といえる。しかし、②の全体的な構成に目を向けると以下のごとき問題点が指摘される。

原案では、②と曾子事父母篇の傍線部（イ）および（ア）とが対応し、父母への諫言という主題も共通する。ところが修正案では、傍線部（イ）は同様であるが、傍線部（ア）が前半②－1と後半②－2とに分割され、父母への諫言という主題をもった二つの章が別々に存在することになる。修正案によれば④と②－2との間は「簡文闕脱」とされるが、少なくとも曾子事父母篇との対応を前提とすれば、②－2の前に簡6とは別種の簡文を想定することはかなり困難であろう。また、修正案において②－1と②－2との間に位置する④には、『礼記』曲礼上篇「父母有疾、冠者不櫛、行不翔、言不惰、琴瑟不御、食肉不至變味、飲酒不至變貌、笑不至矧、怒不至詈、疾止復故」の前半部との共通性が指摘されており、伝存文献との関連という点から、曾子事父母篇と対応をもつ章の間に『礼記』曲礼上篇との対応をもつ章が入るという状況についても疑問が残る。

そこであらためて問題の箇所を比較すると、以下のごとく曾子事父母篇と『内礼』とは、ほぼ同じ内容をもちながら、本文の面では少なからぬ異同が認められる。一方『内礼』簡6の「不可」や「任」といった表現に注目すれば、親への諫言にかかわる孔子の言として引用された曾子立孝篇の「子曰、不可入也、吾任其過、可入也、吾辭其罪」(6)との関連も考慮される。

若中道則從、若不中道則諫。諫而不用、行之如由己。（曾子事父母篇）

善則從之、不善則止之。止之而不可、隱而任【6】不可。……【7】（『内礼』原案）

善則從之、不善則止之。止之而不可、隱而任【6】之、如從己起。……【8】（『内礼』修正案）

また修正案にしたがった場合、『内礼』の「止之而不可、隱而任【6】之、如從己起。……【8】」と曾子事父母篇の「諫而不用、行之如由己」との対応が得られる反面、原案の簡7と簡8との接続によって得られた、『内礼』③「君子［曰］、孝子不匱、若在腹中巧變。故父母安【7】之、如從己起。……【8】」と曾子事父母篇の傍線部（ウ）「孝子唯巧變。故父母安之」との合致が解消するという逆の問題も指摘される。

さらに文脈の面では、問題の「如從己起」の語は、「自発的であるかのようにふるまう」という意味に解釈され、父母への諫言が受け入れられず道に外れたことに当たる場合も、空腹をそうでないかのように見せかけて父母を安心させる場合も、本来であれば不本意な事態を自発的に受け入れるという点では共通しており、原案・修正案のいずれもが成立可能であると考えられる。

このように、修正案の唯一の成立根拠である曾子事父母篇「行之如由己」との対応は、必ずしも原案を否定すべき根拠とはなり得ず、むしろ修正案にしたがった場合には、構成上の齟齬や闕脱簡の想定など別の問題が派生してくるのである。

ここで原案の妥当性を具体的に裏付ける根拠として、『内礼』の符号に注目してみたい。『内礼』の本文に付された符号について李朝遠氏は、「釈文考釈」の「解説」で「全篇多見句讀符号」と述べるが、実際には以下のごとく簡2から簡7の六簡に集中し、簡1・簡8から簡10の四簡に符号は見いだされない。

簡2……二個、簡3……二個、簡4……一個、簡5……二個、簡6……一個、簡7……一個

しかも、句読にあたる簡2から簡5までの八個が、竹簡の右端にやや小さく付されるのに対し、章の末尾に相当する簡6および簡7の二個は、簡の中央に大きく付されている。こうした状況は、簡6・簡7の二個の符号が章の末尾を示す章符号の機能をもち、『内礼』においては句読符号と章符号とに区別が存在したことを示している（〔図版〕参照）。

〔図版〕

句読符号

簡2

簡5

章符号

簡6

簡7

原案と修正案とのそれぞれについて、各段落ごとの符号数の分布を整理すると、次表のごとき結果が得られる。

原案

段落	本文	簡号	符号数
①	君子之立孝、（中略）反此亂也∟。	簡1～簡6	9
②	君子事父母、（中略）〔亦〕不成孝∟。	簡6・簡7	1

段落	本文	簡号	符号数
③	君子［曰］、孝子不匱、（中略）如從己起。	簡7・簡8	0
④	君子曰、孝子父母有疾、（中略）君子以成其孝。	簡8	0
⑤	君子曰、孝子事父母、以食惡美下之。⧄	簡9	0
⑥	君子曰、弟、民之經也。（中略）然則免於戾。	簡10	0

修正案

段落	本文	簡号	符号数
①	君子之立孝、（中略）反此亂也└。	簡1～簡6	9
②-1	君子事父母、（中略）如從己起。	簡6・簡8	0
④	君子曰、孝子父母有疾、（中略）君子以成其孝。（簡文闕脱）	簡8	0
②-2	（簡文闕脱）不可（中略）［亦］不成孝└。	簡7	1
③	君子［曰］、孝子不匱、（中略）故父母安。	簡7	0
⑤	君子曰、孝子事父母、以食惡美下之。⧄	簡9	0
⑥	君子曰、弟、民之經也。（中略）然則免於戾。	簡10	0

各表にもとづき、まず原案から分析してみよう。①は原案と修正案とが合致し、『内礼』にみえる十個の符号のうち九個までがこの章に集中している。こうした現象が生じた原因は、①が他の章に比して長文であり、しかも共通構文の重出という特殊な文章構造をもつ点に求めることができる。すなわち、共通構文の重出から誘発される誤読を句読符号によって防止せんとする意図が見いだされるのである。これに対して②は①の三分の一に満たない文章量であ

り、誤読を誘発するような要因も存在しないため、章の末尾を示す章符号のみが付されたと理解される。さらに、③以降に符号がまったくみえないのは、各章が「君子曰」で始まる共通形式をもち、比較的短文で構成されたため、句読符号・章符号のいずれもが必要とされなかったと考えられる。このように原案によれば、句読符号や章符号の付された理由が、構成上の対応関係からきわめて合理的に諒解されるのである。

それでは修正案はどうであろうか。①は原案と合致するため、十個のうち九個の符号については問題ない。注目すべきは②-2にみえる一個である。修正案によれば②-2の上文は闕脱するが、④および③・⑤・⑥の各章がすべて「君子曰」で開始されることから、②-2の章もその冒頭は「君子曰」であった可能性が高い。ところがそのように推定した場合、「君子曰」という共通の形式をもちながら、なぜ②-2の末尾のみに章符号が付されたのかが、不可解な疑問点として残される。また仮に②-1・④・②-2をひとまとまりの章段と解すれば、②-2末尾の章符号の意味は理解されるが、父母への諫言という主題をもつ②-1・②-2に対して、②-1に接続する④は父母が病気にかかった際の礼を主題とし、しかも「君子曰」ではじまる独立した章の形式を備えていることから、この仮定は成立し得ない。このように修正案では、②-2末尾に章符号が付された理由についての合理的な説明を見いだしがたいのである。

符号に注目した以上の分析は、原案の排列と符号との間に緊密な整合性が存在することを示すと同時に、上述した修正案における構成上の齟齬を形式面から裏付けている。本節におけるこれまでの検討により、原案の妥当性をほぼ検証し得たのではないかと思われる。

四　曾子事父母篇との比較（二）

本節では前節の検討を踏まえ、あらためて『内礼』と曾子事父母篇との比較分析をおこなう。まず原案にもとづき、

『内礼』と曾子事父母篇との本文を掲げ、対応部分を三種の傍線で示す。

『内礼』②③（簡6～簡8）

② Ⅰ君子事父母、無私樂、無私憂。父母所樂樂之、父母所憂憂之。Ⅱ善則從之、不善則止之、止之而不可、隱而任不可。雖至於死、從之。孝而不諫、不成孝、［諫而不從、亦］不成孝L。

③ 君子［曰］、Ⅲ孝子不匱、若在腹中巧變。故父母安之、如從己起。

曾子事父母篇（冒頭章段）

單居離問于曾子曰、事父母有道乎。曾子曰、有、愛而敬。父母之行、若中道則從、若不中道則諫。諫而不用、行之如由己。從而不諫、非孝也。諫而不從、亦非孝也。孝子之諫、達善而不敢爭辨。爭辨者作亂之所由興也。由己爲無咎則寧、由己爲賢人則亂。孝子無私樂。父母所憂憂之、父母所樂樂之。孝子唯巧變。故父母安之。若夫坐如尸、立如齊、弗訊不言、言必齊色。此成人之善者也。未得爲人子之道也。

それでは、『内礼』の記述の順序に従い、対応部分についてみていこう。

Ⅰ・君子事父母、無私樂、無私憂。父母所樂樂之、父母所憂憂之。（『内礼』②）

・孝子無私樂。父母所憂憂之、父母所樂樂之。（曾子事父母篇）

Ⅰは『内礼』②の冒頭部にあたり、曾子事父母篇における対応は、冒頭の単居離の質問中に「事父母」の語がみられ、それ以外は後半部にほぼ同文が認められる。曾子事父母篇には「無私憂」の語がないが、すでに指摘されるごとく、後半との対応から誤脱と推定される。(7) 両者はともに「無私」を父母への諫言にかかわる礼の基盤とする点で共通しているが、『内礼』②では始めに、曾子事父母篇では後に置かれて構成を異にする。

Ⅱ・善則従之、不善則止之、止之而不可、隱而任不可。雖至於死、從之。孝而不諫、不成孝、［諫而不從、亦］不成孝。（『内礼』②）

・若中道則從、若不中道則諫。諫而不用、行之如由己。從而不諫、非孝也。諫而不從、亦非孝也。（曾子事父母篇）

Ⅱは『内礼』②のⅠにつづく父母への諫言にかかわる主題部分であり、諫言が受けいれられなければ、たとえ道に外れていても父母にしたがうとの共通した内容をもつ。上述したごとく相互に本文は異なるが、詳細に比較すると構文上の共通性が認められ、両者の密接な関係がうかがわれる。

Ⅲ・孝子不匱、若在腹中巧變。故父母安之、如從己起。（『内礼』③）

・孝子唯巧變。故父母安之。（曾子事父母篇）

Ⅲは『内礼』②につづく③の段落にみられる。『内礼』③は、孝子は常に満ち足りており、空腹であっても巧みにそうでないかのように見せかけ、父母を安心させる、との意味に解釈される。これに対して、曾子事父母篇では「父母に事うるに道有るか」との単居離の問いに対する曾子の答えの末部に位置し、この後に「若し夫れ坐すること尸の如く、立つこと斉の如く、訊わず言わず、言必ず色を斉すは、此れ成人の善なる者なり。未だ人の子為るの道を得ざるなり」との文章が続いて曾子の答えが結ばれており、孝子はただひたすら父母に応じて巧みに自分を変化させ、父母を安心させることが大切であって、型通りの行動では「成人の善」にとどまり、「人の子為るの道」を会得することができない、との意味に解釈される。すなわち『内礼』③では孝子の「不匱」の実践として「巧変」が説かれるのに対し、曾子事父母篇では曾子と単居離との問答形式により、孝における理念として「巧変」が説かれているのである。こうした相違は、他の章からもうかがわれるごとく『内礼』が具体的な礼の実践を記すのに対し、曾子事父母篇は単居離の「父母に事うるに道有るか」との問いに対する曾子の答えの結びとして、普遍的な視点から父母への孝が説かれていることに起因すると考えられる。

このように『内礼』②③と曾子事父母篇（冒頭章段）とは、それぞれに独自の章段を形成するわけであるが、全体としては共通の思想的基盤に立脚しており、主題や内容にも顕著な共通性が認められる。しかも、Ⅰの本文の合致やⅡにおける構文の共通性、さらにⅢにみえる「巧変」のごとき特殊な用語の合致などから、『内礼』②③は曾子事父母篇（冒頭章段）と密接な関係をもつ資料にもとづく可能性が指摘される。

こうした状況は、基本的には先に検討を加えた『内礼』①と曾子立孝篇（冒頭章段）の場合と類似するが、『内礼』①に比して『内礼』②③は、より複雑な対応関係を示している。『内礼』①と曾子立孝篇（冒頭章段）においては、上下六者か下位三者かという相違はみられたものの、発言にかかわる当為を説くという点で両者の内容は共通し、「曾子曰」の有無を除けば、単独の言説という点で構成にも大きな相違は生じなかったと推測される。一方『内礼』②③では、曾子と単居離との問答という形式上の相違に加えて、具体的な孝の実践を記す『内礼』②③と普遍的な視点から孝を説く曾子事父母篇（冒頭章段）という論述意図の相違が、複雑な対応関係を生じる一因となったと考えられる。

前節で指摘した、曾子事父母篇の「行之如由己」と『内礼』の「如従己起」との類似表現が、前者は曾子事父母篇の『内礼』②との対応部分に、後者は『内礼』③に見いだされるという一見不自然な現象も、両者の複雑な対応関係を示す事例の一つと見なし得るのである。

おわりに

本章では、『内礼』と曾子立孝篇・曾子事父母篇との比較を中心に、『内礼』の文献的性格について検討を加えた。『内礼』は、「君子之立孝」ではじまる①と「君子事父母」ではじまる②の後、③以後の各章が「君子曰」ではじまる共通の形式をもつ構成であったと推定される。また①は曾子立孝篇（冒頭章段）、②および③は曾子事父母篇（冒頭章段）と密接な関係をもつ資料にもとづくものと見なされ、さらに④にも『礼記』曲礼上篇との間に共通性が認められる。これらの諸点を踏まえるならば、『内礼』は礼に関する編纂書的な性格をもつ文献であったと見なすことができよう[8]。第二節において指摘した『内礼』①に曾子立孝篇冒頭の「曾子曰」が見えない点や『内礼』②が曾子事父母篇のような曾子と単居離との問答という形式をとらない点なども、礼の具体的な実践を提示するという『内礼』の編纂意図とおそらく無関係ではなく、『内礼』は礼の学習における課本的性格を有していたのではないかと推測される。

最後に『内礼』①および②③がもとづいた先行資料の問題に言及しておきたい。これについては大きく分けて、『漢書』芸文志所載の『曾子』十八篇とつながりをもつ『曾子』関係の資料とする見方と、そのもとになった曾子とは直接的な関係をもたない段階の礼関係の資料とする見方の二つが想定される。曾子学派は孔門を代表する学派の一つであり、子思・孟子・楽正子といった有力な弟子や後学の存在[9]を踏まえれば、『曾子』原本の成立もかなり早い時期に溯るであろうと推測される。したがって、孝を中心とする『内礼』①および②③が曾子とまったく無関係であったとは考えにくく、おそらく『曾子』関係の資料に依拠した可能性が高いであろう。『曾子』十八篇の一部と見なされている曾子立孝篇・曾子事父母篇との密接な関係は、そうした事情を反映するものと理解され、孝を中心に礼の実践を説く『内礼』の冒頭にそれらが位置しているのも、曾子の存在を前提としたものであったと考えられる[10]。

ところで、上博楚簡には『内礼』とは別種の曾子立孝篇と重複する内容をもった文献の存在が報告されている。この文献が公表されれば、戦国中期以前における曾子立孝篇の実態が明らかとなり、『大戴礼記』曾子十篇の成立や孝の思想史的展開などについても研究の進展が期待される。『大戴礼記』曾子立孝篇・曾子事父母篇との比較分析を中心に『内礼』の文献的性格について検討を加えた本章は、言わばその前段階に位置するものであり、本章で提起した諸点や十分に論究できなかった問題についても、新資料との関連からあらためて検討を加えてみたい。

注

（1）釈文の作成にあたり、廖名春「読楚竹書《内豊》篇劄記（一）」、同「読楚竹書《内豊》篇劄記（二）」（「簡帛研究」網站、二〇〇五年二月二十日）、曹建敦「読上博蔵楚竹書《内豊》篇札記」（「簡帛研究」網站、二〇〇五年三月四日）、林素清「釈「匱」——兼及《内礼》新釈与重編」（「中国文字学的方法与実践国際学術研討会」提出論文、シカゴ大学・二〇〇五年五月二十八日～三十日）などを参照した。なお『内礼』への帰属が保留とされていた「附簡」については、その後の筆者の検討により『季康子問於孔子』（『上海博物館蔵戦国楚竹書（五）』上海古籍出版社、二〇〇五年）の一部であることが明らかとなったため、検討の対象から除外した。この点については、本書第十六章の拙稿「出土古文献復原における字体分析の意義」第一節を参照。

（2）以下、曾子立孝篇の引用は、王聘珍『大戴礼記解詁』（中華書局、一九八三年）による。

（3）この点については、李朝遠氏が「釈文考釈」（『上海博物館蔵戦国楚竹書（四）』上海古籍出版社、二〇〇四年）において言及している。

（4）この問題については、本書第二章の浅野裕一「新出土資料と諸子百家研究」に指摘がある。

（5）以下、曾子事父母篇の引用は、王聘珍『大戴礼記解詁』（中華書局、一九八三年）による。

（6）『大戴礼記解詁』は、「子曰、可入也、吾任其過、不可入也、吾辭其罪」に作るが、文意が通じ難いため、王樹枬『校正孔氏大戴礼記補注』の戴震校本にしたがい「可入」を「不可入」に、「不可入」を「可入」に改めた。

（7）曹建敦「読上博蔵楚竹書《内豊》篇札記」（「簡帛研究」網站、二〇〇五年三月四日）、同「用新出竹書校読伝世古籍札記一則——上博簡《内豊》校読《大戴礼記》一則」（「簡帛研究」網站、二〇〇五年三月六日）参照。

（8）ここで想起されるのは、上博楚簡『従政』の大部分が「聞之曰」という同一形式の書き出しをもった節で構成されている点である。湯浅邦弘氏は「『従政』と儒家の「従政」」（『中国研究集刊』第三十六号、二〇〇四年、『竹簡が語る古代中国思想』汲古書院、二〇〇五年再収）において、『従政』に「聞之曰」として記されている内容は、伝世儒家系文献に「子曰」「孔子曰」として引用される孔子の言とほぼ重複することを指摘するとともに、「従政」の意味の分析を踏まえ、その性格について以下のごとく述べている。
とすれば、この文献は、あるべき「為政」者や「従政」者の姿を一般論として説いたものというよりは、儒家集団自身にとって必要とされる「従政」の際の心得を、孔子の言を織り込みながら編集したものといえるであろう。そうした意味では、この文献は、広く世界に向けて発信されたものというよりは、他ならぬ儒家集団自身が希求した、言わば内部文書としての性格が強かったと思われる。

この見解は、『内礼』の文献的性格を考察する上においても参考になる。すなわち、主として孔子の発言からなる『従政』が「聞之曰」という形式で記述されるのに対し、『内礼』では「君子曰」という形式を中心に実践すべき礼が提示されており、発話者の固有名詞を付さない同一形式の反覆という点において、両者は類似した表現形式をもち、先行資料にもとづく内部向きの編纂書という性格面においても、共通性を有していたと考えられる。

（9）例えば『韓非子』顕学篇が伝える孔子没後に分立した儒家八派のなかには、「子思の儒」「孟氏の儒」「楽正氏の儒」が含まれている。

（10）梁涛「上博簡《内礼》与《大戴礼記・曾子》」（「簡帛研究」網站、二〇〇五年六月二十六日）は、『内礼』と曾子事父母篇

との関係について、

二者内容基本是一致的。不過従《内豊》与《曾子》的相関文字看、它們之間并不是一種直接的対応関係、而更像是対某種相同観念和思想的記録和叙述。之所以出現這種情況、可能是因為早期儒家学者没有著書立説的習慣、其言論往往由弟子記録・流伝下来、所以一開始并没有固定的伝本、《内礼》与《曾子》是当時流伝的不同伝本。或者当時雖已有固定伝本、但学者仍可根据自己的需要選択摘録、《内礼》即是其摘録本、其中也包括了《曾子》的言論。但不論是那種情況、《内礼》与《曾子》存在一定的聯系則是可以肯定的。

と述べ、『内礼』と『曾子』はいまだ固定されない段階の異なる伝本であった可能性と、当時すでに固定された伝本が存在し、『内礼』はそこから必要に応じて摘録した摘録本であり、その中に『曾子』の言論を包括した可能性の二つを提起している。「固定伝本」をどのように理解するかについては慎重な議論が必要であろうが、本章の検討を踏まえれば後者の可能性が高いと考えられる。

〔付記〕

旧稿提出後、林素清氏・井上亘氏により、当初別篇とされていた『昔者君老』（『上海博物館蔵戦国楚竹書（二）』所収）が『内礼』の一部であることが指摘された（林素清「釈「匱」――兼及《内礼》新釈与重編」〈「中国文字学的方法与実践国際学術研討会」提出論文、シカゴ大学・二〇〇五年五月二十八日～三十日〉・「上博四《内礼》篇重探」〈『簡帛』第一輯、上海古籍出版社、二〇〇六年〉、井上亘「《内豊》篇与《昔者君老》篇的編聯問題」〈「簡帛研究」網站、二〇〇五年十月十六日〉）。筆者もその見解を妥当と考えるものであるが、本章の論旨には影響が見られないことから、本書への再録にあたっては、旧稿のまま最小限の修訂にとどめた。なお、筆者はその後『季康子問於孔子』簡16が『昔者君老』簡2に下接することを指摘しており（本書第十六章の拙稿「出土古文献復原における字体分析の意義」第二節参照）、『内礼』については、これらの新たな知見を踏まえて再論する予定である。ここでは取り敢えず、『内礼』『昔者君老』『季康子問於孔子』簡16を合編した筆者の編聯案を以下に提示しておきたい。

【内1】—【内2】—【内3】—【内4】—【内5】—【内6】—【内7】—【内8】…【内9】…【昔3】…【内10】…
【昔1】—【昔2】+【季16】…【昔4】

第八章　『季康子問於孔子』の編聯と構成

福田哲之

一　竹簡の書誌的概要と帰属問題

『季康子問於孔子』は、馬承源主編『上海博物館蔵戦国楚竹書（五）』（上海古籍出版社、二〇〇五年十二月）において公表された出土古佚文献である。濮茅左氏による「『季康子問於孔子』釈文考釈」にもとづき、竹簡の書誌にかかわる概要を以下に記す。

原題は見られず、篇題は全文の首句「季庚子問於孔子」による（本章においては便宜上「季庚子」を「季康子」と表記）。

本篇の竹簡は二十三簡。完簡八簡（簡1・3・4・7・14・19・21・23）、綴合後完整簡四簡（簡10・15・18・22）、綴合後不完整簡一簡（簡11）、上段缺失（下段残存）簡九簡（簡2・6・8・9・12・13・16・17・21）、中段残存簡一簡（簡5）。

竹簡の形制は以下の通り。

・簡端……平斉

・完簡簡長……約三十九cm
・簡寛……〇・六cm
・簡厚……〇・一二cm前後
・編縄……三道
・契口……竹簡右側：頂端〜上契口約一・三cm、上契口〜中契口約十八cm、中契口〜下契口約十八・二cm・下契口〜尾端約一・三cm

このように濮氏は上下二段の残簡の綴合を試み、簡10・15・18・22の四簡を「綴合後完整簡」、簡11を「綴合後不完整簡」として扱うが、その中にはなお綴合について異論のある簡も含まれているため、ここではひとまず綴合前の状態に復し、それぞれ上段をA・下段をBとして表示する。

また、簡16については『季康子問於孔子』の他の竹簡と字体が異なり、『昔者君老』（『上海博物館蔵戦国楚竹書（二）』二〇〇二年十二月）および『内礼』（『上海博物館蔵戦国楚竹書（四）』二〇〇四年十二月）の字体と合致し(1)、構文の共通性と文義の関連から、『昔者君老』簡2に下接すべきことが知られる(2)。一方、『内礼』附簡は、『内礼』『昔者君老』と字体が異なり、逆に『季康子問於孔子』の字体と合致し、編線（契口）も同位置にあることから、『季康子問於孔子』中に帰属すべきことが知られる(3)。

本章ではこれらを踏まえて、簡16を除外し、新たに『内礼』附簡を加えた以下の二十八簡に基づき検討を加える。

1・2・3・4・5・6・7・8・9・10A・10B・11A・11B・12・13・14・15A・15B・17・18A・18B・19・20・21・22A・22B・23・附簡

なお『季康子問於孔子』には、現時点において少なくとも十簡の下段のみの残簡が存在し、それ以外にも缺失簡が想定される。したがって、編聯の完全な復原は困難としなければならず、以下の検討はあくまでも、現存竹簡という限定された範囲における、最も整合性の高い編聯の復原を目標としたものであることを予め断っておきたい。

二　編聯に関する先行研究

残存簡から知られる断片的な内容を総合すると、『季康子問於孔子』は民の統治にかかわる季康子と孔子との問答によって構成されていたと見なされる。民の統治にかかわる政治論という点では、『中弓』（『上海博物館蔵戦国楚竹書（三）』二〇〇三年十二月）と類似した性格をもつが、『中弓』の場合は季桓子の宰となった仲弓と孔子との問答であり、孔子が弟子の仲弓に請われて、民の統治についての助言を与えるという間接的な形をとるのに対し、『季康子問於孔子』では、政権担当者である季康子の諮問に答えるという直接的な形で孔子の政治論が語られている。「管仲に言有りて曰く」（簡4）、「丘之を孟子側に聞く」（簡6）、「丘之を聞く、臧文中に言有りて曰く」（簡9）、「丘や聞く」（簡18A）のごとく、孔子の発言中に聴聞・伝聞の形式が多見されるという『季康子問於孔子』の特色も、こうした上位者からの諮問に対する回答という本篇の性格に起因するものと考えられる。

管見の及んだ『季康子問於孔子』に関する先行研究は以下の通りである。

・濮茅左「《季庚子問於孔子》釈文考釈」、『上海博物館蔵戦国楚竹書（五）』二〇〇五年十二月。
・季旭昇「上博五芻議（上）」、簡帛網（http://www.bsm.org.cn/）、二〇〇六年二月十八日。

・陳剣1「談談《上博（五）》的竹簡分篇・拼合与編聯問題」、簡帛網（http://www.bsm.org.cn/）、二〇〇六年二月十九日。
・何有祖1「《季康子問于孔子》与《姑成家父》試読」、簡帛網（http://www.bsm.org.cn/）二〇〇六年二月十九日。
・陳偉1「上博五《季康子問于孔子》零識」、簡帛網（http://www.bsm.org.cn/）、二〇〇六年二月二十日。
・何有祖2「上博五零釈（二）」、簡帛網（http://www.bsm.org.cn/）、二〇〇六年二月二十四日。
・李天虹「読《季康子問于孔子》札記」、簡帛網（http://www.bsm.org.cn/）、二〇〇六年二月二十四日。
・李鋭1「読《季康子問於孔子》札記」、孔子二〇〇〇網二〇〇六年二月二十六日（http://www.confucius2000.com/）
・李鋭2「読上博五札記（二）」、孔子二〇〇〇網（http://www.confucius2000.com/）、二〇〇六年二月二十七日。
・李鋭3「読上博五補札」、孔子二〇〇〇網（http://www.confucius2000.com/）、二〇〇六年二月二十八日。
・陳偉2「《季康子問孔子》零識（続）」、簡帛網（http://www.bsm.org.cn/）、二〇〇六年三月二日。
・王貴元「上博五札記二則」、簡帛網（http://www.bsm.org.cn/）、二〇〇六年三月三日。
・牛新房「読上博（五）《季康子問于孔子》瑣議」、簡帛網（http://www.bsm.org.cn/）、二〇〇六年三月八日。
・陳剣2「上博竹書〝葛〟字小考」、簡帛網（http://www.bsm.org.cn/）、二〇〇六年三月十日。

このうち編聯に関する諸家の見解を発表の順に列挙すると以下のごとくである。

濮茅左：1+…2+3+4+…5／6+7／8／9+10A+10B／11A+11B／12+…13+14+15A+15B／17／18A+18B+19+20／21+22A+22B+23

陳剣1：8…5…21+22A+13+14+15A+9+10A+10B+19+20+23

李鋭1：10Ａ＋10Ｂ＋11Ａ＋18Ｂ＋19／17＋23／18Ａ＋5＋…11Ｂ／12＋…15Ｂ
陳偉2：12＋…15Ｂ
牛新房：11Ｂ＋18Ａ

これらの見解を踏まえ、次節以降では、まず以下の三組の編聯について検討を加える。なお、本章の釈文は前掲の先行研究を勘案し、私見を加えて作成したものであり、排印の便宜上、可能な限り通行の文字を用いた。

［第一組］1＋…2＋3＋4
［第二組］6＋7
［第三組］8＋…21＋22Ａ＋13＋14＋15Ａ＋9＋10Ａ＋10Ｂ＋11Ａ＋18Ｂ＋19＋20

三　第一組・第二組の検討

本節では第一組と第二組について検討を加える。はじめに第一組の釈文・訓読を示す。

［第一組］
季康子問於孔子曰、「肥、従有司之後、一不知民務之焉在、唯子之貽羞。請問、君子之従事者於民之【1】
［上、君子之大務何。」］
孔子曰、「［仁之以］徳、此君子之大務也。」

康子曰、「請問、何謂仁之以德。」

孔子曰、「君子在民【2】之上、執民之中、施教於百姓、而民不服焉、是君子之恥也。是故、君子玉其言而石其行、敬成其【3】德以臨民、民望其道而服焉。此之謂仁之以德。且管仲有言曰、「君子恭則遂、驕則侮、備言多難【4】

季康子、孔子に問いて曰く、「肥、有司の後に従うも、一も民務の焉に在るかを知らざれば、唯だ子に之れ羞めを貽せり。請問す、君子の事に従う者の民の［上］に於ける、［君子の大務は何ぞや。」

孔子曰く、「之を仁《いつくし》むに」徳を［以］てす。此れ君子の大務なり。」

康子曰く、「請問す、何をか之を仁むに徳を以てすと謂う。」

孔子曰く、「君子は民の上に在りて、民の中を執り、教えを百姓に施す。而るに民焉れに服せざるは、是れ君子の恥なり。是の故に、君子は其の言を玉とし而して行いを石とし、敬して其の徳を成し以て民に臨めば、民は其の道を望みて而して焉に服せり。此れを之れ之を仁むに徳を以てすと謂う。且つ管仲に言有りて曰く、君子恭なれば則ち遂げ、驕なれば則ち侮らる。備言は難多く……

『季康子問於孔子』における「季康子」の表記は、簡1が「季康子」と記す以外はすべて「季」姓を省略した「康子」のみであり、その内容からも簡1が『季康子問於孔子』の冒頭簡であることはほぼ確実と見なされる。「民の統治者としての君子の大務は何でしょうか」との季康了の問いに対して、孔子が「徳によって民をいつくしむことである」と答え、さらに季康子が「徳によって民をいつくしむこと」の意味を問い、孔子がそれに答えるという継起式の問答体となっており、1＋…2＋3＋4の編聯は妥当な復原であると考えられる。簡4に管仲の言の引用が見られるが、ここで問題となるのは、以下のごとく濮氏が簡4の後に十二字の缺字を推定して簡5を接続し、管仲の言の続きと見なす点である。

> 徳以臨民、民望其道而服焉、此之謂仁之以德。且管仲有言曰、「君子恭則遂、驕則侮、備言多難【4】□□□□□□□□□□□□擾事皆得其勸而強之。則邦有槫（姦）童（動）、百姓送之以□□【5】

濮氏は、簡5の冒頭「擾事皆得其勸而強之」について、

> 首字難辨、疑爲「臽」、或「悳」、讀爲「擾」、音通。「擾」、亂、擾亂、侵擾。「㝵」、古文「得」。「嚾」、讀爲「勸」。「慶賞」與「刑罰」對言、「勸説」與「強制」並擧、在《管子》一書中我們可以看到管仲的這些主張。

と述べ、『管子』権修篇・正世篇・覇言篇から類似の思考が見られる部分を引用している。しかし冒頭の文字の解釈が確定しないために全体の文義を明確に把握し難く、引用された『管子』諸篇との関係についても、必ずしも簡5の当該部分と限定的に結び付くものではない。むしろ『管子』との具体的な関連という点から注目されるのは、次句「邦有槫（姦）童（動）」に見られる「姦動」の語である。濮氏は、

> 「槫」、同「榦」「杆」。讀爲「姦」。「童」、讀爲「動」。「姦動」、《管子・九守》「一曰長目、二曰飛耳、三曰樹明。明知千里之外、隱微之中、曰動姦。姦動則變更矣。」

と述べ、簡5に見える「榯童」を『管子』九守篇中の「姦動」に比定する。九守篇の引用箇所は、君主が守行すべき九項目のうちの第八項目にあたり、君主の情報参用について説いた部分であり、すぐれた君主は眼力・聴力・明察力をもつことによって、邪悪を洞察し、災いを未然に防ぐことを述べている。すなわち九守篇の「姦動」は、明晰な君主によって行われる邪悪（姦）に対する洞察（動）という意味に解釈されるのである。ところが、簡5では「則ち邦に姦動有り」と「姦動」が「邦」に所有されるものとして表現されており、九守篇とは意味合いを異にすると考えられる。

以上の諸点から、簡5と『管子』との間には明瞭な関連を見いだすことは困難であり、簡4の「管仲に言有りて曰く」の後文として簡5を接続することについては、なお慎重な検討が必要であろう。したがって、本章では取り敢えず、簡4までを第一組とし、その下接については待考としておきたい。

続いて、第二組の検討に移る。

［第二組］

［康子曰、「……」　寧移肥也。」

孔子曰、「丘聞之孟子側曰、夫書者、以著君子之德也。【6】夫詩也者、以誌君子之志。夫義者、以斤君子之行也。君子渉之、小人觀之、君子敬成其德、小人晦昧【7】

［康子曰く、「……」寧ろ肥を移《あらた》むるなり。」

孔子曰く、「丘之を孟子側に聞くに曰く、夫れ書なる者は、以て君子の徳を著すなり。夫れ詩なる者は、以て君子の志を誌すなり。夫れ義なる者は、以て君子の行を斤《あきら》にするなり。君子は之に渉り、小人は之を觀る。君子は敬いて其の徳を成し、小人は晦昧……

簡6の「孔子曰」以前の部分は「寧移肥也」の四字のみであり、文意を十分に把握し難いものの、「肥」が季康子の名であり、直後に「孔子曰」と展開することから、季康子の発言の末尾であることは疑いない。孔子の言は、『書』は君子の徳を著したもの、『詩』は君子の志を誌したもの、『義』は君子の行いを明らかにするものであり、君子はそれらにもとづいて実践し、徳を形成していくのに対し、小人はそれらをただ観視するのみで、蒙昧なままに終わることを述べたものと理解される。

このうち「義」については、李天虹氏が、

按、本段的前三句是排比句、書・詩都是具體的東西、而「義」是抽象的概念、所以我懷疑「義」讀為「儀」。「儀」可指禮儀、但在這裏也可能指記載禮儀的文字或文章。

と述べるごとく、『論語』などに多見される抽象的な概念をあらわす「義」ではなく、具体的な礼儀をあらわす「儀」を指し、ここでは礼儀を記した文献を意味するとの解釈が妥当であろう。(4)

また、孔子がその言を引用する「孟子側」について、濮氏は「孟子昊（餘）」と釈するが、ここでは李鋭1の以下の見解に従う。

按、原釋文讀為孟子昊（餘）、並指出他與孟子側非一人。但簡文字形與包山簡181「厂」下之形近（包山簡從日）、而與昊不同（「昊」字口形明顯）。包山簡讀為「昃」。此疑讀為「孟子側」、即孟子反、為孔子所敬者。《論語・雍也》

「子曰、孟子反不伐、奔而殿。將入門、策其馬、曰、非敢後也、馬不進也。」簡文「丘聞之、孟子側曰」與「丘聞之、臧文仲有言曰」、或有聽聞與傳聞之別。

李氏は字形の分析に加え、直接的な聴聞と間接的な伝聞との間に表現上の区別が存在した可能性を指摘しており、この点からも孔子と同時代の人であり『論語』にも登場する「孟子側」の蓋然性は高いと判断される。

それでは、第二組の問答は『季康子問於孔子』においてどのような展開の上に位置していたのであろうか。ここで注目されるのは、『季康子問於孔子』全二十八簡のうち「德」の語をもつ竹簡は簡2・簡4・簡6・簡7の四簡に限られ、同時にこれらの四簡には「君子」の語も見いだされる点である。また簡3・簡4の「敬成其德」の語句は、簡7にも認められる。こうした用語の分布状況や語句の合致は、簡2・簡3・簡4を含む第一組と簡6・簡7を含む第二組とが密接な関係をもつことを示唆する。そして上述のごとく、第一組は『季康子問於孔子』の冒頭に位置することから、第一組と第二組とはその間に「寧移肥也」の末尾四字が残存する季康子の問いを挟んで、ほぼ直接的に話題が展開していたと見なすことができよう。したがって、簡6・簡7の孔子の発言内容から推して、簡6の「孔子曰」の前に位置した季康子の問いは、統治者としての徳を形成するための方法に関するものであり、残存する末尾の「寧移肥也」は、自らその方法に従わんことを意味する表現であったと理解されよう。

以上の検討を踏まえれば、第一組と第二組とは、おおよそ以下のような展開であったと推測される。

[第一組]
季康子……統治者として君子がなすべき重要な任務を問う。

↓

孔　子……君子がなすべき重要な任務は徳治であることを説く。
↓
季康子……徳治の内容を問う。
↓
孔　子……徳治の内容を説き、管仲の言を引用してその重要性を裏付ける。
↓
［第二組］
季康子……統治者としての徳の形成の方法を問う。
↓
孔　子……孟子側からの聴聞を引用し、徳の形成における『書』『詩』『義』の意義と、それにかかわる君子と小人との相違を説く。
↓

四　第三組の検討

続いて、第三組の検討に移る。第三組は、基本的に陳剣1によって提示された編聯・釈文にもとづく。この修正案は濮氏の原案と異なる点が少なくないが、これによってはじめて問答の内容が整合的に理解されることから、妥当性の高い復原であると考えられる(5)。ただし、陳氏は簡8と簡21との間に簡5が位置する可能性を指摘するが、ここでは簡18Aと簡5との接続を指摘する李鋭1に従った。また、陳氏は簡20の後に簡23を接続するが、この点についてもなお異論の余地があるため、ここではその前の簡20までにとどめ、下接については待考とした。簡5および簡23の問題については、次節においてあらためて検討を加える。それでは第三組の釈文を以下に掲げる。

［第三組］

［康子曰、「……」也。葛戲今語肥也、以處邦家之術曰、君子不可以不強、不強則不立【8】⧄愄、□愄則民然（?）之。毋信玄曾、因邦之所賢而興之。大罪殺【21】之、臧罪刑之、小罪罰之。苟能固守【22A】而行之、民必服矣。古（吾）子以此言爲奚如。」

孔子曰、「由丘觀之、則美【13】言也已。且夫戲今之先人、世三代之傳史、豈敢不以其先人之傳志告。」

康子曰、「然其囑人亦曰、古之爲【14】邦者必以此。」

孔子曰、「言則美矣。然【15A】異於丘之所聞。丘聞之、臧文中有言曰、君子強則遺、威則民不【9】道、鹵（?）則失衆、猛則無親、好刑則【10A】不祥、好殺則作亂。是故賢人之居邦家也、夙興夜寐、【10B】降（?）耑以比、民之勸（?）美、弃惡毋歸。愼小以笞大、疏言而密守之。毋欽遠、毋詣（?）遂。惡人勿饑、好【19】人勿貴。救民以親、大罪則處之以刑、臧罪則處之以罰、小則貲之。凡欲勿尚、凡失勿憎。各【20】

［康子曰く、「……なり。葛戲今の肥に語るや、邦家を処《おさ》むるの術を以て曰く、君子は以て強いらざるべからず、強いらざれば則ち立たず。……□愄す。□愄すれば則ち民は之を然りとす。玄曾を信ずる毋く、邦の賢とする所に因りて而して之を興す。大罪は之を殺し、蔵罪は之を刑し、小罪は之を罰す。苟くも能く固守し而して之を行えば、民は必ず服せり、と。吾子は此の言を以て為すこと奚如《いかん》。」

孔子曰く、「丘に由りて之を観れば、則ち美言なるのみ。且つ夫れ戲今の先人は、世《よよ》三代の伝史なれば、豈に敢えて其の先人の伝志を以て告げざらん。」

康子曰く、「然れば其の人に囑《つ》ぐるも亦た曰く、古の邦を為むる者は必ず此を以てす、と。」

孔子曰く、「言は則ち美なり。然れども丘の聞く所と異なれり。丘之を聞く、臧文中に言有りて曰く、君子強なれば則ち遺《うしな》い、威なれば則ち民は道《したが》わず、鹵《うば》わば則ち衆を失い、猛ければ則ち親しむ無し。刑を好めば則ち祥《さいわい》ならず、殺を好めば則ち乱を作す。是の故に賢人の邦家に居るや、夙に興《お》き夜に寐《ねむ》り、降耑して以て比ぶれば、民は之れ美を勧め、悪を弃《す》てて帰する毋し。小を慎み以て大に答え、言を疏にして而して密は之を守る。遠きを欽《よろこ》ぶこと毋く、詣《うつ》り遂《にぐ》る毋し。人を悪みて韄する勿く、人を好みて貴ぶ勿し。民を救うに親を以てし、大罪は則ち之を処するに刑を以てし、蔵罪は則ち之を処するに罰を以てし、小は則ち之を訾す。凡そ欲して尚《くわ》うる勿く、凡そ失いて憯《やすん》ずる勿し。各……

第三組の編聯に関わる陳剣1以外の見解として注目されるのは、以下のごとく、李鋭1が簡11Aと簡18Bとの綴合を指摘し、さらにその両簡を簡10ABと簡19との間に位置付ける点である。

參照陳剣先生的重新編聯、此處11疑可於「一」字下分為兩段、上段下接簡18下半段、拼合爲一簡「罙（深）佝（劬）。是故夫迫邦甚、難民乃多、一【11A】田肥、民則安、惰民不樹[6]。是故賢人大於邦而有劬心、能為鬼【18B】」、疑上接簡10、下接簡19。

先に掲げた陳剣1の編聯にしたがえば、第三組における孔子の第二言は、季康子が提起した葛戝今の強権統治に対して、臧文仲の言の引用により反駁を加えた内容と見なされる。孔子の第二言の全体が知られないため、臧文仲の言の引用範囲を把握し難いが、いずれにしても、葛戝今の強権統治に対するアンチテーゼとして、まず簡9「君子強則遺」から簡10B「好殺則作亂」までの部分に、強権統治が引き起こす弊害が列挙され、それに対して第10B簡「是故賢人之居邦家也」から簡19および簡20には、そうした弊害を未然に防ぐために賢人が邦家において実践するさまざまな方策が提示されるという論理構造を読みとることができる。

一方、李鋭1が接続を指摘する簡11A‐18Bは、統治における賢人の労苦を述べた内容であり、簡9‐10AB‐19‐20にみられる賢人の方策とは異質の内容が認められる。したがって、簡10ABと簡19との間に簡11A‐18Bが位置するとの李鋭1の推測によれば、先に述べた論理構造が破綻し、晦渋な展開を想定せざるを得ない。

ただし留意すべきは、簡10B「是故賢人之居邦家也、夙興夜寐」と簡18B「是故賢人大於邦而有動心」との間には「是故賢人」という他には見られない共通の形式が認められる点である。したがって、簡10ABと簡19との間に位置するとの推定には従いがたいものの、簡11A‐18Bが、第三組における孔子の第二言中に存在した可能性はなお十分に考慮されよう。さらに以下に掲げる簡22Bには、簡11Aと類似した統治の混乱に関する記述が見いだされ、「賢人」という他の組には見られない語彙の共通性も認められることから、先に掲げた第三組の簡20以降の部分に、乱世がもたらす統治の混乱とそれに対する賢人の労苦といった内容が存在し、簡11A‐18Bおよび簡22Bはその部分に位置した可能性も指摘されよう。

〼滅速毋恆、災後之世、比亂邦、相慣毀、衆必惡善。賢人【22B】

ただし、簡11A‐18Bと簡22Bとの相互関係や第三組における論理展開上の位置付けなどについては不明な点が多く、今後さらに慎重な検討が必要である。

このように孔子の第二言については、なお十分に把握し難い点が少なくないが、以上の検討を踏まえれば、第三組の問答は、おおよそ以下のごとき展開であったと推測される。

［第三組］
季康子……葛駁今が語る強権統治について、孔子の意見を質す。
↓
孔　子……明確には否定せず、一定の譲歩を示す。
↓
季康子……重ねて葛駁今の言を提示する。
↓
孔　子……臧文仲の言を引用し、強権統治を否定し寛政を説く。

五　第四組の検討

前節までにおいて、諸家の見解を踏まえ、第一組・第二組・第三組の編聯について検討を加えた。本節では、編聯に関する未解決の問題として、以下の二点を中心に論述する。

（Ⅰ）第一組・第二組・第三組以外の残余の竹簡の編聯をどのように理解するか。
（Ⅱ）第一組・第二組と第三組および残余の竹簡を全体構成との関係からどのように位置付けるか。

この二つの問題は相互に密接な関連をもつが、まず（Ⅰ）について注目されるのは、残余竹簡のうち発言の話者を確証し得る例として、簡11B（季康子）と簡18A（孔子）が見いだされる点である。以下に濮氏の原釈文を掲げる。

矣。」康子曰、「毋乃肥之昏也、是佐乎。故如吾子之足肥也。」孔子曰【11B】

辭曰、「子之言也已重。丘也聞、君子【18A】

簡18Aには「孔子」の語は見られないが「丘也聞」の語から、孔子の発言であることに疑問の余地はなく、牛新房氏はこの二簡の接続を以下のごとく指摘している。

「曰」字、筆者認為此処残掉的当是一個虚詞、簡11下当和簡18上連読、「孔子□辞曰」是孔子対季康子要求其「疏肥也」而回答的。現将連読後的文字釈写如下、

康子曰「毋乃肥之昏也、是佐乎？故如吾子之疋（疏）肥也。」孔子□【11B】

辞曰「子之言也已重。丘也聞君子【18A】

缺失簡の存在が想定されることを十分に考慮しておく必要があるが、少なくとも現存簡によれば、簡11Bと簡18Aとの接続は本文・内容の両面において整合性を認めることができ、これを否定すべき積極的な根拠は見いだしがたいように思われる。ただし、簡11Bの末尾「孔子□」の一字分の缺字をどのように解釈するかについては、なお検討の余地があろう。この缺字は、濮氏の原釈文では「孔子曰」と「曰」字が補入され、後文については「本簡下有缺文」とされている。写真図版によれば「孔＝（孔子）」の直後で竹簡が缺失して残缺字の痕跡はなく、一字分の缺字の存

在は、「孔＝」字と第三編縄（契口）との位置関係から推定されたものと見なされる。ところが完簡および下段が残存する他の二十簡について、簡末字と第三編縄（契口）の位置との距離を見ると、簡によって相互に差異があり、例えば簡3・簡7のように簡末字と第三編縄（契口）との間にかなりの空白をもつ例も認められる。こうした例を踏まえれば、簡11Bの末尾には必ずしも一字分の缺字を想定する必要はなく、簡11Bと簡18Aとの接続部は「孔子辞曰」であったとの推定も可能であろう。

以上の検討から、簡11Bと簡18Aとの接続により、先に見た三組以外に新たな第四組の問答の存在が明らかとなる。それでは、簡11Bと簡18Aの季康子と孔子の問答は、どのように解釈されるであろうか。先の検討と諸家の釈読を踏まえて、あらためて釈文を掲げると以下のごとくである（簡11Bの冒頭「矣」字は省略）。

康子曰、「毋乃肥之昏也是差乎。故如吾子之疏肥也。」
孔子【11B】辭曰、「子之言也已重。丘也聞、君子【18A】

季康子の言中に見える「左」字を濮氏は「佐」に釈して補佐の意と解するが、ここでは後文との関連から、季旭昇氏が「差」に釈して「差失」の意と解するのに従う。この季康子の発言は、自らの昏昧による失政の危惧を述べ、孔子に疏通を願ったものであり、これに対して孔子は、「子の言や已に重し」と内省する季康子の姿勢を評価し、その上で「丘や聞く」という導入によって自説を展開したものと理解される。濮氏は「孔子」の後の「辞」字を「告辞」の意と解するが、簡11Bとの接続を前提とすれば、牛氏が「〝辞〟訓謙讓、表示孔子的謙虚」と述べるごとく、教導を請われた孔子の辞譲の意ととるのが妥当であろう。

ここで本節のはじめに提示した問題（Ⅱ）との関連から、『季康子問於孔子』における第四組の問答の位置付けについて、考察を加えてみよう。既述したごとく、第一組と第二組とは連続した展開と見なされ、語彙や内容の面の検討からもこの問答が第一組と第二組との間に位置したと推定することは困難である。次に第二組の後に位置したと仮定した場合はどうであろうか。第二組の孔子の発言が全体としてどのような内容であったかが不明であるため、あくまでも残存部のみからの推測にとどまらざるを得ないが、統治者として『書』『詩』および『義』の実践的学習による徳の形成を説く孔子の発言の後に、自らの昏昧による失政の危惧を述べる季康子の発言が位置するのは少しく唐突な印象を拭いがたいように思われる。むしろ「毋乃肥之昏也是差乎。故如吾子之疏肥也」との切迫感を帯びた季康子の発言は、統治について一定の具体的な議論がなされ、しかも季康子が提示した葛敃今の強権統治が孔子によって否定された第三組の後に位置したと見るのが最も穏当であると考えられる。

そしてこの推定に従えば、前章において保留とした簡23の編聯についても解決の糸口を見いだすことが可能となる。簡23の釈文は以下のごとくである。

當其曲以成之。然則邦平而民頫矣。此君子從事者之所啇趣（？）也。【23】

簡23は完簡であり、末尾に留白が認められる。『季康子問於孔子』の残存簡において、留白をもつ竹簡は簡23のみであり、さらに冒頭簡1の季康子の問い「請問、君子之從事者於民之……」と簡23末尾の孔子の答え「此君子從事者之所啇趣也」との間には呼応関係が認められることから、簡23が『季康子問於孔子』全篇の末尾に位置することはほぼ確実であると見なされる。そして先の検討を踏まえれば、簡23は第三組の末尾ではなく、第四組の末尾に位置して『季康子問於孔子』全体を締め括るものであったとの仮説が導き出される。

前節で述べたごとく、陳剣1は簡23を第三組の末尾に位置付けるわけであるが、季康子が提示する葛敃今の強権統治に対して寛政を主張する孔子の発言の帰結として、簡23の内容は文脈上やや不自然であり、「然則邦平而民瞑矣」との表現に注目すれば、その前には邦と民とにかかわる議論が存在した可能性が考慮される。また、仮に陳剣1のごとく第三類の末尾に簡23を位置付けるとすれば、第三類が『季康子問於孔子』の末尾となり、第四類の問答と全体構成との関係をどのように理解すればよいかとの新たな問題が浮上してくる。

それでは、第四組が『季康子問於孔子』の末尾に位置したとの仮説にもとづき、先行研究を踏まえて私見により復原を試みた第四組の釈文・訓読を以下に提示してみよう。

〔第四組〕

……矣。」

康子曰、「毋乃肥之昏也是差乎。故如吾子之疏肥也。」

孔子【11B】辭曰、「子之言也已重。丘也聞、君子【18A】面（?）事皆得。其勸而強之、則邦有幹。[7] 動百姓尊之以□□▨【5】▨安焉。作而乘之、則邦有獲。先人之所善、亦善之、先人之所使、【12】［亦使之、……先人之所］悪勿使、先人之所廢勿起。然則民坐不善。類父兄子弟而稱賕【15B】▨□無難。毋忘姑姉妹而遠敬之、則民有禮。然後奉之以中準【附】▨者、因古迹禮而章之、毋逆百事、皆請行之【17】當其曲以成之。然則邦平而民瞑矣。此君子從事者之所啇趨（?）也。」【23】

康子曰く、「乃ち肥の昏きや是れ差《たが》うこと毋からん乎。故に如《まさ》に吾子の肥を疏《つう》ぜんとするなり。」

孔子辞して曰く、「子の言や已に重し。丘や聞く、君子は面するに事皆な得たり。其の勧めて而して之に強《つと》むれば、則ち邦に幹有り。動《つね》に百姓は之を尊び以て□□……安んず。作して而して之に乗ずれば、則ち邦に獲有り。

先人の善とする所は、亦た之を善とし、先人の使《もち》うる所は、［亦た之を使い、……先人の］悪［とする所］は使うる勿く、先人の廃する所は起こす勿し。然れば則ち民は善ならざるを坐《くじ》く。父兄子弟に類して而して称賕……□難無し。姑姉妹を忘るること毋く而して遠ざけて之を敬すれば、則ち民に礼有り。然る後に之を奉ずれば以て準に中る。……者は、古の迹礼に因りて而して之を章かにすれば、百事に逆う毋く、皆請いて之を行い、其の曲に当たりて以て之を成せり。然れば則ち邦は平かにして而して民は順《なご》めり。此れ君子の事に従う者の商《すす》み趨く所なり。」

このうち、簡17と簡23との接続、簡18Aと簡5との接続は李鋭1[8]、簡12と簡15Bとの接続（中間に缺失を含む）は李鋭1・陳偉2の見解に従った。

第四組の編聯には多くの缺失が含まれ、十分に文意を把握し難い部分も残されているが、注目されるのは、簡5の「其勸而強之、則邦有幹」と簡12の「作而乘之、則邦有獲」とに「……而……之、則邦有……」という共通の構文が見いだされ、さらに『内礼』附簡にも「毋忘姑姊妹而遠敬之、則民有禮」と「……而……之、則民有……」という同様の構文が認められる点である。こうした状況を踏まえれば、『内礼』附簡との間に対句の関係が想定される簡15Bの「類父兄子弟而稱賕」の後には『内礼』附簡と同様「之、則民有……」という語句が続いた可能性が指摘されよう。そして「邦」にかかわる簡5・簡12と「民」にかかわる簡15B・附簡とは、それぞれ末尾簡23の「然則邦平而民順矣」に対応する構造になっていたと理解されるのである（左図参照）。

第四組の簡5・簡12、簡15B・附簡に見られる構文の共通性や末尾簡23との対応関係は、第四組の編聯が一定の妥当性をもち、同時に『季康子問於孔子』の全体構成において第四組が末尾に位置することを示唆するものと考えられる。

其勸而強之、則邦有幹【5】　―「邦」
作而乘之、則邦有獲【12】　―「邦」
　　　　　　　　　　　然則邦平而民頫矣【23】
類父兄子弟而稱眛［之、則民有……］【15B】　―「民」
毋忘姑姊妹而遠敬之、則民有禮【附】　―「民」

本節の検討によれば、第四組の問答は、おおよそ以下のような展開であったと推測される。

［第四組］
季康子……自らの昏昧による失政の危惧を述べ、孔子に疏通を願う。
↓
孔　子……「邦」を平和にし「民」に親睦をもたらす方策を説き、統治者としての君子のあり方を示す。

六　『季康子問於孔子』の編聯と構成

以上、本章では諸家の見解を踏まえ、『季康子問於孔子』の残存二十八簡を四組に区分し、各組における竹簡の編聯と構成について検討を加えた。本章の検討結果によれば、『季康子問於孔子』の全体は基本的に、第一組↓第二組↓第三組↓第四組の順に展開する構成であったと推測される。このうち第一組と第二組とはほぼ直接的に展開していたと見なされるが、第二組と第三組および第三組と第四組がそれぞれどのように連繫していたかについては、竹簡の欠失により十分に把握し難い。またはじめにも述べたように、本章は、現時点において最も整合性の高い編聯の復原を目標としたものであり、今後の研究の進展を踏まえながら、さらに修正を重ねていく必要がある。

最後に、現存残簡によって復原した『季康子問於孔子』の釈文と問答の展開の概略をあらためて提示し、本章の結びとしたい(9)。

〔第一組〕

季康子問於孔子曰、「肥、従有司之後、一不知民務之焉在、唯子之貽羞。請問、君子之従事者於民之【1】

〔上、君子之大務何。」〕

孔子曰、「仁之以」徳、此君子之大務也。」

康子曰、「請問、何謂仁之以徳。」

孔子曰、「君子在民【2】之上、執民之中、施教於百姓、而民不服焉、是君子之恥也。是故、君子玉其言而石其行、敬成其【3】徳以臨民、民望其道而服焉。此之謂仁之以徳。且管仲有言曰、「君子恭則遂、驕則侮、備言多難【4】

〔第二組〕

〔康子曰、「……」〕寧移肥也。」

孔子曰、「丘聞之孟子側曰、夫書者、以著君子之徳也。【6】夫詩也者、以誌君子之志。夫義者、以斤君子之行也。君子渉之、小人観之、君子敬成其徳、小人晦昧【7】

〔第三組〕

［康子曰、「［……］也。葛戯今語肥也、以處邦家之術曰、君子不可以不強、不強則不立【8】▨慣、□慣則民然（?）之。毋信玄曾、因邦之所賢而興之。大罪殺【21】之、臧罪刑之、小罪罰之。苟能固守【22A】而行之、民必服矣。吾子以此言爲奚如。」

孔子曰、「由丘觀之、則美【13】言也已。且夫戯今之先人、世三代之傳史、豈敢不以其先人之傳志告。」

康子曰、「然其囑人亦曰、古之爲【14】邦者必以此。」

孔子曰、「言則美矣。然【15A】異於丘之所聞。丘聞之、臧文中有言曰、君子強則遺、威則民不【9】導、鹵（?）則失衆、猛則無親、好刑則【10A】不祥、好殺則作亂。是故賢人之居邦家也、夙興夜寐、【10B】降（?）耑以比、民之勸（?）美、弃惡毋歸。愼小以合大、疏言而密守之。毋欽遠、毋詣（?）遂。惡人勿竷、好【19】人勿貴。救民以親、大罪則處之以刑、臧罪則處之以罰、小則貲之。凡欲勿尚、凡失勿懵。各【20】

……

深劬。是故夫迫邦甚、難民能多。一【11A】田肥、民則安、瘠、民不樹。是故賢人大於邦而有劬心。能爲畏【18B】

……

▨滅速毋恆、災後之世、比亂邦、相慣毀、衆必惡善。賢人【22B】

［第四組］

……矣。」

康子曰、「毋乃肥之昏也是差乎。故如吾子之疏肥也。」

孔子【11B】辭曰、「子之言也已重。丘也聞、君子【18A】面（?）事皆得。其勸而強之、則邦有幹。動百姓尊之以□□▨【5】▨安焉。作而乘之、則邦有獲。先人之所善、亦善之、先人之所使、【12】［亦使之、……先人之所〕惡勿使、先人之所廢勿起。然則民坐不善。類父兄子弟而稱賕【15B】〼□無難。毋忘姑姊妹而遠敬之、則民有禮。然後奉之以中準【附】〼者、因古迹禮而章之、毋逆百事、皆請行之、【17】當其曲以成之。然則邦平而民順矣。此君子從事者之所商趨（?）也。」【23】

〔第一組〕

季康子……統治者として君子がなすべき重要な任務を問う。

↓

孔　子……君子がなすべき重要な任務は徳治であることを説く。

↓

季康子……徳治の内容を問う。

↓

孔　子……徳治の内容を説き、管仲の言を引用してその重要性を裏付ける。

↓

〔第二組〕

季康子……統治者としての徳の形成の方法を問う。

↓

孔　子……孟子側の言を引用し、徳の形成における『書』『詩』『義』の意義と、それにかかわる君子と小人との相違を説く。

↓

〔第三組〕

季康子……葛畋今が語る強權統治について、孔子の意見を質す。

↓
孔　子……明確には否定せず、一定の譲歩を示す。
↓
季康子……重ねて葛戠今の言を提示する。
↓
孔　子……臧文仲の言を引用し、強権統治を否定し寛政を説く。

［第四組］
季康子……自らの昏昧による失政の危惧を述べ、孔子に疏通を願う。
↓
孔　子……邦を平和にし民に親睦をもたらす方策を説き、統治者としての君子のあり方を示す。

注

（1）『内礼』と『昔者君老』との関係については、林素清「釈「匱」——兼及《内礼》新釈与重編」（「中国文字学的方法与実践国際学術研討会」提出論文、シカゴ大学、二〇〇五年五月二十八～三十日）・「上博四《内礼》篇重探」（『簡帛』第一輯、上海古籍出版社、二〇〇六年）、井上亘「『内礼』篇与『昔者君老』篇的編聯問題」（簡帛研究網〈http://www.jianbo.org/〉二〇〇五年十月十六日）参照。

（2）『季康子問於孔子』簡16と『内礼』附簡の帰属については、拙稿「上博四《内礼》附簡・上博五《季庚子問於孔子》第十六簡的帰属問題」（簡帛網〈http://www.bsm.org.cn/〉二〇〇六年三月七日、および本書第十六章の拙稿「出土古文献復原における字体分析の意義」第一節・第二節参照。

（3）前掲注（2）参照。

（4）『左伝』昭公五年の「公如晉、自郊勞至于贈賄、無失禮。晉侯謂女叔齊曰、魯侯不亦善於禮乎。對曰、魯侯焉知禮。公曰、何爲自郊勞至于贈賄、禮無違者。何故不知。對曰、是儀也、不可謂禮。禮所以守其國、行其政令、無失其民者也」や昭公二十五年の「子大叔見趙簡子。簡子問揖讓周旋之禮焉。對曰、是儀也、非禮也。簡子曰、敢問、何謂禮。對曰、吉也聞諸先大夫子産、曰、夫禮、天之經也、地之義也、民之行也。……」などの記述によれば、統治原理としての礼に対して、形式的な儀節を指して儀と称したことが知られる。ただし、ここで孟子側からの聴聞として孔子が言及する『義』は、『書』『詩』と並置されることからも明らかなごとく、『左伝』において女叔齊や子大叔が批判するような形式的な作法ではなく、統治原理としての礼を具現するための実践内容を指したものと理解される。なお、礼については、簡17に「因古迹禮而章之、毋逆百事」、附簡に「毋忘姑姉妹而遠敬之、則民有禮」との用例が見られ、これらはいずれも則るべき社会秩序を意味するものと解釈される。

（5）陳剣1は、修正案による編聯とその大意について、以下のごとく述べている。

「禜毆今」當是人名、「禜」是其氏、「毆今」為其名。此人告訴季康子的治民之術、中心思想在於用強・嚴刑罰。簡8・21・22A到簡13前段、係季康子引此人之説徵求孔子意見。孔子自然是不以為然的、但初未反對、只説「毆今」的先人世世相繼為三代遞傳之史官、其言亦為有據。後又言但限自己所聽説的不同、然後孔子正面陳説自己的看法、中間有些字詞和文句還不能確解、但可以看出其中心思想是主張行〝寛政〟（與「猛」相對）、減刑罰。針對前文季康子引「毆今」説的大辠殺・臧辠刑・小辠罰、主張皆赦免而寛降一等、變為大辠刑・臧辠罰・小辠貲。根拠以上理解去排比上引簡文和全篇其他簡文、可知以上編聯組是可靠的。

なお、陳剣2は「禜毆今」の「禜」字を「葛」字に釈すべきことを指摘しており、ここではこの見解に従い「葛毆今」と改釈した。

（6）李鋭3では「惰民不樹」の釈読を陳剣1に従い「瘠、民不樹」に修正している。

（7）濮茅左氏は「百姓」の前で句点を付し、管見の及んだ他の釈文もすべてこれに従うが、ここでは後述する構文の共通性を踏まえて「百姓」の一字前で句点を付し、「則邦有幹。動百姓尊之以□□」と釈読した。

（8）　李鋭1は簡18A－5の後に簡11Bが接続すると述べるが、後述のごとき簡5と簡12とに見られる構文の共通性から、本章では簡5と簡12との接続案を提起した。なお、李氏もみずから述べるように、簡11Bは後段部の残簡であるため、李鋭1の見解に従った場合、簡5と簡11Bとの間に簡11Bの上段部に相当する缺字を補入する必要がある。また、簡11Bの後続についても、簡11B末尾「孔子［曰］」の内容と残存簡との関係をどのように理解するかとの新たな問題が指摘される。

（9）　本章第四節において検討を加えたごとく、簡11A－18B・簡22Bについては第三組との関連が想定されることから、取り敢えず第三組末尾に配置した。ただし、これはあくまでも便宜的な処置であり、簡11A－18Bと簡22Bの排列の順序についても待考としておきたい。

第九章　荀子「天人之分」論の批判対象

——上博楚簡が語るもの——

菅本大二

はじめに

荀子という思想家は諸子百家の中でもとくに議論好きであった。そのことは、いま我々が彼の思想を伝えるものとして見ることのできる『荀子』という書物に残された、非十二子篇や解蔽篇を拾い読みしただけでも十分に了解できよう。俗っぽい言い方をすれば、彼は歯に衣着せぬ調子で思想家たちを滅多切りにする。そこでの彼は、批判対象に対して一切の容赦をせず、基本的には相手を全否定する姿勢で論を進める。たとえば、解蔽篇での「〇〇は…に蔽われて～を知らず」という決まり文句や、性悪篇での孟子に対する否定の仕方などは、荀子が批判対象を全否定する格好の例としてあげることができるだろう。

『荀子』全体を貫いているもの、その思想的要素を指摘するのは本章では荷が重いが、少なくとも、おおむね既成のものの考え方に対する痛烈な批判的姿勢がそこにあることは言えるだろう。もちろん『荀子』のすべての篇がそうであるとは断言しないが、そのほとんどは、荀子と同時代、あるいは彼以前に存在した思想やものの考え方を、強烈に意識し、それを批判的に乗り越えようとした論が展開されている。つまり、彼はおそらくほとんどの場合、彼の前にある何ものかの誤りを指摘し、それを一所懸命に正そうとしていたように思われるのである。『荀子』は、見方を変えれば、荀子という思想家が、自らを孔子の後継者であると自覚してしまったことから生じた焦燥を、いかにして解消しようとしたかという営みの痕跡として、今に残されているという風にも考えられる。

そのような、『荀子』を一貫する批判的姿勢の表れとして、これまで盛んに研究が進められてきたのが、たとえば彼の礼治論や性悪説であり、天人の分論であった。礼治論は法治を唱えていた初期法家の否定の上に説かれているし、性悪説は周知のごとく孟子の性善説を批判したものであった。そして、天人の分論つまり天論篇もそれまでに存在した天と人とが相関わり合っているという天人相関思想を否定したものだったと考えられる。

ここで一つ気にかかることがある。たとえば性悪篇には孟子の名前が直接に登場した。また礼治論で否定されつつも取り入れられていた初期法家の思想では、直接に名前が登場する慎到や、明らかに商鞅の賞罰論と読み取れる記述などが指摘できる。しかし、天人の分が主張される天論篇では、「天」という話題において、具体的な否定対象の思想家の名は出てこない。篇の末尾に慎到・老子・墨子・宋銒の四人を批判しているが、これは話題が「天」から「道」に転じた後で「自ら以て道を知ると為すは、知ること無きなり」という一文に続くものであり、「天」を説いた思想家としてあげられている可能性は指摘できない。したがって従来は、たとえば『詩経』・『書経』に見られるような上天・上帝信仰や、墨家が展開した天志論を否定したものとする程度の理解でしか、その具体的な批判対象を想定することはできなかったのである。(1)

ところが、近年出土した楚簡資料、具体的には上博楚簡には、荀子の天人の分論が批判対象として想定していたと思われる言説が少なからず見られる。そこで本章では、上博楚簡の成立が荀子以前にあったという前提の下に、荀子が批判対象として意識したと思われる上博楚簡に見られる天人相関の考え方について検討し、荀子が天人の分を主張するに至った事情を考察してみたい。

一　『荀子』天論篇の批判対象

本節では、これまでの『荀子』天論篇に対する考察とは、少し角度を変えて、天論篇がどのような思想、考え方を批判対象としていたのかを探る視点から考察を進めてみたい。

まずは、天論篇の冒頭の記述から確認しておこう。

天行常有り。堯の為に存せず、桀の為に亡びず。之に応ずるに治を以てすれば則ち吉、之に応ずるに乱を以てすれば則ち凶なり。本を彊めて用を節すれば則ち天も貧ならしむ能わず、養備わりて動くこと時なれば則ち天も病ましむること能わず。道を脩めて弐わざれば則ち天も禍すること能わず。故に水旱も之をして飢え使むること能わず。寒暑も之をして疾ま使むること能わず。妖怪も之をして凶なら使むること能わず。本荒れて用侈なれば則ち天も之をして富ま使むること能わず。養略にして動くこと罕なれば則ち天も之をして全から使むること能わず。道に倍きて妄行すれば則ち天も之をして吉なら使むること能わず。故に水旱未だ至らずして飢え、寒暑未だ薄らずして疾み、妖怪未だ至らずして凶なり。時を受くること治世と同じくして而も殃禍は治世と異なるも、以て天を怨む可からず、其の道然ればなり。故に天人の分に明らかなれば則ち至人と謂う可し。（『荀子』天論篇）

冒頭の「天行常有り。堯の為に存せず、桀の為に亡びず。之に応ずるに治を以てすれば則ち吉、之に応ずるに乱を以てすれば則ち凶なり」という部分で、まず主張されていることは、「天」の運行（在り方）は一定であって、地上の統治の在り方、つまり聖王である堯と暴君である桀を選り好みしたりして、「天」が地上の統治をコントロールすることなどはない、ということである。したがって荀子は、当然のこととして、人為は「天」の運行（在り方）とは切り離して考えるべきで、一般的に飢饉や疫病などの「天」が下した災禍と考えられていることも、人為の側で対処できるものなのだが、その対処の仕方を誤ったために災害となったのだとする。そして、「天」と人為との間の因果関係を否定し、「天人の分に明らかなれば則ち至人と謂う可し」と、この冒頭を結ぶのである。この冒頭での考え方は、天論篇の後の部分においても、「治乱は天なるか。曰く、日月星辰の還暦するは、これ禹桀の同じき所なり。禹は以て治まり、桀は以て乱る。治乱は天に非ざるなり」と、聖王の代表が禹に変わってはいるが、同様の趣旨のことが説かれており、天論篇を一貫した考え方と言える。

それでは、この明解な冒頭部分から、浮かび上がってくる批判対象は、どのような考え方であろうか。おそらく次のようなものとなるはずである。まず、「天」が地上を主宰しており、聖人の堯のような人物が君臨している際には幸いとしての「治」をもたらし、暴虐邪知の桀王のような支配者には災いとしての「乱」を下す。その「乱」の下し方は、貧困や疾病、大水や旱魃、寒暑の害、妖怪といった具合である。妖怪の具体的な内容は定かではないが、説明のつきにくい災禍をおそらく「妖怪」の仕業と考えていたのだろう。

次に、有名な「星隊木鳴」の一段も見ておきたい。

星隊ち木鳴けば、国人皆恐れて曰く、是れ何ぞや、と。曰く、何も無きなり。是れ天地の変、陰陽の化、物の罕に至る者なり。之を怪しむは可なるも、之を畏るるは非なり。夫の日月の食有る、風雨の時ならざる、怪星の党たま見るるは、是れ世として常に之有らざること無し。上明にして政平らかなれば、則ち是れ並世にして起こると雖も傷むこと無きなり。上闇にして政険なれば、則ち是れ一の至る者無しと雖も益無きなり。

この一段では、先の冒頭部分とは少し否定するポイントが変わっている。冒頭部分は、大水や旱魃などの結果としての災禍と天の関係を否定する論だったのだが、ここで否定されているのは、「日月の食」「怪星」などの「罕に至る者」を災禍の前兆と見なして畏れる態度である。荀子の批判の仕方はここでも明解で、それらのごく稀に起こる事象は、あくまでも自然現象であって、「世として常に之有らざること無」きもので、為政者の施政が安定していれば、それらの現象が起きても一切支障はなく、世の中が乱れることはないと言う。したがって、この部分では、日食や彗星のような現象を災禍の予兆として畏れる考え方が否定されているのである。この批判は、さらに進めて次のように続く。

雩して雨ふるは何ぞや。曰く、佗無し。猶お雩せずして雨ふるがごときなり。日月食して之を救い、天旱して雩し、卜筮して然る後に大事を決するは、以て求むるを得ると為すには非ざるなり、以て之を文るなり。故に君子は以て文と為し、百姓は以て神と為す。以て文と為せば則ち吉なるも、以て神と為せば凶なり。

「雩」とは雨乞いのこと。「文」とは文飾、つまり本質的ではない装飾的なこと。したがって、ここで否定されているのは、日食のお祓いや雨乞い、国の大事の際の卜筮などを装飾的な儀礼と認識せずに、その儀式による「神」なる精妙な効果を期待する態度ということになろう。このお祓いなどを有効な天への働きかけとして積極的に実施する考え方は、後述するが『春秋左氏伝』などに見える。

さて、ここまで見てきたところで、『荀子』天論篇が批判対象として想定していた考え方が、おおむね浮かび上がってきた。そこで確認のために以下にまとめておこう。

第一は、冒頭部分で見られた、主宰としての天の否定である。人間の行為の善・不善に対して、善には福を与え、不善には禍を下し、人間を直接的に支配コントロールする意志を持つ主宰としての天である。この主宰としての天は、伝世資料で言えば、周王朝の時期の金文資料の銘文や『書経』『詩経』などに説かれている天あるいは上天・上帝であり、戦国期で言えば『墨子』の天志篇に説かれている天もこのパターンである。(2)

第二は、第一の天と少し異なり、主宰としての天が、人間との間に自然現象などの理法を介在させて、間接的に人間をコントロールしているという考え方の否定である。主宰としての天には変わりはないが、自然現象などを使って人間に対して禍福の前兆を予告するという天の在り方全体を総称して天とするとらえ方である。このような天の在り方を「天道」と称することから、本章では行論の便宜上、天道としての天と呼んでおく。伝世資料では、たとえば『春秋左氏伝』や『国語』に見られる日食や彗星などの現象を天からの警告と見なすのは、この第二の天道としての天の考え方である。

以上のように『荀子』天論篇では、主宰としての天、そして天道としての天が否定されていた。では、天論篇が主張する天はどのようなものかと言えば、自然としての天である。たとえば、時間の経過や四季のめぐりや気象の変化など、人為の及ばない範囲の自然現象や自然法則を総称して「天」と言っている。この天を自然の営為とするとらえ方は、当然ながら、第一・第二の天を否定する考え方であり、人間と天との間に相関関係を認めないのである。これこそが、『荀子』天論篇で説かれている天なのである。ただ、『荀子』天論篇では、「天行常在り」という表現でも明らかなように、天の運行と人間の治乱の因果関係を断つことに力点があり、たとえば『詩経』や『書経』を引用して、そこに説かれる天や上帝を直接に否定するようなことはしない。その姿勢については、楚簡資料の検討を終えた後に、もう一度考えてみたいと思う。

二　上博楚簡に見られる天人相関思想

従来の思想史研究では、『荀子』の天人の分は、荘子が説いた自然の天の影響を受け、孔子の天に対する消極的なスタンスの取り方を、荀子が積極的姿勢に転換し、『詩経』・『書経』を直接的には否定しないながらも、そこに見られる主宰としての天つまり上天・上帝と地上の王の統治との相関関係を否定したものだと考えられてきた。ただし、上述したように、その批判対象が明記されていないために、あえて敵対思想として挙げる際には、『墨子』の天志論が批判対象だとも考えられてきた。したがって、荀子の天人の分を思想史上に位置づけしようとする場合、突如として荀子が半ば自発的に天人の分を主張したような感が強かった。しかし荀子の眼前には、荀子が天人の分を説かざるを得ないような状況があったようなのである。その辺りの事情が、近年刊行され続けている『上海博物館蔵戦国楚竹書』の各分冊の内容から垣間見えてきたのである。そこで本節では、いわゆる上博楚簡に見られる天について検討してみたい。

近年、注目を浴びている戦国楚簡には、郭店楚簡と上博楚簡の二系統がある。本節でとりあげるのは、とくに上博楚簡に見られる天に関する言説である。(3) 上博楚簡には、以下に見るように、荀子があえて天人の分を論じるに至る契機となったのではないかと思われる資料が続出している。とくに検討対象として挙げたいのは、『魯邦大旱』や『柬大王泊旱』などに見られる、旱魃は上帝・上天が君主に下す刑罰であるという記述であり、これまで見えていなかった戦国期の天と人との関係がどのように考えられていたのかを如実に伝えるものとして検討しうる。また第五分冊にある『三徳』は、全篇がほぼ天人相関思想の理論であり、これも注目に値する。

まず、主宰としての天が登場する資料は『魯邦大旱』である。この資料は魯に起こった大旱魃をめぐっての、魯の哀公と孔子の問答と、哀公のもとを退出した孔子と弟子の子貢との問答からなる。

魯の哀公に大旱魃の原因を問われた孔子は、「邦に大旱あるは、乃ち諸を刑と徳に失うこと毋からんか」と答える。ここでの「刑と徳」は、主宰としての天が君主に下す天刑と天徳と取るか、君主としての哀公が行う刑罰と徳政と取るかで分かれるところである。後の孔子の発言に「庶民の説の事を知るは視ればなるも、刑と徳とは知らず」とあり、それが庶民には見えないものであると述べられている。「刑」を庶民に見えないところで行うというのは、鄭の子産が刑書を公開した際に晋の叔向が寄せた手紙に見られる。「徳」については、たとえば『書経』で理想的統治のあり方として説かれる「明徳慎罰」のように、君主は徳を明示すべきだという考え方もある。ここだけでは判断がつきかねるが、ここでは、主宰としての天が君主に下す天刑と、幸いとしての天徳と取っておく[4]。つまり、哀公が天刑として下されている大旱に対してきちんと反省すべきだということを孔子は主張したかったのだと考える。

『魯邦大旱』の展開は、哀公のもとを辞した孔子が待っていた子貢と共に哀公との問答を振り返るのだが、そこでの子貢の発言には、以下のように「上天」が登場する。

如し夫の刑と徳とを正して、以て上天に事うれば、此れ是なるかな。若し珪璧・幣帛を山川に薆《かく》すこと毋きも、乃ち不可なること毋し。夫れ山は石以て膚と為し、木以て民と為す。如し天雨ふらさざれば、石は将に焦げんとし、木は将に死せんとす。其の雨を欲すること我より甚だしきもの或り。何ぞ必ずしも明を恃まんや。夫れ川は水以て膚と為し、魚以て民と為す。如し天雨ふらさざれば、水は将に涸れんとし、魚は将に死せんとす。其の雨を欲すること我より甚だしきもの或り。

「珪璧・幣帛を山川に薆す」とは、前述したように哀公と孔子の問答で話題になっており、旱魃が起こった際に行われる祭祀のことであり、『周礼』にも見られる「説」という祭祀である。この祭祀を哀公が行おうとしたことがここでも確認できる。哀公は魯に続く大旱魃に対する雨乞いの儀式として、山川に対する祭祀を行おうとしたようなのである。それに対して孔子は、そのような祭祀に頼るのではなく、大旱魃は天刑として下されていることを自覚するように哀公に求めた。それを受けての子貢の発言だったようである。

ここから読み取れるのは、魯国に起こった大旱魃を、たんなる自然現象とは捉えずに、哀公の失政に対する上天からの刑罰であるとする思考である。これは、哀公・孔子・子貢に共通する思考である。そしてこの思考は、前節で見た主宰としての天を大前提としたものである。旱魃を上天から下された天罰であると考える思考の枠組みは、当然ながら、天論篇で説かれていた「治乱は天に非ざるなり」という主張と真っ向から対立するものになっている。だが注意しなければならないのは、哀公と孔子・子貢の間にある旱魃への対応策の違いである。哀公の対応策は、ただたんに山川への祭祀という雨乞いによるのみである。だが、孔子と子貢は、山川への雨乞いを否定し、君主が天刑を下されていることを自覚して反省し、自らの為政を充実させることが必要だと考えているのである。『魯邦大旱』の末尾は「公豈に粱（粱）に飽き肉に飫かざらんや、庶民を如何ともする無し」という記述で終わっており、哀公の飽食ぶりを嘆いていることからすると、そのような奢侈を改めることこそが哀公に求められているのだと考えられる。(5)なお、孔子と子貢が祭祀を否定していた点については、天論篇に見られた祭祀を「文」とする思考と通じるものであり、この点については次節で考察してみたい。

『魯邦大旱』は残念ながら欠簡があり、主宰としての天についてもう少し突っ込んだ議論が哀公と孔子の間にあった可能性もあるが、いま目に見える範囲においても、旱魃を上天から下された天罰であると考える思考の枠組みが主題となっていることが指摘でき、十分に荀子の批判対象たりえたと考えられる。

さて、『魯邦大旱』とほぼ同じような主宰としての天が登場するのは、『東大王泊旱』である。この資料は「東大王泊旱」と名付けられているとおり、東大王という統治者が自国の旱魃をとどめようとして行った卜筮に関することが書かれている。「東大王」とは、『上海博物館蔵戦国楚竹書』整理者の「説明」によると、『江陵望山沙塚楚墓』竹簡（望山楚簡）にも見られ、楚の簡王と目されている。楚の簡王は、『史記』などの記述からの推定では、在位期が前四三一～前四〇八年の楚国第十七代目の王と考えられている。

『東大王泊旱』の内容は、旱魃防止の占いが話題の中心ではあるが、細かく見れば、国家統治と旱魃の関係に関する記述と、国家の大事と王の身の大事とではどちらを優先すべきかという記述の、二つの論点を持っている。(6)本章で注目したいのは、国家統治と旱魃の関係という論点である。そこでは、上帝が為政者への刑罰として旱魃を下すという、『魯邦大旱』にも見られた主宰としての天の考え方が見える。太宰と呼ばれる宰相レベルの高官と王との問答に次のようにある。

太宰進みて答うるに、此れ謂う所の旱母なり。帝は将に之に命じ、諸侯の君の治むる能わざる者を修めて、之に刑するに旱を以てせしむ。夫れ旱毋しと雖も、百姓は移りて以て邦家を去らん。此れ君たる者の刑なり。

太宰の発言の中にある「帝」は「旱」を下す主体であるから、上帝だと考えられる。太宰は、上帝が諸侯の中で国家をきちんと統治していないものに対して旱魃を刑罰として下すのだと説く。その後に「旱毋しと雖も」と続けて、なおも為政者が反省せずに統治を怠ると、旱魃が終わったとしても人民が楚国を捨てるという、さらなる刑罰が下されるとたたみかける。この太宰の諫言に対して王は「一人政を治むる能わざれば、而ち百姓以て絶つか」と反省し、太宰は王に対して「如し君王、郢を修むれば、高方も然るが若く理まらん」という対処策を進言した。

ここには、先に見た『魯邦大旱』と同様に、旱魃をたんなる自然現象とは捉えずに、為政者の失政に対する天からの刑罰であるとする思考が見られる。そもそも『柬大王泊旱』は「柬大王、旱を泊めんとし、亀尹羅に命じて大夏に貞《と》わしめ、王自ら卜に臨む」という一文から始まり、旱魃への対処策として、当初は卜筮が行われようとしていた。しかし、太宰は旱魃への対応策について、そのような卜筮に頼るのではなく、実際に「郢を修む」としてまず楚王の足許の国都の整備に専心するように求めたのである。太宰が実際に卜筮を否定した発言は見いだせないが、結果としては卜筮を頼みとしないという話になっている。この卜筮をめぐる消極的姿勢も『魯邦大旱』『荀子』天論篇に見られたものと似通っていることは注目しておきたい。

次に見るのは、第五分冊に収められている『競建内之』『鮑叔牙與隰朋之諫』である。最初に断っておかなくてはならないが、この二篇には直接的に主宰の天が説かれているわけではない。ただ、前節で確認した天論篇で否定されていた天道としての天、つまり自然現象を使って人間に対して禍福の前兆を示す天の在り方に関する言説が見られるのである。

この二篇については、その内容から一篇の書であると見なす研究が、陳剣氏によって早くに提出されている。[7] その見解に異論をはさむわけではないが、本章で問題としたいのは『上海博物館蔵戦国楚竹書』第五冊が『競建内之』としている部分なので、引用上の便宜性から『競建内之』の簡番号を引用元として付しておく。[8]

（1）二陸。隰朋と鮑叔牙と従う。日既く。公、二大夫に問う。「日の食するや、曷為れぞ」と。鮑叔牙答えて曰く「星変なり。子曰為斉」……（5）言曰多。鮑叔牙答えて曰く「害将に来たらんとし、将に兵有らんとし、公の身に憂い有らん」と。公曰く「然らば則ち説すべきか」と。[9] 隰朋答えて曰く「公身ずから（6）亡道を為し、善に遷らずして之に説せんとするは、可ならんか」と。公曰く「当に吾に在るべし。二三子に頼らずして恕を諦かにせず、寡人日をして食せしむるに至る」と。

「説」は『魯邦大旱』にも出てきた不祥を祓う祭祀のこと。ここでの「公」は斉の桓公であると考えられる。桓公は日食という星変について鮑叔牙と隰朋という二人の大夫に下問した。それに対して鮑叔牙が「害将に来たらんとし、将に兵有らんとし、公の身に憂い有らん」として、それが災禍の前兆であることを指摘する。そこで桓公は「説」という祭祀によってお祓いをすることの是非を問うた。それに対して隰朋は、桓公が自ら無道の行いをし、善政を施さないままに祭祀を行うことの非を責めた。そこで桓公は、日食の怪異をもたらしてしまったのは「当に吾に在るべし」と認め、反省したのである。

この部分では、日食を下した主体としての天は説かれていないが、日食という自然現象を災禍の前兆とする考え方がまず基本にある。この考え方は、天論篇では「夫の日月の食有る、風雨の時ならざる、怪星の党たま見るるは、是れ世として常に之有らざること無し。上明にして政平らかなれば、則ち是れ並世にして起こると雖も傷むこと無きなり」のように説かれ、日食を天からの譴責と見なす思考は否定されていた。したがって『競建内之』に説かれているような日食の捉え方こそが、天論篇の批判対象だったと考えることができよう。ただ、ここでも日食という譴責に対して、祭祀を行うだけでお祓いになると考えている桓公に対して、為政者が無道な行いを改めて善政を施すことこそが譴責への対応であるという考え方が強調されていたのは注日しておきたい。

さて、以上の『魯邦大旱』『柬大王泊旱』『競建内之』は、いずれも旱魃や日食への対応が君主と臣下との問答によって議論されている内容だったが、最後に見る『三徳』は、これらとは違い、問答などの設定なしに天人相関思想が一貫して説かれているものである。[10]『三徳』という書名は、第一簡の「天は時を供し、地は材を供し、民は力を供す。明主思うこと無し。是れを三徳と謂う」から名付けられたものだが、とくに天についての言及が多く、たとえば「偽詐を為す毋かれ、上帝将に之を憎まんとす。忌むべくして忌まざれば、天乃ち災いを降し、已むべくして已めざれば、天乃ち異を降す（第二簡）」というように、人間に対して意思を持って支配する主宰としての天に関する理論が展開されている。

喜樂に期度無きは、是れを大荒と謂い、皇天諒とせず、必ず是れに復するに憂喪を以てす。凡そ食欲に量計無きは、是れを淫荒と謂い、上帝諒とせず、必ず之に復するに荒を以てす。上帝諒とせざれば、以て祀るも享けず。（第七簡）

先に引用した部分でもそうだったが、ここでは主宰としての天を「皇天」「上帝」とも呼び、名称に揺れはあるが、それぞれ主宰者として説かれている。それらは君主の喜びごとや樂しみごとに限度がなければ憂いを降したり、度が過ぎれば喪ぼすということだってあり、食欲についても同様で、度が過ぎれば飢饉を降すと言う。君主が自らの悪行を正さなければ、祭祀を行ったとしても受け付けないと説かれる。ただし、最後の祭祀を受け付けないというのは天への祭祀そのものを否定するものではない。『三徳』には、他に「鬼神もて禋祀すれば、上帝怡び」（第八簡）とあり、天への対応としての祭祀は否定されていない。君主自身が天刑に対応して悪行を正さなくてはならないことが強調されているのである。

以上から明らかなように、『三徳』に説かれている天人相関思想は、『荀子』天論篇の冒頭で否定されていた主宰としての天である。『三徳』には、いわゆる天道としての天を細かく説く部分は見あたらない。「天災縄縄として滅えず隕びず。善を為せば福乃ち来たり、不善を為せば禍乃ち之有り」（第一四簡）のように、金文資料や『詩経』『書経』に相通じる天と人との間の直接的な因果関係を説いているのである。

本節では、以上のように『魯邦大旱』『柬大王泊旱』『競建内之』『三徳』に見られる天に関する言説を検討した。それらに通じていた思考は、主宰の天と人との間に因果関係を認める天人相関思想の範囲内での思考であり、荀子の「天人の分に明らかなれば則ち至人と謂う可し」（『荀子』天論篇）という主張と真っ向から対立するものであり、このような言説こそが天論篇の批判対象だったのだと考えられる。しかしながら、旱魃や日食に対する為政者の対応については祭祀や卜筮に頼るのではなく、人為の側を充実させて善政を実行することによって天の怒りを鎮めるべきだとしていた。とくに『魯邦大旱』『柬大王泊旱』『競建内之』において、祭祀や卜筮を否定していた点は、じつは前節で確認した『荀子』天論篇に相通ずるものである。そこで節を改めて、その互いに入り組んだ両者の対立性と共通性について考察してみたい。

三　『荀子』天論篇の成立事情

前節に見た上博楚簡の書写年代は郭店楚簡とほぼ同時期で、遅くとも楚の都である郢が秦に抜かれた前二七八年よりも前であると考えられている。とすれば、荀子が天論篇を執筆した際には、旱魃や日食を畏れ、その対応策を説く書として、たとえば『魯邦大旱』や『柬大王泊旱』のような書物が読まれていた可能性が高い。そこでは、旱魃や日食という、荀子から見ればたんなる自然現象が、主宰としての天からの失政に対する譴責であると考えられていた。

「君子は其の己に在るものを敬しみて、其の天に在る者を慕わず、是を以て日に進むなり。小人は其の己に在る者を錯きて、其の天に在る者を慕う、是を以て日に退くなり」（『荀子』天論篇）と主張した荀子からすれば、『柬大王泊旱』などは、すべて小人の営みとして否定すべき対象だったに違いない。

だが前節で見たように、上博楚簡の側を細かく検討してみると、じつは『荀子』天論篇の主張と相共通する部分がある。それは、たとえば『魯邦大旱』では、魯の哀公が旱魃に対して祭祀のみで対処しようとしたのに対して、祭祀などに頼るのではなく、為政そのものを改善すべきだとした主張である。[11] 大枠で捉えれば、天人相関の枠組みで問答は行われているのだが、その中で天への対応を祭祀や卜筮を本筋として行うのではなく、あくまでも為政者が自らの為政を正すことを本筋とする点で、人為を重視する傾向が見られるのである。これを簡単に図式化すれば、以下のようになるだろう。

〔第一段階、天からの譴責〕　天↓↓日食・旱魃↓↓君主の失政

←

〔第二段階、天への対応策〕　天↑↑為政を正す↑↑君主＝治（肯定）

天↑↑祭祀・卜筮↑↑君主＝乱（否定）

さて、すでに第一節で確認したように、荀子は「日月食して之を救い、天旱して雩し、卜筮して然る後に大事を決するは、以て求むるを得と為すに非ざるなり、以て之を文るなり」（『荀子』天論篇）として、日食や旱魃などに対する祭祀や卜筮を「文」なる装飾的儀礼としていた。つまり、それが「神」なる精妙な効力を持つと考えることが否定されていたのである。当然ながら、日食や旱魃に対しては「卜明にして政平らかなれば則ち是れ並世にして起こると雖も傷むこと無きなり」として、為政者が天人の分に明らかで、自らの務めである為政を正しく行っていれば、それらが併発しても何ら支障はないとして、君主の為政の充実を主張していたのである。

この荀子の祭祀を否定し、君主の為政の充実を本筋とする考え方は、おそらく『魯邦大旱』『柬大王泊旱』『競建内之』に見られた、天への対応における為政の重視と軌を一にする。つまり荀子は、『魯邦大旱』などに見られる為政を重視する思考を発展させて、天人の分にたどり着いたのではないかと思われるのである。先の図式で言えば、荀子は「治」をもたらすシステムとして、上部の天の部分を消去して君主が「為政を正す」ことだけを主張したに過ぎない。現代人の感覚で天論篇を読んだ場合に感じる当たり前なのではないかという感想は、そのあまりにも簡単な図式が見えてくるからであろう。

そして、以上のように、『荀子』天論篇と上博楚簡の天人相関思想との関係を捉えてみると、これまでの伝世文献に見られた、ある説話が想起される。鄭の子産の「天道は遠く、人道は邇し」（『春秋左氏伝』昭公一八年）という発言をめぐる鄭での出来事である。そこでは、子産が天人相関の枠組みの中に身をおきながら、天道の不可知さを語っている。その天道に対する姿勢において、荀子との接近性が指摘できるのである。以下、『春秋左氏伝』の記述を確認しておきたい。

子産の晩年、前五二五年、鄭の定公五年（昭公十七年）の冬、彗星が火星の西に現れ、その光が銀河にまで到達した。この天象を見た鄭の裨竈というお祓い師が、玉の杯と玉のひしゃくを使って御祓いがしたいといいだした。そうしなければ鄭に大火災が起きるというのである。しかし子産はこの求めに応じなかった。その翌年の五月、火星が日暮に見え、丙子の日に強風が吹き、壬午の日に火災が起こった。お祓い師の裨竈がまた登場し、「吾が言を用いずんば、鄭又将に火有らんとす」（昭公十八年）と予言した。子産はまたこれを無視しようとした。その時、子産の側近であった子大叔が、次のように進言した。

子大叔曰く、宝は以て民を保んずるなり。若し火有れば、国幾んど亡びん。以て亡を救う可し。子何ぞ愛める、と。（昭公十八年）

宝（玉の杯とひしゃく）というものは、民衆を守る、つまり国を守るためのものである。もう一度火災が起これば我が国は滅びてしまうのだから、ここで宝を使うことをどうして惜しむのかと子産に迫ったのである。しかし、子産は許さなかった。この時の発言が以下のものである。

子産曰く、天道は遠く、人道は邇し。及ぶ所に非ざるなり。何を以てこれを知らん。竈焉くんぞ天道を知らん。是れ亦多言なり。豈に信或らざらんや、と。遂に与えず。亦復た火あらず。（昭公十八年）

そもそも裨竈というお祓い師への不信感もあるが、子産はここで天道が人智の及びにくいものであることを指摘し、天道の不可知さを述べている。そして、鄭にはその後火災が起きなかった。この部分の字面からすると、子産は天人相関の枠組みを打破しようとしたようにも考えられるが、じつはそうではない。この火事の際に、子産は兵を出して国防を強化したのだが、これに隣の晋国の国境警備が過敏に反応して「鄭の災有るは、寡君の憂いなり」（昭公十八年）と牽制してきたのに対して、子産は次のように返事をしている。

子産対えて曰く、吾子の言の若し。敝邑の災は、君の憂いなり。敝邑、政を失いて、天之に災を降す。又讒慝の之を間謀して、以て貪人を啓《みちび》き、荐りに敝邑の不利を為して、以て君の憂いを重ねんことを懼る。（昭公十八年）

対外的なものではあるが、ここで子産は火災を天からの失政に対する譴責であることを認めており、彼の考え方が天人相関の枠組みの中にいることは明らかである。また、火災から二ヶ月後には、「七月、鄭の子産、火の為の故に、大いに社を為め、四方に祓禳して、火災を振除す。礼なり」（昭公十八年）とあるように、礼にかなった正しく周到なお祓いをして火災の厄除けをした。裨竈のお祓いは却けたのだが、国家的な儀礼によるお祓いは積極的に行ったのである。したがって先の発言は、裨竈のごとき御祓い師が高遠な天道のことを知るはずもないということを強調し、裨竈レベルのお祓いによって天道の在り方を変えるなどという考え方を否定しようとしたのだと考えられる。[12]では、なぜ子産が国家的なお祓いを行ったのかと言えば、それはおそらく『荀子』天論篇で言われていたような「文」なる装飾的な儀礼の重要性を子産自身が知っていたからだと考えられよう。

以上のように、子産は天人相関の枠組みの中とは言え、天道の不可知さを述べ、それを裨竈の呪術を内容とする人道と対置させた。天道は人が容易に知りうる水準にはないと説き、お祓い師が主張するような呪術から切り離したのである。ただし、その切り離し方は、天道を呪術によって変えようなどと考えるのは無理であるというところまでであった。荀子の天人の分は、「天行常有り。堯の為に存せず、桀の為に亡びず。之に応ずるに治を以てすれば則ち吉、之に応ずるに乱を以てすれば則ち凶なり」（『荀子』天論篇）のように、君主が善政を行えば天から福がもたらされ、その逆であれば禍が降されるというような因果関係を否定し、国家統治の在り方と天道を全く切り離し、人は人、天は天であるというところまでを説いていた。子産と荀子との間は近づいてはいるが、子産は「敝邑、政を失いて、天之に災を降す」（昭公十八年）とあるように、天と人との因果関係までを断ち切れてはいない。

そこで想起されるのが、郭店楚簡『窮達以時』の考え方だろう。『窮達以時』は個人の処世論ではあるものの、次のような「天人の分」を説いていた。そこでは「遇と不遇とは天なり」「善否は己よりす。窮達は時を以てするも、徳行は一なり」（『窮達以時』）のように、時世の推移を天として捉え、その時勢に遇う（栄達）か、遇わない（困窮）かを決定するのは天の領域であって、そこに人為は及ばず、逆に、人間の才能や修養は人の領域に属する事柄であって、天が決定する遇・不遇に左右されることはないとする。したがって、天がいかに不遇な運命を下そうとも、天は天、人は人なのだから、天を恨んだり嘆いたりするようなことはせず、「天人の分に察らかなれば、而ち行うべきを知る」（『窮達以時』）とあるように、人の領域でできる修養に努めるべきだと言うのである。このような『窮達以時』の天の領域と人の領域を切り離した考え方を、子産と荀子の間に介在させて議論を国家統治に及ぼせば、子産の「天道は遠く、人道は近し」という発言と荀子の天人の分の考え方を連結できるのである。

以上の検討を通じて、『荀子』天論篇の成立過程を考えてみると、以下のようにまとめることができるだろう。まず、主宰としての天が自然現象を使って譴責を降すという、天道としての天の考え方が存在した。その考え方のもとで、天からの譴責への対応策として、ただたんに祭祀や卜筮に頼らずに、君主の為政そのものを正すことによって天の譴責に応じることが主張されるようになった。この立場を伝える説話は『春秋左氏伝』や『国語』に多く見られる。(13) そして、そこで最も現実の為政を重視した子産という政治家によって「天道は遠く、人道は邇し」という発言が為され、天道と人道を対置する考え方が示された。さらに『窮達以時』に見られたような天人の分をふまえた上で、天を自然と捉える装置を導入した荀子が登場し、国家統治までを論ずる「天人之分」を理論化したのが、天論篇だったのではないだろうか。

荀子は「礼は人道の極なり」(『荀子』礼論篇)といい、「国の命は礼にあり」(『荀子』天論篇)ともいうように、「礼」を人間に秩序をもたらす最善のシステムと考え、その全能性を主張せんとした。「礼」の全能性を確保するためには、当然ながら主宰としての天や天道としての天は否定されなければならない。そのように考えれば、天論篇は決して突如として荀子が自発的に天人の分を主張したものではなく、天人相関思想の中で育まれた人為の重視という天人の分の萌芽を、荀子が開花させたと見るべきなのである。(14)

おわりに

さて、第一節の末尾で留保しておいた疑問点について述べておこう。それは、主宰の天を否定しようとした天論篇が、なぜ手っ取り早く『詩経』や『書経』に説かれる「天」「上天」「上帝」を直接に否定しなかったのか、という疑問である。

天人の分を主張する天論篇があるにもかかわらず、『荀子』に主宰としての天を肯定する記述があることは、早くから指摘されてきたことである。[15] たとえば栄辱篇にある「天の蒸民を生ずるや、以て之を取る所有り」という表現や、賦篇には「皇天物を隆《くだ》して、以て下民に示す。或いは厚く或いは薄く、帝、斉均ならず。桀紂は以て乱れ、湯武は以て賢なり」という天論篇の冒頭と完全に対立する表現もあり、大略編には湯王の旱魃に対する祷りが記されている。それらはすべて主宰としての天の考え方であり、これまでは荀子が旧時代の考え方としての主宰の天の倫理のもとで生きた人であるからとか、荀子はとりあえず天論篇によって人間の働きを人間の世界に限定して論を展開しただけであり、人間が天を制圧するような論を展開したわけではない、というような言い方で説明されてきた。

これまでの見解は、たしかに首肯できるものだが、それで納得できるかと言えばそうはいかない。天論篇では、天とは人為と対置される自然なのだということが一方的に主張され、上天・上天を直接に論に上せて否定することはしないが、第一節で確認したように間接的というか、篇全体の枠組みとして、主宰の天を否定しているのである。では、なぜ直接に否定しないのか。素朴な発想として想起できるのは、もし『詩経』や『書経』を引用して上天や上帝を否定したならば、それは孔子の後継者として真の儒者を目指した彼の基本的な立脚点とも言える、『詩経』『書経』における倫理を全否定してしまうことになるに違いないからという答である。そもそも彼は「故に書は政事の紀なり、詩は中声の止まる所なり、礼は法の大分、群類の綱紀なり。故に学は礼に至りて止まる。夫れ是れをこれ道徳の極と謂う」（『荀子』勧学篇）として、『詩経』『書経』を学問の最重要書物として主張している。その書物を直接に否定することは憚られたに違いない。さらに、荀子が尊敬してやまない孔子は「文王既に没するも、文茲に在らずや。天の将に斯の文を喪ぼさんとするや、後死の者、斯の文に与かるを得ざるなり。天の未だ斯の文を喪ぼさざるや、匡人其れ予を如何せん」（『論語』子罕篇）というように、主宰としての天を自らの生を支える神格として直接に語っていた人でもあった。荀子が主宰としての天を直接的に否定できなかったのは、孔子を直接に否定することをも憚ったからに違いない。

孔子の後継者を自認し、真の儒家を目指したことが荀子の思想家としての出発点であるとするなら、荀子はその時点で、つねに現実とその理想の間に悩まされる道を選択したと言える。もし彼がそうでない道を選んでいたならば、天論篇はもっと明解な論が展開されていたはずである。もっとも、この天論篇におけるゆがみの構造は、じつは彼の思想のほとんどすべてにおいて見られることだが、それについては稿を改めて論じよう。

注

（1）郭沫若「十批判書」（『郭沫若全集』（歴史編）第二巻、北京人民出版社、一九八二。）

（2）金文資料に見られる主宰としての天については、拙稿「中国古代における「天」概念の形成と展開――金文資料を中心として――」（『梅花女子大学文化表現学部紀要』第2号、二〇〇五）を参照。

（3）郭店楚簡には、個人の処世論ではあるが、「天人の分」を説いた『窮達以時』がある。本章でも後にふれるが、この『窮達以時』については、末永高康「もう一つの『天人の分』――郭店楚簡初探」（『鹿児島大学教育学部研究紀要』第五十巻別冊、一九九九年三月）、浅野裕一「郭店楚簡『窮達以時』の「天人之分」について」（『集刊東洋学』八十三、二〇〇〇年五月）、拙稿「天と人との距離」（『諸子百家〈再発見〉』第三章、岩波書店、二〇〇四年）を参照。

（4）『魯邦大旱』の「刑徳」の内容について、上帝が降すものと取る立場は、浅野裕一「上博楚簡『魯邦大旱』における刑徳論」（初出『中国研究集刊』三六号、二〇〇四年。後に汲古書院刊『竹簡が語る古代中国思想――上博楚簡研究――』二〇〇五年に収録）を参照。一方、君主の行うものと取る立場は、谷中信一「上博簡『魯邦大旱』の思想とその成立――「刑徳」説を中心に――」（『中国出土資料研究』第九号、二〇〇五年）を参照。

（5）哀公に求められている直接的な事柄が奢侈の禁止であることも、本章が「刑徳」が上帝から降されるものと取った傍証である。

（6）『柬大王泊旱』の内容が二つの論点を持っていることについては、浅野裕一「新出土資料と諸子百家研究」（本書第二章）

を参照。なお、工藤元男「楚文化圏の卜筮祭祷習俗――上博楚簡〝柬大王泊旱〟を中心に――」(『長江流域文化研究所年報』第四号、二〇〇六年)は、『柬大王泊旱』が全篇を通じて楚国を襲った旱魃に対して行った「雨乞い」に関する故事として一貫しているとしている。

(7) 陳剣「談談《上博(五)》的竹簡分篇・拼合与編聯問題」(簡帛網〈http://www.bsm.org.cn/〉、二〇〇六年二月一九日)を参照。

(8)『競建内之』『鮑叔牙與隰朋之諫』の釈読に関しては、草野友子「上博楚簡『競建内之』・『鮑叔牙與隰朋之諫』訳注」(『中国研究集刊』別冊第四一号「戦国楚簡研究2006」、大阪大学中国哲学研究室、二〇〇六)も参照した。

(9)「則ち説すべきか」の部分は、『上海博物館蔵戦国楚竹書』の陳佩芬釈文では「奪」とするが、陳剣氏の説に従って「説」とする。

(10)『三徳』に関する論考としては、湯浅邦弘「上博楚簡『三徳』の全体構成と文献的性格」(本書第三章)、同「上博楚簡『三徳』の天人相関思想」(本書第四章)を参照。

(11)『魯邦大旱』に見られる人為の重視が荀子の天人の分に接近していたことについては、注(4)前掲の谷中論文がその可能性があるということを指摘している。

(12) 筆者は以前に、拙稿「鄭の子産――『春秋左氏伝』の善政観とその変容――」(『国語教育論叢』第6号、一九九七)において、子産の発言を天への決別を宣言したものであると論じたが、それは失考であった。ここに訂正する次第である。

(13) たとえば、『春秋左氏伝』に見られる斉の晏子の発言は、以下のように、天人相関の枠組みを維持しながら、祝官や史官のお祓いを否定し、君主の為政の充実を説いている。「斉に彗星有り。斉公は之を禳わしめんとす。晏子曰く、益無きなり。祇に誣を取らんか。天道は諂らず。其の命を貳とせず。若何ぞ之を禳わん。且つ天の彗星有るは、以て穢れを除かんとするなり。君に穢徳無ければ、又た何ぞ禳わん。若し徳の穢れならば、之を禳うも何ぞ損せん。詩に曰く、惟れ此の文王、小心翼々として、昭かに上帝に事え、聿に多福を懐う。厥の徳は回ならず、以て方国を受く、と。君に違徳無ければ、方国将に至らんとす。何ぞ彗を患えん。詩に曰く、我は夏后と商に監みる所無きか。乱の故を用て、民は卒に流亡す、と。若し徳回乱ならば、民は将に流亡せんとす。祝史の為も、能く補うこと無きなり、と。公は説びて乃ち止む」（昭公二十六年）。

（14）筆者は注三前掲論考「天と人との距離」において、『荀子』の天人の分論の発想に関して、主宰としての天を全く無視した商鞅の法術思想が一つの契機となったであろうという可能性を指摘した。この点と本章との関係については今後の検討課題としたい。

（15）注（1）前掲郭沫若「十批判書」、金谷治「荀子の「天人の分」について」（『集刊東洋学』第二四号、一九七〇）など参照。

第十章　父母の合葬――『昭王毀室』――

湯浅邦弘

はじめに

母を亡くした孔子は、所在不明となっていた父の墓所を苦労して探し出し、その地（防）に母の亡骸を合葬したという（『礼記』檀弓上、『史記』孔子世家）。この孔子の行為は、家族、特に父母の亡骸は同一墓所にあるべしとの意識を前提としているであろう。

これを広義の死生観・宗教意識に関する事例とすれば、そうした課題を探るための貴重な資料が近年提供されたことになる。上海博物館蔵戦国楚竹書（上博楚簡）の『昭王毀室《しょうおうきしつ》』がそれである。『昭王毀室』には、父母の合葬（合骨）を願う「君子」が登場し、楚の昭王（在位前五一五～前四八九）に直訴する。

本章では、まずこの新出土資料『昭王毀室』を解読し、その構成上の特色について指摘する。次に、そこに登場する君子の合葬に対する意識、および君子に面会した昭王の対応の特色などを、類似の事例が見える『礼記』『晏子春秋』などとの比較を通して明らかにしたい。

また、本文献の背景として、楚地域における合葬の実態も問題となるであろう。これについて、近年の考古学的知見を基に、楚地域における代表的な墓地・墓葬形態を確認し、『昭王毀室』の持つリアリティについて検討する。

さらに、これらの分析を踏まえ、最終的には、本資料の成立事情や文献的性格について、他の戦国楚簡との比較も行いつつ、考察を進めてみることとしたい。

一　上博楚簡『昭王毀室』

まず、本文献の書誌的情報を記しておく。写真・釈文を掲載する『上海博物館蔵戦国楚竹書（四）』（馬承源主編、上海古籍出版社、二〇〇四年十二月、『昭王毀室』の担当者は陳佩芬氏）によれば、『昭王毀室』は、これに続く『昭王與龔之脽』と併せて竹簡全十枚から構成されている。簡長は完簡の場合四三・三〜四四・二㎝。竹簡の上下端は平斉で三道編綫。右契口。(1)

第五簡途中に墨節があり、明らかに二つに分節されていることが分かる。釈文では、そこまでの前半部を『昭王毀室』、そこから後を『昭王與龔之脽』としている。名称はいずれも内容に基づく仮称である。字数は『昭王毀室』一九六字、『昭王與龔之脽』一九二字。十簡の合計で三八八字である。

なお、上博楚簡の筆写年代については、周知の通り、二二五七±六五年前という中国科学院上海原子核研究所の炭素十四の測定値が紹介されている。この数値は、一九五〇年を定点とする国際基準に従って換算すると、前三〇七±六五年、すなわち前三七二年から前二四二年となる。下限は秦の将軍白起が郢を占領した前二七八年に設定されることから、書写年代は前三七二年から前二七八年の間の可能性が高いと推定される。原本の成立は当然これを遡るわけであるから、本章では、この『昭王毀室』について、遅くとも戦国時代の中期頃までに成立した文献であるとの前提に立って考察を進めてみたい。

では内容の検討に移る。以下では、便宜上、内容を四つの段落に区切って原文[2]と書き下し文、現代語訳、解説を掲載する。01・02などは竹簡番号、「■」は墨釘、「▬」は墨節、「／」は竹簡の断裂を綴合した箇所であることを示す。

『昭王毀室』はまず、昭王が宮室（離宮）を落成したという場面設定から開始される。

01昭王爲室於死湑之滸、室既成、将落之[3]。王誡邦大夫以飲酒。

昭王室を死湑の滸《ほとり》に為《つく》り、室既に成り、将に之を落せんとす。王、邦の大夫に誡《つ》げて以て飲酒せんとす。

楚の昭王は「死湑」のほとりに宮室を建設し、今まさに落成式を迎え、大夫たちを招いて宴会を始めようとしていた[4]。

「死湑」とは地名であると推測されるが、後述のように、実は、この宮室は墓所のほとりに建設されたものであった。「死湑」とはそうした事態を暗示するかのごとくである。

既釁落之[5]、王入将落、有一君子喪服蹣廷、将跖閨。稚人止之曰[6]、02「君王始入室、君之服不可以進」。不止曰、／「小人之告窆将専於今日[7]。尓必止小人、小人将招寇[8]」。稚人弗敢止。

既に釁《きん》して之を落し、王入りて将に落せんとするに、一君子の喪服にして廷を蹣《こ》え、将に閨に跖《ゆ》かんとするもの有り。稚人之を止めて曰く、「君王始めて室に入るに、君の服、以て進むべからず」と。止まらずして曰く、「小人の告窆するや将に今日に専らにせんとす。尓必ず小人を止めんとすれば、小人将に寇を招かん」と。稚人敢て止めず。

「釁」の儀式も終わり、いよいよ王が臨席して落成式を挙行しようとしていた、その矢先、喪服に身を包んだ一人の「君子」が宮室の中庭を越えて内門に進入しようとした。門番は君子を制し、「今日は王が初めて宮室に入られる吉日なのに、そのような不吉な喪服で通すわけにはいかない」と言った。しかし君子は、「私が王にお目通りして申し上げるのは、今日でなければならないのだ。もし私を制止しようとすれば、災いを招くことになろう」と言ったので、門番はそれ以上制止しなかった。

「釁」とは、祭りに用いる銅器などが完成した際、犠牲の血を塗ることである。[9] ここでは、直後の「落」を具体的に説明する語と解する。なお、ここには「落」が続けて二度記されるが、前者の「落」が建設物や器物を対象とするものであったのに対し、「王入将落」の「落」は王自らが室内で行う最終的な儀式であると推測される。

君子は、門番の制止のことばに対して、今日でなければならないのだと強硬に反論する。しかも、もしこれ以上制止するのであれば「寇を招かん」とも言っている。これは、自分を止めようとすれば騒乱を起こすという意味であるが、「寇」は、もともと外からの災い（外寇）を示す語であるから、[10] その意を重視すれば、配下の者が外に武装して待機しているなどの状況を想定することもできよう。

では、君子がこれほどまでに言う「今日でなければならない用向き」とは何であろうか。それは次の段落によって明らかになる。

至03閨、卜令尹陳省[11]爲視日[12]。告、僕之母辱／君王不逆[13]、僕之父之骨在於此室之階下。僕將殮亡老□□□04以僕之不得、并僕之父母之骨私自敷[14]。卜／令尹不爲之告。君不爲僕告、僕將招寇。

閨に至り、卜令尹陳省視日為り。告ぐ、「僕の母、君王の不逆たるを辱しめ、僕の父の骨、此の室の階下に在り。僕将に亡老を殮《れん》せんとす。□□□04以て僕の得ざれば、僕の父母の骨を并せて自敷に私せんとす」と。卜令尹之が告を為さず。「君僕が告を為さざれば、僕将に寇を招かん」と。

「君子」は門番の制止を振り切って内門に至ったが、そこには、王への奏上の取り次ぎ役の「卜令尹陳省」がいた。「君子」は、「私の母は、このような吉日に亡くなり、有徳の王を辱めました。実は、私の父の亡骸がこの宮室の階下に埋葬されているのです。私は、亡き父を弔い、……。もしそれがかなわなければ、私は両親の骨を自宅の敷地に改葬したいと思います[15]」と卜令尹に告げた。卜令尹は王への取り次ぎをしなかった。そこで君子は、「もし私の言を取り次いでくれないのなら、騒乱を起こします」と言った。

ここに至り、「君子」の切実な願いが何であるかが判明する。それは、合葬であった。昭王が築いた宮室は、「死湑」のほとりにあったが、実はそこは墓所であり、「君子」の父が埋葬されている場所だったのである。恐らくは、礼の規定により、母の埋葬の日取りが迫っているという設定であろう。「君子」は、父母の遺骸が離ればなれになることを忍びず、既に亡くなって葬られている父の亡骸とこのたび亡くなった母の亡骸とを、この地に合葬したいと願い出たのである。

竹簡の第三簡末尾は欠損しており約三字分を欠いている。そのため文意が読み取りづらいが、前後の文脈から判断して、ここには、亡き父とともに、母をも併せて弔いたいという「君子」の言があったと推測される。

しかし、既に宮室は竣工してしまった。そこで「君子」は、もし母の亡骸を合葬することが許されないのなら、父の墓を暴き、母の亡骸とともに他の場所に改葬したいと言うのである。この言に困惑した卜令尹は、取り次ぎを断るが、「君子」は、もし取り次いでくれないのなら騒乱を起こしますとその決意を表明する。

卜令尹爲之告。【王】[16]05曰、吾不知其尓墓■。尓何待既落焉。従事[17]。王徙居於平漫、卒以大夫飲酒於平漫■。因令至俑毀室■。

卜令尹之が告を為す。王曰く、「吾れ其れ尓が墓を知らず。尓何ぞ既に落するを待たん。事に従え」と。王居を平漫に徙し、卒に以て大夫を平漫に飲酒せしむ。因りて至俑をして室を毀せしむ。

君子の言に圧倒された卜令尹は、ついに昭王に奏上する。これを聞いた王は、「私はそもそもここが墓所であることを知らなかった。そなた（君子）はどうして落成式の終了を待つことがあろう。今すぐに父母の亡骸を合葬しなさい」と君子の願い出を聞き入れた。さらに王は、場所を平漫の地に移し、落成式に参集した大夫たちをその地で饗応した。そして至俑に命じて、竣工したばかりの宮室を取り壊させた。

この場面において、ようやく昭王が登場する。卜令尹から事の次第を聞かされた王は、直ちに君子の願いを許可する。その理由は、そもそもこの地が墓所であったことを知らなかったという点にある。すなわち、昭王は意図的に悪意を持ってこの地に宮室を築いたのではないというのである。しかも、昭王は、落成式を中止し、参集した大夫たちを他の場所に移動させて宴会を挙行させる一方、死滑のほとりに築いた宮室を取り壊すよう命じた。ここからは、昭王の決断の早さと死者に対する敬意とを読み取ることができると言えよう。

以上が、『昭王毀室』の全文であるが、ここで改めて、構成上の特色についてまとめてみよう。

第一の特色は、導入部を含め、四つの場面によって構成されている点である。比較的短い文章ではありながら、テンポ良く場面転換が行われ、読者の興味を喚起する構成となっている。また、君子の切実な願いの内容が、後半に至ってようやく明かされたり、「死滑」のほとりという冒頭の地名がその後の話の伏線となっている点なども、読み物として読者を相当に意識した作りとなっている。さらに、登場する人物も多様である。場面転換に伴い、「君子」と「稚人」、「卜令尹陳省」と「君子」、「卜令尹」と「王」、「王」と「君子」、「王」と「至俑」、というように登場人物が入れ替わる。これらの点は、後世の通俗小説や語り物のスタイルを髣髴とさせる。

二　合葬の思想

それでは次に、『昭王毀室』の内容面の特質について検討してみよう。実は、合葬を願い出るという類話は、他の伝世文献にもうかがうことができる。本章では、それらとの比較を通して、『昭王毀室』の特質を探ってみる。

まず、『礼記』檀弓上篇に次のような記載が見える。

季武子成寝、杜氏之葬在西階之下、請合葬焉、許之、入宮而不敢哭、武子曰、「合葬、非古也、自周公以來、未之有改也、吾許其大而不許其細、何居、命之哭」（『礼記』檀弓上）

これは、季武子（魯の公子季友の曾孫の季孫夙）が城外に屋敷を建設したところ、たまたま杜氏の墓地がその地内にあり、その人の請いにより合葬することを許したという話である。合葬を許された杜氏は、季武子に遠慮して「哭」しなかったが、季武子は、合葬という大事を許した以上そのような細事はどうでもよいと「哭」礼することを命じたという。

注目されるのは、「合葬は古に非ざるなり。周公より以来、未だ之改むること有らざるなり」と、合葬が古代の習俗ではないものの、周代においては周公旦以来の伝統的礼制であるとされている点である。この点は『昭王毀室』には明言されない要素であるが、『礼記』の方は、あまりに短文で、『昭王毀室』のようなドラマ性は稀薄である。

これに対して、『晏子春秋』に記される二つの話は、『昭王毀室』同様、やや手の込んだ作りになっている。

景公成路寝之臺、逢于何遭喪、遇晏子于途、再拜乎馬前。晏子下車挹之、曰、「子何以命嬰也」。對曰、「于何之母死、兆在路寝之臺牖（墉）下、願請命合骨」。晏子曰、「嘻、難哉。雖然、嬰將為子復之、適為不得、子將若何」。對曰、「夫君子則有以、如我者儕小人、吾將左手擁格、右手梱心、立餓枯槁而死、以告四方之士曰、『于何不能葬其母者也』」。晏子曰、「諾」。遂入見公、曰、「有逢于何者、母死、兆在路寝、當如之何〔當牖下〕。願請合骨」。公作色不說、曰、「古之及今、子亦嘗聞請葬人主之宮者乎」。晏子對曰、「古之人君、其宮室節、不侵生民之居、臺榭儉、不殘死人之墓、故未嘗聞諸請葬人主之宮者也。今君侈為宮室、奪人之居、廣為臺榭、殘人之墓、是生者愁憂、不得安處、死者離易、不得合骨。豐樂侈遊、兼傲生死、非人君之行也。遂欲滿求、不顧細民、非存之道。且嬰聞之、生者不得安、命之曰蓄憂。死者不得葬、命之曰蓄哀。蓄憂者怨、蓄哀者危、君不如許之」。公曰、「諾」。

晏子出、梁丘據曰、「自昔及今、未嘗聞求葬公宮者也、若何許之」。公曰、「削人之居、殘人之墓、凌人之喪、而禁其葬、是于生者無施、于死者無禮。詩云、『穀則異室、死則同穴』。吾敢不許乎」。逢于何遂葬其母路寢之牖下、解衰去絰、布衣縢履、元冠茈武、踊而不哭。躃而不拜、已乃涕洟而去。（『晏子春秋』内篇諫下第二、景公路寢臺成逢于何願合葬晏子諫而許第二十）

斉の景公が正殿の楼台を築いた時、逢于何はちょうど母親を亡くした。逢于何は墓地がその楼台の土壁の下にあるので、そこに既に葬られている父とこのたび亡くなった母とを合葬させてほしいと晏嬰に頼んだ。晏嬰は景公に取り次ぐが、これを聞いた景公は、未だかつて君主の宮殿に葬りたいなどという話は聞いたことがないと拒絶した。すると、晏嬰は景公を諫めて、「古の人君は、其の宮室は節にして、生民の居を侵さず、臺榭は倹にして、死人の墓を残わず。故に未だ嘗て諸を人主の宮に葬ることを請う者を聞かざるなり。今君侈りて宮室を為り、人の居を奪い、広く臺榭を為りて、人の墓を残なう。是れ生者は愁憂して、安處するを得ず、死者は離易して、骨を合わすを得ず」と説いた。景公はそれを許し、逢于何は遂にその母を埋葬することができたが、その際、喪服を脱ぎ、哭せず、涙を流しながら去っていった。

ここでは、斉の景公が築いた楼台が、たまたま逢于何の墓の上にあったことになっており、『昭王毀室』と状況設定が類似している。また、最終的には合葬の願いがかなうという結末も同様である。さらに、逢于何と晏子の問答が繰り返された後、晏子がそれを景公に取り次ぐという展開や、最終的には景公も「詩」を引用しつつ合葬を許諾する点などには、一種の物語性が付与されていると言える。

しかし、『昭王毀室』では、楚の昭王が君子の申し出を聞いて直ちに自らの非を悟り、完成したばかりの宮室を毀してまで合葬を勧めたのに対し、斉の景公は、はじめ逢于何の願いを拒絶し、晏嬰に諫められて渋々許諾したのである。当然のことながら、『晏子春秋』では、晏子の智恵と活躍に光が当てられていて、景公の側は、晏子の強い諫言によってようやく己の非を悟るという役回りを演じさせられているのである。

これと同様の性格を看取できるのが、次の資料である。

景公脊于路寝之宮、夜分、聞西方有男子哭者、公悲之。明日朝、問于晏子曰、「寡人夜者聞西方有男子哭者、聲甚哀、氣甚悲、是奚為者也。寡人哀之」。晏子對曰、「西郭徒居布衣之士盆成适也。父之孝子、兄之順弟也。又嘗為孔子門人。今其母不幸而死、祔柩未葬、家貧、身老、子孺、恐力不能合祔、是以悲也」。公曰、「子為寡人弔之、因問其偏柎何所在」。晏子奉命往弔、而問偏之所在。盆成适再拜、稽首而不起、曰、「偏柎寄于路寢、得為地下之臣、擁札摻筆、給事宮殿中右陛之下、願以某日送、未得君之意也。窮困無以圖之、布唇枯舌、焦心熱中、今君不辱而臨之、願君圖之」。晏子曰、「然。此人之甚重者也、而恐君不許也」。盆成适蹶然曰、「凡在君耳。且臣聞之、越王好勇、其民輕死。楚靈王好細腰、其朝多餓死人。子胥忠其君、故天下皆願得以為子。今為人子臣、而離散其親戚、孝乎哉。足以為臣乎。若此而得祔、是生臣而安死母也。若此而不得、則臣請輓尸車而寄之于國門外宇溜之下、身不敢飲食、擁轅執輅、木乾鳥栖、袒肉暴骸、以望君愍之。賤臣雖愚、竊意明君哀而不忍也」。晏子入、復乎公、公忿然作色而怒曰、「子何必患若言而教寡人乎」。晏子對曰、「嬰聞之、忠不避危、愛無惡言。且嬰固以難之矣。今君營處為游觀、既奪人有、又禁其葬、非仁也。肆心傲聽、不恤民憂、非義也。若何勿聽」。因道盆成适之辭。公喟然太息曰、「悲乎哉、子勿復言」。迺使男子袒免、女子髽者以百數、為開凶門、以迎盆成适。适脱衰絰、冠條纓、墨緣、以見乎公。公曰、「吾聞之、五子不滿隅、一子可滿朝、非迺子耶」。盆成适于是臨事不敢哭、奉事以禮、畢、出門、然後舉聲焉」。（『晏子春秋』外篇第七、景公臺成盆成适願合葬其母晏子諫而許第十一）

斉の景公が楼台を築いた時、盆成适なる者が、「父の墓が宮殿の間近にあり、そこに既に葬られている父とこのたび亡くなった母とを合葬させてほしい」と晏嬰に頼んだ。これを聞いた景公は怒ったが、晏嬰は景公を諫め、景公は嘆息しつつもそれを許した。盆成适は合葬するに際して哭せず、門を出てから哭泣した。

これも前記の話と酷似する内容である。ここでも、ある晩、西方で男子の哭泣する声を景公が聞き、明朝、それを晏子に告げると、晏子がその訳を解説する、という書き出しになっていたり、合葬の願い出を聞いた景公が「忿然として色を作して怒」ったり、と読者を強く意識した物語性が認められる。この点は前者と同様である。また、合葬を許された盆成适が景公に遠慮して「哭」しなかったという点も、先の『礼記』や右の『晏子春秋』と同様である。

ただここで注目されるのは、合葬を願い出た盆成适なる人物が「父の孝子、兄の順弟」で、かつて「孔子の門人」であったとされている点である。また、盆成适自身も、合葬を求める理由として「今人の子臣と為りて、其の親戚を離散するは、孝ならんや、以て臣と為すに足らんや」と力説している。ここには明らかに、「孝」「悌」といった思想的要素が看取できると言えよう。

また、晏子の諫諍の中にも、「忠は危きを避けず、愛は悪言無し」とか、「既に人の有を奪いて、又た其の葬を禁ずるは、仁に非ざるなり。心を肆にして聴に傲り、民の憂いを恤《あわれ》まざるは、義に非ざるなり」のように、「忠」「愛」「仁」「義」などの徳目が列挙される。つまり、景公を説得する理由として、こうした儒家的とも言える徳目が強調されているのである。景公は、かかる思想的言説に押されて、ようやく合葬の願いを聞き入れたのである。これは、『昭王毀室』において、楚の昭王が死者に対する敬意からあっさりと合葬を許したのとは、相当に異なる展開であると言えよう。

このように、『昭王毀室』と右の『晏子春秋』の二つの話とは、同じく合葬を話題としながらも、内容的には、むしろ異質な側面を備えている。『昭王毀室』が、合葬を願い出る「君子」と物わかりの良い「昭王」とに焦点を当てているのに対して、『晏子春秋』では、景公に長口舌を振るう晏子の活躍が際だっている。「孝」「悌」「忠」「愛」「仁」「義」といった道徳的要素の有無という点でも、両者は対照的な性格を示している。

そして、この点にこそ、『昭王毀室』の特色を見出すことができるであろう。『昭王毀室』は、合葬を話題としながら、そこに「孝」「悌」や「仁」「義」といった思想的言説を介在させてはいない。「君子」は率直に父母の合葬を懇願しているのであり、また、昭王も、直ちにその意を理解して、合葬を許諾した。さらに、登場人物は多いものの、『晏子春秋』における晏嬰のような役割を持った人物は登場しない。悲壮な覚悟で合葬を願う「君子」と、せっかくの宮室を「毀室」して合葬を許す「昭王」とに、読者の視点は集中する。

このように、両者の話には異質な要素が認められるわけであるが、はたしてその先後関係はどのように理解されるであろうか。ここでは、資料的な制約から断定的なことは言えないものの、いくつかの可能性を想定することができる。まずは、合葬の類話が『晏子春秋』に二件、『礼記』に一件記されていることを重視すれば、こうした話の大枠自体は、北方において一つの話型として比較的早期に成立しており、それが南方の楚にも伝播した、との関係である。もしこうした先後関係が想定されるのであれば、その話型を受容するに際し、『昭王毀室』では、換骨奪胎とも言うべき改変が施されたことになる。それは、晏嬰のような特定の思想家または特定の思想を宣揚するという内容から、物わかりの良い楚の昭王を顕彰するという内容への大きな変容である。

また、今ひとつの可能性として想定されるのは、合葬の話型そのものは古くから各地に存在しており、『昭王毀室』は君子と昭王に焦点を当てて話を構成し、『晏子春秋』等は、そこに道徳的要素を加味して説話化した、との関係である。この場合は、むしろ『昭王毀室』の方が合葬の話型としては素朴な形態を保持しており、『晏子春秋』等は道徳的要素を後に潤色した、という関係になろう。

三　合葬の実態

いずれにしても、次に考えてみなければならないのは、合葬の話が楚の読者にとってリアリティを持つ話として受け止められたのかどうか、という問題である。

前記の『礼記』檀弓篇では、合葬が周公旦以来の伝統的礼制であるとして、季武子が合葬を許したことになっている。また、『晏子春秋』でも、墓所の上に楼台や宮室が建設されてしまったことから、その地に父母の合葬を願う人物が登場し、晏子に諫められた景公が結局はそれを許すという話になっている。『礼記』や『晏子春秋』において、合葬そのものは一定の現実感を持つ行為として描かれているように思われる。この点は、孔子が父の墓所である防の地を探し出し、そこに母を合葬したとされる伝承においても、当然の前提になっていたと言えるであろう。では春秋時代の楚の地を舞台とする『昭王毀室』についても、これと同様に考えて良いのであろうか。

そこで以下では、合葬（合骨）という墓葬形態の事例について、近年の考古学的知見を基に検討し、『昭王毀室』における合葬のリアリティという問題について考えてみよう。

まず、合葬ということばから連想されるのは、古代における公共墓地であろう。例えば、新石器時代晩期の仰韶文化の内、陝西省華陰横陣村の墓地で計二十四座の墓葬が確認されているが、その内の一号墓は五つの長方形小坑からなり、一坑あたり最多で十二体、最少で四体、計四十四体を埋葬している。[18] また、これに続く龍山文化の墓葬の内、龍山晩期に位置づけられている甘粛省永靖秦魏家の斉家文化墓葬でも、九行排列一三二座の墓群が確認されているが、長方形の竪穴墓には、単身墓、合葬墓の両種が認められ、この内の合葬墓は、子供の合葬、成人の合葬、子供・成人合葬の三種に分類されている。[19] また同じく甘粛省武威皇娘娘台Ｍ４８でも、一男二女の三人の合葬墓が見られる。

ただいずれにしても、これら古代文化の合葬の事例は、共同墓地の中に複数の屍体を埋葬したものである。それぞれの屍体を収める棺槨も確認されていない。文字通り合骨の状態なのである。

これに対して、周代に入ると、木室を主とする墓葬形態が見られるようになる。『周礼』によれば、「以本俗六、安萬民、一曰媺宮室、二曰族墳墓」（大司徒）、「五比為閭、使之相受、四閭為族、使之相葬、五族為黨、使之相救」（同というように、同族墳墓の制定や管理が謳われるようになる。また、『礼記』では「天子之棺四重」（檀弓上、鄭注に「諸公三重、諸侯再重、大夫一重、士不重」）のように棺椁の数も規定される。考古学的にも、河北省中山王墓地、河南省淅川下寺墓地、湖北省荊門包山墓地、同・紀山古墓群、同・江陵天星観墓地、同・葛陂寺楚墓、雨台山楚墓などは、同一墓地内に複数の墓坑が寄り添うように点在しており、墓主の身分の上下はともかくとして、ともに墓室・棺椁を有する典型的な家族墓であると考えられている。郭徳維『楚系墓葬研究』（湖北教育出版社、一九九五年）によれば、葛陂寺楚墓では縦一三〇メートル、横一八メートルの中に四十四座の墓が、また、雨台山楚墓では縦一〇五〇メートル、横八〇メートルの中に七百余座の墓が確認されている。『周礼』『礼記』に見られるような規定は実態としても存在したのであろう。

その中でも、特に注目されるのは、湖北省江陵の葛陂寺楚墓や雨台山楚墓である。これらはその墓葬形態から春秋戦国期の家族墓であると考えられているが、前者は一九六二〜六四年にかけて発掘されたもので、そのM41は一穴双棺墓として注目される。つまり、一つの墓坑内に同形の二つの木棺が縦に二つ並べて収められているのである。また後者の雨台山楚墓は、一九七五〜七六年に発掘されたもので、その内のM463、M483は一椁両棺墓という興味深い形態をとっている。すなわち、同一墓坑の中に一つの大きな外椁が埋葬されており、その中に同形の内棺が縦に二つ併置されているのである。残念ながら墓主は明らかになっていないが、いずれにしても、葛陂寺M41と雨台山M463・M483とは、外椁を伴うか否かの違いはあるものの、ともに夫婦の合葬墓であったと推測されている。[20]

そしてこれらはいずれも湖北省、すなわち旧楚地における墓葬の実例である。湖北地区の古墓について論ずる『湖北考古発現与研究』（楊宝成主編、武漢大学出版社、一九九五年）によれば、春秋戦国時代の楚墓は墓主の身分によって以下の五種に分類されるという。すなわち、楚王の墓、封君・上大夫の墓、下大夫・中等貴族の墓、士墓、庶民墓である。これらは、身分によって、棺椁の数、墓坑・墓道・封土の規模、副葬品の多寡、陪葬墓の有無、などに違いがあるものの、基本的には、それぞれの墓群が家族墓・同族墓によって構成されているという点で類似する。

こうした考古学的知見をまとめれば、合葬には少なくとも二種の型があったと概括できるであろう。第一は、古代文化墓に見られたような公共墓地における合葬であり、棺椁は伴わず、複数の屍体を同一墓坑に埋葬するものである。第二は、多くの楚墓に見られる例で、同一墓地内に密集して墓坑を掘り、その墓室の中に一体ずつ埋葬するという家族墓・同族墓の形態である。そして第三は、葛陵寺楚墓や雨台山楚墓に見られたように、同一墓坑内あるいは同一外椁内に二つの内棺を併置するというものである。

では、こうした考古学的知見を基にすれば、『昭王毀室』の合葬はどのように理解されるであろうか。まず、春秋時代の楚の昭王の治世においても、父母の合葬は一定の現実を反映する行為であったと推測される。旧楚地からの出土例では、多くの墓群が家族墓・同族墓として捉えられた。

ただ、『昭王毀室』において合葬を願い出る人物が「君子」と表現されていることには注意を要するであろう。「君子」と言われるからには、一定の身分を備えた人物が想定されているはずである[21]。とすれば、その「君子」が求めた合葬とは、右の第一の型のような、共同墓地に棺椁を伴わずに屍体を埋葬するというものではなかったと推測される。恐らくここで想定されているのは、第二の型、または第三の型であったと思われる。一方、昭王はここに墓所があることを知らずに宮室を建設した、とされている以上、その墓はそれほど大きな規模ではなく、封土も自然地形と見分けがつかない程度のものが想定されていたと考えられる[22]。

おわりに

以上、本章では、上博楚簡『昭王毀室』の構成と内容について分析し、類似の事例を記す他の伝世文献や近年の考古学的知見をも参考にしながら、そこで言われる合葬の特色について考察を加えてきた。最後にここでは、それらを踏まえつつ、『昭王毀室』の文献的性格についてまとめておきたい。

まず、『昭王毀室』で主題となっている合葬という行為が、一定の現実感を持つものとして受け止められていたであろうことは、右の考古学的知見からも明らかである。『昭王毀室』の編者は、これを全くの架空の話として創作したのではなく、実話またはありうべき事例として取り上げたと推測される。

次に、『礼記』や『晏子春秋』との比較で明らかになるのは、『昭王毀室』における脱思想性とでもいうべき特色である。もっとも、子が父母の合葬を願い出るというのは、広い意味での「孝」に該当する行為であったとも言える。しかし、晏子が「孝」や「仁」「義」といった明快な観点から景公を諫め、合葬の許諾を取り付けたのに対して、『昭王毀室』の「君子」は「孝」や「仁」「義」は口にせず、また楚の昭王も、誰に諫められるわけでもなく、自ら直ちに宮室建設の非を悟り、合葬を許し、宮室の取り壊しを命じている。ここには、その思想的性格という点において、『礼記』や『晏子春秋』とは、明らかな距離が感じられる。

さらに、『昭王毀室』は、比較的短い話の中に、具体的な官名・人名を有する複数の人物を登場させ、場面転換も多用するなど、後世の通俗小説や語り物のスタイルを髣髴とさせる構成をとっている。これは、編者がその地の読者を強く意識した結果であろう。

この点については、『昭王毀室』の末尾と墨節で区切られた後続部、つまり『昭王與龔之脽』についても同様のことが言える。『昭王與龔之脽』は、残欠があり、文意を読み取りづらい箇所もあるが、やはり楚の昭王と龔之脽という人物、および楚の「大尹」が登場し、いくつかの異なる場面によって全体が構成されている。さらには、「天、禍を楚邦に加え、霸君呉王、郢に廷至し、楚邦の良臣骨を暴す所となる」と、楚の立場から呉楚両国の敵対関係を説く箇所も見られる。

仮に、この二つの話が、広範な読者を想定し、また、明確な思想の宣揚を目的としていたのなら、このような楚特有の土着的要素はむしろ捨象されていたはずである。ところが、この二つの話は、まるで実話をそのまま筆記したかのような土着性・具体性を帯びている。

もっとも、同じく戦国楚簡の中の『魯穆公問子思』や『魯邦大旱』なども、穆公と子思、哀公と孔子、子貢などが登場するという、具体性の高い文献である。ただ、これらは同時に、孔子や子思といった特定の思想家を称揚しようという執筆意図が明らかであり、また魯を中心とする孔子学団の活動地の産物であることも言を待たない。この点、『昭王毀室』とはやはり文献的性格が異なるように感じられる。

これらのことから、『昭王毀室』は、特定の思想家や「孝」「悌」「仁」「義」などの倫理的要素を宣揚するために広く世界に向けて発信された思想的文献というのではなく、楚の土、太子、あるいは貴族などを主な読者対象として編纂された楚の現地性の文献である可能性が高いと考えられる。[23]昭王の知性と決断とは、まずはこの楚地でこそ讃えられるべきものだったはずである。

注

（1）　契口とは、編綫がずれないようにするために、竹簡に施された小さな切れ込みのことである。契口の詳細については、本書の第十七章および第十八章参照。

（2）　ここに言う原文とは、『上海博物館蔵戦国楚竹書（四）』に掲載された陳佩芬氏の釈文を底本とし、筆者が最終的に釈読した釈文である。従って、陳氏の釈文と文字の認定が異なる場合もある。その点を含め、必要と思われる箇所についてはその都度注記する。なお、現時点では管見の及ぶ限り、『昭王毀室』全体を通訳してその内容や文献的性格について論じたものは見られない。以下で注記するものは、全てインターネット上に掲載されている札記類である。

（3）「格」字、釈文は「格」（至る）に読むが、董珊「読《上博蔵戦国楚竹書（四）》雑記」（「簡帛研究」網站、二〇〇五年二月二十日）は「落」に読み、落成の意とする。
（4）なお、『昭王毀室』の故事は『戦国策』『史記』など伝世文献には見えない。
（5）釈文は、「飲既。剳条之」と句読し、剳条は待考とするが、董珊は「飲酒。既釁落之」と読み、釁は落（落成の祭祀）を修飾する語と説く。
（6）釈文は侏人、宮中の御侍と解す。他に「寺人」（孟蓬生「上博竹書（四）間詁」（「簡帛研究」網站、二〇〇五年三月六日））、「閽人」（魏宜輝「読上博楚簡（四）劄記」（「簡帛研究」網站、二〇〇五年三月十日））、「雉人」（鄭玉姍「《上博四・昭王毀室》劄記」（「簡帛研究」網站、二〇〇五年三月三十一日））、「宗人」（董珊前掲論考）などとする説もある。いずれにしても下役の門番の意と思われる。なお『昔者君老』では、類似表現として、「至命於閤門、以告寺人、寺人入告于君、君曰、召之（至りて閤門に命じ、以て寺人に告げ、寺人入りて君に告ぐ。君曰く、之を召せと）」とある。
（7）「纆」字、釈文は待考とするが、楊澤生「《上博四》札記」（「簡帛研究」網站、二〇〇五年三月二十四日）は、当該句を「小人之告窆將斷於今日」に読み、「告窆」とは下葬した日を告げることであると説く。
（8）「訋」字、釈文は『玉篇』により「挈」と釈読し、「牽引」の意に取るが、兪志慧「読上博四《昭王毀室》小札」（「簡帛研究」網站、二〇〇五年三月二十四日）は「詔」と隷定した上で、「召（招）」の意に解し、「召寇」の用例が他の伝世文献（『左伝』『荀子』など）にもあることを指摘する。
（9）『孟子』梁惠王上篇に「将以釁鐘」とある。
（10）『左伝』文公七年に「兵、労に作るを乱と為し、外に於てするを寇と為す」とある。
（11）釈文は「卜令」と読み、楚の官名（掌占卜）とするが、范常喜「読《上博四》札記四則」（「簡帛研究」網站、二〇〇五年三月三十一日）は「辻令尹」と読み、楚の司法部門の長官であり、案件を楚王に報告する役職であると説く。
（12）釈文は「見日」と隷定した上で、「日中」と解するが、陳偉「関于楚簡「視日」的新推測」（「簡帛研究」網站、二〇〇五年三月六日）は、「視日」と釈読した上で、「視日」の語が包山楚簡・江陵楚簡の中に見えることを指摘し、意味としては、①

代称または尊称、②官名、の両説があるとする。また、「視日」は、もともと「巫」の一種で、楚人の原始神判時代の「主審官」を意味しており、ここでは、伝世文献に見える「当日」「直日」同様、君主への奏上の取り次ぎ役であるとする。

(13)「不逆」について、釈文は君子の謙称で、「不逆之君」とは有道の君の意であるとし、『晏子春秋』内篇問下に「君子懐不逆之君」（晏子使呉呉王問可處可去晏子對以視國治亂第十）とあるのを指摘する。なお、釈文は、「母」を「毋」に読み替えて、「僕之毋辱君王不逆、僕之父之骨在於此室之階下」と釈読するが、文意未詳である。この文献には、「母」「父」の対応関係が認められるので、「母」と認定するのがよいであろう。「母」が「辱君王不逆」とは、このような落成式という吉日に母の葬儀を出すこととなり、有徳の王を辱めることになる、という意味に取れる。

(14) 釈文は「并僕之父母之骨私自敂」と釈読するが文意未詳。董珊前掲論考は「并僕之父母之骨屍自宅」と読む。釈文が「自塼（敂）」と読む「塼」は人名でしか使われない特殊字。「敂」は「敷」の同字であり、「自敷」とは自宅の敷地のことかと推測される。

(15) この部分、竹簡に欠損があり、意味を取りづらい箇所であるが、一応このように解釈してみた。また、ここでは「骨」とあり、文字通り取ると、改葬（二次葬）を意味しているかのようであるが、後述の『晏子春秋』でも、合葬の意で「骨」字が使われていることから、ここでも、広く合葬の意と解しておきたい。

(16) 第四簡末尾は一字分欠損しているが、「王」の可能性が高いであろう。

(17) 釈文は「尓古鬚既格、安従事」と釈読するが文意未詳である。董珊前掲論考は「爾胡（何）待既落焉従事」と釈読する。この場合の「従事」とは、父母を合葬することであろう。また「尓何待落」と言っているので、落成の儀式は一定の時間あるいは数日続くという設定になっていると思われる。

(18) 中国社会科学院考古研究所編『新中国的考古発現和研究』（文物出版社、一九八四年）。

(19) 葉驍軍『中国墓葬研究系列中国墓葬歴史図鑑（上巻）』（甘粛文化出版社、一九九四年）。

(20) 前掲の郭徳維『楚系墓葬研究』、および湖北省荊州地区博物館『江陵雨台山楚墓』（文物出版社、一九八四年）。

(21) この「君子」が伝世儒家系文献に見られるような道徳性を帯びた人格者として描かれているかどうかは必ずしも明らかで

はない。ここでは、むしろ「君子」の原義である「貴族」という身分を示しているものと理解しておきたい。

(22) 封土・墳丘については、『礼記』檀弓上に、孔子が母を合葬しようとした際、父の墓所が分からなかった理由として次のように記されているのが注目される。「孔子既得合葬於防、曰、吾聞之、古也墓而不墳」。

(23) ここで注目されるのは、郭店一号楚墓の墓主が楚王の太子の師（教育係）であったとの見解である。これは「東宮之師」と記す耳杯が副葬されていたことによる仮説であるが、もしそうであるとすれば、そこに随葬されていた楚簡も、太子教育用の文献を含んでいた可能性が高い。同様に、この上博楚簡『昭王毀室』も、読者として最も相応しいのは昭王以降の楚国の王や太子であったと言えよう。昭王の事績を学び、またその故事を読み進めつつ自ずから楚の官職名や職分などに精通することができる、そうした文献として『昭王毀室』は存在意義を持っていたように思われる。なお、この問題については、後続の『昭王與龔之脽』と併せて検討する必要があろう。詳細については、次章「語り継がれる先王の故事――『昭王與龔之脽』――」参照。

第十一章　語り継がれる先王の故事――『昭王與龔之脽』――

湯浅邦弘

はじめに

春秋時代の第二十八代楚王である昭王（在位前五一五～前四八九年）については、『史記』楚世家や『国語』楚語に、呉との敵対関係を中心とした僅かな記述が見られるものの、詳細な事績や故事については、ほとんど伝えられていない。

ところが、『上海博物館蔵戦国楚竹書（四）』（馬承源主編、上海古籍出版社、二〇〇四年十二月）の中には、この昭王に関わる文献が二篇収められている。それは、竹簡十枚からなる文献で、第五簡の墨節を境に、前半の『昭王毀室』（しょうおうきしつ）、後半の『昭王與龔之脽』（しょうおうときょうしとんと）から成る。

筆者は、先に、この内の『昭王毀室』について、その主題となっている「合葬」に注目しつつ分析を加えた[1]。本章では、引き続き、後半部の『昭王與龔之脽』を取り上げ、検討を進めてみることとしたい。

その際、特に留意すべき点は次の二つであろう。第一は、『昭王與龔之脽』の全体の文意と構成である。この資料については、「簡帛研究」網站などインターネット上に若干の札記類が発表されているものの、全体を通してその文意を明快に提示し、その文献的性格を解明した論考はまだ見られない。唯一、陳剣氏の「上博竹書《昭王與龔之脽》和《柬大王泊旱》讀後記」(「簡帛研究」網站、二〇〇五年二月十五日)が全体の現代語訳を試みているが、文意を取りづらい箇所が残されている。また、『上海博物館蔵戦国楚竹書(四)』の釈文(担当者は陳佩芬氏)でも、文意未詳として「待考」とされている部分が多い。まずは、この資料を通読し、その全体の構成と文意を明らかにする必要がある。

第二は、前半の『昭王毀室』との関係である。先の考察によれば、『昭王毀室』において楚の昭王は、死者に対する敬意から直ちに「合葬」を許諾する王として描かれていた。すなわち、模範とすべき物わかりの良い王として顕彰されているのである。では、後半の『昭王與龔之脽』では、昭王はどのような人物として登場しているであろうか。それを検討することにより、この二篇の共通性あるいは相違点を明らかにすることができるであろう。また、第五簡の墨節がどの程度の区切り意識を表明したものであるかについても正しく理解することができよう。以上の考察を通して、最終的には、この二篇の文献的性格を明らかにできると考える。

一　『昭王與龔之脽』釈読

まず、本文献の書誌的情報を記しておく。写真・釈文を掲載する『上海博物館蔵戦国楚竹書(四)』によれば、『昭王與龔之脽』はその直前の『昭王毀室』と併せて竹簡全十枚から構成されている。簡長は完簡の場合四三・三〜四四・二㎝。竹簡の上下端は平斉で三道編綫、右契口である。(2)

前述のように、第五簡途中に墨節があり、明らかに二つに分節されていることが分かる。釈文では、そこまでの前半部を『昭王毀室』、そこから後を『昭王與龔之脽』としている。名称はいずれも内容に基づく仮称である。字数は『昭王毀室』一九六字、『昭王與龔之脽』一九二字。十簡の合計で三八八字である。

以下では、便宜上、内容を二つの段落に区切って原文[3]と書き下し文、現代語訳、解説を掲載する。05・06などは竹簡番号、「■」は墨釘、「▬」は墨節、「／」は竹簡の断裂を綴合した箇所、【　】は欠損字を補った箇所であることを示す。

なお、前章の繰り返しになるが、念のため注記すれば、上博楚簡の筆写年代については、周知の通り、一二五七±六五年前という中国科学院上海原子核研究所の炭素十四の測定値が紹介されている[4]。この数値は、一九五〇年を定点とする国際基準によって換算すれば、前三〇七±六五年、すなわち前三七二年から前二四二年となり、下限は秦の将軍白起が郢を占領した前二七八年に設定されることから[5]、書写年代は前三七二年から前二七八年の間の可能性が高いと推定される。原本の成立は当然これを遡るわけであるから、本章では、取りあえず、この『昭王與龔之脽』について、遅くとも戦国時代の中期頃までに成立した文献であるとの前提に立って考察を進め、内容の検討を終えた後、この点について改めて分析を加えてみたい。

（一）前半部

05▬。昭王蹠06逃珤。龔之脽馭王、將取車。大尹遇之、披裀衣。大尹入告王、「僕遇脽將取車、披裀衣。脽介趣君王、不07獲引頸之罪。君王、至於正冬而披裀衣」。王召而與之衽襦。龔之脽披之、其衿見至逃珤。王命龔之脽08毋見。

昭王逃珤《とうほう》に蹠《いた》らんとす。龔《きょう》之《し》脽《とん》王に馭たり、将に車を取らんとす。大尹之に遇うに、裀衣を披《き》る。大尹入りて王に告ぐ、「僕脾の将に車を取らんとするに遇うや、裀衣を披る。脾君王に介騶し、頸を引くの罪を獲ず。君王、正冬に至るに裀衣を披せんや」。王召して之が衽褓を与う。龔之脾之を披、其の衿見わにして逃珤に至る。王龔之脾をして見ゆること毋からしむ。

昭王は逃珤の地に赴こうとし、御者を務めていた龔之脾が出動の準備をしていた。ちょうど大尹がその場を目撃したところ、龔之脾は寒そうな肌着を着用していた。そこで大尹は王の部屋に入り告げた、「私は龔之脾が車の準備をしているところに出会いましたが、彼は肌着を着ていました。龔之脾は王の御者を務め、何も大罪を犯してはいません。君王は、これから真冬になろうとするのに、彼に肌着を着せようというのですか」。そこで王は龔之脾を召して綿入れの上着を与えた。龔之脾はそれを着用したが、その襟を露わにしたまま逃珤に赴いた。そこで王は龔之脾を謁見禁止とした。

若干の語注を加えておこう。「逃珤」について、釈文は「珧寶《ようほう》」と読み、「珧」は「江珧」の意として、「《昭王與龔之脾》敘述昭王為珧寶之事」とするが、後文との関係が不明である。これに対して、陳剣は「逃珤」と読み、地名とする。ここでは陳氏の説に従った。

「龔之脾」は人名。陳剣は「龔之脽《すい》」とするが、いずれにしても伝世文献には未見の人名である。「大尹」について、釈文は、楚の官名で「大攻尹」のこととする。「裀衣」は重ねた襯（肌着）。陳剣は、「複衣」「夾衣」であるが冬服としては防寒に不十分な衣であると説く。

「脾介趣君王」について、釈文は、介は「孤独」、「趣」は「騶」で、「介騶」とは「独自駕御」の意と説く。楊澤生は「脾示趣君王」と読み、「示」を「語」の意であるとした上で、脾が大尹に君王のところへ行くことを告げる、の意に解する。但し、「介」にはたすけるの意があるので、ここでは「介騶」は御者を務める（主人を助けて車を操縦する）の意と取った。

「引頸」は、首を差し出して死に就くこと。大尹は、楚王に対して、龔之脾にはそのような大罪はないと弁護しているのである。これに対する楚王の反応が「王召而與之袵裸」というものであるが、釈文は「王訽而余之袵裸」、陳剣は「王召而舍之領袍」に読む。陳斯鵬は「袵裸［領袍］」について、『史記』范雎伝に「須賈意哀之、留與坐飲食、曰、「范叔一寒如此哉」。乃取其一綈袍以賜之」と見える「綈袍」（綿入れの上着）であると説く。いずれにしても、大尹の諫言を容れて、防寒用の厚着を龔之脾に与えたという意味である。釈文が「余」と釈読する文字、ここでは「與」の意味に解した。

それを受けた龔之脾の行動が「龔之脾披之、其衿見至逃珤」であり、釈文は「龔之脾披之其裣、見舉珧寶」と読むが、陳剣は「龔之脾披之、其衿視至逃珤」と釈読し、孟蓬生も「龔之脾披之、其裣見」と読む。ここは難解な箇所であるが、鍵を握るのは「裣［衿］見」であろう。「裣［衿］見」とは、襟をきちんと閉じず露出したまま着用する、との意ではないかと推測される。類似の語として「披襟」(6)があり、襟を開くというのは決して良い意味ではない。降伏の比喩で使われることもある(7)。逆に、容儀の正しい様子を「正襟危坐」と言い(8)、衣襟を整えて恭敬を示すことを「斂衽《れんじん》」と言う(9)。

このように、襟の持つ独特の意味を考慮すれば、ここは、龔之脾の着用の仕方が不適切であったため、その態度を重く見た昭王が龔之脾に罰を与えた、という意味であったと考えられる。この事態を受けて大尹と王の対話が展開されるのが、後半部である。

（二）後半部

08大尹聞之、自訟於王、「老臣爲君王守視之臣、罪其容於死。或昧死言、僕見脾之寒也、以告君王。今君王有命09脾毋見。此則僕之罪」。王曰、「大尹之言脾、何訛有焉。天加禍於楚邦、霸君呉王廷至於郢、楚邦之良臣所暴10骨。吾未有以憂其子。脾既與吾同車、有／【衿】衣、思邦人皆見之」。三日焉、命龔之脾見。

大尹之を聞き、自ら王に訟《うった》う、「老臣君王の守視の臣と為り、罪其れ死を容れん。昧死して言うこと有るも、僕脾の寒を見るや、以て君王に告ぐ。今君王脾をして見ゆる毋からしむること有り。此れ則ち僕の罪なり」。王曰く、「大尹の脾を言うや、何の訛《あやま》つこと有らん。天禍を楚邦に加え、霸君呉王、郢に廷至し、楚邦の良臣骨を暴す所となる。吾未だ以て其の子を憂うること有らず。脾既に吾と車を同じうするに、衿衣すること有り、邦人皆之を見ると思う」。三日にして、龔之脾をして見えしむ。

大尹はそのことを聞き、自ら王に訴え出た。「私は君王の側近の臣でありますが、その罪は死に値しましょう。私は、不敬の言とは知りながら龔之脾の寒い様子を見かねて君王に申し上げたのです。ところが今、君王は龔之脾を謁見禁止となさいました。これは、そもそも私の罪です」。すると王は、「大尹が龔之脾について言うことは何の過ちがあろうか。（そなたの言はもっともである。ただ私が龔之脾を謁見禁止にしたのは次のような理由による）。天がわが国に禍を下し、霸君たる呉王闔閭の軍がわが都の郢に殺到した。その際、わが国の良臣たちは敗戦によって屍を野に晒すこととなった。しかし私は今なお、その遺子たちに充分な労《いたわ》りを施すことができていない。ただ、龔之脾については私の御者として車に同乗させ（優遇し）ているが、彼はその意を理解せず、襟を露わにしたまま乗車した。私は、その姿を国の人々が目にしただろうと考え（て短期的な見せしめとして謁見禁止の措置をとっ）たのだ」。三日の後、昭王は（措置を解除し）龔之脾を謁見させた。

この後半部分については、陳佩芬氏の釈文や句読では読解できない箇所が多い。まず、「老臣爲君王守視之臣」について、釈文は「老臣爲君王守、見之、臣罪其容於死」と釈読するが文意未詳である。陳剣は、「老臣爲君王守視之臣、罪其容於死」と句読し、「守視之臣」を「守邦視政的執政大臣」と訳す。君王の身辺を常に視察する職分の臣下の意であろう。

「罪其宊（容）於死」の「宊」字、釈文は「容」と読み、容貌と注するが、文意未詳である。ここは、死罪に当たるの意ではなかろうか。「容於死」の用例としては、『孟子』離婁上に「況於為之強戰、爭地以戰、殺人盈野、爭城以戰、殺人盈城。此所謂率土地而食人肉、罪不容於死（罪死にも容れられず）」とある。

「昧死」について、釈文は「閗死」と釈読するが、陳剣は「昧死」と読み、「冒死」の意であると説く。「昧死」は「あえて死罪に当たることも知らず」の意で、失礼をかえりみずあえてすること。臣下が君主に差し出す文に用いる。『韓非子』初見秦に「臣昧死、願望見大王」と見える。

「倉［寒］」について、釈文は「倉卒」「倉皇」（慌てて取り乱す）の意と解するが、陳剣は「倉」「蒼」「滄」「寒」は字形類似により転用されるとし、「寒」に読む。

「訴［訛］」字について、釈文は「訓」と釈読するが文意未詳である。陳剣は「訛」（過）の誤写とする。

次に、楚王が呉との敵対関係を説く部分であるが、「天加禍於楚邦」と、自国の敗北を「天」の下した「禍」としている。中国古代における天の思想を考察する際、重要な資料となるであろう。同じく上博楚簡の『魯邦大旱』『柬大王泊旱』には、旱魃が天の降した災禍であるとの思考が窺える。旱魃といった大災害や国都が奪取されるといった戦災などは、天の下した罰であるとの意識を反映するものであろう。

この楚の敗北は呉王闔閭（闔廬）（?～前四九六年）の軍の侵攻によるものであったが、それを意味すると思われる

「霸君呉王廷至於郢」の部分、釈文は「怕君呉王廷、至於郢」と釈読しつつも「本句語意不明」とする。陳剣は「快君呉王身至於郢」とするが、孟蓬生は君主が他国に「身」ずから入ることはないとして、「霸君呉王、廷至於郢」と読み、「廷」は「侹」（径行、直行）の意と説く。なお、侯乃鋒は、『風俗通義』五伯篇の「仁不純、爲霸君也」との用例から、「霸君」とは必ずしも褒称ではなく、楚側が呉王のことを言っていると考えて良いとする。

楚の敗北の様を述べていると思われるのが「楚邦之良臣所暴10骨」であるが、釈文は、「楚邦之良臣所慧。骨、」と句読し、「慧」（または「衛」）は敏・智の意であると説くものの、文意未詳である。陳剣は「暴骨」と読む。呉の郢侵入によって多くの戦死者を出したことをいうのであろう。

次の「吾未有以憂其子。脾既與吾同車」は、私（昭王）は今なお、その遺子たちに充分な労《いたわ》りを施すことができていない。ただ、龔之脾については私の御者として車に同乗させ（優遇し）ている、の意であろう。句点の位置については、文意はほぼ同じとなるが、「楚邦之良臣所暴骨、吾未有以憂、其子脾既與吾同車」とする可能性もあろう。

こうした特別待遇を理解せずに龔之脾が取った態度をいうのが、次の「有【衿】衣」であると考えられる。戦死した「楚邦之良臣」の子の一人である龔之脾については、特別待遇で私（昭王）と同乗する御者の身分に取り立ててやっているのに、その意を理解せず、衣服の正しい着用の仕方をしなかった（不遜な態度を取った）、の意であると理解される。釈文は「或□衣凶」と一字分欠如として、「衣凶」は義未詳とするが、陳剣は二字補い「凶」を「思」に読んで、「或舍之衣、思」とする。陳剣が「舍」と認定する字は、上部のみ残存しており、前出の「捦［衿］」の可能性がある。ここでは、前半部との整合性を考慮して右のように字を補い解釈してみた。

「思邦人皆見之」とは、龔之脾の不遜な態度を国の人々が注視したと私（昭王）は考えた、の意であろう。陳剣は、この前後の部分を「現在有死難者之子龔之脽既跟我同車、我賜給他衣服、想讓國人都看見、以瞭解我存恤烈士之後的心意啊」と訳すが、それでは、なぜ昭王がそもそも龔之脾を謁見禁止にし、また、その措置を三日間で解除したのかの説明がつかないであろう。

最後の「三日焉、命龔之脽見」は、対呉戦争における遺子への弔慰（御者への取り立てと厚着の下賜）を無にして不遜な態度を取った龔之脽に対して、謁見禁止という措置をとったが、それは、昭王の個人的な怒りから発したものではなく、他の国民や遺子たちへの配慮を意図した軽度の見せしめであった。それ故、謁見禁止はわずか三日間で解除された、という意味であろう。

このように、『昭王與龔之脽』は、楚の昭王と龔之脽に関わる故事を記した文献であるが、構成は『昭王毀室』に比べてやや複雑である。肝心な部分に文字の欠損があることもあって、全体の文意も難解である。ただ、龔之脽と昭王との関係は明瞭である。龔之脽は対呉戦争の遺子で、昭王の御者に抜擢されていたが、不適切な態度があり、昭王から軽度の罰を与えられた。一方、昭王は、龔之脽の態度が他の遺子や国民から反感を買うであろうことを憂慮して謁見禁止としたが、そもそも龔之脽にそれほどの悪意がないことも分かっていた。従って、他の遺子や国民の手前、龔之脽に罰を与えはしたが、それは、昭王の深謀遠慮から発する軽度の戒めであった。

二　史実との対応

以上、『昭王與龔之脽』の全体について解釈してみた。この故事は、他の伝世文献には見られない。ただ、後半部には、呉楚戦争に関わると思われる記述があり、この故事が一定の史実を背景としている可能性を想定できる。そこで本節では、『史記』楚世家の記述によって、『昭王與龔之脽』と史実との関係について考察を加えてみたい。

『史記』楚世家によれば、楚が呉に攻撃され、国都の郢に侵攻されたのは、楚の昭王十年（前五〇六）のことであった。呉軍が来襲した際、将軍の子常が迎撃したものの、子常は敗れて鄭に逃亡。楚軍が敗走したので、呉軍は勝ちに乗じて追撃し、途中で五たび戦って郢に侵攻。これにより昭王け郢を出奔した。

十年冬、呉王闔閭・伍子胥・伯嚭與唐・蔡倶伐楚、楚大敗、呉兵遂入郢、辱平王之墓、以伍子胥故也。呉兵之來、楚使子常以兵迎之、夾漢水陣。呉伐敗子常、子常亡奔鄭。楚兵走、呉乘勝逐之、五戰及郢。己卯、昭王出奔。庚辰、呉人入郢（春秋云十一月庚辰）。

その後、昭王は亡命して雲夢に至り、鄖（楚の邑）に逃走、更に隨（楚の属国）に出奔した。

昭王亡也至雲夢。雲夢不知其王也、射傷王。王走鄖。鄖公之弟懷曰、「平王殺吾父、今我殺其子、不亦可乎」。鄖公止之、然恐其弒昭王、乃與王出奔隨。呉王聞昭王往、即進擊隨、謂隨人曰、「周之子孫封於江漢之閒者、楚盡滅之」。欲殺昭王。王從臣子綦乃深匿王、自以為王、謂隨人曰、「以我予呉」。隨人卜予呉、不吉、乃謝呉王曰、「昭王亡、不在隨」。呉請入自索之、隨不聽、呉亦罷去。

ただ、昭王は郢を去るとき、大夫の申包胥を秦に派遣して、救援を要請している。秦はこれに応え、兵車五百乗をもって楚を救援し、楚も敗残兵を糾合して、秦とともに呉を伐った。昭王の十一年（前五〇五）六月、楚は呉を稷（楚の邑）で破り、呉王闔閭は呉の内乱により帰国。同年九月、昭王は帰国して郢に入った。

昭王之出郢也、使申鮑胥請救於秦。秦以車五百乘救楚、楚亦收餘散兵、與秦擊呉。十一年六月、敗呉於稷。會呉王弟夫概見呉王兵傷敗、乃亡歸、自立為王。闔閭聞之、引兵去楚、歸擊夫概。夫概敗、奔楚、楚封之堂谿、號為堂谿氏。楚昭王滅唐。九月、歸入郢。

ところが、十二年（前五〇四）に呉はまた楚を伐ち、番（楚の邑）を奪取。楚は恐れて郢を放棄し、北の鄀を国都とした。二度目の危機であった。

十二年、呉復伐楚、取番。楚恐、去郢、北徙都鄀。

しかし、昭王の二十一年（前四九五）、呉王闔閭は越を伐つが、越王句踐が呉王を負傷させ、闔閭は亡くなる。このため呉は越に矛先を向け、楚を伐たなくなった。これにより、楚は危機を脱した。

二十一年、呉王闔閭伐越。越王句践射傷呉王、遂死。呉由此怨越而不西伐楚。

昭王が亡くなるのは、二十七年（前四八九）である。春、呉が陳を伐った際、昭王は陳を救援して城父（楚の邑）に布陣。十月、昭王はその陣中で病没した。

さて、このような呉楚の関係を念頭に置き、今一度『昭王與龔之脽』を振り返ってみよう。『昭王與龔之脽』において、昭王は、「覇君呉王、郢に廷至し、楚邦の良臣骨を暴す所となる」と述べていた。これは、恐らく、昭王十年（前五〇六）の郢陥落のことを指していると思われる。一年後、昭王は、秦の援助と呉の内乱により、郢を奪回するが、敗戦の傷跡は深く、充分な国力の恢復にまでは至らなかった。その翌年には再び郢を放棄する事態となっている。とすれば、昭王が「吾未だ以て其の子を憂うること有らず」と嘆いたのは、この昭王十一年から十二年にかけての状況を反映するものであったと推測される。この時点で楚は、郢の奪還には成功したものの、その救恤策はまだ充分には機能していなかったのである。

従って、王の御者という厚遇を得ながら、「衿見」という不遜な態度で車を操縦した龔之脽の姿は、まだ敗戦の傷が癒えぬ国民や他の遺子たちの目に、甚だ不適切なものとして映ったであろう。昭王はそのことを危惧し、戒めとして謁見禁止という措置をとったと考えられる。

このように、『昭王與龔之脽』は、呉楚の対立、郢の陥落および奪還という史実を背景とするものであった。龔之脽という人物も、他の伝世文献には見られないが、恐らく、当時の楚人にとっては、対呉戦争の遺子として馴染みのある名前だったと推測される。

先に考察した『昭王毀室』でも、「合葬」が一定のリアリティを持つ行為として受け止められていたであろうと考えられたが、「合葬」を直訴する人物はただ「君子」と表現されるのみで、固有名は記されていなかった。これに対して、本文献では、龔之脾という具体的人名が明記されている。このことからも、本文献は、架空の話を捏造したのではなく、一定の史実を基に記載されたものであると考えられるのである。

三　『昭王與龔之脾』の文献的性格

次に、『昭王與龔之脾』の文献的性格について考察を加えてみよう。筆者は『昭王毀室』に対する分析から、それが、特定の思想家や「孝」「悌」「仁」「義」などの倫理的要素を宣揚するために広く世界に向けて発信された思想的文献というのではなく、楚の王、太子、あるいは貴族などを主な読者対象として編纂された楚の現地性の文献である可能性が高いということを先に指摘した[10]。

この点に関連して注目されるのは、上博楚簡『昭王毀室』『昭王與龔之脾』『柬大王泊旱』の三文献がともに楚人の手になるとする陳偉氏の見解である。

陳偉「《昭王毀室》等三篇的幾個問題」（『出土文献研究』第七輯、上海古籍出版社、二〇〇五年）は、これら三篇が春秋時代に流行した「語」の形式の作品であるという。「語」とは、『国語』楚語上冒頭の「申叔時論傅太子之道」に次のように見える。

問於申叔時、叔時曰、教之春秋、而為之聳善而抑悪焉、以戒勸其心。教之世、而為之昭明德而廢幽昏焉、以休懼其動。教之詩、而為之導廣顯德、以耀明其志。教之禮、使知上下之則。教之樂、以疏其穢而鎮其浮、教之令、使訪物官。教之語、使明其德、而知先王之務用明德於民也。教之故志、使知廢興者而戒懼焉。教之訓典、使知族類、行比義焉。

これは、楚の賢人申叔時が太子教育の内容として楚の荘王（在位前六一三～前五九一年）に論じたものである。「語」

とは、太子に教授すべきものとして、「春秋」「世（先王の系譜）」「詩」「礼」などとともに重視される九科の一つで、「之に語を教えて、其の徳を明らかにして、先王の務めを知りて明徳を民に用いしむるなり」と定義される。また、この「語」について、韋昭は「語、治國之善語」と解説する。つまり、国家を統治していく際に参考となる名言という意味である。さらに、貝塚茂樹「国語に現れた説話の形式」（『貝塚茂樹著作集』第五巻、中央公論社、一九七六年）は、「語」について、宮廷の盲目の楽師すなわち瞽史が、国の祖先の功業を口頭で暗誦し、世襲的に語り継いでいたものとし、大野俊『国語』（明治書院、一九七五年）「解題」は、この「語」の持つ「会話」という形式上の特色を重視している。

今、『柬大王泊旱』は一応除外して、昭王に関する二つの故事が、この「語」に該当するか否かを検討してみよう。まず、『昭王毀室』では、昭王が築いた離宮が「君子」の父の墓所にあり、たまたまその落成式の折に母を亡くした君子が父母の合葬を願い出るという話であった。門番や奏上役は君子を制止しようとするが、昭王は、君子の直訴をきいて直ちに合葬を許し、さらに建設したばかりの離宮を取り壊すよう命ずる。同様の事例を記載する『晏子春秋』では、合葬の直訴に際して、斉の景公は難色を示し、晏嬰に諫言されてしぶしぶ承諾していた。これに比べれば、昭王の行為は、死者に対する敬意、知性と決断の早さという点で際だって見える。合葬を許し、離宮の取り壊しを命じた昭王の言動はまさに「其の徳を明らかに」する「善語」の範疇に入ると言えよう。また、この故事が、論文形式ではなく、会話を中心に構成されている点も、「語」の性格に合致する。

それでは、『昭王與龔之脽』における昭王はどうであろうか。初め、龔之脽の薄着を気の毒に思った大尹は昭王に諫言する。これから冬に向かうというのに、御者にあのような薄着をさせていてよいのかという苦言である。昭王は大尹に言われて初めて龔之脽に綿入れの服を与えるのである。ここまでは、一見、昭王の側に非があるように描かれており、「善語」とは無関係であるように思われる。

しかし、昭王が龔之腓に厚着を下賜できていなかったのは、対呉戦争の敗北という背景があったからである。一度は都の郢を奪われ、楚は疲弊していた。このような状況の中で、龔之腓を御者に任用したこと自体、昭王にとってはかなりの厚遇であったが、対呉戦争の遺子たちに手厚い救恤策を施すまでには至っていなかったのである。

こうした昭王の立場と心情を充分に理解できなかった龔之腓は、「衿見」という不遜な態度で車を操縦した。昭王は直ちに龔之腓を謁見禁止とする。驚いたのは大尹である。自らの発言が、このような事態を招くとは思いもよらなかったからである。大尹は直ちに措置の撤回を願い出る。

ところが昭王は、大尹の気持ちをすでに斟酌しており、なぜ謁見禁止という措置を執ったのかを説明していく。それは、対呉戦争における遺子たちへの配慮であった。すでに御者として厚遇している龔之腓がそのような態度では、他の遺子や国民に悪い影響を与える。そのように思った昭王は、軽い見せしめとして龔之腓を謁見禁止にしたというのである。だから、その措置はわずか三日で解除された。

このように、この故事は、対呉戦争後における昭王の深謀遠慮を描くことに主眼の一つがあったと言えよう。つまり、この故事でも、昭王は顕彰されていると考えられるのである。また、王と臣下の会話が故事の中心を占めるという点も『昭王毀室』と同様である。

ただ、昭王は、二度までも国都の郢を放棄した王である。果たして顕彰される王という理解は正しいのであろうか。それとも、この『昭王毀室』『昭王與龔之腓』の昭王評価が異例なのであろうか。

そこで注目されるのは、『左伝』哀公六年および『史記』楚世家に見える孔子の言葉である。

昭王は、二十七年（前四八九）十月、城父（楚の邑）の陣中で病に倒れた。その折、赤い雲が鳥のように太陽をはさんで飛んだ。周の太史は「王に害があるが、その害を将相に移すことができる」と言い、将相たちは自らその害を引き受けたいと懇願したが、昭王はそれを許さなかった。また、卜占によると黄河の神が祟りをしているとのことであり、大夫が黄河の神に祈りたいと述べたが、昭王は、「黄河の神から罪を受けるいわれがない」として許さなかったという。

・是歳也、有雲如衆赤鳥、夾日以飛三日。楚子使問諸周大史。周大史曰、「其當王身乎、若禜之、可移於令尹司馬」。王曰、「除腹心之疾、而寘諸股肱、何益、不穀不有大過、天其夭諸、有罪受罰、又焉移之」。遂弗禜。初、昭王有疾、卜曰、河為祟、王弗祭。大夫請祭諸郊。王曰、「三代命祀、祭不越望。江漢雎章、楚之望也。禍福之至、不是過也。不穀雖不德、河非所獲罪也」。遂弗祭。（『左伝』哀公六年）

・二十七年春、呉伐陳、楚昭王救之、軍城父。十月、昭王病於軍中、有赤雲如鳥、夾日而蜚。昭王問周太史、太史曰、「是害於楚王、然可移於將相」。將相聞是言、乃請自以身禱於神。昭王曰、「將相、孤之股肱也、今移禍、庸去是身乎」。弗聽。卜而河為祟、大夫請禱河。昭王曰、「自吾先王受封、望不過江漢、而河非所獲罪也」。止不許。（『史記』楚世家）

このことを陳で聞いた孔子は、次のように批評したという。「楚の昭王は大道に通じている。その国を失わないのは当然だ」と。

・孔子曰、「楚昭王知大道矣、其不失國也宜哉」。（『左伝』哀公六年）

・孔子在陳、聞是言、曰、「楚昭王通大道矣。其不失國、宜哉」。（『史記』楚世家）

つまり、昭王は安直な神頼みを拒否し、孔子はその姿勢を「大道」に通ずるとして高く評価しているのである。また、「其の国を失わざるは、宜《むべ》なるかな」という評言も、呉に郢を奪われた後、短期間で失地を恢復したという点を評価するものである。

さらに、『史記』呉太伯世家では、呉が楚に侵攻するに際して、その戦略が記されているが、呉王闔閭に戦略を問われた伍子胥と孫武は次のように答えている。

九年、呉王闔廬請伍子胥・孫武曰、「始子之言郢未可入、今果如何」。子對曰、「楚將子常貪、而唐・蔡皆怨之、王必欲大伐、必得唐蔡乃可」。

すなわち、楚への侵攻の理由を、伍子胥と孫武は、楚の将軍「子常」の「貪」欲さに求めているのである。だから、楚の属国である唐と蔡は楚を怨んでおり、この両国を味方につければ成功する、と説くのである。ここでは、将軍子常の非が強調されているのであり、楚の昭王については何ら批判されていない。敵国の軍師たちから見ても、楚の昭王は非難の対象とはなっていないのである。

なお、『国語』楚語にも、数条、昭王の登場する話があるが、楚の大夫「觀射父」に天地が通じなくなったのは何故か質問したり、祭祀や犠牲について質問したりする程度で、少なくも昭王は否定的に描かれてはいない。この敗戦（柏挙の戦）についても、『史記』同様に、子常の貪欲さが強調されており、その点を捉えて大夫「鬬且」が子常の敗北を一年前に予言したとされている。

しかも、この敗戦の際、大夫の子西に「子常唯思舊怨以敗、君何效焉」と諫言され、昭王は、あっさりと「王曰、善、使復其所。吾以志前惡」と子常を許し、逆に自らを反省しているのである。

このように、『国語』『左伝』『史記』の記述をも参考にすると、昭王に対する評価は『昭王毀室』『昭王與龔之脽』に特有のものではなかったことが分かる。ここでは、『柬大王泊旱』に対する考察を除外したので、これら三文献全体を直ちに「語」の形式であると言って良いかどうかの判断は保留としておきたいが、少なくとも、『昭王毀室』『昭王與龔之脽』はいずれも、昭王の言動を評価する文献として共通の性格を有していると言えるであろう。[11]

とすれば、第五簡の墨節の意味も自ずから明らかとなろう。それは、全く性格の異なる二つの文献の区切りを示すものではなく、同一文献の内部を分節するマークであったと言えよう。[12]『昭王毀室』と『昭王與龔之脽』とはともに、「其の徳を明らかに」した「先王」の故事を記した文献であり、その読者として最も相応しいのは、昭王以後の楚の王、太子、貴族たちであったと考えられる。

おわりに

以上、本章では、上博楚簡『昭王與龔之脽』の内容と文献的性格について検討を加えてきた。『昭王與龔之脽』は『昭王毀室』とともに、昭王の故事を記した文献であった。

それでは、これらの成立年代はどのように考えられるであろうか。昭王の在位は前五一五～前四八九年であり、本文献では、「昭王」と謚で呼ばれている。このことから、これらの文献の成立の上限は、春秋末期の紀元前四八九年となる。一方、竹簡筆写の下限は前記の通り、前二七八年の可能性が高い。すなわち、文献成立の可能性としては、春秋末期から戦国中期までが該当の範囲内ということになる。

ただ、昭王没後の遙か後にこうした文献が突如編纂される必然性は、やや稀薄であると言えよう。ここでは、確定的な根拠は見いだせないが、『昭王毀室』や『昭王與龔之脽』は昭王の没後さほど時を経ない時期に編纂されたという可能性を指摘しておきたい。

上博楚簡は、一九九四年、香港の古玩市場で発見された竹簡である。盗掘によって流出した竹簡であり、その出土地は湖北省（旧楚領）であると推測されている[13]。とすれば、この竹簡を副葬された墓主である楚人は、昭王の故事を記す竹簡を生前大切に保有していた可能性がある。楚人にとって、昭王は、語り継がれるべき偉大な先王だったのである。

注

（1）本書の前章「父母の合葬――『昭王毀室』――」参照。

（2）契口とは、編綫がずれないようにするために、竹簡に施された小さな切れ込みのことである。契口の詳細については、本書の第十七章および第十八章参照。

（3）ここに言う「原文」とは、『上海博物館蔵戦国楚竹書（四）』に掲載された陳佩芬氏の釈文を底本とし、筆者が最終的に釈読した釈文である。従って、陳氏の釈文と文字の認定が異なる場合もある。その点を含め、必要と思われる箇所についてはその都度注記する。なお、現時点では、本文献に関する専論はなく、筆者が参照した札記類は、以下のように、すべて「簡帛研究」網站（インターネット）上に掲載されたものである。本章では、諸氏の説を注記する場合、その氏名のみを掲げる。題名・掲載日などについては下記を御参照いただきたい。

・陳劍「上博竹書《昭王與龔之脽》和《柬大王泊旱》讀後記」（「簡帛研究」網站、二〇〇五年二月十五日）

・孟蓬生「上博竹書（四）間詁」（「簡帛研究」網站、二〇〇五年三月六日）

・陳斯鵬「初讀上博竹書（四）文字小記」（「簡帛研究」網站、二〇〇五年三月六日）

・侯乃鋒「《昭王与龔之脽》第九簡補説」（二〇〇五年三月二十日）

・楊澤生「《上博四》札記」（「簡帛研究」網站、二〇〇五年三月二十四日）

（4）「馬承源先生談上海簡」（『上博館蔵戦国楚竹書研究』、二〇〇二年、上海書店出版社）。

（5）前二七八年の「白起伐郢」後、紀山古墓群に楚の貴族墓が造営されなくなり、楚文化の継承が見られなくなることについては、劉彬徽「関于郭店楚簡年代及相関問題的討論」（『早期文明與楚文化研究』、岳麓書社、二〇〇一年）参照。

（6）『文選』宋玉・風賦に「有風颯然而至、王乃披襟而當之」とある。

（7）『文選』沈約・應詔樂遊苑餞呂僧珍詩に「函轘方解帶、嶢武稍披襟」とある。

（8）『史記』日者列伝に「宋忠・賈誼瞿然而悟、獵纓正襟危坐」とある。

（9）『戦国策』楚策一に「一國之衆、見君莫不斂衽而拜、撫委而服」とある。

（10）本書の前章「父母の合葬――『昭王毀室』――」参照。
（11）仮に、これらが「語」の形式の文献であるとすれば、『国語』に代表されるような「語」形式の文献は、この上博楚簡に見られるような形で比較的早くから通行していたと言えるであろう。
（12）こうした意味での墨節が見られる例としては、他に郭店楚墓竹簡『六徳』がある。なお、戦国楚簡では、明確に文献の末尾（終了）を示す際には、墨節・墨釘・墨鉤の後を留白としているようである。この点の詳細については、拙稿「上博楚簡『従政』の竹簡連接と分節について」（『中国研究集刊』騰号（第三六号）、二〇〇四年）参照。なお、本稿はその後、『竹簡が語る古代中国思想――上博楚簡研究――』（浅野裕一編、汲古書院、二〇〇五年）に採録し、また、中国語に翻訳して、拙著『戰國楚簡與秦簡之思想史研究』（台湾・万巻楼、二〇〇六年）にも収録している。
（13）『上海博物館蔵戦国楚竹書（一）』（馬承源主編、上海古籍出版社、二〇〇一年）の「前言」参照。また、上博楚簡が郭店楚簡と同様、紀山古墓群からの盗掘品である可能性については、戦国楚簡研究会「中国湖北省荊門・荊州学術調査報告」（『中国研究集刊』第三八号、二〇〇五年）参照。

第十二章　『鬼神之明』と『墨子』明鬼論

浅野裕一

一

馬承源主編『上海博物館蔵戦国楚竹書（五）』（上海古籍出版社・二〇〇五年十二月）には、『墨子』の佚文と見られる『鬼神之明』が収録されている。郭店楚簡や上博楚簡などの戦国楚簡から、墨家に関する文献が出てきたのはこれが初めてである。そこで本章では、『鬼神之明』の発見が墨家思想の研究にどのような影響を与えるのかを考察してみたい。

『鬼神之明』の現存する竹簡は五枚である。ただし『鬼神之明』は、第五簡上段の途中に記された墨節の前で終わっており、墨節の下には『融師有成氏』と命名された別の篇が記されている。第一簡・第二簡・第四簡・第五簡は上段と下段を綴合したもので、そのうち第一簡・第二簡は文字に欠損のない整簡で、第四簡は上端に五字分、第五簡は上端に四字分の残欠がある。また第三簡は中折れしていない連続した簡であるが、上端に五字分の残欠がある。ただし第三簡・第四簡・第五簡の残欠部分は、前後の文脈から文字が推定できるので、実質的に欠損部分はすべて解消される。第一簡は篇の本来の首簡ではなく、その前に文章が存在したと考えられるが、残念なことに欠失している。

第一簡の途中に八字分程度の留白がある。これは篇全体を書写し終わった後に、この部分が誤写だったことに気付き、削除した結果と思われる。そのため留白部分の前と後は、そのまま文意が接続する。また第二簡の墨節を付した箇所に脱落部分がある。やはり篇全体を書写し終わった後に誤りに気付いたため、当該箇所に墨節を付したうえで、第二簡の背に脱落した文章を補写してある。簡長は『融師有成氏』の完簡で五十三センチメートルである。編綫は三道。残存する文字数は百九十七字である。

初めに『鬼神之明』の原文と書き下し、及び現代語訳を示して置く。

今夫鬼神有所明有所不明、則以其賞善罰暴也。昔者堯舜禹湯、仁義聖智、天下法之。此以貴爲天子、」1 富有天下、長年有譽①、後世述之、則鬼神之賞、此明矣。及桀受幽厲、焚（僨）②聖人、殺諫③者、賊百姓、亂邦家。━〔此以桀折於鬲山、而受首於岐社、〕身不沒爲天下笑、則鬼」2【神之罰、此明】矣。及伍子胥者、天下之聖人也、鴟夷而死。榮夷公者、天下之亂人也、長年而沒。汝以此詰之、則善者或不賞、而暴」3【者或不罰、故】吾因嘉。鬼神不明、則必有故。其力能至焉而弗爲乎。吾弗知也。意其力故不能至焉乎。吾或弗知也。此兩者岐。吾故」4【曰、鬼神有】所明有所不明。此之謂乎。━

今夫れ鬼神に明なる所有り不明なる所有りとするは、則ち其の善を賞し暴を罰するを以てなり。昔え堯・舜・禹・湯は、仁義聖智にして、天下は之に法る。此を以て貴きこと天子と為り、富むこと天下を有ち、長年誉むること有りて、後世之を述ぶれば、則ち鬼神の賞するは、此れ明らかなり。桀・受・幽・厲に及びては、聖人を僨《ころ》し、諫むる者を殺し、百姓を賊し、邦家を乱す。此を以て桀は鬲山《れきざん》に折られて、受は岐社に首かけられ、身没せずして天下の笑いと為らば、則ち鬼神の罰するは、此れ明らかなり。伍子胥に及びては、天下の聖人なるに、鴟夷《しい》せられて死せり。栄夷公は、天下の乱人なるに、長年にして没せり。汝此を以て之を詰《と》わば、則ち善なる者も賞せられざること或《あ》りて、暴なる者も罰せられざること或るは、故《すなわ》ち吾も因りて嘉《よみ》す。鬼神の明ならざるは、則ち必ず故有らん。其の力は能く焉《ここ》に至るも為さざりしか。吾は知らざるなり。意うに其の力故より焉に至ること能わざりしか。吾は知らざること或るなり。此の両者は岐《わか》る。吾故ち曰く、鬼神に明なる所有り不明なる所有りと。此の謂なるか。

そもそも私が鬼神には明なる場合と不明なる場合があると考えた理由は、鬼神が善を賞し暴を罰するとされているからである。昔、堯・舜・禹・湯は、仁義聖智であって、天下中の人々が規範と仰いだ。そこで彼らは身分が高いことは天子の地位に就き、富裕なことは天下全体を所有し、長年にわたって名誉を維持し続け、後世までその偉大さが語り継がれている。これらの事例から、鬼神が善を賞することは明白である。

桀・受・幽・厲に及ぶや、聖人を殺し、諫める者を殺し、百姓を残虐に取り扱い、国家を混乱に陥れた。そのため桀は鬲山で胴体を真っ二つに断ち切られ、受は岐社に首を曝され、天寿を全うできずに天下中の笑い者となった。これらの事例から、鬼神が暴を罰することは明白である。

ところが伍子胥に至ると、天下の聖人だったにもかかわらず、革袋に入れられて川に流されるとの最期を迎えた。栄夷公は天下の乱人だったにもかかわらず、長寿を保って死んだ。あなたがこうした実例を挙げて私に問うのであれば、善人も鬼神に賞せられない場合があり、暴人も鬼神に罰せられない場合があることは、私も賛同する。

鬼神が不明だった場合は、必ずその原因があったはずだ。力としてはできたのだが敢えて行わなかったのか。私には分からない。それとも鬼神の力も、もともとそこまではできなかったのか。私には分からない。過去の歴史的事例は鬼神が善を賞し暴を罰する方向と、鬼神が善を賞せず暴を罰しない方向とに分岐している。私が鬼神には明なる場合と不明なる場合があると述べたのは、こうした理由からなのだ。

二

『鬼神之明』には直接墨子の名称は見えない。それにもかかわらず、『鬼神之明』を墨家の文献と見なせるであろうか。『鬼神之明』の文章には、次に示すように『墨子』と酷似した表現が存在する。(4)

(A) 然則富貴爲賢、以得其賞者誰也。曰、若昔者三代聖王、堯・舜・禹・湯・文・武者是也。所以得其賞何也。曰、其爲政乎天下也、兼而愛之、從而利之。又率天下之萬民、以尚尊天事鬼、愛利萬民。是故天鬼賞之、立爲天子、以爲民父母。萬民從而譽之曰聖王、至今不已。則此富貴爲賢、以得其賞者也。然則富貴爲暴、以得其罰者誰也。曰、若昔者三代暴王、桀・紂・幽・厲者是也。曰、何以知其然也。曰、其爲政乎天下也、兼而憎之、從而賊之。又率天下之民、以詬天侮鬼、賊殺萬民。是故天鬼罰之、使身死而爲刑戮、子孫離散、室家喪滅、絶無後嗣。萬民從而非之曰暴王、至今不已。則此富貴爲暴、而以得其罰者也。(『墨子』尚賢中篇)

然らば則ち富貴賢を為して、以て其の賞を得たる者は誰ぞや。曰く、昔者の三代の聖王、堯・舜・禹・湯・文・武の若き者は是なり。其の賞を得たる所以は何ぞや。曰く、其の政を天下に為すや、兼ねて之を愛し、従りて之を利す。又た天下の万民を率いて、以て天を尊び鬼に事え、万民を愛利するを尚ぶ。是の故に天鬼は之を賞し、立てて天子と為し、以て民の父母と為す。万民従りて之を誉めて聖王と曰い、今に至るも已まず。則ち此れ富貴賢を為して、以て其の賞を得たる者なり。然らば則ち富貴暴を為して、以て其の罰を得たる者は誰ぞや。曰く、昔者の三代の暴王、桀・紂・幽・厲の若き者は是なり。曰く、何を以て其の然るを知るや。曰く、其の政を天下に為すや、兼ねて之を憎み、従りて之を賊す。又た天下の民を率いて、以て天を詬《ののし》り鬼を侮り、万民を賊殺す。是の故に天鬼は之を罰し、身は死して刑戮と為り、子孫は離散し、室家は喪滅して、絶えて後嗣無から使む。万民は従りて之を非《そし》りて暴王と曰い、今に至るも已まず。則ち此れ富貴暴を為して、以て其の罰を得たる者なり。

（B）子墨子言曰、昔三代聖王、禹・湯・文・武、此順天意而得賞也。昔三代暴王、桀・紂・幽・厲、此反天意而得罰者也。然則禹・湯・文・武、其得賞何以也。子墨子言曰、其事上尊天、中事鬼神、下愛人。故天意曰、此之我所愛、兼愛之、我所利、兼利之。愛人者此爲博。利人者此爲厚。故使貴爲天子、富有天下。世萬葉子孫、傳稱其善、方施天下、至今稱之、謂之聖王。然則桀・紂・幽・厲、得其罰何以也。子墨子言曰、其事上詬天、中誣鬼、下賊人。故天意曰、此之我所愛、別而惡之、我所利、交而賊之。惡人者此爲之博也。賊人者此爲之厚也。故使不得終其壽、不歿其世。至今毀之、謂之暴王。（『墨子』天志上篇）

子墨子言いて曰く、昔の三代の聖王、禹・湯・文・武は、此れ天意に順いて賞を得たるものなり。昔の三代の暴王、桀・紂・幽・厲は、此れ天意に反きて罰を得たる者なり。然らば則ち禹・湯・文・武の、其の賞を得たるは何を以てするや。子墨子言いて曰く、其の上は天を尊び、中は鬼神に事え、下は人を愛するを事とすればなり。故に天意に曰く、此れ我が愛する所に之《おい》て、兼ねて之を愛し、我が利する所に、兼ねて之を利す。人を愛する者此《こと》くも博きを為す。人を利する者此くも厚きを為すと。故に貴きこと天子為りて、富は天下を有たしむ。世《よよ》万葉の子孫は、伝えて其の善を称《たた》え、方《あまね》く天下に施し、今に至るも之を称え、之を聖王と謂う。然らば則ち桀・紂・幽・厲の、其の罰を得たるは何を以てするや。子墨子言いて曰く、其れ上は天を詬り、中は鬼を誣《そし》り、下は人を賊うを事とすればなり。故に天意に曰く、此れ我が愛する所に之て、別ちて之を悪み、我が利する所に、交ごも之を賊う。人を悪む者此くも博きを為す。人を賊う者此くも厚きを為すと。故に其の寿を終うるを得ず、其の世を歿えざらしむ。今に至るも之を毀《そし》り、之を暴王と謂う。

（C）上稽之堯・舜・禹・湯・文・武之道、而政逆之。下稽之桀・紂・幽・厲之事、猶合節也。（『墨子』節葬下篇）

上は之を堯・舜・禹・湯・文・武の道に稽《かんが》えて、政《まさ》に之に逆い、下は之を桀・紂・幽・厲の事に稽えて、猶お節を合するがごとし。

（D）昔者禹・湯・文・武、方爲政乎天下之時曰、必使飢者得食、寒者得衣、勞者得息、亂者得治。遂得光譽令聞於天下。（中略）然今以命爲有者、昔者三代暴王、桀・紂・幽・厲。貴爲天子、富有天下。於此乎不能矯其耳目之欲、而從其心意之辟。（中略）遂失其宗廟。（『墨子』非命下篇）

昔者は禹・湯・文・武、政を天下に為すの時に方《あた》りて曰く、必ず飢うる者をして食するを得、寒ゆる者は衣るを得、労るる者は息うを得、乱るる者は治まるを得せ使めんと。遂に光誉令聞を天下に得る。（中略）然らば今命を以て有りと為す者は、昔の三代の暴王、桀・紂・幽・厲なり。貴きこと天子と為り、富むこと天下を有つ。此に於てか其の耳目の欲を矯むること能わずして、其の心意の辟に従う。（中略）遂に其の宗廟を失う。

（E）昔者堯舜禹湯、仁義聖智、天下法之。此以貴爲天子、」1富有天下、長年有譽、後世述之、則鬼神之賞、此明矣。及桀受幽厲、焚（僨）聖人、殺諫者、賊百姓、亂邦家。〔此以桀折於鬲山、而受首於岐社、〕身不沒爲天下笑、則鬼」2【神之罰、此明】矣。（『鬼神之明』）

昔え堯・舜・禹・湯は、仁義聖智にして、天下は之に法る。此を以て貴きこと天子と為り、富むこと天下を有ち、長年誉むること有りて、後世之を述ぶれば、則ち鬼神の賞するは、此れ明らかなり。桀・受・幽・厲に及びては、聖人を僨し、諫むる者を殺し、百姓を賊し、邦家を乱す。此を以て桀は鬲山に折られて、受は岐社に首かけられ、身没せずして天下の笑いと為らば、則ち鬼神の罰するは、此れ明らかなり。

先頭の（A）では、堯・舜・禹・湯・文・武と桀・紂・幽・厲が、天賞を受けた聖王と、天罰を受けた暴王として対比されている。同様に（B）では、禹・湯・文・武と桀・紂・幽・厲が対比されている。（C）では（A）と同じく、堯・舜・禹・湯・文・武と桀・紂・幽・厲が対比される。（D）では（B）と同じく、禹・湯・文・武と桀・紂・幽・厲が対比される。

聖王の側は禹・湯・文・武の四人だったり、堯・舜・禹・湯・文・武の六人だったりと、複数のパターンが見られるが、暴王の側は決まって桀・紂・幽・厲の四人が挙げられていて、パターンが固定されている。これと類似する構図は、鬼神の賞を受けた堯・舜・禹・湯と、鬼神の罰を受けた桀・受・幽・厲の対比として、（E）の『鬼神之明』

周の都から彘に追放される厲王。（『国語故事』）

にも見えている。夏の桀王と殷の紂王を暴虐な王の代表として挙げる例は、『孟子』『荘子』『荀子』『韓非子』など先秦の文献に数多く見える。だが桀と紂にさらに周の幽王と厲王を加え、[5]この四人を一組にして暴王と非難するのは、『墨子』にのみ登場する特異な表現である。『鬼神之明』にこうした特異な表現が含まれることは、『鬼神之明』が墨家の文献だった証左となろう。

　また（A）は、三代の聖王が与えられた天賞の具体的内容として、「立爲天子、以爲民父母」と「萬民従而譽之曰聖王、至今不已」、すなわち天子の地位の獲得と末代までの名声の獲得の二点を挙げる。同様に（B）も、天賞の内容として、「貴爲天子、富有天下」と「世萬葉子孫、傳稱其善、方施天下、至今稱之、謂之聖王」の二点を挙げる。（D）でも、「遂得光譽令聞於天下」と、名声の獲得の側が挙げられている。そして（E）の『鬼神之明』も、鬼神の賞の具体的内容として、「貴爲天子、富有天下」と「長年有譽、後世述之」の二点を挙げていて、（A）（B）（D）との間に強い類似性を示している。

　三代の暴王に降された天罰の内容に関しても、（A）は「身死而爲刑戮、子孫離散、室家喪滅、絶無後嗣」と「萬民従而非之曰暴王、至今不已」、すなわち処刑されて社稷が絶えたことと、後世まで悪評を蒙ったことの二点を挙げる。同様に（B）も、天罰の内容として「不得終其壽、不歿其世」と「至今毀之、謂之暴王」の二点を挙げる。（D）でも、「遂失其宗廟」と宗廟の断絶の側が挙げられている。そして（E）の『鬼神之明』も、鬼神の罰の内容として、

「身不沒」と「爲天下笑」の二点を挙げていて、やはり（A）（B）（D）との間に強い類似性を示している。

このように①堯・舜・禹・湯もしくは、禹・湯・文・武や堯・舜・禹・湯・文・武と桀・紂・幽・厲を対比する構図、②天子の地位の獲得と後世にまで至る名声の獲得を上天や鬼神の賞とする点、③宗廟・社稷の断絶と末代までの汚名を上天や鬼神の罰とする点の三点にわたって、『墨子』と『鬼神之明』は強い共通性を示している。こうした共通性から、『鬼神之明』を墨家の著作と見なすことには全く問題がないと考えられる。また鬼神が明か不明かといった議論を展開するのは、先秦においては墨家のみであるから、やはりこの点からも、『鬼神之明』は間違いなく墨家の文献だと判断できる。

三

前節での検討によって、『鬼神之明』が墨家の文献であったことが確実となった。だが『墨子』には、（1）親士以下七篇、（2）尚賢上篇以下十論二十三篇、（3）非儒下篇、（4）経上篇以下墨弁六篇、（5）耕柱篇以下説話類五篇、（6）備城門篇以下守城法十一篇など、形式や性格を異にする多様な諸篇が収録されている。『鬼神之明』は、上記の分類中のどれに属する文献なのであろうか。鬼神が明か不明かを論ずる内容からすれば、真っ先に思い浮かぶのは、『鬼神之明』が失われていた明鬼上篇か明鬼中篇の一部だった可能性であろう。本節では『墨子』中の諸篇との比較によって、そうした推測が妥当かどうかを考えてみたい。

「汝以此詰之」と、話者と問答を交わす相手に言及されるので、『鬼神之明』は問答体で議論を展開する構成を取っていたと思われる。ただし残された竹簡の範囲内では、「汝」が直接発言してはおらず、実質的に話者は「吾」一人に限られている。そして「吾因嘉」として登場する話者は、墨子であったと推定される。

文脈からすると、墨子の明鬼論に疑念を提出する相手が、人為の善悪と鬼神の賞罰が対応しない実例を持ち出して、墨子の明鬼論を批判した部分が、第一簡の前に位置していたと推測される。これに対して墨子が、確かに人為の善悪と鬼神の賞罰が対応しない事例が存在することを認める発言を行う部分が接続していて、「鬼神に明なる所有り不明なる所有り」とする『鬼神之明』は、その一部であったと推測される。

最初に『墨子』説話類と『鬼神之明』を比較してみるが、そのため（5）の説話類の中で明鬼論を扱うものを次に示してみる。

（a）公孟子曰、無鬼神、又曰、君子必學祭祀。子墨子曰、執無鬼而學祭禮、是猶無客而學禮也。是猶無魚而爲魚罟也。（公孟篇）

公孟子曰く、鬼神無しと、又た曰く、君子は必ず祭祀を学ぶと。子墨子曰く、無鬼を執りて祭礼を学ぶは、是れ猶お客無くして礼を学ぶがごとし。是れ猶お魚無くして魚罟を為るがごとしと。

（b）有游於子墨子之門者。謂子墨子曰、先生以鬼神爲明知、能爲人禍福、爲善者富之、爲暴者禍之。今吾事先生久矣。而福不至。意者先生之言有不善乎、鬼神不明乎。我何故不得福也。子墨子曰、雖子不得福、吾言何遽不善、而鬼神何遽不明。子亦聞乎匿刑徒之有刑乎。對曰、未之得聞也。子墨子曰、今有人於此什子。子能什譽之、而一自譽乎。對曰、不能。有人於此百子。子能終身譽其善、而子無一乎。對曰、不能。子墨子曰、匿一人者、猶有罪。今子所匿者若此其多。將有厚罪者也。何福之求。（公孟篇）

子墨子の門に游ぶ者有り。子墨子に謂いて曰く、先生は鬼神を以て明知と為し、能く人の禍福を為め、善を為す者は之を富まし、暴を為す者は之に禍すと。今吾れ先生に事うるや久し。而るに福は至らず。意うに先生の言、善からざること有るか、鬼神の不明なるか。我れ何の故に福を得ざるやと。子墨子曰く、子福を得ざると雖も、吾が言何に遽りてか善からずして、鬼神何に遽りてか明ならざらんや。子は亦た刑徒を匿うの刑有るを聞けるかと。対えて曰く、未だ之を得て聞かざるなりと。子墨子曰く、今此に人有りて子に什ばいす。子は能く什たび之を誉めて、一たび自らを誉むるかと。対えて曰く、能わずと。此に人有りて子に百ばいす。子は能く終身其の善を誉めて、子に一も無きか。対えて曰く、能わずと。子墨子曰く、一人を匿す者すら、猶お罪有り。今子の匿す所の者は此くの若く其れ多し。将に厚罪有らんとす。何の福か之れ求めんやと。

（c）子墨子仕曹公子於宋。三年而反。睹子墨子曰、始吾游於子之門、短褐之衣、藜藿之羹、朝得之則夕弗得。祭祀鬼神、今而以夫子之教、家厚於始也、有家享。謹祭祀鬼神、然而人徒多死、六畜不蕃、身湛於病。吾未知夫子之道之可用也。子墨子曰、不然、夫鬼神之所欲於人者多。欲人之處高爵祿、則以讓賢也、多財則以分貧也。夫鬼神豈唯擢黍拑肺之爲欲哉。今子處高爵祿、而不以讓賢、一不祥也。多財而不以分貧、二不祥也。今子事鬼神、唯祭而已矣。而曰病何自至哉、是猶百門而閉一門焉、曰盜何從入。若是而求百福於鬼神、豈可哉。（魯問篇）

子墨子、曹公子を宋に仕えしむ。三年にして反る。子墨子を睹て曰く、始め吾子の門に游びしときは、短褐の衣、藜藿の羹、朝に之を得れば則ち夕には得ず。鬼神を祭祀するや、今は而ち夫子の教えを以て、家は始めより厚く、家亨有り。謹みて鬼神を祭祀するも、然して人徒は多く死し、六畜は蕃えず、身は病に湛しむ。吾は未だ夫子の道の用うべきやを知らずと。子墨子曰く、然らず、夫れ鬼神の人に欲する所の者は多し。人の高き爵禄に処れば、則ち以て賢に譲り、財多ければ則ち以て貧に分かつを欲す。夫れ鬼神豈に唯に擢黍拑肺のみを之れ欲すると為さんや。今子は高き爵禄に処るも、而して以て賢に譲らざるは、一不祥なり。財多きも而して貧に分かたざるは、二不祥なり。今子の鬼神に事うるは、唯だ祭るのみ。而るに病は何に自りて至れるやと曰うは、是れ猶お百門にして一門を閉ざし、盗は何に従りて入れるやと曰うがごとし。是くの若くして百福を鬼神に求むるは、豈に可ならんやと。

（d）子墨子有疾。跌鼻進而問曰、先生以鬼神爲明能爲禍福、爲善者賞之、爲不善者罰之。今先生聖人也。何故有疾。意者先生之言、有不善乎、鬼神不明乎。子墨子曰、雖使我有病、何遽不明。人之所得於病者多方。有得之寒暑、有得之勞苦。百門而閉一門焉、則盗何遽無從入。（公孟篇）

子墨子疾有り。跌鼻進みて問いて曰く、先生は鬼神を以て明にして能く禍福を為め、善を為す者は之を賞し、不善を為す者は之を罰すと為す。今、先生は聖人なり。何の故に疾有るか。意うに先生の言、善からざること有るか、鬼神の不明なるかと。子墨子曰く、我をして病有らしむと雖も、何に遽りてか明ならざらん。人の病を得る所の者は方多し。之を寒暑に得るも有り、之を労苦に得るも有り。百門にして一門を閉ざさば、則ち盗は何に遽りて従りて入るところ無からんや。

先頭の（a）は、無鬼の立場を取る儒家の公孟子を墨子が批判する内容である。これに対して（b）（c）（d）は、明鬼論に疑惑を表明する門人と、疑念を封ぜんとする墨子の問答である。特に（b）と（d）においては、「先生以鬼神爲明知」「鬼神不明乎」「鬼神何遽不明」（b）、「先生以鬼神爲明能爲禍福」「鬼神不明乎」「何遽不明」（d）と、鬼神が明であるか不明であるかが議論の主題とされている。したがって『鬼神之明』も、説話類に属する文献の一部だった可能性がある。

説話類には、「凡言凡動、合於三代聖王堯・舜・禹・湯・文・武者、爲之。凡言凡動、合於三代暴王桀・紂・幽・厲者、舍之」（貴義篇）、「古者三代暴王桀・紂・幽・厲、薾爲聲樂、不顧其民。是以身爲刑僇、國爲虚戾者、皆從此道」（公孟篇）、「昔者三代之聖王禹・湯・文・武、百里之諸侯也。説忠行義、取天下。三代暴王桀・紂・幽・厲、讐忠行暴、失天下」（魯問篇）などと、桀・紂・幽・厲の四人を暴王として聖王と対比する構図も見える。この点からも、『鬼神之明』を説話類に属する文献だったと推測することが可能であろう。

もう一つの可能性としては、現行の『墨子』の先頭に置かれている、親士・修身・所染・法儀・七患・辞過・三弁などの諸篇と同類の文献の一部だったことが考えられる。

法儀篇では、『鬼神之明』と同じく、禹・湯・文・武と桀・紂・幽・厲が聖王と暴王の例として対比されている。

昔之聖王禹・湯・文・武、兼愛天下之百姓、率以尊天事鬼、其利人多。故天福之、使立爲天子。天下諸侯皆賓事之。暴王桀・紂・幽・厲、兼惡天下之百姓、率以詬天侮鬼、其賊人多。故天禍之、使遂失其國家。身死爲僇於天下。後世子孫、毀之至今不息。故爲不善以得禍者、桀・紂・幽・厲是也。愛人利人以得福者、禹・湯・文・武是也。（法儀篇）

昔の聖王禹・湯・文・武は、兼ねて天下の百姓を愛し、率いるに尊天事鬼を以てして、其の人を利すること多し。故に天は之に福し、立てて天子為らしむ。天下の諸侯は皆之に賓事す。暴王桀・紂・幽・厲は、兼ねて天下の百姓を悪み、率いるに天を詬り鬼を侮どるを以てし、其の人を賊うこと多し。故に天は之に禍し、遂に其の国家を失わしむ。身は死して天下に僇せらるるを為す。後世の子孫は、之を毀りて今に至るも息まず。故に不善を為して以て禍を得たる者は、桀・紂・幽・厲是なり。人を愛し人を利して以て福を得たる者は、禹・湯・文・武是なり。

これに似た表現は、次に示す所染篇にも見える。

舜染於許由伯陽。禹染於皐陶伯益。湯染於伊尹仲虺。武王染於太公周公。此四王者所染當。故王天下、立爲天子、功名蔽天地。擧天下之仁義顯人、必稱此四王者。夏桀染於干辛推哆。殷紂染於崇侯惡來。厲王染於厲公長父榮夷終。幽王染於傅公夷蔡公穀。此四王者所染不當。故國殘身死、爲天下僇。擧天下不義辱人、必稱此四王者。（所染篇）

舜は許由伯陽に染まる。禹は皐陶伯益に染まる。湯は伊尹仲虺に染まる。武王は太公周公に染まる。此の四王なる者は染まる所当たれり。故に天下に王たりて、立ちて大子と為り、功名は天地を蔽う。天下の仁義顕人を挙ぐるには、必ず此の四王の者を称す。夏桀は干辛推哆に染まる。殷紂は崇侯悪来に染まる。厲王は厲公長父榮夷終に染まる。幽王は傅公夷蔡公穀に染まる。此の四王の者は染まる所当たらず。故に国は残し身は死し、天下の僇と為る。天下の不義辱人を挙ぐるには、必ず此の四王の者を称す。

特に所染篇で注目されるのは、『鬼神之明』で「榮夷公者、天下之亂人也」と非難される榮夷公が、やはり「厲王染於厲公長父榮夷終」と非難されている点である。(6) また『鬼神之明』で「伍子胥者、天下之聖人也」と称賛される伍子胥も、後文においてやはり「呉闔閭染於伍員文義」と称賛されている。

さらに『鬼神之明』は問答体で構成されていたと推定されるが、三弁篇も「程繁問於子墨子曰」と、非楽論の是非をめぐる墨子と程繁の問答体で構成されている。したがって、明鬼論の是非をめぐる問答体で著述されている『鬼神之明』が、（1）の親士以下七篇と同様の性格を持つ文献だった可能性も残る。

第三の可能性としては、『鬼神之明』が亡佚していた明鬼上篇か明鬼中篇の一部だった可能性が挙げられるであろう。この可能性に対し李鋭「読上博五札記」（簡帛研究網站）は、『鬼神之明』が『墨子』明鬼論の佚文だった可能性を認めながらも、以下のような疑念を提示する。[7]

『墨子』尚賢論などの諸篇は、すべて上中下の三篇があって文意が近似しており、墨家の主要な主張を述べている。ところが明鬼下篇には、「鬼神有所明有所不明」との内容をめぐる討論は存在しない。もし『鬼神之明』が明鬼上篇か明鬼中篇の一部だったとすれば、とても人々を信服させられなかったであろう。つまり李鋭氏は、鬼神に不明な所があると自ら認めてしまえば説得力を失うとして、『鬼神之明』が明鬼上篇か明鬼中篇の一部だった可能性に疑義を表明したわけである。

だが説話類の中でも、人為の善悪と鬼神の賞罰が必ず対応するとの因果律に対しては、門人から度々疑念が表明されている。これに対する墨子の対応は、前掲（b）（c）のように鬼神の要求を突如つり上げて、福が得られない原因を門人の信心不足のせいにしたり、（d）のように自分の病気の原因を、一転して鬼神の罰以外の原因に求めたりと、論点をそらして逃げを打つ姿勢に終始していて、正面からの論破にはなっていない。こうした現象が物語るように、明鬼論はもともと証明が難しいテーマであったから、正面から論戦を展開した場合、後退せざるを得ない性格を持つ。したがって明鬼上篇や明鬼中篇においても、同様の後退が行われた可能性があり、『鬼神之明』が明鬼上篇か明鬼中篇の一部だったと推定しても、格別の矛盾は生じない。

そもそも説話類では、「先生以鬼神爲明知」「鬼神不明乎」「鬼神何遽不明」（b）とか、「先生以鬼神爲明能爲禍福」「鬼神不明乎」「何遽不明」（d）と、鬼神が明であるか不明であるかが、すでに議論の対象とされていた。そうであれば、『鬼神之明』が鬼神が明であるか不明であるかを主題にしているからと言って、それを墨家思想から逸脱した異質な立場と理解する必要はない。

さらに明鬼下篇においては、「今潔く酒醴粢盛を為りて、以て祭祀を敬慎す。若し鬼神をして請《まこと》に有らしめば、是れ其の父母姒兄を得て之に飲食せしむるなり。豈に厚利に非ざらんや。若し鬼神をして請には亡からしむるも、是れ乃ち其の為る所の酒醴粢盛の財を費やすのみ。且つ夫れ之を費やすは、特だ之を汙壑に注ぎて之を棄つるには非ざるなり。内は宗族、外は郷里、皆得て具に之を飲食す。鬼神をして請には亡からしむと雖も、此れ猶お以て驩を合わせ衆を聚め、親を郷里に取るべし」とか、「是の故に子墨子曰く、今吾が祭祀を為すや、直だ之を汙壑に注ぎて之を棄つるには非ざるなり。上は以て鬼の福に交わり、下は以て驩を合わせ衆を聚め、親を郷里に取る。若し鬼神にして有らば、則ち是れ吾が父母・弟兄を得て之に食せしむるなり」と、墨家は無鬼論を容認する線まで後退し、ほとんど論証を放棄するに至っている。

鬼神の明・不明をめぐる議論と、鬼神の有無をめぐる議論を比較すれば、墨家にとって後者の側がより本質的で深刻な議論であるのは言うまでもない。しかるに明鬼下篇の中で、墨家は鬼神が存在しないとする主張までをも半ば容認しているわけであるから、鬼神にも不明な場合があると認める程度の譲歩をしたからと言って、『鬼神之明』を墨家本来の立場を逸脱した異質な立場と理解する必要など全くないのであって、『鬼神之明』の議論内容は『墨子』が収録する議論の範囲内に収まっていると考えるべきである。

ただし『鬼神之明』を明鬼上篇もしくは明鬼中篇の佚文だったとする推定には、別な疑問点も存在する。現存する十論の諸篇では、「攻戦を飾る者」「有命を執る者」「無鬼を執る者」「厚葬久喪を執る者」「兼を非とする者」など、学団外の論敵との論争が展開されており、説話類に頻出するような学団内の門人との問答は全く含まれない。『鬼神之明』の「汝」は、学団外の論敵を指すとは思われず、門人を指す可能性が高い[8]。この点を重視すれば『鬼神之明』は、明鬼上篇や明鬼中篇の一部であるよりは、むしろ明鬼論を主題とする説話類の佚文か、親士以下七篇と同様の篇の佚文だった可能性の側が高いであろう。

以上の考察によって、『鬼神之明』は説話類の佚文か親士以下七篇と同様の篇の佚文である可能性が最も高く、前二者に較べると可能性は若干低いものの、明鬼上篇もしくは明鬼中篇の一部だった可能性も充分残るとの結論を得た。上博楚簡は戦国中期（前三四二～前二八二年）、前三〇〇年頃の写本と推定されている。故に『鬼神之明』の発見は、それが何の文献の一部だったかはともかく、戦国前期（前四〇三～前三四三年）には明鬼論が確実に成立していた証左となる。このことが、墨家思想の研究にどのような影響を与えるかを次に検討してみる。

四

墨家思想に関する論考を数多く著した渡辺卓氏は、兼愛・非攻・尚賢は弱者支持の立場を取った初期墨家が唱えた主張、節用・節葬・非楽は領域国家の富国強兵策を支持した中期墨家が唱えた主張、尚同・天志・明鬼・非命は大帝国による統一を支持した後期墨家が唱えた主張だとした上で、次に示すように、明鬼論は秦帝国による統一直前に後期墨家によって唱えられた主張であり、明鬼下篇は秦帝国成立前後から秦帝国の盛期にかけて著作されたとする[9]。

もともと明鬼下篇は非命論などと共に戦国末期に出発した天志論の補説である。しかもその成立は秦墨の手によるものであって、別に述べる秦墨の運命をも参照すると、恐らくそれは広く流布する機会に恵まれず、一篇だけ

が単行するに終わったのではないかと疑われるからである。（渡辺卓『古代中国思想の研究』創文社・一九七三年、五一四頁）

第三期は前三世紀の初めころから秦帝国の盛期ころまで続く後期墨家の時代である。この期の思想には従来の口号も微弱ながら含まれるが、むしろ集団統率の精神を一統事業の推進に反映させる点が多く、尚同・天志は出現すべき大帝国への理論提供であり、明鬼・非命はその形成をめざす強国の官民への激励の辞であった。（同書・六二三頁）

後期墨家は伝統的な口号によりながらも、集団統率の経験を時務論にとりいれ、上意下達の徹底を勧める尚同論やその究極論拠としての天志論を唱え、やがて出現すべき大帝国への理論提供を策した。あわせ唱えた明鬼・非命の両論は、神々を主宰する天鬼の命に従って人事を尽くせば、そこに固定した宿命論の成立する余地はなく、それこそ天鬼の嘉賞に値することを主張し、統一事業に突進する強国の君臣民を激励するものであった。（同書・七六四頁）

このように渡辺氏は、尚同・天志・明鬼・非命を大帝国への理論提供を策した一連の思想と捉えた上で、明鬼論を秦の統一事業に協力した秦国内の墨者が、秦帝国成立直前に提唱した思想だと理解したのである。だが今回の上博楚簡『鬼神之明』の発見によって、渡辺説が全く成り立たないことが明白となった。

『鬼神之明』を含む上博楚簡は、盗掘品であるため正確な出土地点は不明で、副葬された時期もはっきりしない。そこで中国科学院上海原子核研究所で炭素14を用いた年代測定が行われた。その測定結果は二二五七±六五年で、一九五〇年が国際定点であるから、上博楚簡は前三〇八±六五年、つまり前三七三年から前二四三年の間の書写となる。

また『上海博物館蔵戦国楚竹書』第一分冊「前言」は、副葬時期について、竹簡や字体の分析、郭店楚簡との比較から、楚が秦の攻撃を受けて郢から陳に遷都する前二七八年以前と推定している。したがって上博楚簡の書写年代は、前三七三年から前二七八年の間となる。とすれば、原著の成立時期は当然写本の書写年代をかなり遡るから、『鬼神之明』は遅くも戦国前期にはすでに成立していたと見なければならない。

したがって墨家が明鬼論を提唱した意図を、「神々を主宰する天鬼の命に従って人事を尽くせば、そこに固定した宿命論の成立する余地はなく、それこそ天鬼の嘉賞に値することを主張し、統一事業に突進する強国の君臣民を激励するものであった」と、秦帝国による統一事業の推進に求めることは、全く不可能となる。と同時に、尚同・天志・明鬼・非命を大帝国への理論提供を策した一連の思想とする見解もまた、根柢から覆される。戦国前期の墨家が、一五〇年も後の秦帝国の樹立を予見し、それに協力するための理論を予め用意するなどということは、物理的にあり得ないからである。『鬼神之明』の発見によって、兼愛・非攻・尚賢は弱者支持の立場を取った初期墨家が唱えた主張、節用・節葬・非楽は領域国家の富国強兵策を支持した中期墨家が唱えた主張、尚同・天志・明鬼・非命は大帝国による統一を支持した後期墨家が唱えた主張だとする渡辺説は、もはやその全体が完全に破綻したとしなければならない。[10]

十論はすでに墨子の時代にすべて成立していたと考えられる。その最も直接的な証拠は、次に示す魯問篇の記述である。

子墨子游魏越。曰、既得見四方之君子、則將先語。子墨子曰、凡入國、必擇務而從事焉。國家昏亂、則語之尙賢尙同。國家貧、則語之節用節葬。國家憙音湛湎、則語之非樂非命。國家淫僻無禮、則語之尊天事鬼。國家務奪侵凌、卽語之兼愛非攻。故曰、擇務而從事焉。

子墨子、魏越を游ばしめんとす。曰く、既に四方の君子に見ゆるを得ば、則ち将に先に語らんやと。子墨子曰く、凡そ国に入らば、必ず務を択びて事に従え。国家昏乱なれば、則ち之に尚賢・尚同を語れ。国家貧ければ、則ち之に節用・節葬を語れ。国家音に憙びて湛湎すれば、則ち之に非楽・非命を語れ。国家淫僻にして礼無ければ、則ち之に尊天・事鬼を語れ。国家奪うに務めて侵凌すれば、即ち之に兼愛・非攻を語れ。故に曰く、務を択びて事に従えと。

墨子は門人の魏越に対し、遊説先の各国の状況に応じ、説得すべき内容を重点的に選択するよう指示しているが、その中には、十論すべてが出揃っている。そこで十論の主張自体は、早くも墨子の時代にすでにそのすべてが成立していたと見ることができる。さらに留意すべきは、十論の内容が各々二つずつの計五種類に区分されている点である。これによって墨子自身が、尚賢・尚同、節用・節葬、非楽・非命、天志・明鬼、兼愛・非攻の五グループを、それぞれ類似した目標と性格を持つ同種の主張と考えていたことが分かる。この点は、十論の思想的性格を考える場合、たとえば尚賢論と尚同論とが相互に切り離せない密接な内的連関を保つとの、重要な手がかりを提供する。

また相手の国情に応じて十論を適宜使い分けよとの墨子の発言は、十論の最終目的が、いずれも諸国家の安定的存続に置かれていたことを示すとともに、十論が鬼神信仰をも含めて、初めから目的実現のための手段として用意された点を明らかにしている。そしてこれら十論の主張は、前掲の資料に限らず、説話類のあちこちに広く散見する。登場回数が比較的少ないのは尚賢と尚同で、先の資料を入れて尚賢が三例、尚同が二例である。

ただしこれは、十論の他の主張が儒家や好戦的君主との深刻な論争点となるのに反し、尚賢と尚同とが当時にあっては最も周囲の抵抗の少ない主張内容だったことの反映であって、墨子の時代に尚賢論や尚同論が存在しなかったことを意味するものではない[11]。墨子の活動時期は前四五〇年頃から前三九〇年頃まで、五十年以上の長期にわたっており、十論すべてを形成するだけの時間的余裕は、墨子一代の間においても充分にあったと見なすべきである。

耕柱・貴義・公孟・魯問の四篇はすべて墨子の言行録で、ちょうど儒家の『論語』に相当する。だが従来は『論語』に対する好意的信頼とは対照的に、後代に成立した信憑性に乏しい資料であるとの疑いがかけられ、あまり積極的には利用されてこなかった。しかしその時代性や地域性など、説話類の内容を仔細に検討してみると、これらは間違いなく墨子の時代の記録である[12]。四篇に記される門人たちの不誠実で怠惰な行状と、それに対応する墨子の苦況は、『荘子』天下篇が記す「後世の墨者」の献身的な姿とは全く異質である。もし四篇が戦国期に入ってかなり時が経ってから墨子に仮託して偽作されたのであれば、そこには当時の墨家の実態を反映して、威厳に満ちた墨子と求道者的な墨者の姿が描かれるはずであって、わざわざ墨家の不名誉を喧伝する内容とは、決してならなかったであろう。

したがって説話類は墨子当時の記録と考えられるのだが、そこに十論すべての名称が登場する以上、十論は墨子の時代にすでに形成されていたと見なければならない。十論は全体として一つの体系を構成している。もともと墨子の思想は、大国による侵略と併合によって周の封建体制が破壊されて行く事態を阻止して、天下の諸国家が相互に領土を保全し合いながら、安寧に共存する体制を再建するところに、最終目的が存在した。そこで十論のうち兼愛と非攻は、他国への侵攻や領土の併合は人類に対する犯罪だと訴えて、加害者たる大国にその中止を求める意図から形成されている[13]。さらに天志と明鬼は、侵略と併合は上天と鬼神も禁止しているとして、前記の主張を補強する意図から形成された。

強国による侵略と併合を阻止するためには、被害者となる弱小国の側にも、国内を安定させてそれを断念させる努力が求められる。国内の社会秩序維持を説く尚賢と尚同、冗費の節約による国家財政の強化を説く節用と節葬、勤勉な労働による富の増産を説く非楽と非命などは、そのために用意されている。このように十論全体は、諸国家を保全して封建体制を維持せんとする、一個の思想体系を形作っている。[14]

『鬼神之明』の発見によって、その中の明鬼論が遅くも戦国前期にはすでに成立していたことが明確になった以上、十論は墨子の時代にすべて成立していたと考えられる。十論の主張の成立時期と十論三十篇の著作時期との間には多少の時期的ずれがあったとしても、『鬼神之明』の文体と十論の文体が酷似する現象は、その時期的ずれが極めて短いものだったことを示している。『鬼神之明』により、①堯・舜・禹・湯もしくは、禹・湯・文・武や堯・舜・禹・湯・文・武と桀・紂・幽・厲を対比する構図、②天子の地位の獲得と後世にまで至る名声の獲得を上天や鬼神の賞とする点、③宗廟・社稷の断絶と末代までの汚名を上天や鬼神の罰とする点など、『墨子』に特徴的な文体が、すでに戦国前期には確立していた情況が判明したからである。したがって現存する十論二十三篇の成書年代は、墨子が活動した春秋末から戦国前期にかけての時期と考えるべきである。

また上記①②③の特徴的文体が、十論のみならず説話類や親士以下七篇にも共通して見られる現象は、説話類や親士以下七篇も、墨子が活動した春秋末から戦国前期にかけての時期にすでに成立していた可能性を示唆する。今後の墨家思想の研究は、こうした新たな知見を充分に踏まえながら行う必要があろう。

注

（1）『上海博物館蔵戦国楚竹書（五）』が収録する曹錦炎氏の釈文は「舉」字に隷定するが、寥名春「読《上博五・鬼神之明》篇札記」（簡帛研究網站、http://www.jianbo.org）が「譽」とするのに従って改めた。『墨子』尚賢中篇に「萬民從而譽之曰聖王、至今不已」とあり、非命下篇に「遂得光譽令聞於天下」とあることも、その補証となろう。

（2）釈文は「焚」とするが、寥名春「読《上博五・鬼神之明》篇札記」が「僨」字に解して斃・殺の義とするのに従った。

（3）釈文は「訐」とするが、寥名春「読《上博五・鬼神之明》篇札記」が「諫」とするのに従って改めた。

（4）以下『墨子』の引用は、孫詒譲『墨子閒詁』による。『閒詁』や私見により文字を改めた箇所があるが、逐一の注記を省いた。

（5）幽王は西周最後の王。妃の申后や太子を廃し、愛姫を笑わせるために虚偽の烽火を上げるなど、乱脈な政治を行ったので人心を失い、申后の実家である申侯や西夷・犬戎に攻められ、驪山の麓で殺された。周は次の平王のときに都を東の雒邑に遷した。厲王は幽王の二代前の周王。暴虐な恐怖政治を行ったので人民に背かれ、出奔先で死亡した。周はこの後、共和と呼ばれる貴族の合議体制を経てから、宣王が即位した。宣王の子が幽王である。

（6）榮夷公については、『国語』周語上に「厲王説榮夷公。（中略）榮公若用、周必敗。既榮公爲卿士、諸侯不享、王流于彘」とあり、『史記』周本紀にも「厲王卽位三十年、好利近榮夷公。（中略）厲王不聽。卒以榮公爲卿士用事」とある。

（7）李鋭「読上博五札記」（簡帛研究網站、http://www.jianbo.org）。

（8）ただし説話類の中で墨子は、門人に対してより丁寧な「子」の呼称を用いており、「汝」の語を用いてはいない。

（9）墨家思想に関する渡辺卓氏の一連の論考は、『古代中国思想の研究』（創文社・一九七三年）の第三部に収録されている。

（10）『鬼神之明』は墨子が学団を創設した魯で著作された可能性が高い。それが南方の楚に伝わり、写本の一つが湖北省江陵の楚墓に副葬されたのであろう。したがって明鬼論を提出したのが秦の墨者であり、明鬼論は秦の国外には流布しなかったのではないかとする渡辺氏の推測は、到底成立しない。また初期の兼愛・非攻の系統が衰えるにつれて、後期の尚同・天志・明鬼・非命の系統が抬頭し、墨家が弱者支持の立場から、しだいに変節して権力側にすり寄り、最後は大帝国による統一を支持する反動的立場へと思想を堕落させていったとする説明も、全く成立する余地はなくなったのである。

（11）尚賢論と尚同論の目的については、拙稿「『墨子』尚賢論の特性について」（『國學院雑誌』第77巻第6号・一九七六年六月）、及び「『墨子』尚同論の構造——天子専制理論との対比——」（『文化』第40巻第1・2号・一九七六年九月）参照。

（12）説話類の成立時期については、拙稿「墨家集団の質的変化——説話類の意味するもの——」（『日本中国学会報』第34集・一九八二年十月）参照。

（13）　兼愛論と非攻論の目的については、拙稿「墨家思想の体系的理解（一）——兼愛論について——」（『集刊東洋学』第32号・一九七四年十月）、及び「墨家思想の体系的理解（二）——非攻論について——」（『集刊東洋学』第33号・一九七五年六月）参照。

（14）　墨家思想全体をどのように理解すべきかについては、拙著『墨子』（講談社学術文庫・一九九八年三月）参照。

第十三章　『曹沫之陳』の兵学思想

浅野裕一

一　『曹沫之陳』の文献整理

『上海博物館藏戰國楚竹書（四）』（上海古籍出版社・二〇〇四年・十二月）には、『曹沫之陳』が収録されている。『曹沫之陳』はこれまで亡佚していた兵法書であり、そこには『孫子』を始めとする伝世の兵法書とは異質な兵学が説かれている。そこで本章では『曹沫之陳』に見える兵学思想の特色を探ることとしたい。

『曹沫之陳』は、完簡二十本、上半部と下半部を綴合した整簡二十五本、残簡二十本の合計六十五本から成る。ただし整簡の幾つかについては、綴合に疑問も残されている。簡長は約四七・五センチメートルで、編綫は三道、上下端は平斉である。第二簡の背に「曹沫之陳」と篇題が記される。

検討に先立ち、竹簡の整理と解読を担当した李零氏の釈文と排列に、筆者の私見による修改を加えた形で、以下に全文を示す。段落ごとに附した番号は、竹簡の接続状況に応じて筆者が適宜附けたものである。また『曹沫之陳』には隷定や解釈の難しい箇所が多数存在するため、段落ごとにその主なものを選んで、筆者の考えを示して置く。

（1）

魯莊公將爲大鐘、型既成矣。曹沫入見曰、昔周室之邦魯、東西七百、南北五百、非(1)山非澤、亡有不民。今邦彌小而鐘愈大。君其圖之。昔堯之饗舜也、飯於土簋、歠於土鉶、(2)而撫有天下。此不貧於美而富於悳歟。昔周□……(3)

魯の莊公は將に大鐘を為らんとして、型既に成る。曹沫は入りて見えて曰く、昔え周室の魯に邦せしむるや、東西七百、南北五百にして、山に非ず沢に非ざれば、民ならざること有ること亡し。今、邦は彌いよ小さくして鐘は愈いよ大なり。君其れ之を図れ。昔え堯の舜を饗するや、土簋に飯《くら》い、土鉶に歠《の》むも、撫して天下を有てり。此れ美に貧しくして悳に富めるには不《あら》ざるか。昔え周□……

魯の宮殿に入った曹沫は、周王室から封建された当時の領土が縮小していく現状を省みず、音楽におぼれて大鐘を製作せんとする莊公の姿勢を批判する。そのため、堯が倹約に徹しながら天下を所有した例を引き、それを「美に貧しくして悳に富む」やり方だと賞賛して、莊公に節用を要請する。「昔周□……」とあることから、おそらくこの後に、周の文王・武王も節用を実践し、奢侈に耽る殷の紂干を倒して天下を所有したとする例も引かれていたと思われる。

（2）

……今天下之君子既可知已。孰能并兼人(4)哉。曹沫曰、君其毋愳。臣聞之曰、鄰邦之君明、則不可以不修政而善於民。不然任亡焉。(5)鄰邦之君亡道、則亦不可以不修政而善於民。不然亡以取之。莊公曰、昔池船（施伯）語寡人曰、(6)君子得之失之、天命。今異於爾言。曹沫曰、【非】不同矣。臣是故不敢以古答。然而古亦(7)有大道焉。必恭儉以得之、而驕泰以失之。君言亡以異於臣之言。君弗盡。臣聞之曰、君(8)子以賢稱而失之、天命。以亡道稱而沒身就死、亦天命。不然、君子以賢稱、曷有弗(9)得。以亡道稱、曷有弗失。莊公曰、曼哉、吾聞此言。乃命毀鐘型而聽邦政。不晝(10)寢、不飲酒、不聽樂。居不設席、食不二味、(11)……

……今、天下の君子既に知るべきのみ。孰か能く人を并兼せんやと。曹沫曰く、君其れ愳《うれ》うる毋れ。臣之を聞きて曰く、鄰邦の君明なれば、則ち以て政を修めて民に善くせざるべからず。然らずんば亡ぶに任せん。鄰邦の君亡道なれば、則ち亦た以て政を修めて民に善くせざるべからず。然らずんば以て之を取ること亡しと。莊公曰く、昔施伯は寡人に語りて曰く、君子の之を得ると之を失うとは、天命なりと。今、爾が言と異なれりと。曹沫曰く、同じからざるには【非ざる】なり。臣是の故に敢えて古えを以て答えざらんや。然り而うして古えにも亦た大道有り。必ず恭倹にして以て之を得、驕泰にして以て之を失う。君が言は以て臣の言に異なること亡し。君は尽くさず。臣は之を聞きて曰く、君子賢を以て称えられて之を失うは、天命なり。亡道を以て称えられて身を没して死に就くも、亦た天命なり。然らずんば、君子賢を以て称えられて、曷《なん》ぞ得ざること有らんや。亡道を以て称えられて、曷ぞ失わざること有らんやと。莊公曰く、曼《うかつ》なるかな、吾此の言を聞けりと。乃ち鐘型を毀つを命じて邦の政を聴く。昼に寝ねず、酒を飲まず、楽を聴かず。居るに席を設けず、食うに二味せず。……

第三簡と第四簡の間には、曹沫が莊公に対して、奪われた領土を回復するために、斉に戦いを挑むよう勧める内容を記す脱簡があったと思われる。これに対して荘公は、斉が大国で魯が小国なのは、天下の君子の周知するところであって、努力の如何にかかわらず、失地を奪い返すことなど不可能だと応答したのであろう。第四簡の末尾は、対斉戦を渋る荘公の答えの一部だと考えられる。

これに対して曹沫は、もし隣国の君主が聡明であれば、善政を布いて国内を結束させ、隣国に併合される事態を防がねばならず、逆に隣国の君主が暗愚であっても、やはり善政を布いて国内を結束させるべきで、そうしないとせっかく隣国の君主が暗愚であっても、領土を奪えなくなると指摘する。つまり曹沫は、いずれにせよ君主の人為的努力は不可欠で、国内統治に意を用いさえすれば失地の回復は可能だと説得したのである。だが荘公は、君子が得るのも失うのも天命だとする謀臣・施伯の言を引き、自分が領土を失ったのも天命のせいだとして、依然として失地回復の勧めに否定的態度を示す。

すると曹沫は、次のような論理で反駁する。人間世界には、恭倹であれば得るし、驕慢で安泰を貪れば失うとの明確な因果律がある。この人間世界の因果律が当てはまらず、賢者だと称えられながら失ったり、無道だと非難されながら天寿を全うするというのであれば、人間世界だけで自己完結していない以上、天命が介入してきた結果だと考えざるを得ない。もしこうした天命が存在せず、前記の因果律が常に人間世界内部でのみ自己完結するのであれば、賢者は必ず得るし、無道は必ず失うのだが、実際にはそうでない場合がある。それではあなたは、努力し続けて賢者だと称えられながら、天命のせいで失った実例なのか。（あなたは努力して賢者だと称えられてはいないのだから、天命の事例に該当しないのではないか）。

ここで曹沫が語る論理のうち、努力は必ず報われるとの人間世界の因果律を説くところまでは、「昔は上世の暴王、其の耳目の淫、心涂の辟に忍ばず、其の親戚に順わず。遂に以て国家を亡失し、社稷を傾覆す。我れ罷不肖にして、政を為すこと善からざればなりと曰うを知らずして、必ず吾が命固より之を失えばなりと曰う」（『墨子』非命上篇）とする、墨家の非命説に極めてよく似た性格を示す(1)。

だが曹沫の論理には、この因果律が常に貫徹するわけではなく、実際の世の中には、賢者が失敗したり、無道な者が失敗せずに済む実例が存在することを認め、それを天命が介入したせいだとして処理する論理も用意されている。この天命に関する論理は、「天有り人有り。天と人には分有り。天人の分に察らかなれば、而ち行うべきを知る。其の人有るも、其の世亡ければ、賢と雖も行われず。苟も其の世有らば、何の難きこと之れ有らんや」とか、「遇と不遇とは天なり」「窮達は時を以てす」といった、『窮達以時』に似た性格を示している。

ただし『窮達以時』の天は、時世・時勢の意味であって、上天が直接命令を下したとの性格が前面に出てきてはいない(2)。これに対して曹沫の論理は、(16)に「吾れの戦うは敵天命に順わざればなり」とあることを勘案すれば、上天が直接下した命令だとする意味合いが強いと思われ、この点では『窮達以時』とは少しく異なっているとしなければならない。

それはともかく、曹沫の論理が、人為的努力は必ず好結果をもたらすとの人間世界内部の因果律の領域と、それが貫徹しない天命の領域を併存させる構造を備える点は、従来見られなかった特色で、古代思想史の上で注目すべき内容であろう。この曹沫の論理に接した莊公は、迂闊だったと反省し、昼寝・飲酒・音楽・奢侈を止め、国内統治に精励し始める。

なお「不同矣」の上の一字は、文意から「非」と推定して補って置いた。

（3）

……兼愛萬民、而亡有私也。還年而問於曹⑫沫曰、吾欲與齊戰。問陳奚如、守邊城奚如。曹沫答曰、臣聞之、有固謀而亡固城⒀、有克政而亡克陳。三代之陳皆存、或以克、或以亡。且臣聞之、小邦處大邦之間、敵邦⒁

……万民を兼愛して、私有ること亡きなり。還年にして曹沫に問いて曰く、吾は斉と戦わんと欲す。問う、陳するは奚如、辺城を守るは奚如と。曹沫答えて曰く、臣之を聞く、固き謀有るも固き城亡く、克政有るも克陳亡しと。三代の陳は皆存するも、或いは以て克ち、或いは以て亡ぶ。且つ臣之を聞く、小邦の大邦の間に処るや、敵邦……

第十一簡と第十二簡の欠損部分には、国内統治に精励する荘公の姿が記されていたと思われる。第十二簡の「兼愛萬民、而亡有私也」はその部分の末尾であろう。

一度は斉に対する復讐戦に難色を示した荘公は、国内統治に精励した後、ついに斉と戦う決心をし、曹沫に陣法と守城法を質問する。これによって、大鐘の製作をめぐる問答は、陣法に関する両者の問答を導くための伏線であったことが判明する。また以下に述べられる陣法が、魯と斉の戦いを前提としたものであることも示されている。

荘公の質問に対し、曹沫は陣法や守城法よりも、まず国内の結束を固める施策の方が重要だと答える。なお「三代之陳皆存」との発言は、夏・殷・周三代の陣法と称する兵法書が流伝していた可能性を示唆していて興味深い。

（4）

……其食足以食之、其兵足以利之、其城固(15)足以捍之。上下和且輯、繲紀於大國、大國親之、天下……(16)

……其の食足らば以て之を食し、其の兵足らば以て之を利くし、其の城の固きこと足らば以て之に捍《ふせ》ぐ。上下和して且つ輯《つど》わば、大国に繲紀して、大国之に親み、天下……

ここには国内の結束を固めて大国と友好的な関係を築くための具体的方策が述べられるが、前後が残欠していて本来の位置が不明であるため、全体の文意も明確ではない。

（5）

交地不可以先作怨。疆地毋先必取□焉。所以距邊。毋愛貨資子女、以事其(17)便嬖。所以距內。城郭必修、繕甲利兵、必有戰心以守。所以爲長也。且臣之聞之。不和(18)於邦、不可以出豫。不和於豫、不可以出陳。不和於陳、不可以戰。是故夫陳者、三教之(19)末。君必不已、則由其本乎。莊公曰、爲和於邦如之何。曹沫答曰、毋獲民時、毋奪民利(20)。申功而食、刑罰有辠、而賞爵有悳。凡畜羣臣、貴賤同待、祿毋負。詩於有之曰、豈(21)弟君子、民之父母。此所以爲和於邦。莊公曰、爲和於豫如何。曹沫曰、三軍出、君自率(22)、必聚羣有司而告之。二三子勉之、過不在子在【君】。期會之不難、所以爲和於豫。莊公又問(23)。爲和於陳如何。答曰、車閒容伍、伍閒容兵、貴有常。凡貴人思處前位一行。後則見亡。進(24)必有二將軍。無將軍必有數獄大夫、無裨大夫必有數大官之師、公孫公子。凡有司率長(25)、伍之閒必有公孫公子。是謂軍紀。五人以伍、萬人(26)【以軍】………

交地には以て先に怨を作すべからず。疆地には先んずること毋くして必ず□を取れ。辺を距つる所以なり。貨資子女を愛むこと毋く、以て其の便嬖に事う。内を距つる所以なり。城郭必ず修まり、甲を繕い兵を利くして、必ず戦心有りて以て守る。長を為す所以なり。且つ臣之を聞けり。邦に和せざれば、以て豫を出だすべからず。豫に和せざれば、以て陳を出だすべからず。陳に和せざれば、以て戦うべからずと。是の故に夫の陳なる者は、三教の末なり。君必ず已まざれば、則ち其の本に由らんかと。莊公曰く、和を邦に為すは之れ如何と。曹沫答えて曰く、民の時を獲《あやま》つこと毋かれ、民の利を奪うこと毋かれ。功を申べて食わせ、刑するには辠有るを罰し、賞するには悳有るに爵す。凡そ羣臣を畜うは、貴賤も待を同しくして、禄するに負うこと毋かれ。詩に之有りて曰く、豈弟の君子は、民の父母と。此れ和を邦に為す所以なりと。荘公曰く、和を豫に為すは如何と。曹沫曰く、三軍出づるときは、君自ら率い、必ず羣・有司を聚めて之に告ぐ。二三子之に勉めよ、過ちは子に在らずして【君に】在りと。会せんことを期するの難からざるは、和を豫に為す所以なりと。荘公又た問う。和を陳に為すは如何と。答えて曰く、車間に伍を容れ、伍間に兵を容れ、常有るを貴ぶ。凡そ貴人は前位の一行に処らんことを思う。後るれば則ち亡ぶを見ん。進むには必ず二将軍有り。将軍無ければ必ず数獄大夫有り、裨大夫無ければ必ず数大官の師・公孫公子有り。凡そ有司・率長は、伍の間に必ず公孫公子有り。是を軍紀と謂う。五人は伍を以てし、万人は【軍を以てす】………

「交地」は、帰属する国家が度々変わり、両国の勢力が交叉する土地を指すのであろう。向背が一定しないので、相手の怨みを買うような先制攻撃をかけてはならないとされる。『孫子』九地篇にも「交地」が登場し、そこでは「我も以て往くべく、彼も以て来たるべき者は、交と為す」「交地には則ち絶つこと無し」と述べられる。だが『孫子』の場合は、第三国の領内をいくつも通過するような長距離進撃が前提とされており、『曹沫之陳』の「交地」とは意味が違うと思われる。「疆地」は隣国が支配する境界の土地で、やはり先制攻撃をかけてはならず、住民の人心を収攬するのが先決だとされる(3)。

この二つは「辺を距つる所以」だと述べられるが、「辺」は魯に隣接する斉の辺境地域で、かつては魯の領土だった土地を指すのであろう。「距」は隔離・分断の意味で、「辺を距つる所以」とは、かつては魯の領土で、その後斉に奪われた斉の辺境地域を、斉の支配から隔離・分断する方策を指すと思われる。

「内を距つる所以」とは、斉の朝廷内に対する分断工作で、斉の寵臣に賄賂を贈って買収し、自国に有利な言動を取らせる方策を指す。したがって「辺」も「内」も、起点は斉にある。

「長を為す所以」とは、斉の侵攻が予想される国境地域を守備する方策を指す。「長」は（13）に「毋長於父兄」とあるのと同じ用法で、凌駕する意味であろう。城郭・装甲・兵器などを整備して、旺盛な戦闘意欲を維持して守備するのが、敵の攻撃を凌駕する方策だというのである。

続いて（5）は、邦→豫→陳→戦との四段階を示す。「豫」は国内各地から招集・動員されて集結し、戦場を目指して行軍隊形を取る軍隊を指す。会戦に至る予備段階の状態で、いまだ戦闘隊形に部署割りされてはいない。「陳」は会戦に臨んで編制される戦闘隊形で、縦隊だった行軍隊形を左右に展開させ、戦闘序列に従って前・中・後の三列に編制し直した布陣を指す。

これを承けて荘公は、「和を邦に為す」方策を訊ねる。これに曹沫が示した方策は、農繁期を避けて、民を動員する時期の判断を誤らないこと、民が生業で生み出す利益を収奪しないこと、功績を精査して饗応し、賞罰を適切・公平に与え、爵や禄を惜しまずに与え、身分差を超えて同一の基準を適用して待遇し、功績が大きいにもかかわらず支給される禄が薄く、君主が臣下に負債を負う状態を避けることなどである。

続いて荘公は、「和を豫に為す」手段を質問する。これに対して曹沫が示した手段は、君主自らが陣頭指揮を執り、都城に終結した軍隊に自ら号令し、君主が全責任を負い、決して諸君に責任を転嫁したりしないと宣言して、士気を鼓舞するというものである。君主が信頼されていて、国内各地から招集した部隊を、期日通りに都城に終結させられるのであれば、それこそが「和を豫に為す」手段だとされる。こうした主張は、民を大量に動員するため、戦意高揚が重要な課題であった状況を反映している。両軍対峙後の正攻法による会戦であるため、『孫子』とは異なり、勢や詭計に頼って戦意を高揚させることはできない。そこで君主親征が極めて有効な手段として強調されるのである。

続いて莊公は、「和を陳に為す」手段を質問する。これに対して曹沫は、数輌の戦車で車列を組ませ、車列と車列の間に随伴歩兵を配置し、歩兵部隊ごとに弓弩・戈戟などの兵器を配備するとの陣形を、常に守るべき陣形として示す。戦車と歩兵を交互に配置しながら横に展開する戦闘隊形（行）は、前・中・後の三行が作られるが、貴族は最前列の車列に乗り込んで先陣を切ることが要請される。民の士気を高めるためである。

突撃は卿の身分にある左右二将軍が陣頭指揮を執るのが望ましいとされる。(4) 老齢や病気などで将軍が指揮を執れない場合は数人の獄大夫が、獄大夫が指揮できない場合は裨大夫が、裨大夫も指揮できない場合は数名の大官の師（役所の長官）や公孫・公子が指揮を執るのが望ましいとされる。(5) このように貴人が率先して陣頭指揮すべきことを力説する点に『曹沫之陳』の特色が存在し、随伴の歩兵部隊にも、必ず公孫・公子を有司・率長として配置すべきことが説かれる。曹沫はこれを軍紀（軍の筋目）と称し、統治者層が率先して指揮官を務めることにより、民の士気を高めて結束させるのが、「和を陳に為す」手段だという。

また第二十六簡では、五人→伍、万人→軍との編制単位が示される。これによって、魯では伍を基本単位として軍を編制した様子が窺えるが、伍→卒→旅→軍との編制単位を示す『孫子』謀攻篇と比較すると、中間の単位に言及されず、最小単位の伍から一足飛びに最大単位の軍に及ぶのは、不可解でもある。

（6）

……毋誅而賞、毋皋百姓、而改其將。君如親率(27)、……

……誅して賞すること毋く、百姓を皋すること毋く、其の将を改む。君如し親ら率いれば……

ここには敗戦の責任を民に転嫁したりせず、指揮官の責任を追及すべきことが説かれ、また君主親征にも言及されるが、前後が残欠していて本来の位置が不明であるため、全体の文意も明確ではない。

（7）

又知舍有能、則民宜之。且臣之聞之。卒有長、三軍有帥、邦有君。此三者所以戰。是故長(28)必約邦之貴人及邦之奇士、御卒使兵、毋復失(29)………

又た有能を舍《とど》むるを知らば、則ち民は之を宜しとす。且つ臣之を聞く。卒に長有り、三軍に帥有り、邦に君あり。此の三者は戦う所以なりと。是の故に長は必ず邦の貴人及び邦の奇士と約し、卒を御し兵を使いて、復た失うこと毋く………

ここの「卒」は部隊の意味であろう。ここでもやはり貴族や技量の高い戦士を部隊長に任命すべきことが強調される。兵士の大半は一般の民であるため戦意に乏しく、伝統的権威や特殊能力を備えた人物を指揮官に据える手段により、士気を高揚させようとするのであろう。ただし第二十八簡と第二十九簡を接続することには、疑念も残る。第二十九簡は、平時から部隊長となる将校を選任して置く処置を述べる、別文の可能性が高い。

（8）

………【立】厚食、思爲前行。三行之後、苟見短兵、枚(30)

……厚食を【立つるは】、前行を為さしめんと思えばなり。三行の後に、苟も短兵を見れば、枚兵卒を厚食でもてなすのは、三行の中の前行に志願させるためだと説明される。[6] これによって、左右両翼に開いた戦列は、前・中・後の三列で構成されていたことがわかる。古くは独立の歩兵部隊を行と呼んだが、『曹沫之陳』では戦車と歩兵を交互に配置しながら横に展開する戦闘隊形を行と呼んでいる。

（9）

……失車甲、命之毋行。（明日）將戰、思爲前行。諜人(31)來告曰、其將帥盡傷、車連皆栽。曰、將（担）行。乃……

……車甲を失わば、之に命じて行かしむること毋かれ。（明日）将に戦わんとすれば、前行為らんことを思わしむ。諜人来りて告げて曰く、其の将帥は尽く傷つき、、車連も皆栽つと。曰く、将に（担）行せんとすと。乃ち……

ここには会戦に敗れた後の処置が述べられる。会戦に敗れ装甲と戦車を失った部隊に対しては、その場からの退却を禁じ、翌日再び戦うときには、最前列の行に志願させる。

「軙連皆栽」の「軙」は、「輚」が車の籀文であることから車の意味で、ここでは戈で武装した兵員が乗り込んだ戦車を指す。「車連」は馬と車を繋ぐ綱を指す。「皆栽」は戦車が破損したり、転覆したりして綱が切れ、馬と車がバラバラになった状態を指す。

会戦に敗北し、指揮官は全員負傷し、車と馬も分断されてしまったので、装備をかついで退却したいと伝令が連絡してきた状況が語られるが、それに対する処置は竹簡が欠損しているため不明である。ただし第三十一簡と第三十二簡は意味の繋がりが悪く、両者を接続することには疑念が残る。

（10）

【出】白徒、（担）(7)食輂兵、各載爾藏、既戰將量、爲之(32)

白徒を【出だし】、食を（担いて）兵を輂《の》せ、各おの爾の蔵を載せ、既に戦いて将に量らんとすれば、之が為に……

李零氏は（9）と（10）を綴合して整簡とするが、上述のように文意が必ずしも明快に接続しないので、私見により分離して置く。白徒に担がせて前線に物資を補給することが述べられるが、前後が残欠していて本来の位置が不明であるため、全体の文意も明確ではない。なお白徒の上の一字は、文意から「出」と推定して補って置いたが、「命」の可能性もあるであろう。

（11）

治。果勝矣。親率勝。使人不親則不敦、不和則不輯、不義則不服。莊公曰、爲親如(33)何。答曰、君毋憚自勞、以觀上下之情僞。匹夫寡婦之獄訟、君必身聽之。有知不足、亡所(34)不中、則民親之。莊公又問。爲和如何。答曰、毋嬖於便嬖、毋長於父兄、賞均聽中、則民(35)和之。莊公又問。爲【義】如何。答曰、申功上賢、能治百人、使長百人、能治三軍、思師授(36)【之】

治。果なれば勝つ。親ら率いれば勝つ。人をして親まざら使めば則ち敦からず、和せざれば則ち輯わず、義ならざれば則ち服さず。莊公曰く、親しむを為すは如何と。答えて曰く、君自ら労するに憚かること毋く、以て上下の情偽を観よ。匹夫・寡婦の獄訟は、君必ず身ら之を聴け。足らざるを知ること有りて、中らざる所亡ければ、則ち民は之に親しまん。莊公又た問う。和を為すは如何と。答えて曰く、便嬖に嬖《こび》ること毋く、父兄を長《しの》ぐこと毋く、賞均しくして聴くこと中らば、則ち民は之に和せんと。莊公又た問う。【義】を為すは如何と。答えて曰く、功を申べて賢を上び、能く百人を治むるものは、百人に長たら使め、能く三軍を治むるものは、帥いさせんことを思いて【之】に授く。

ここで曹沫は親・和・義の重要性を説く。最初の「爲親」の方策は、君主自ら獄訟を裁き、下民の実情に精通して、民衆を親附させることだと説明される。次の「爲和」の方策は、公族・寵臣を身びいきせず、共同体の序列を尊重しながら、国内を公平に統治することだと説明される。最後の「爲義」の方策は、能力主義・尚賢主義に基づき、実績に照らして指揮官を選任することだと説明される。

「爲【義】如何」の二番目の文字を李零氏は隷定していないが、前後の文脈から「義」と判断して補って置いた。また最後の「之」字は、次簡の冒頭にあったと推定して補って置いた。

(12)

……民者。毋攝爵、毋御軍、毋避辠。用都教於邦。【古】有戒言曰、奔爾征䘑、不奔爾或興或康以(37)會。故帥不可思奔、奔則不行。戰有顯道、勿兵以克。莊公曰、勿兵以克奚如。答曰、人之兵(38)不砥礪、我兵必砥礪。人之甲不堅、我甲必堅。人使士、我使大夫。人使大夫、我使將軍。人(39)使將軍、我君身進。此戰之顯道。莊公曰、既成教矣。出師有忌乎。答曰、有。臣聞之。三軍出⑷【乎】境必勝、可以有治邦。周志是存。荘公曰、⑷……
……民者。爵を摂《おし》むこと毋かれ、軍を御すること毋かれ、辠を避くること毋かれ。都教を邦に用う。【古えに】戒言有りて曰く、奔らば爾《そ》の征は毻《みだ》れ、奔らざれば爾れ或《つね》に興に或に康くして以て会すと。故に帥いるに奔るを思うべからず、奔らば則ち行かず。戦いに顕道有りて、兵は以て克つこと勿しと。荘公曰く、兵は以て克つこと勿しとは奚如と。答えて曰く、人の兵砥礪ならざれば、我が兵は必ず砥礪にす。人の甲堅からざれば、我が甲は必ず堅にす。人、士を使わば、我は大夫を使う。人、大夫を使わば、我は将軍を使う。人、将軍を使わば、我は君身ら進む。此れ戦いの顕道なりと。荘公曰く、既に教えを成せり。師を出だすに忌むこと有るかと。答えて曰く、有り。臣之を聞く。三軍境に出でて必ず勝つは、以て邦を治むること有るべしと。周志に是れ存すと。荘公曰く、……

先頭の第三十七簡には、爵を惜しむな、軍を後方から制御するな、責任を問われて有罪とされる事態を回避するな、国都で定めた教令を全国的に施行せよ、といった主張が列記されるが、これ以前の竹簡が欠損しているため、前とのつながりは不明である。

李零氏は上半部と下半部を綴合して第三十七簡を整簡とするが、軍を奔走させるなとする後文とは文意が必ずしも明快に接続しないから、この綴合には問題が残されているであろう。

続いて曹沫は、戦場に向かって軍を奔走させてはならないと説く。これは、「軍争は利為り、軍争は危為り」とする『孫子』軍争篇と似た発想と言える。なお文意から「奔爾正紅」の「正」は「征」に、「紅」は「毻」に文字を改めた。

次に曹沫は、「勿兵以克」との考えを示す。その真意は、戦いは兵器で勝つのではなく、(8)人で勝つのであり、敵軍の指揮官よりも地位の高い人物を指揮官に任命すれば、戦意が高揚して勝利できるとするところにある。これを曹沫は「戦の顕道」と称している。

続いて話題は「出師の忌」、すなわち軍の出征に関する禁忌に移る。国境付近に出征して勝利するためには、国内統治の成功が不可欠であることが力説される。なお曹沫が『周志』の存在を指摘している点は興味深い。

（13）

其将卑、父兄不薦、由邦御之。此出師之忌。荘公又問曰、三軍散裹有忌乎。答曰、有。臣聞(42)之。三軍未成、陳未豫、行阪濟障、此散裹之忌。荘公又問曰、戰有忌乎。答曰、有。其去之(43)不速、其就之不附、其啓節不疾、此戰之忌。是故疑陳敗、疑戰死。荘公又問曰、既戰有忌乎。(44)答曰、有。其賞淺且不中、其誅厚且不察、死者弗収、傷者弗問、既戰而有殆心、此既戰之忌。

其の将卑にして、父兄は薦めず、邦由り之を御す。此れ師を出だすの忌なり。荘公又た問いて曰く、三軍の散裹《さんか》に忌むこと有るかと。答えて曰く、有り。臣之を聞く。三軍未だ成らず、陳未だ豫ならざるに、阪を行き障を済るは、此れ散裹の忌なり。荘公又た問いて曰く、戦いに忌むこと有るかと。答えて曰く、有り。其の之を去ること速からず、其の之に就くこと附《ちか》からず、其の節を啓くこと疾からざるは、此れ戦の忌なり。是の故に疑陳は敗れ、疑戦は死す。荘公又た問いて曰く、既に戦うに忌むこと有るかと。答えて曰く、有り。其の賞は浅くして且つ中らず、其の誅は厚くして且つ察せず、死者は収められず、傷者は問われず、既に戦いて殆《あや》ぶむ心有るは、此れ既に戦うの忌なり。

第四十二簡は「出師の忌」の続きであるが、第四十一簡の下半部が残欠しているため、途中に若干の欠落が存在する。

「出師の忌」の続きとして、指揮官の地位が低く、父兄の支持もないため、君主が後方から前線の軍を制御することが、軍の出征に関する禁忌とされる。

次に荘公は、「散裏の忌」、すなわち軍の集散に関する禁忌について訊ねる。これに対する曹沫の答えは、行軍隊形が整わぬうちに険阻な地形を乗り越えようとすると、軍が分離してしまう危険があり、これが軍の集散に関する禁忌だというものである。

次に荘公は「戦の忌」、すなわち戦闘に関する禁忌について訊ねる。曹沫の答えは、戦場に向けての軍の移動が迅速でなく、戦場への集結が緊密でなく、戦闘隊形を組むことが迅速でないのが戦闘に関する禁忌だというものである。これは縦隊で行軍して戦場に到着した後、左右両翼に展開して戦闘隊形の車列に変換する作戦行動を前提としたものである。また戦闘に臨む方針が確定せず、不徹底な布陣をしたり、躊躇しながら戦う疑陳・疑戦も、戦闘に関する禁忌とされる(9)。

次に荘公は「既戦の忌」、すなわち戦後の処置に関する禁忌について訊ねる。これに対して曹沫は、軍功を上げた者への恩賞は薄く、過失のあった者への刑罰は重く、しかも適切ではなく、戦死者の死体は収容されず、負傷者は慰問されず、国内に危ぶむ心を生ずることなどが、戦後の処置に関する禁忌だと答える。

(14)

荘(45)公又問曰、復敗戰有道乎。答曰、有。三軍大敗不勝、卒欲少以多。少則易較、圪成則易(46)

莊公又た問いて曰く、敗戦を復するに道有るかと。答えて曰く、有り。三軍大敗して勝たず、卒は少きも以て多きを欲す。少ければ則ち較《あき》らかにし易く、圪成れば則ち……し易く

莊公は「敗戦を復する」道、すなわち三軍が大敗した後に態勢を立て直す方策を訊ねる。敗残兵を再編して密集隊形を組ませることを説いているようであるが⑽、未釈字や欠損部分が多く、全体の文意は不明である。なお「少則易較」の「較」は、「較」と隷定して明白の意に解した

(15)

……【死】者收之、傷者問之。善於死者爲生者。君⑷⑺不可不愼。不依則不恒、不和則不輯、不兼畏………⑷⑻

……【死】者は之を収め、傷者は之を問う。死者に善くするは生くる者の為なり。君は慎まざるべからず。依らざれば則ち恒ならず、和せざれば則ち輯わず、兼ねて……を畏れざれば

「敗戦を復する」道の続きである。戦死者の死体を収容し、負傷者を慰問するのは、志願者の意欲を殺いで、損耗した兵員の補充を困難にしない配慮だと説明される。また依・和・兼畏の重要性が指摘される。全体の内容から判断して、この場合の作戦再興の策源地は国都であると考えられる。なお冒頭の「者」の上に「死」字があったと推測され、補って置いた。

（16）

……於民。莊公曰、此三者足以戰乎。答曰、戒。勝(49)則祿爵有常、忌莫之當。莊公又問曰、復槃戰有道乎。答曰、有。旣戰復豫、號令於軍中(50)曰、繕甲利兵。明日將戰。則旗旄傷亡、槃就行……□人。吾戰敵不順於天命、返師將復。戰(51)毋殆、毋思民疑。及爾龜策、皆曰勝之。改祕爾鼓、乃失其服。明日復陳、必過其所。此復(52)槃戰之道。莊公又問曰、復鉗戰有道乎。答曰、有。必賞首皆欲或之。此復鉗戰之道。莊公又問(53)曰、復缺戰有道乎。答曰、有。收而聚之、束而厚之、重賞薄刑、思忘其死而見其生、思良(54)車良士往取之耳。思其志起、勇者思喜、葸者思悔、然後改始。此復缺戰之道。莊公又問曰(55)、善攻者奚如。答曰、民有保。曰城、曰固、曰阻。三善盡用不棄、邦家以宏。善攻者必以其(56)所有、以攻人之所亡有。莊公曰、善守者奚如。答曰、……(57)

……於民。莊公曰く、此の三者は以て戦うに足るかと。答えて曰く、戒しめよ。勝つは則ち禄爵に常有りて、忌に之れが当たること莫ければなりと。莊公又た問いて曰く、槃戦を復するに道有るかと。答えて曰く、有り。既に戦いて豫に復するに、軍中に号令して曰く、甲を繕い兵を利くせよ。明日将に戦わんとすれば、則ち旗旄[11]は傷亡するも、槃は行に就け……□人、吾れの戦うは敵天命に順わざればなり。師を返して将に復せんとすと。戦うに殆ぶむこと毋かれ。民をして疑いを思わしむること毋かれ。爾《そ》の亀策に及ぶや、皆曰く、之に勝つと。爾の鼓を改祕すれば、乃ち其の服を失わん。明日陳に復するは、必ず其の所を過ぐ。此れ槃戦を復するの道なりと。莊公又た問いて曰く、鉗戦を復するに道有るかと。答えて曰く、有り。必ず首を賞して皆之或《あ》らんと欲す。此れ鉗戦を復するの道なりと。莊公又た問いて曰く、缺戦を復するに道有るかと。答えて曰く、有り。收めて之を聚め、束ねて之を厚くす。賞を重くし刑を薄くして、其の死を忘れて其の生くるを見んことを思い、良車・良士は往きて之を取らんことを思うのみ。其の志の起たんことを思わば、勇者は喜ばんことを思い、葸《おそ》るる者は悔やまんことを思う。然る後に改めて始む。此れ缺戦を復するの道なりと。荘公又た問いて曰く、善く攻むる者は奚如と。答えて曰く、民に保有り。曰く城、曰く固、曰く阻。三善尽く用いられて棄てざれば、邦家は以て宏し。善く攻むる者は必ず其の有つ所を以て、以て人の有つこと亡き所を攻むと。荘公曰く、善く守る者は奚如と。答えて曰く、……

荘公は「此三者足以戦乎」と訊ねているが、「三者」は第四十八簡に出ていた依・和・兼畏を指すと思われる。次に荘公は「復盤戦」の方策を質問する。ただし「盤戦」では文義が通じない。「盤」は「槃」の籀文で、「槃」は「瘢」に通じて創傷の意を表す。そこで「復槃戦」は、会戦に敗北して損傷を受けた軍を立て直す方策の意味と解釈した。「既戦」は軍が既に一度戦ったことを示す。「復豫」は軍が敗北して戦場から退却し、行軍隊形に戻ったことを示す。「甲繕利兵」は兵装や兵器が損傷した状況を示す。「明日将戦」は軍を立て直して明日再び戦おうとする意志を示す。「旗旄傷亡」は軍旗も破損した状況を示す。「槃就行」は槃が退却した軍の中に存在することを示す。損傷した部隊（槃）を行に補充して戦力を回復させる意味であろう。ただし李零氏は上半部と下半部を綴合して第五十一簡を整簡とするが、前後の文意が明瞭に接続しているとは言い難く、この綴合には疑問が残される。この間に竹簡一本程度の脱落があると見た方がよいであろう。

「吾戦敵不順於天命」は戦争目的の正当性を再確認する行為を指す。「返師将復」は戦場に戻って再度戦う意志を示す。作戦再興の策源地は、退却して再集結した地点である。

「戦毋殆、毋思民疑」は兵士の大半が民である状況を示す。一度敗北しているので、疑念を払拭して、勝利を確信させる。「及爾龜策、皆曰勝」は天佑神助を信じさせる宣伝工作を指す。「改祕爾鼓、乃失其服」は、敗北したからと言って突撃の合図に用いる鼓を隠したりすると、兵士は服従しなくなるとの意味であろう。[12]「」は隷定されていないが、「祕」と隷定して閉・閟の意味に解した。「明日復陳、必過其所」は、明日「豫」から再び戦闘隊形に戻すときは、一度敗北した地点を行き過ぎてからにし、敗北した地点よりも前進して士気を高める意味であろう。

続いて莊公は「復甘戰」の方策を質問する。だが「甘戰」のままでは、文義が通じない。「甘」を「鉗」の字に改め、箝・緘と同じく閉の意に解した。「鉗戰」とは、怯えた兵士が進軍を渋り、金縛りになった状態を指す。したがって「鉗戰を復するの道」は、恐怖心から拘束状態に陥った軍を立て直す方策である。「必贅首皆欲或之」の二番目の文字は、通常「貢」字に隷定される文字であるが、ここでは「賞」に隷定し、この句全体を、先頭を進む者には重賞を与え、競って前進させる意味に解釈した。

次に莊公は「復故戰」の方策を質問する。二番目の文字は私見により「缺」字に隷定し、「缺戰」を兵士が戦意を欠き、布陣したまま突撃しない状態と解釈した。

「收而聚之、束而厚之」は、部隊を集結させて密集隊形を組み、恐怖心を取り除くこと。「重賞薄刑、思忘其死而見其生」は、重賞薄刑で士気を鼓舞し、死の恐怖を忘れ、生き残って重賞を獲得せんことのみを思わせること。「思良車良士往取之耳」は、優秀な戦車と歩兵が、突撃して賞を得る結果だけを思うこと。「思其志起、勇者思喜、葸者思悔」は、戦意を高揚させれば、勇者は賞を得て喜ぶ結果になるだろうと考え、怯者は勇戦しなければ賞をもらい損ねて後悔するだろうと考えること。「然後改始」は、態勢を立て直した後に再度戦闘命令を出すこと。

次に莊公は「善攻」と「善守」について質問する。「善攻」の内容は城・固・阻の手薄な地点を攻撃することだと説明されるが、「善守」の側の内容は竹簡が欠損しているため不明である。

（17）

所以爲毋退。率車以車、率徒以徒、所以同死【生】………(58)

退くこと毋きを為す所以なり。車を率いるには車を以てし、徒を率いるには徒を以てするは、死【生】を同しくする所以なり。………

「率車以車、率徒以徒」との内容から、軍が戦車と歩兵の混成軍であった状態が確認できる。騎兵に全く言及されない点に留意すべきである。

（18）

………其志者寡矣。莊公又問曰、吾有所聞之。一(59)出言三軍皆懽、一出言三軍皆往、有之乎。答曰、有。明愼、以戒弗將弗克。毋冒以陷、必過前攻(60)、賞獲訁⊠葸、以勸其志。勇者喜之、慌者悔之。萬民(61)………

………其の志す者は寡し。莊公又た問いて曰く、吾れ之を聞く所有り。一たび言を出だせば三軍皆懽《よろこ》び、一たび言を出だせば三軍皆往くと。之有りやと。答えて曰く、有り。愼むを明らかにして、以て将いざれば克たざるを戒む。冒は以て陥ること毋く、必ず前攻を過ぎて、獲たるを賞して葸るるを訁⊠し、以て其の志を勧む。勇者は之を喜び、慌《おそ》るる者は之を悔む。万民………

莊公は、将帥がひとたび発すれば、全軍が歓喜して前進するような弁舌はあるかと質問する。これに対して曹沫は、将帥の統率に従わなければ勝てないことを戒め合い、先頭部隊が進軍を渋ってはならず、必ず前回の進出地点を超えて前進せよと命じ、軍功を上げた者を賞し怯える者を叱咤して士気を鼓舞するのが、その弁論だと答える(13)。

（19）
……□多。四人皆賞、所以爲斷。如上獲而上聞、命……(62)
……□多。四人皆賞せらるるは、断を為す所以なり。如し上獲て上聞かば、命……
この第六十二簡は断簡であり、前後の接続が不明なため、文意も明確ではない。

（20）
……乃自過以悦於萬民、弗臻危地、毋亦食……(63)
……乃ち自ら過ちて以て万民を悦ばすは、危地に臻《いた》らざるも、毋亦食……
李零氏は上半部と下半部を綴合して第六十三簡を整簡とするが、上下の意味の接続が明快ではないので、ここでは切り離して置く。また「琗」字は私見により「臻」字に隷定した。

（21）
……飴鬼神𢿀武、非所以教民。唯君其知之。此(63)先王之至道。莊公曰、沫、吾言是否、而毋惑諸小道歟。吾一

……鬼神・軔武に飴《おく》るは、民を教うる所以には非ざるなり。唯だ君其れ之を知れ。此れ先王の至道なりと。莊公曰く、沫よ、吾れ是否を言うも、諸を小道に惑うこと毋からんか。吾れ一たび……

李零氏は上半部と下半部を綴合して第六十四簡を整簡とするが、それでは右契口と左契口が一枚の竹簡上に混在することになるし、文意の接続も明快ではないので、切り離して置く。(14)「軔武」は文義不詳であるが、鬼神と併称されていることから推測するに、軍神の類であろう。鬼神・軍神に供物を捧げて加護を祈るといった神頼みは、民を教化する手段にはならないとの主張で、曹沫はこれを「先王之至道」と称する。

なお「飢」は「餁」に隷定し、さらに「飴」字に改めた。

(22)

……欲聞三代之所。曹沫答曰、臣聞之。昔之明王之起(64)於天下者、各以其世、以及其身。今與古亦然。亦唯聞夫禹湯桀受矣(65)。

……三代の所を聞かんと欲すと。曹沫答えて曰く、臣之を聞く。昔の明王の天下に起こる者は、各おの其の世を以てして、以て其の身に及ぶと。今と古えも亦た然り。亦た唯だ夫の禹・湯・桀・受に聞けと。

莊公は夏・殷・周三代の興亡について質問する。これに対して曹沫は、古代の明王が興起して新王朝を開いたについては、先祖代々の累積が当身に顕現するのであって、禹・湯が成功したのも、桀・受（紂）が失敗したのも、そこに至る蓄積があっての結果であり、一代のみの功績や責任ではないと述べる。曹沫の真意は、過去の三代の教訓から荘公も学ぶべきであり、今、荘公が斉に奪われた失地を回復して中興の実を挙げなければ、後世の魯君は国家を失うことになるとして、荘公に断固として失地回復の戦いを起こすよう促す点にある。

第六十五簡は、「亦唯聞夫禹湯桀受矣」の後に墨鉤があり、それ以下が留白になっていることから、ここが篇末だと考えられる。

二 『曹沫之陳』の兵学的特色

(1) 戦争目的と戦争の性格

『曹沫之陳』は、曹沫が魯の荘公（在位：前六九三〜前六六二年）に対し、斉に奪われた領土を奪回すべく、失地回復の戦いを勧める状況を設定する。「還年にして曹沫に問いて曰く、吾は斉と戦わんと欲す」（3）と、ついに斉との戦いを決意した荘公は、「問う、陳するは奚如、辺城を守るは奚如」（3）と、曹沫に兵法を質問し始め、『曹沫之陳』は両者の問答で全体が構成されている。

したがって戦争目的は、国境付近の城邑を防衛しつつ、斉との会戦に勝利して有利な立場で講和し、斉が奪った土地を魯に返還させるといった、国境沿いの城邑の奪回にある。したがって、数日といった短期間の会戦がそのまま戦争全体である形態を取る。そのため、数年にわたる長期戦は想定されず、進撃距離も魯の国都・曲阜から斉との国境付近までと、一〇〇キロメートル内外の短い距離が想定されている。（図Ⅰ参照）

『孫子』は、六十二年にわたる呉越抗争を状況として設定するが、呉越抗争は国境沿いの土地の争奪が戦争目的ではなく、敵国の完全制圧を目的とし、前四七二年の呉の滅亡で終結している。また『孫子』の作者とされる孫武が立案した呉の対楚戦役も、敵国の覆滅を目指した長期戦で、前五一一年から前五〇六年の楚都・郢の占領まで六年間継

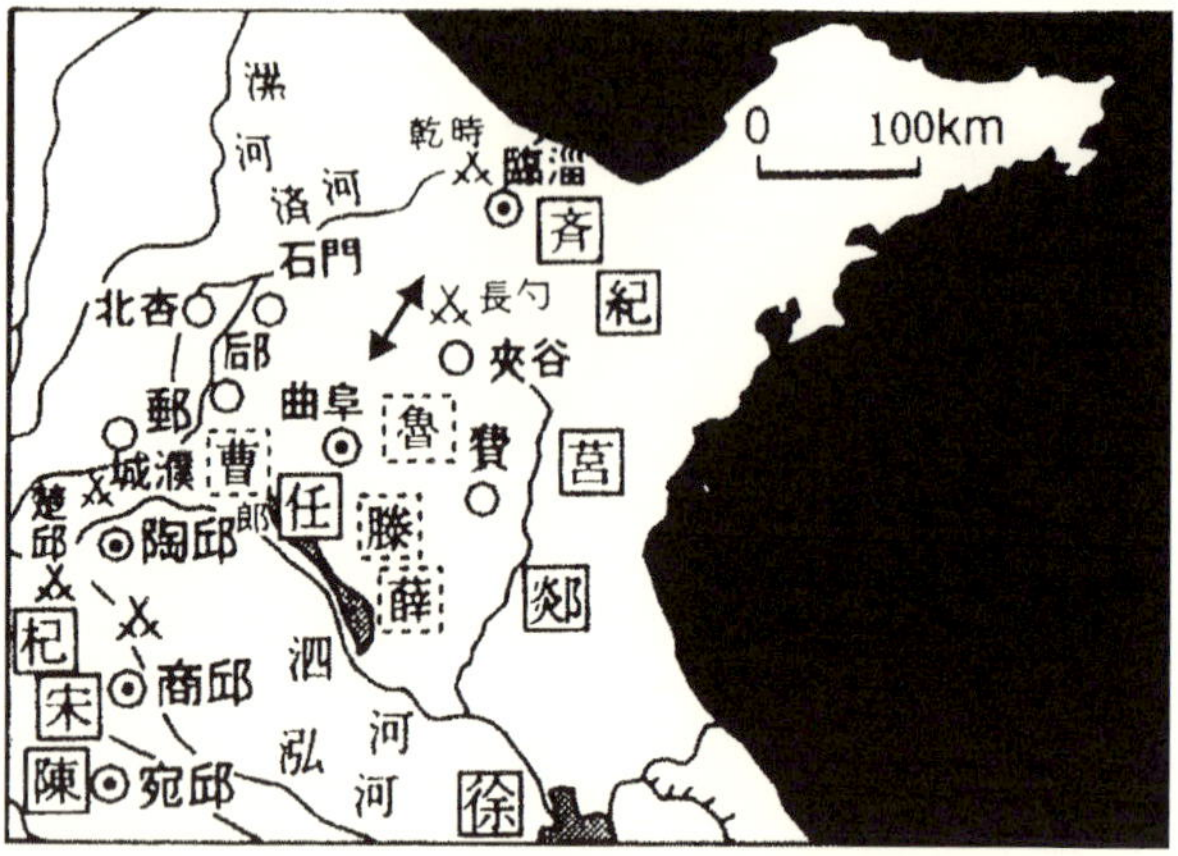

（図Ｉ）

続している。

　したがって『孫子』の場合は、一度の会戦がそのまま戦争全体となる単純な形を取らず、国境を突破した遠征軍が、機動戦をくり返して進路や目的地を秘匿しながら敵国奥深く進入し、国都攻略の擬態を演出する一方、自軍が脱出不可能な重包囲に陥ったかの状況を自ら作り出して、敵の主力軍を誘い出し、決戦に勝利して敵国の意図を挫いた後に帰還するとの複雑な構造を持つ。

　これに比べると『曹沫之陳』が想定する戦争は、期間も進撃距離も極めて短く、戦場も国境近辺の一地点に想定されるために、『孫子』のように補給の困難さが強調されることはなく、前線への軍需物資の輸送が国家経済を疲弊させるとの警告も説かれない。

　「三軍境に出でて必ず勝つは、以て邦を治むること有るべし」（12）と、国境付近での作戦のみを想定する『曹沫之陳』と、「散地には則ち戦うこと無く」（九地篇）と、国境付近での戦闘を回避し、「馳車千駟、革車千乗、帯甲十万、千里にして糧を饋る」（作戦篇）長距離進撃を想定する『孫子』との懸隔は大きいとしなければならない。[15]

（2）軍の構成と戦闘の形式

『曹沫之陳』の軍隊は、「車間に伍を容れ、伍間に兵を容れ、常有るを貴ぶ」（5）「車連も皆栽つ」（9）「車を率いるには車を以てし、徒を率いるには徒を以てす」(17)と、戦車部隊が主力で、それに歩兵部隊が随伴する、春秋時代の軍隊に一般的な構成を取る。したがって整備された道路以外進めない両軍の進撃経路は、互いに察知し合うことが可能であり、また戦車が戦闘可能なのは平坦な場所に限られるから、双方は同一の地点を会戦が生ずる戦場として予期しうる。そこで戦闘は、互いが遭遇を期す平原での会戦といった、一定の様式に従う形を取る。両軍が戦場で対峙した後に戦闘が開始されるので、必ず正攻法による正面攻撃の形を取り、待ち伏せ攻撃や背後や側面からの奇襲攻撃による勝利は想定されていない。

『孫子』の場合、舞台が中原ではなく長江流域であったことも手伝って、軍は大量の歩兵部隊が主力で、それに戦車部隊が随伴する構成を取る。そのため戦場は必ずしも平坦な地形である必要はなく、「客、水を絶ちて来たらば、之を水の内に迎うること勿く、半ば済らしめて之を撃つは利なり」(行軍篇)と、渡河する敵軍を対岸で待ち伏せ攻撃したり、「夜戦には鼓金を多くす」(軍争篇)と、夜襲をかけるなどの奇襲攻撃による勝利が想定される。そのため『孫子』では、「兵とは詭道なり」「其の無備を攻め、其の不意に出づ」(計篇)「兵は詐を以て立つ」(軍争篇)と、詭詐権謀こそが兵法の本質だと規定される。

これに比べると『曹沫之陳』の兵法は、「奔らざれば爾《そ》れ或《つね》に興《さかん》に或に康《やす》くして以て会す」(12)と、正々堂々と会戦に臨むといった様式を守る、春秋時代の中原における戦車戦の形式を色濃く保存している。そのため『曹沫之陳』には、「故に兵は詐を以て立ち、利を以て動き、分合を以て変を為す者なり」(『孫子』軍争篇)といった、分進合撃による機動戦の戦術は説かれていない。

(3) 勝利の関鍵

『曹沫之陳』においては、戦闘が一定の様式に従って正攻法で行われるため、『孫子』のように詭詐権謀が勝利の要因とはされず、軍の士気の高さ、兵士の戦意の旺盛さに勝利の関鍵が求められる。したがって『曹沫之陳』には、戦術的な駆け引きに関する記述はほとんど見られず、君主や指揮官に対して、兵士の士気を鼓舞すべきことが執拗に説かれる。

　そのため、「固き謀有るも固き城亡く、克政有るも克陳亡しと。三代の陳は皆存するも、或いは以て克ち、或いは以て亡ぶ」（3）とか、「是の故に夫の陳なる者は、三教の末なり」（5）と、陣法よりも戦意高揚の方策の側が優先される。

　その具体的方策としては、「君自ら労するに憚かること毋く、以て上下の情偽を観よ。匹夫・寡婦の獄訟は、君必ず身ら之を聴け。足らざるを知ること有りて、中らざる所亡ければ、則ち民は之に親しまん」（11）「賞均しくして聴くこと中らば、則ち民は之に和せん」（11）とか、「民の時を獲《あやま》つこと毋かれ、民の利を奪うこと毋かれ。功を申べて食わせ、刑するには辠有るを罰し、賞するには悳有るに爵す」（5）などと、民衆の生活に配慮した国内統治、能力本位の人材登用、公平・適切な賞罰などが挙げられるが、「爵を損《おし》むこと毋かれ」（12）「勝つは則ち禄爵に常有りて、忌に之れが当たること莫ければなり」（16）「賞を重くし刑を薄くして、其の死を忘れて其の生くるを見んことを思い、良車・良士は往きて之を取らんことを思うのみ」（16）「獲たるを賞して葸るるを詔し、以て其の志を勧む」（18）と、軍功を上げた者に対する重賞を約束して、兵士の戦意を高揚させる手段が強調される。

　主に歩兵として軍に動員される民の戦意は、極めて乏しい状況にあった。そのため彼らを重賞で釣って戦わせようとする主張がくり返されるのだと考えられる。

　兵士の士気を鼓舞する方策としては、地位の高い人物を指揮官に選任することが挙げられる。「凡そ貴人は前位の一行に処らんことを思う。後るれば則ち亡ぶを見ん。進むには必ず二将軍有り。将軍無ければ必ず数獄大夫有り、裨大夫無ければ必ず数大官の師・公孫公子有り。凡そ有司・率長は、伍の間に必ず公孫・公子有り。是を軍紀と謂う」

（5）とか、「君如し親ら率いれば」（6）「是の故に長は必ず邦の貴人及び邦の奇士と約し、卒を御し兵を使う」（7）「人、士を使わば、我は大夫を使う。人、大夫を使わば、我は将軍を使う。人、将軍を使わば、我は君身ら進む。此れ戦いの顕道なりと」（12）「其の将卑にして、父兄は薦めず、邦由り之を御す。此れ師を出だすの忌なり」（13）などと、敵軍の指揮官よりも地位の高い人物を指揮官に任命し、なおかつ君主をはじめとする貴族が先陣を切って戦う姿勢を示せば、民は統治者が本気だと感じて戦意が高揚し、勝利できると述べられる。

この場合、指揮官にどのような軍事的才能が要求されるのかについては、ほとんど言及されない。むしろ身分の高い貴族であること自体に、重要な意味が認められている。これは、軍に歩兵として大量動員された民に、戦争の遂行を自分自身の問題と理解し、自発的に戦おうとする認識が低かったことの反映であろう。民が、戦争は統治階層が勝手に始めたもので、自分たちには関係がないにもかかわらず、戦場に駆り出されて迷惑千万だとしか受け止めなければ、戦意が低くなるのは当然である。こうした感情を払拭するためには、君主をはじめとする貴族が先陣を切って戦う姿勢を示し、貴賤を問わない一体感を感得させる必要があったのだと考えられる。

『孫子』の場合も、民の戦闘意欲が極めて低い状態を前提にしているが、「勇怯は勢なり」（勢篇）と、将軍が案出する詭詐権謀によって民の戦意の低さを補う形が取られ、そこに勝利の関鍵が求められるため、将軍には極めて高度な軍事的才能が要求されることとなり、「凡そ此の六者は、敗の道なり。将の至任にして、察せざるべからざるなり」（地形篇）「将軍の事は、静かにして以て幽く、正しくして以て治まる」（九地篇）などと、『孫子』にはそれに関する記述が頻出する。

また『孫子』が想定する戦争は、敵国の奥深く侵入する長距離進撃の形態を取るため、君主親征はもとより、大量の公孫・公子・貴族などを軍に編入し、国内に統治階層が長期間不在である状態を招くことは不可能である。これに対して『曹沫之陳』の場合は、進撃距離も短く、期間も短く、国境近辺での会戦が想定されているため、君主をはじめとする貴族が先陣を切って戦う形態が可能だと考えられているわけである。

（4）陣法の特色

『曹沫之陳』に示される陣は、「車間に伍を容れ、伍間に兵を容れ、常有るを貴ぶ」（5）「車連も皆栽つ」（9）「車を率いるには車を以てし、徒を率いるには徒を以てす」（17）と、戦車と歩兵の混成部隊から成り、戦車と戦車の間に随伴歩兵を配置する形で、横一列に展開する戦列「行」を組む。

そして「凡そ貴人は前位の一行に処らんことを思う。後るれば則ち亡ぶを見ん」（5）「厚食を【立つるは】、前行を為さしめんと思えばなり。三行の後に、苟も短兵を見れば」（8）とあるように、この戦列を前・中・後の三行配置する。

「五人は伍を以てし、万人は【軍を以てす】」（5）と、一軍は一万人とされ、また「三軍出づるときは、君自ら率い、必ず羣・有司を聚めて之に告ぐ」（5）「卒に長有り、三軍に帥有り、邦に君あり」（7）「能く百人を治むるものは、百人に長たら使め、能く三軍を治むるものは、帥いさせんことを思いて【之】に授く」（11）「三軍境に出でて必ず勝つは、以て邦を治むること有るべし」（12）「三軍大敗して勝たず」（14）などと、決まって三軍が出動するとされているから、総兵力は三万前後となる。したがって三軍で出征した場合、一行は約一万人の兵力で編制されることになる。

ただし魯の荘公（在位：前六九三～前六六二年）と同時代の春秋時代前半（前七七〇～前五八八年）にあっては、晋が楚を破って覇者の地位を確立した城濮の戦い（前六三二年）や、晋が魯や衛と連合して斉を討った鞌の戦い（前五八九年）のような著名な大会戦でも、晋の兵力は戦車が七百乗から八百乗、兵員数が二万余の規模であるから、魯単独で三万の兵力を動員できたとするのは過大である。したがって『曹沫之陳』が記す兵力数は、荘公当時の実数ではなく、兵力数が増加して三・四万から十万に及んだ、春秋時代後半（前五八七～前四〇四年）の状況を反映したものであろう。『曹沫之陳』には、これ以外の陣形は全く記述されないから、上記の陣形が普遍的な陣形と考えられていたのであろう。これは、春秋時代に中原で行われていた戦車戦の典型的な形を保存するものと言えよう。

『孫子』はほとんど陣形に言及しないから、『曹沫之陳』との比較はできないが、銀雀山前漢墓から出土した『孫臏兵法』には陣形に関する豊富な記述が存在する。『孫臏兵法』八陣篇には、「陣を用うるに参分し、陳誨に鋒有り、鋒誨に後有りて、皆令を待ちて動く。闘は一、守は二にして、一を以て敵を侵し、二を以て収む」と、兵力を三分割し、先鋒一、後衛二の比率で配置する陣形が示される。これは、布陣する際の一般的・原則的陣形で、陣の側縁が末広りの八の字形になるところから八陣と称され、後代の魚鱗の陣に相当するものである。

さらに『孫臏兵法』十陣篇では、「凡そ陣に十有り。方陣有り、円陣有り、疎陣有り、錐行の陣有り、鴈行の陣有り、鉤行の陣有り、玄襄の陣有り、火陣有り、水陣有り」と、一般形以外の特殊な状況と用途に応じた十種類の陣形を示し、それぞれの運用法を詳細に解説する。これに比べると『曹沫之陳』には、さまざまな用途に応じた陣形が示されることはなく、前・中・後の三行から成る一般的陣形しか登場しない。こうした現象は、『曹沫之陳』の想定する戦争が、戦車を主力とする軍隊同士の正攻法による会戦といった単純な形態を取るため、ことさらに複雑な陣形を必要としなかったためであろう。

『孫子』勢篇は、「凡そ戦いは、正を以て合い、奇を以て勝つ」と、正法で敵と対陣した後、次々と奇法を繰り出して勝利すべきことを述べる。また『孫臏兵法』奇正篇は、「形以て形に応ずるは正なり。無形にして形を制するは奇なり」「同しければ以て相勝つに足らず。故に異を以て奇と為す」とか、「是を以て静の動に為《あた》るは奇、佚を以て労に為るは奇、飽の飢に為るは奇、治の乱に為るは奇、衆の寡に為るは奇なり」「奇発すれば而ち正と為るも、其の未だ発せざる者は奇なり。奇発するも報いられざれば、則ち勝つ」などと、奇正の運用法を詳細に解説する。[16]

これに対して『曹沫之陳』は、「其の之を去ること速からず、其の之に就くこと附からず、其の節を啓くこと疾からざるは、此れ戦の忌なり。是の故に疑陳は敗れ、疑戦は死す」(13)と、戦闘に際しての禁忌を述べるが、そこで問題にされているのは、戦場に向けての軍の移動が迅速でなく、戦場への各部隊の集結が緊密でなく、戦場到着後に戦闘隊形を組むことが迅速でないことなどである。

確かに縦隊で行軍して戦場に到着した後、遅滞なく横に展開して戦闘隊形の車列に変換する運動は、高度な技量を必要とする。すなわち『曹沫之陳』が陣形に関して問題視しているのは、この展開運動の速やかな完了のみであって、両軍対陣後の奇法に関する戦術が説かれることはない。布陣が完了し、戦闘が開始された後は、上述のように、ひたすら士気を鼓舞して、兵士に勇戦・力闘させる点にのみ、勝利の要因が求められるのである。

さらに陣法に関する特色としては、劣勢を立て直す方策への関心が強い点が挙げられる。劣勢建て直しの方策は、「敗戦を復する」「槃戦を復する」「鉗戦を復する」「缺戦を復する」の四種に分かれる。

最初の「敗戦を復する」場合は、「三軍大敗して勝たず」(14)との状況が前提にされている。したがって完敗を喫した軍が戦場の近辺で態勢を立て直すことは不可能で、態勢の挽回は、軍が都城に撤収して解散したのち、改めて国内で行われる。軍の再建を述べる部分には残欠が多く、必ずしも文意が明快ではない。

しかし、「【死】者は之を収め、傷者は之を問う。死者に善くするは生くる者の為なり。君は慎まざるべからず。依らざれば則ち恒ならず、和せざれば則ち輯わず」(15)とか、「戒しめよ。勝つは則ち禄爵に常有りて、忌に之れが当たること莫ければなり」(16)といった内容からして、戦死者の死体を収容し、負傷者を労って、戦闘で死傷した兵士に敬意を払う姿勢を示す方策により、軍の再興に際し、動員される民の意欲を殺がないようにしたり、軍功を立てた者への爵・禄の賜与を規定通り実施して、不満が出ないように処置して、国内の結束を図ることなどが、その具体的内容だったと推測される。したがって「敗戦を復する」場合、作戦再興の策源地は、主に本国の都城となる。

二番目の「槃戦を復する」場合は、「既に戦いて豫に復するに、軍中に号令して曰く」（16）との内容から、一度会戦して敗北し、戦場から退却して戦闘隊形を解き、行軍隊形に戻った状態であることが判明する。行軍隊形に戻ってはいるものの、軍は解散しておらず、退却して再集結した地点で、態勢の立て直しが図られる。

そのための具体的方策は、「甲を繕い兵を利くせよ。明日将に戦わんとすれば、則ち旗旄は傷亡するも、槃は行に就け…」「…□人。吾れの戦うは敵天命に順わざればなり。師を返して将に復せんとすと。戦うに殆ぶむこと毋かれ。民をして疑いを思わしむること毋かれ。爾の亀策に及ぶや、皆曰く、之に勝つと。爾の鼓を改祕すれば、乃ち其の服を失わん。明日陳に復するは、必ず其の所を過ぐ。此れ槃戰を復するの道なり」（16）と述べられる。

すなわち、損傷した兵装・兵器を修繕し、損傷を受けて戦力を消耗した部隊を統合・再編して戦力を回復させ、敵国の非を鳴らして戦争目的の正当性を再確認し、卜筮で勝利の占断が出たと宣伝して不安を拭い去り、民に雪辱戦の勝利を確信させ、進撃を告げる太鼓を顕示して戦意を高揚させることなどが、その具体的方策である[17]。

「明日将に戦わんとす」「明日陳に復す」と言われることから、敗退して戦場を離脱したものの、軍はまだ戦場の近辺におり、おそらく数キロメートル後退した地点で再集結していると考えられる。したがって「槃戦を復する」場合、作戦再興の策源地は、戦場のわずかに後方となる。

三番目の「鉗戦を復する」場合は、先頭を進む者に重賞を与えて、後続部隊をも競って前進させ、恐怖心から金縛り状態に陥った軍に進軍を促す方策が示される。

四番目の「缺戦を復する」場合は、「然る後に改めて始む」（16）との内容から、戦場に布陣して戦端を開いたにもかかわらず、兵士に戦意が欠けていたために突撃が不発に終わり、改めて戦闘開始を企図する状況であると思われる。戦意の欠如を補うために、「収めて之を聚め、束ねて之を厚くす。賞を重くし刑を薄くして、其の死を忘れて其の生くるを見んことを思い、良車・良士は往きて之を取らんことを思うのみ。其の志の起たんことを思わば、勇者は喜ばんことを思い、葸る者は悔やまんことを思う。然るに改めて始む。此れ缺戦を復するの道なり」(16)との方策が示される。

すなわち、部隊を集結させ、密集隊形を組ませて恐怖心を取り除いたり、重賞薄刑で士気を鼓舞し、優秀な戦車と兵士が死の恐怖を忘れ、生き残って重賞を獲得することのみを夢見て突撃するよう仕向けたり、怯者が勇戦しなければ恩賞にはずれて後悔すると思うように仕向けたりすることが、戦意の欠如を補う方策として示されるのである。こうして戦意を高揚させたのち、改めて戦闘命令を下すのであるから、態勢立て直しの策源地は、現に着陣している戦場となる。

このように見てくると、態勢を立て直す四種の方策が、いずれも敵軍との会戦をその中心に据えていることが分かる。「鉗戦を復する」場合のように、指揮官は戦場に軍を進ませて、あくまで会戦を目指す。また「缺戦を復する」場合のように、すでに戦場に布陣したにもかかわらず、自軍の兵士が戦意を欠いて突撃をためらう状況下においても、指揮官は叱咤激励して督戦し、何とか全軍に突撃を敢行させようとする。

さらに「槃戦を復する」場合のように、一度会戦して敗退したのちですら、退却地点で劣勢を立て直し、「師を返して将に復せんとす」と、戦場に戻って再度会戦しようとする。「敗戦を復する」場合のように、「三軍大敗して勝たず」といった完敗を喫しても、なお本国で軍を再建して、敵と再度会戦しようとする。

このように『曹沫之陳』が会戦に強く執着するのは、春秋時代の戦車中心の戦争では、会戦以外に勝敗を決する形式が想定できないからである。したがって『曹沫之陳』は、敵を罠にかけて奇襲して勝つ戦術は説かれないし、逆に敵の奇襲に備える用心も説かれることがない。「鳥の起つ者は、伏なり。獣の駭く者は、覆なり」(行軍篇)と、伏兵や奇襲への注意を促す『孫子』とは、大きく異なっている。

特に「槃戦を復する」方策の記述は、自軍が会戦に敗れ、損傷を受けて退却したにもかかわらず、敵軍が追撃してこない状況を前提にしている。もし会戦での勝利に乗じて敵軍が追撃に移り、徹底した掃討戦を行うのであれば、戦場からわずかに退却した地点に止まって劣勢を立て直し、翌日戦場に戻って再び会戦を挑む行為は全く不可能だからである。

春秋時代に中原で行われた戦車戦においては、両軍が予め会戦の日時や場所を取り決めたり、戦場で対陣したのち、勇者が進み出て致師や請戦の儀礼が行われるなど、戦闘は一定の様式に従って行われた。車列が乱れて一方が戦闘不能に陥ったり、指揮官が戦死したり、本陣の軍旗が刈られたりすると、その時点で敗北したと判定され、敗者は戦場から退却し、勝者はそれを追撃したりしない決まりであった。

要するに戦争は、貴族を中心とした戦士の美学に則る形で行われたのであり、正々堂々と相まみえ、勇気と戦闘技量を発揮して名誉を獲得する点にこそ、戦闘の本質があると考えられたのである。したがって『孫子』のように、「其の無備を攻め、其の不意に出づ」といった詭詐権謀が戦闘の本質だとは、決して考えられなかったのである。『曹沫之陳』に描かれる戦闘形態は、春秋時代に中原で行われた戦車戦の様式をおおむね踏襲したものであり、その兵学もまた、基本的にそうした戦闘形態を前提に組み立てられていると言える。

三　『曹沫之陳』の成書年代

『曹沫之陳』は、魯の莊公が曹沫に兵法を問い、曹沫がそれに答える問答体の構成を取る。軍事に関する魯の莊公と曹沫の問答は、『左伝』莊公十年にも次のように見える。

十年春、齊師伐我。公將戰。曹劌請見。其鄕人曰、肉食者謀之。又何間焉。劌曰、肉食者鄙。未能遠謀。乃入見。

問。何以戰。公曰、衣食所安、弗敢專也。必以分人。對曰、小惠未徧。民弗從也。公曰、犧牲玉帛弗敢加也。必以信。對曰、小信未孚、神弗福也。公曰、小大之獄、雖不能察、必以情。對曰、忠之屬也。可以一戰。戰則請從。公與之乘。戰于長勺。公將鼓之。劌曰、未可。齊人三鼓。劌曰、可矣。齊師敗績。公將馳之。劌曰、未可。下視其轍。登軾而望之。曰、可矣。遂逐齊師。既克。公問其故。對曰、夫戰勇氣也。一鼓作氣、再而衰、三而竭。彼竭我盈。故克之。夫大國難測也。懼有伏焉。吾視其轍亂、望其旗靡。故逐之。

これによれば荘公十年（前六八四年）の長勺の戦いでは、曹沬は荘公と同じ戦車に搭乗して魯軍を率い、斉軍を撃破している。この伝承は、曹沬がもともと参乗の身分から抜擢された武人だったことを暗示する。同じ年の六月にも、斉は宋と連合して魯を攻撃したが、公子偃が荘公の制止を無視して独断で宋軍を攻撃し、宋軍が大敗したため斉軍は退却している。

夏六月、齊師宋師次于郎。公子偃曰、宋師不整。可敗也。宋敗齊必還。請擊之。公弗許。自雩門竊出、蒙皐比而先犯之。公從之、大敗宋師于乘丘。齊師乃還。（『左伝』荘公十年）

荘公十三年（前六八一年）、魯と斉は柯邑で盟約して和睦したが、この間、魯が斉に敗北して領地を奪われたとする記述は、『左伝』には存在しない。荘公九年（前六八五年）に魯は乾時で斉と戦い、荘公が乗り込んでいた戦車を捨てて敗走するといった敗績を喫しているが、曹沬はこの乾時の戦いの指揮を執っておらず、領土が奪われたわけでもない。

したがって次に示すような、曹沬が斉の桓公を脅かして奪われた領土を返還させたとする話も、当然『左伝』には記録されない。

五年、伐魯、魯將師敗。魯莊公請獻遂邑以平、桓公許、與魯會柯而盟。魯將盟、曹沫以匕首劫桓公於壇上曰、反魯之侵地。桓公許之。已而曹沫去匕首、北面就臣位。桓公后悔、欲無與魯地而殺曹沫。管仲曰、夫劫許之而倍信殺之、愈一小快耳、而棄信於諸侯。失天下之援、不可。於是遂與曹沫三敗所亡地於魯。（『史記』斉太公世家）

十三年、魯莊公與曹沫會齊桓公於柯。曹沫劫齊桓公、求魯侵地、已盟而釋桓公。（『史記』魯周公世家）

このように『左伝』と『史記』とでは、記される曹沫の人物像に大きな違いがある[18]。このうち『左伝』に見える曹沫は、魯軍を率いて侵攻してきた斉軍を撃破した名将であり、魯の軍事的英雄である。他方、『史記』に見える曹沫は、勇者ではあっても、斉に三連敗して領土を失ったわけであるから、とても名将とは呼べない人物である。『史記』に見える壮士風の曹沫像の原型は、次に示す『公羊伝』であろう。

莊公將會乎桓。曹子進曰、君之意何如。莊公曰、寡人之生則不若死矣。曹子曰、然則君請當其君、臣請當其臣。莊公曰、諾。於是會乎桓。莊公升壇。曹子手劒而從之。管子進曰、君何求乎。曹子曰、城壞壓竟、君不圖與。管子曰、然則君將何求。曹子曰、願請汶陽之田。管子顧曰、君許諾。桓公曰、諾。曹子請盟。桓公下與之盟。已盟。曹子摽劒而去之。要盟可犯、而桓公不欺。曹子可讎、而桓公不怨。桓公之信、著乎天下、自柯之盟始焉。（莊公十三年）

曹沫が会盟の場で斉の桓公を短剣で脅かし、奪われた領土を取り返したとする点は、『史記』と同じであるが、領土を奪われた責任が曹沫にあるとはされておらず、荘公を始めとする魯の君主の責任であるように記される。『史記』の記述は、曹沫が自らの敗戦の責任を取って斉の桓公を脅かし、奪われた領土を取り返したとする形に、『公羊伝』の内容を改変したものと思われる。

『曹沫之陣』に登場する曹沫は、荘公の政治の仕方を批判して、斉と戦おうとする荘公に兵法を教授しているのであるから、魯の軍事的英雄として描かれているのは明らかで、この点では『左伝』に見える曹沫に近い。ところが『曹沫之陣』でも、魯が斉に領土を奪われている状況が前提とされている。この点では、『曹沫之陣』の状況設定は『公羊伝』や『史記』の側に近い。ただし斉に領土を奪われた原因が、曹沫が魯の将軍として斉に敗北したためだとすれば、敗軍の将が君主に兵を語っていることになり、極めて不自然である。したがって『曹沫之陣』では、斉に領土を奪われた原因は荘公の統治の失敗に帰されているのであろう。

このように『曹沫之陣』の内容は、曹沫の人物像は『左伝』に近く、斉との関係をめぐる状況設定は『公羊伝』や『史記』に近いといったように、両者を折衷した形になっている。『左伝』と『公羊伝』の記述のいずれが歴史的事実なのかは、詮索する術がなく不明であるが、いずれにせよ、『曹沫之陣』が長勺の戦いにおける曹沫の活躍を下敷きに著作されたことは明白であるから、その成書年代は荘公十年（前六八四年）以降となる。さらに前六六二年に没した荘公の諡号が記されることを考慮すれば、上限は前六六二年以降となろう。

上限に関しては、さらに兵力数や軍隊構成の面からも考察を加える必要がある。『曹沫之陣』は、魯が三軍、約三万の兵力で戦うのが常態であるかのように記す。だが上述したように、これは荘公当時の実数としてはあまりにも過大であり、兵力数が増大した春秋時代後半（前五八七～前四〇四年）の状況の反映と考えられる。もとより春秋時代後半になったからといって、魯の兵力数が常時三万に達したとは考えがたいのであるが、作者が春秋時代後半の一般的状況に合わせた結果だと思われる。

また『曹沫之陳』は、軍に大量の民が歩兵として動員されているように記す。これも、貴族中心の戦士が戦車に搭乗して戦った春秋時代前半の状況とは合わず、むしろ民が歩兵として大量に軍に編入されるようになった、春秋時代後半の状況に合致する。

ただし『曹沫之陳』に騎兵が全く姿を見せないことにも留意する必要がある。戦国時代に生じた大きな変化は、北方の遊牧騎馬民族から導入した騎兵の出現である。前四五五年、智伯・韓・魏の三氏が晋陽城を攻撃せんとしたとき、趙襄子は「乃ち延陵王をして車騎を将いて先に晋陽に之かしむ」（『戦国策』趙策）と、戦車と騎兵を先遣隊として救援に赴かせている。これによって、すでに春秋末期、趙では騎兵部隊が編制されていたことが判明する。

前三〇七年、趙の武霊王が騎乗の便を計り、中華の習俗を改めて胡服の採用に踏み切った事例が示すように、北方の騎馬民族との戦闘を通じて、趙は最も早く騎兵が発達した地域であった。そして戦国期に入ると、騎兵は急速に各国に普及し、戦国中期には数千騎から一万騎の規模に達し、騎兵から成る襲撃部隊はその卓越した機動性を生かして、一夜のうちに数百里も進撃することが可能となった。

こうした状況の変化を反映して、「武侯問いて曰く、凡そ卒騎を畜うに豈《そ》れ方有るか」（『呉子』治兵篇）「武侯之に従い、車五百乗、騎三千匹を兼ねて、秦の五十万の衆を破れり」（『呉子』励士篇）とか、「渓谷・険阻なる者は、車を止め騎を禦ぐ所以なり」（『六韜』奇兵篇）「夜半に軽騎を遣り、往きて敵人の塁に至る」（『六韜』五音篇）「易なれば則ち其の車を多くし、険なれば則ち其の騎を多くす」（『孫臏兵法』八陣篇）と、『呉子』『六韜』『孫臏兵法』といった戦国期の兵法書には、騎兵が登場してくる。これに対して、『孫子』と同様、『曹沫之陳』にも騎兵が全く姿を見せないことは、その成書年代が春秋時代であることを物語るであろう。

以上の検討結果を勘案すると、『曹沫之陳』の成書年代は、春秋中期（前六四八～前五二七年）よりも遅く、春秋後期（前五二六～前四〇四年）である可能性が最も高いであろう。上博楚簡の書写年代は、郭店楚簡とほぼ同じ時期、戦国中期と推定されている[19]。もとより原著の成立はそれを遡るから、どんなに遅くとも戦国前期には成立していたと考えなくてはならない。本来の『曹沫之陳』は竹簡六十五本を超す大作で、しかも『曹沫之陳』なる篇題を備えていることからして、安定した体裁を保ちつつ、かなり長期にわたって流伝していたと推定できる。やはりこの点も、『曹沫之陳』の成書年代が春秋後期であったことを示唆するであろう[20]。

これは『孫子』の成立年代とほぼ同じ時期といえる[21]。それにもかかわらず、両者の兵学に大きな違いが見られるのはなぜであろうか。その原因の一つは、『曹沫之陳』が中原の魯で著作されたのに対して、「之を呉越に明らかにす」（『孫臏兵法』陳忌問塁篇）と言われるように、『孫子』が南方の呉越の地で成立したという地域差に存するであろう。

歩兵部隊しか持たなかった呉人が初めて戦車による戦闘法を知ったのは、建国直後の前五八四年、楚から晋に亡命して残る一族を皆殺しにされた申公巫臣が、楚に復讐するため、息子の狐庸を派遣して呉人に戦車の操縦法を教えさせ、楚への侵攻をけしかけたときであった。それ以来、呉軍も戦車部隊を保有するようになったが、長江下流域の水沢地帯で戦車を運用するには、それ相応の努力と工夫が必要であった。

『左伝』定公四年（前五〇六年）には、侵攻してくる呉軍を迎撃するにあたり、楚の大夫・武城黒が将軍・子常に対し、「呉は木を用い、我は革を用う。久しくすべからず。速やかに戦うに如かず」と進言したことが見える。つまり、呉の戦車は全体が木製なのに対し、楚の戦車は皮革で覆ってあるぶんだけ腐りやすく、湿気の多い湖沼地帯でこのまま呉軍と持久戦に入るのは不利だから、早く決戦を挑めというのである。これにより、呉人は戦車を導入したのち、地理的環境に合うように、戦車に耐水性向上の改良を加えたことが分かる。

だがこうした努力によっても、呉人にとって、戦車が依然として扱いにくい兵器であったことに変わりはない。伍子胥は呉王夫差に対して、「陸人は陸に居り、水人は水に居る。夫れ上党の国は、我れ攻めて之に勝つも、吾れ其の地に居ること能わず、其の車に乗ること能わず」（『国語』越語上）と、呉と中原諸国の間には決定的な地理条件の違いがあり、中原で発達した戦車が呉の地形に適さないことを指摘している。

そのため呉は、戦車には補助的役割を果たさせるに止め、依然として歩兵を軍の主力とした。中原においても、春秋の中期（前六四八～前五二七年）になると、「晋侯は三行を作り、以て狄を禦ぐ」（『左伝』僖公二十八年）と、前六三二年に独立の歩兵部隊が組織され始める。戦車に随伴する二義的性格を脱した独立の歩兵部隊は、しだいに他の中原諸国にも普及し、その比重も漸次増加の趨勢を辿っていた。ただし、戦車を持たず、山岳地帯から出撃してくる狄に対する必要上設置されたとの起源が示すように、歩兵部隊はまだ補助的役割を果たすに止まり、中原諸国における軍の主力は、その後も依然として戦車部隊であった。

ところが呉では、前四八二年、呉王夫差が黄池（河南省封邱）で晋・周・魯と会盟し、晋と覇者の地位を激しく争ったとき、百人→一行、百行→一方陣、との編制による一万単位の歩兵部隊を三隊組織した（『国語』呉語）ように、完全に歩兵中心の軍隊編制がとられた。

呉の軍隊が歩兵中心に編制されたことは、戦術の面にも一大変革をもたらした。戦車に比べ、歩兵は地形の制約を受ける度合いがはるかに低く、それだけ作戦行動が自由になる。すなわち歩兵は、戦車には超えられない森林・山岳・水沢などの険しい地形をも楽に突破でき、しかもそうした地形を利用して、行軍経路を敵の目から覆い隠せるのである。

そこでこの二つの利点を生かして、複雑な戦術の組み立てが可能となる。兵力を数部隊に分けて進撃させ、目的地を見破られぬようにしながら、あらかじめ打ち合わせて置いた地点に急速に兵力を集中する、分進合撃を用いた敵軍の分断と各個撃破、囮部隊によって攻撃目標を敵に誤らせる陽動作戦、険しい地形に兵力を潜ませての奇襲や待ち伏せ、進軍を秘匿した迂回による敵軍の包囲や背後遮断などがそれである。

荘公の戦車から降りて、敗走した斉軍の轍の乱れを調べる曹沫（『左伝故事』）

その結果、それまでのような両軍対陣後の会戦といった様式以外に、戦闘そのものが完全な詭計によって仕組まれるといった、新たな戦闘形態が発生してくる。したがって敵を欺く詭詐・権謀は、もはや一個の会戦内にのみ限定されることなく、開戦時期の選択から、各部隊の出撃や移動、敵軍の捕捉・攻撃、軍の撤収に至るまで、およそ軍事行動の一切を覆い尽くすことになる。「兵とは詭道なり」（計篇）と宣言する『孫子』は、こうした状況を背景に組み立てられた兵学である。

これに対して『曹沫之陳』は、中原の魯で成立したため、中原の伝統的な戦車戦の形態が濃厚に保存されたのだと考えられる。『曹沫之陳』が説く兵法は、『左伝』が記す長勺の戦いと比較しても、より古風な形態を示している。長勺の会戦で斉軍を撃破した後、荘公はただちに追撃に移ろうとするが、曹沫はそれを制止し、斉軍の敗走が偽装ではないことや、追撃路に伏兵が存在しないことなどを確認した上で、追撃の許可を出している。偽りの敗走、『孫子』軍争篇が「佯北には従う勿かれ」と警告する「佯北」や、撤退しながら伏兵を配置して、追撃してくる敵を待ち伏せする可能性が指摘されているわけで、一個の会戦に付随する範囲内ではあっても、そこには敵を欺く戦術がすでに用いられていた状況が語られる。『曹沫之陳』には、こうした戦術への言及は見られないから、その兵法は『左伝』が記す長勺の戦いと比較しても、より古風な形態を示していると言える。

荘公十年（前六八四年）の夏、斉は宋と連合して再度魯を攻撃したが、公子偃が荘公の制止を無視して独断で宋軍を攻撃し、乗丘で宋軍を大敗させている。公子偃は郎に到着した宋軍の陣立てが終了していないのにつけ込んで勝利したが、当時はすでにこうした戦法が用いられ始めており、『左伝』荘公十一年には、乗丘の敗戦の報復に侵攻してきた宋軍を、魯軍がまたもや「宋師未だ陳せざるに之に薄《せま》る」戦法で撃破したことが記される。しかも「凡そ師は、敵未だ陳せざるを、某の師を敗ると曰い、皆陳するを戦と曰い、大いに崩るるを敗績と曰い、儁を得るを克と曰い、覆いて之を敗るは某の師を取ると曰う」と、こうした戦法が決して珍しい例外ではなかったことを窺わせる解説まで添えられている。

前六三八年、宋は泓水のほとりで楚と戦ったが、このとき宋軍はすでに万全の布陣を完了しており、一方の楚軍は渡河の最中であった。そこで臣下はこの機に乗じて攻撃すべきだと進言したが、襄公はそれを卑劣な戦法だとはねつけ、楚軍が渡河し、さらに戦列を整え終わるまで待って戦端を開いた(22)。結果は宋軍の大敗に終わったが、世に宋襄の仁として喧伝されたりもした。この事例は、「未だ陳せざるに之に薄る」戦法が一般化しつつあるとともに、なおそれを戦士の美学に反すると軽蔑する考え方も、一部に残っていた状況を示している。『曹沫之陳』には、この手の奇襲戦術が見えず、その点ではむしろ『左伝』が記す乗丘の戦いよりも古風な印象を与える。

もとより『左伝』が記す長勺の戦いと『曹沫之陳』の兵法の間には、共通点も多い。斉との戦いに踏み切る際、「民弗從也」と民の動向が重要な判断材料とされることや、曹沫が「夫戰勇氣也。一鼓作氣、再而衰、三而竭。彼竭我盈。故克之」と、会戦で勝敗を決する鍵を勇気に求め、三度の突撃にもかかわらず魯の堅陣を突破できず、斉軍の気力が尽きた頃合いを見計らって突撃命令を発した点などは、勇戦による突撃を重視する『曹沫之陳』の内容と合致している。

したがって『曹沫之陳』の兵学は、荘公や曹沫と同時代である春秋時代前期（前七七〇～前六四九年）の状況を基本に据えながら、会戦の形態に関しては、それよりも古い西周期（前一一〇〇～前七七一年）の伝統を引き継ぐ一方、民の大量動員による兵力数の増加に関しては、それよりも新しい春秋後期（前五二六～前四〇四年）の状況を取り込むといった、新旧の層が塁層的に混在する性格を示している。

これまで古代中国兵法の研究は、現存する最古の兵書である十三篇『孫子』から話を始めざるを得ない状況が続いていた。だが今回の『曹沫之陳』の発見によって、典型的な中原の兵学と、呉・越といった長江下流域を舞台に成立した兵学との比較研究を進めることが、初めて可能となったのである。

注

（1）墨家の非命説の詳細に関しては、拙著『墨子』（講談社学術文庫・一九九八年三月）参照。

（2）この点の詳細については、拙稿「郭店楚簡『窮達以時』の「天人之分」について」（『集刊東洋学』第八十三号・二〇〇〇年五月）参照。

（3）「彊地毋先必取□焉」の欠字は、住民を意味する文字ではなかったかと思われる。

（4）以下に続く呼称との関係から判断して、ここの「将軍」が常設の官職名だった可能性は低く、むしろ「晋に六将軍有り」（『墨子』非攻中篇）「呉王孫子に問いて曰く、六将軍晋国の地を分守す」（『孫子兵法』呉問篇）といった用法と同じく、卿の身分を指す爵名だった可能性が高い。

（5）「數獄大夫」の「數」は数人の意味であろう。「獄大夫」は大夫の中で特に軍律維持を職掌する者の呼称で、「獄」は職分を表示する名称、大夫は身分を表示する爵名であろう。「裨大夫」は大夫の中でも一段身分の低い副官クラスを指す爵名であろう。「數大官之師」の「數」はやはり数人の意味で、「大官」は役所を、「師」は役所の長を指す呼称であろう。

（6）冒頭の欠字は供給の意味を表す文字だったと思われ、ここでは仮に「立」字を補って置いた。

（7）この未釈字「〓」は、文意から「担」字に解釈して置いた。

（8）『孫子』では、「兵者國之大事也」「此兵家之勝」（計篇）と、「兵」が軍事の意味で使用される例が多いが、『曹沫之陳』の

「兵」は、すべて兵器の意味で用いられていて、軍事を指す「兵」の用例は見られない。
（9）『孫子』は行軍篇や地形篇などで、各種の地形が軍事行動に及ぼす影響を詳説するが、『曹沫之陳』では、進撃距離の短さを反映して、地形に言及することが少なく、残された竹簡の範囲内で見る限り、地形に触れるのはこの箇所のみである。
（10）「圪」は土が小高く盛り上がった様で、ここでは敗走して散らばった兵士を一箇所に呼び集めて、密集隊形を組ませる意味に取った。
（11）「戢㐌」二字は文意から「旗旄」に解釈したが、「寄託」の意に取る可能性もある。
（12）『尉繚子』には、「明主戰攻之日、合鼓合角」（攻権篇）「夫將提鼓揮枹、臨難決戰」（武議篇）とある。
（13）この欠字は、激励・督戦の意味を表す文字だと思われる。
（14）この点に関しては、本書・第十七章参照。
（15）この点に関しては、拙稿「十三篇『孫子』の成立事情」（『島根大学教育学部紀要』第十三巻・一九七九年十二月）、及び湯浅邦弘『中国古代軍事思想の研究』（研文出版・一九九九年十月）参照。
（16）この点の詳細については、拙著『孫子』（講談社学術文庫・一九九七年六月）参照。
（17）占いを利用して味方の士気を高める方法は、『墨子』号令篇にも「巫祝史與望氣者、必以善言告民」と見える。
（18）長勺の戦いに先だって曹沫と荘公が問答を交わしたとする記事は、『国語』魯語上にも見えるが、『国語』の方は戦前の問答だけで記事が終わっていて、曹沫が魯軍を指揮して勝利したとする部分は存在しない。
（19）この点に関しては、『上博館藏戰國楚竹書研究』（上海書店出版社・二〇〇二年三月）所収の「馬承源先生談上海簡」、及び李學勤「孔孟之間與老莊之間」（『新出土文献與先秦思想重構國際學術研討會會議論文』二〇〇五年三月）参照。
（20）寥名春「楚竹書〈曹沫之陳〉與《愼子》佚文」（『新出土文献與先秦思想重構國際學術研討會會議論文』二〇〇五年三月）は、『曹沫之陳』の「魯莊公將爲大鐘、型旣成矣。曹沫入見曰」や「今邦彌小而鐘愈大。君其圖之」に近似した文章が、「愼子曰」として諸書に引用されることを指摘して、『曹沫之陳』の成書年代の下限を、慎到が斉の稷下で活動した宣王・湣王の時期とする。

（21）『孫子』の成立時期については、拙稿「十三篇『孫子』の成立事情」（『島根大学教育学部紀要』第十三巻）、及び湯浅邦弘『中国古代軍事思想の研究』（研文出版）参照。

（22）『左伝』僖公二十二年。

第十四章　『鮑叔牙與隰朋之諫』の災異思想

浅野裕一

一　『鮑叔牙與隰朋之諫』の解釈

『上海博物館蔵戦国楚竹書（五）』（上海古籍出版社・二〇〇五年十二月）には『競建内之』『鮑叔牙與隰朋之諫』『季庚子問於孔子』『姑成家父』『君子爲禮』『弟子問』『三徳』『鬼神之明・融師有成氏』など九篇が収められている。その中の『競建内之』には斉の桓公の治世に皆既日食が起きたとの記事が見える。そこで本章では、この日食の記載を通して、そこに見える災異思想の性格を検討してみたい。

『上海博物館蔵戦国楚竹書（五）』によれば、『競建内之』の現存する竹簡は十枚で、完簡が七枚、残欠簡が三枚である。文意の繋がらない箇所があり、本来の首簡を含む数枚の欠失簡があると思われる。第一簡の背に「競建内之」の四文字があり、他の例からすると篇題と考えたくなるが、内容との関わりが見られない上に、『競建内之』の書写者とは別筆であるため、もともとの篇題ではない可能性が高い(1)。竹簡の上端と下端は平斉で、簡長は四十二・八センチメートルから四十三・三センチメートルの間、一簡あたりの文字数は三十二字から三十六字の間で、全体の文字数は合文一を含む三百四十七字である。編綫は三道で契口は右側にある。天頭と地脚に等しく留白があり、いずれも竹黄に書写されている。

『上海博物館蔵戦国楚竹書（五）』は『競建内之』と『鮑叔牙與隰朋之諫』を別篇として扱っているが、陳剣「談談《上博（五）》的竹簡分篇・拼合与編聯問題」（簡帛網、二〇〇六年二月十九日）は、両篇を併せて一篇と見なすべきだとしている。

『鮑叔牙與隰朋之諫』の側は九簡で、第四簡と第九簡の上端に若干の残欠がある他は、すべて完簡である。竹簡の上端と下端は平斉で、簡長は四十三センチメートルから四十三・二センチメートルの間、第八簡と第九簡を除く一簡あたりの文字数は四十一字から五十一字の間で、全体の文字数は三百四十字である。編綫は三道で、契口は第二簡以外は右側にある。天頭と地脚に等しく留白があり、いずれも竹黄に書写されている。第八簡は途中に墨鉤があり、それ以下が留白となっているので、篇末に位置したと考えられる。第九簡は使用済みの竹簡の文字を削って再利用したもので、第二編綫と第三編綫の間に「鮑叔牙與隰朋之諫」の八文字と墨鉤が記され、その下は留白となっている。陳佩芬氏の釈文が指摘するように、篇題のみを記した附簡であろう。

季旭昇「上博五芻義（上）」（簡帛網、二〇〇六年二月十八日）は、『鮑叔牙與隰朋之諫』の排列について、首簡欠失とした上で、九・四・五・六・七・三・一・二・八と組み替える排列案を提出した。これを承けて陳剣「談談《上博（五）》的竹簡分篇・拼合与編聯問題」は、季旭昇案を一部修正して取り込む形で、『競建内之』の排列を一・五・六・二・七・四・三・八・九・十と組み替え、四・五・六・七・三・一・二・八・九と組み替えた『鮑叔牙與隰朋之諫』と接続して一篇とする案を提出した。この陳剣氏の排列案は、極めて妥当な説と認められる。

ただし『競建内之』と『鮑叔牙與隰朋之諫』は、明らかに別人によって書写されており、この点が、両篇を併せて一篇と見る際の最大の障害となっている。この問題はどう考えるべきであろうか。郭永秉「関于《競建》和《鮑叔牙》的字体問題」（簡帛網、二〇〇六年三月五日）は、『競建内之』第一簡の「級」字、第二簡の「宗」字、第七簡の「則」字、第八簡の「公」や「曰」字などは、『競建内之』の字体とは明らかに異なっており、『鮑叔牙與隰朋之諫』を書写した人物による補写と見られるとの見解を提示する。その上で郭永秉氏は、ある人物が『競建内之』とされた前半部を書写した後、別の人物が『鮑叔牙與隰朋之諫』とされた後半部を書写し、なおかつ前半部を校訂して誤写された文字を削って自分で補写した可能性を指摘し、両者を一篇と見る陳剣説に賛意を表明する。

とすれば、『競建内之』と『鮑叔牙與隰朋之諫』を併せて一篇とする上での障害は取り除かれる。そこで小論では、両者を『鮑叔牙與隰朋之諫』の篇題を持つ一篇とする立場に立って、その内容を考察することにしたい。内容の検討に先立ち、まず陳剣氏の排列案に従う形で、『鮑叔牙與隰朋之諫』の原文を示して置く。算用数字で記したのは釈文が旧『競建内之』に附した番号で、漢数字で記したのは釈文が『鮑叔牙與隰朋之諫』に附した番号である。[2]　また【】で示したのは、筆者が推定して補った文字である。

……二睦。隰朋與鮑叔牙從。日既、公問二大夫。日之食也曷爲。鮑叔牙答曰、星變。又曰、爲齊」（1）【災。公】言曰多。鮑叔牙答曰、害將來。將有兵、有憂於公身。公曰、然則可說與。隰朋答曰、公身」（5）爲亡道、不遷於善而說之、可乎哉。公曰、甚哉、吾不賴二三子。不譎怒寡人、至於使日食。鮑叔牙」（6）與隰朋曰、羣臣之辠也。昔高宗祭、有雉雊於彝前、召祖己而問焉曰、是何也。祖己答曰、昔先君」（2）格王、天不見禹、地不生龍、則祈諸鬼神曰、天地明棄我矣。近臣不諫、遠者不謗、則修諸鄕」（7）里、今此祭之得福者也、請量之以差給、既祭之後焉、修先王之法。高宗命傅說、量之以」（4）祭。既祭焉、命行先王之法。發古度、行古作。廢作者死、弗行者死。不出三年、遠人之服者七百」（3）邦。此能從善而去禍者。公曰、吾不知其爲不善也、今内之不得百姓、外之爲諸侯笑、寡人之不」（8）肖也。豈不二子之憂也哉。隰朋與鮑叔牙皆拜、起而言曰、公身爲亡道、進芋明子以馳於倪」（9）廷。驅逐畋弋、無期度。或以豎刁與易牙爲相。二人也、朋黨羣獸、婁朋取與親、公告而憐」（10）之。不以邦家爲事、縱公之所欲。鞭民弗樂、敦堪背恩、疲弊齊邦。日盛于縱、弗顧前後。百」（四）姓皆憂慮、洒然將亡、公弗詰。獨臣雖欲諫、或不得見、公固弗察。人之生三、食色息。今豎刁匹夫、而欲」（五）知萬乘之邦、而貴尹。其爲災也深矣。易牙人之與、煮而食人、其爲不仁厚矣。公不圖、必害公身。公曰、然則奚」（六）如。鮑叔牙答曰、齊邦至惡死、而上戮其刑。至欲食、而上厚其斂。至惡苛、而上不時使。公乃身命祭、有司祭服毋紋。」（七）器必蠲潔、毋入殘器。犧牲珪璧必全如故、加之以敬。乃命有司著作符。老弱不刑、畝纆短、田纆長、百糧鍾。命」（三）九月除路、十月而徒梁城、一之日而車梁城。乃命百有司曰、有夏氏觀其容以使、及其亡也、皆爲其容。殷人之所以代之、觀其容、聽其」（一）言服。其所以亡、爲其容、爲其言。周人之所以代之、觀其容、聽言、劬劬者使服。其所以衰亡、忘其劬劬也。二三子勉之。寡人將劬劬。」（二）是歲也、晉人伐齊。既至齊地、晉邦有亂、師乃歸。雨平地至埼復。日瘧亦不爲災。公蠹亦不爲害」（八）　鮑叔牙與隰朋之諫（九）

……二睦。隰朋と鮑叔牙従う。日既く。公は二大夫に問う。日の食せるは曷為ぞやと。鮑叔牙答えて曰く、星変なりと。又た曰く、斉の（災と）為らんと。（公）言いて曰く、多きかと。鮑叔牙答えて曰く、害将に来らんとす。将に兵有りて、公の身にも憂い有らんとすと。公曰く、然らば則ち説《はら》うべきかと。隰朋答えて曰く、公は身ずから亡道を為し、善に遷らずして之を説わんとするは、可ならんかと。公曰く、甚だしきかな、吾の二三子に頼らざるや。寡人を謫怒《たくど》せずして、日をして食せしむるに至ると。鮑叔牙と隰朋曰く、群臣の辠なり。昔、高宗の祭るに、雉の彝前に雊《な》くもの有り。祖己を召して焉に問いて曰く、是れ何ぞやと。祖己答えて曰く、昔、先君は王に格《いた》るに、天は禹を見わさず、地は龍を生ぜざれば、則ち諸を鬼神に祈りて曰く、天地は明らかに我を棄てり。近臣は諫めず、遠き者は謗らざれば、則ち諸を郷里に修めんと。今、此れ之を祭りて福を得るのときなり。請う、之を量りて差を以て給せしめ、既に之を祭るの後に、先王の法を修めんと。高宗は傅説に命じ、之を量りて以て祭る。既に祭り、命じて先王の法を行わしむ。古度を発して、古作を行う。作を廃する者は死し、行わざる者も死す。三年を出でずして、遠人の服する者七百邦なり。此れ能く善に従いて禍を去る者なりと。公曰く、吾は其の不善為るを知らざるなり。今、内に百姓を得ざるに之《いた》り、外に諸侯の笑いと為るに之る。寡人の不肖なるなり。豈に二子の憂いならざらんやと。隰朋と鮑叔牙皆拝し、起ちて言いて曰く、公は身ずから亡道を為し、芋明子を進めて以て倪に馳せて廷す。駆逐して畋弋《てんよく》するに、期度無し。或《ま》た豎刁と易牙を以て相と為す。二人は朋党・群獣にして、婁《しば》しば朋を与親に取るも、公は告げて憐《よし》とす。邦家を以て事と為さず、公の欲する所を縦にす。民に鞭うちて楽しむを弗《さかん》にし、堪《てんどう》を敦《そし》りて愿《つつしみ》に背き、斉邦を疲弊せしむ。日に縦にするを盛んにし、前後を顧みず。百姓は皆憂慮し、洒然《さいぜん》として将に亡ばんとするも、公は詰《とが》めず。独り臣のみ誡めんと欲すと雖も、見ゆるを得ざること或らば、公は固より察せず。人の生は三、食・色・息なり。今、豎刁は匹夫なるも、万乗の邦を知らんと欲して、貴尹たり。其の災を為すや深し。易牙は人の与《ともがら》なるに、煮て人を食らわしむるは、其の不仁を為すこと厚し。公図らざれば、必ず公の身を害せんと。公曰く、然らば則ち奚如せんと。鮑叔牙答えて曰く、斉邦は至りて死を悪むも、而して上は其の刑に戮す。至りて食を欲するも、而して上は其の斂を厚くす。至りて苛きを悪むも、而して上は時ならずして使うと。公は乃ち身ずから祭るを命ずるに、有司の祭服に紋毋からしむ。器は必ず蠲潔《けんけつ》にして、残器を入るること毋からしむ。犠牲・珪璧は必ず全きこと故の如くにして、之に加うるに敬を以てせしむ。乃ち有司に命じて符を著作せしむ。老弱は刑せず、畝の纆《ながさ》は短くし、田の纆は長くして、百に鍾を糧《ぜい》とす。命じて九月に路を除き、十月にして徒梁城《きず》かれ、一の日にして車梁城かる。乃ち百《もろもろ》の有司に命じて曰く、有夏氏は其の容を観て以て使う。其の亡ぶに及ぶや、皆其の容を為《つく》る。殷人の之に代わる所以は、其の容を観、其の言を聴きて服うればなり。其の亡ぶ所以は、其の容を為り、其の言を為ればなり。周人の之に代わる所以は、其の容を観、言を聴き、勆勆《つとめはげ》む者をば使い服うればなり。其の衰亡する所以は、其の勆勆むを忘るればなり。二三子之に勉めよ。寡人も将に勆勆まんとすと。是の歳、晋人は斉を伐たんとし、既に斉の地に至るも、晋邦に乱有りて、師は乃ち帰る。平地に雨ふりて埼《やまぎわ》に至るも復す。日の瘥《や》むも亦た災を為さず。公の蠹《と》も亦た害を為さず。「鮑叔牙と隰朋の諫」

（斉の桓公が外出し）隰朋と鮑叔牙が随行していると、突如皆既日食が起こった。桓公は二人に日食が生じた原因を訊ねた。鮑叔牙は星の異変だと答える。また斉の（災と）なるでしょうと言った。（桓公は災は）多いのかと訊ねた。鮑叔牙は、災害が降りかかろうとしています、兵乱が起きて、公の身にも憂患が生ずるでしょうと答えた。桓公は、そうであれば、事前に災を祓うことは可能かと訊ねた。隰朋は、公は自ら無道を行っており、改心して善に移らずに災を祓うことなどできるでしょうかと答えた。桓公は、わしが諸君の意見に耳を貸さない有様は、こんなにもひどかったのか、わしの無道を咎めなかったせいで、日食を発生させるまでに至ったのだと反省する。

鮑叔牙と隰朋は、次のように申し上げた。それもすべて群臣の責任です。昔、殷の高宗が祭りの準備をしていると、一羽の雉が鼎に止まって鳴きました。そこで高宗は賢臣の祖己を召し出し、これは何を意味するのかと訊ねました。祖己は、昔、先君の湯王は夏を倒して王位に就いたものの、天は水神の饗禹《きょうう》を現わさず、地は龍馬を生じなかったので、次のように鬼神に祈りました。天地は明らかに私を見放しました。なのに近臣は私を諫めてくれず、遠方の民も私を咎めてはくれませんでした。こうなった以上、足下の殷の故地から正しいやり方に立ち戻ろうと思いますと。（雉は、自分がそうしたように旧法に立ち返れと告げに来た湯王の霊なのです。）今こそ、湯王を祭祀して先君の福に与るべきときです。先王の意志を推し量り、厳重に品定めをした上で供物を捧げ、祭祀が終わった後で湯王が定めた古法を復活させましょうと提案しました。そこで高宗は祖己に命じ、湯王の意志に思いを致して湯王を祭祀させ、祭り終わった後に湯王が定めた古法を復活させるよう命じました。古代の制度を発令し、古代の作法を実行しました。それ以降、作法を改廃した者は死罪とし、実行しなかった者も死罪としました。その結果、三年以内に帰服してきた遠方の人々が七百国にも及びました。これこそが、よく善政に転換して禍いを回避した前例なのですと。

これを聞いた桓公は、次のように反省の弁を述べた。わしは自分の行為が不善だったと自覚できなかった。そのせいで、国内にあっては民心を得られない状態に至り、国外にあっては諸侯の笑い者になる状況に至ってしまった。ひとえにわしが愚かだったせいだ。どうして君たち二人が憂えずにおれようかと。隰朋と鮑叔牙はともに拝礼し、起立して次のように申し上げた。公は自ら進んで無道な振る舞いを重ね、芋明子（なる婦人）を馬車に同乗させて倪に遠出をなさいました。鳥獣を追い立てて狩猟を行う際にも、時節を守りませんでした。また豎刁と易牙を抜擢して国相に任命なさいました。この二人は、結託して徒党を組み、群で行動する野獣のような輩で、しばしば身内から取り巻きを採用しましたが、公は彼らにその人事を承認すると告げました。国家の統治を任務とは考えず、欲望に任せてやりたい放題をなさいました。民に鞭打って酷使しては自身の快楽を満たし、天の道を議って謹みを失い、斉国を疲弊に陥れました。来る日も来る日もやりたい放題を極め、後先を顧みませんでした。百姓は皆不安に怯え、何という御代だと驚愕しながら滅びようとしているのに、公は自らを咎めようとはなさいませんでした。我々だけでも諫めようと試みましたが、謁見が適いませんでしたので、公はもとより斉の惨状を察知したりはなさいませんでした。人が生きる上で肝要なのは、飲食・生色・休息の三点です。今、豎刁は匹夫の身分にもかかわらず、万乗の大国を取り仕切ろうとして、高官の地位にあります。それがもたらす災いは深刻です。易牙は同じ人間でありながら、人間を煮た料理を作って公に出したのは、甚だしく不仁な行為であります。この二人が招く害毒を思慮しなければ、必ずや公の身を害する結果になりましょうと。

桓公は、それではどうすれば良いのかと訊ねた。鮑叔牙は答えた。斉国の人民は甚だ死を嫌っておりますが、あなた様は刑罰を厳しくして処刑しています。人民は甚だ飲食を望んでおりますが、あなた様は重税を取り立てて食物を奪っています。人民は甚だ労苦を嫌っておりますのに、あなた様は時節を無視して労役に酷使していますと。

これを聞いた桓公は、古式に則って祭礼を行うように命じ、役人の祭服は文様のない無地とするよう下令した。礼器は必ず完全なものだけを揃え、破損した礼器を混ぜたりしないようにさせた。犠牲や珪璧も必ず古礼に合致した完全な形のものだけを供え、さらに尊敬の念を以て作法を執り行うようにさせた。諸役人に命じて政令を作らせ、老人や子供は処刑せず、課税対象の面積（百畝）を測るには短尺を用い、一夫の耕地面積（一田）を測るには長尺を用いて拡大し、縮小した百畝の収穫量に十分の一の税率をかけて、百石から一鍾を納税させた。役人に命じて、九月に除草して道路を整備し、十月に人徒の渡し場を営繕し、朔日に車輛の渡し場を営繕した。また多くの役人に命じて次のように指示した。夏王朝では容貌を重視して人材を登用した。そこで夏王朝が滅亡するころには、誰もが容貌を飾り立てていた。殷が夏に取って代わったのは、容貌を観察した上に、さらに発言の内容をも審査して人材を登用したからである。殷王朝が滅亡した原因は、容貌を飾り立て、言辞を飾り立てたところにある。周王朝が殷王朝に取って代わったのは、容貌を観察し、発言を審査した上で、さらに勤勉な人物を登用したからである。周王朝が衰退した原因は、勤労精神を忘れた点にある。諸君、精勤に勉めよ。わしも精励する決心であると。

この年、晋が斉を攻撃しようと計画し、晋軍はすでに斉の領内に侵攻していたが、晋で内乱が発生したため、軍は引き返した。平地に大雨が降って山の麓にまで迫ったが、雨が止んで元通りに回復した。太陽が衰弱して起きた日食も、斉に災をもたらすことはなかったし、桓公の君側の奸である豎刁と易牙も、桓公の身に危害を加えることはなかった。

二　災異思想の性格

本節では、『鮑叔牙與隰朋之諫』に見える災異思想の性格を考察してみたい。先頭の（1）（5）（6）の部分は日食を主題とする。桓公が外出し、隰朋と鮑叔牙が随行していたとき、斉に皆既日食が起こる。そこで桓公は二人に日食が起きた原因を訊ねる。(3) すると鮑叔牙は、星の異変であり、斉に災害や兵乱が生じ、桓公の身にも危険が及ぶ予兆だと解説する。怯えた桓公は、祭祀によって災害や兵乱、我が身に及ぶ危険などを祓うことが可能かどうか訊ねる。すると隰朋は、善行を積まずに失政ばかりを重ねてきた以上、今さら祭祀で災厄を祓うことなど不可能だと答える。それを聞いた桓公は、過去の行状を振り返り、二人の忠告・諫言を無視し続けた結果、日食を招くに至ったと反省の弁を述べる。

注目すべきは、日食が桓公の失政を譴責する予兆とされている点である。『詩経』『書経』においては、次に示すように、上天・上帝は王の失政に対して、旱魃や兵乱・死喪などの災害を下して懲罰するとされる。

浩浩たる昊天は、其の徳を駿《なが》くせず。喪饑饉を降し、四国をして斬伐せしむ。昊天は威を疾しくするも、慮らず図らず。（『詩経』小雅・雨無正）

この場合は、先ず災厄が生じた後、それを上天・上帝の刑罰と受け止めた君主が、自己のいかなる過失に上天・上帝が怒っているのかを推量し、適切に推量して過失を改めれば天刑が解除されるとの構図が描かれる。砂漠の一神教の神とは異なり、中国の上天・上帝の場合は、「天何をか言わん」（『論語』陽貨篇）「天は言《もの い》わず」（『孟子』万章上篇）とほとんど言語を発して直接に命令はしないので、君主の推量が不可欠となるのである。[4]すなわち『詩経』『書経』的世界では、人格神である上天・上帝が災害を下して君主の過失を懲罰するという直接的形態を取り、まず災害が降され、次に王が天意を推量して天刑の解除を祈るとの先後関係を取るのである。

ところが時代が降って『左伝』や『国語』になると、次に示すように、上天・上帝は天体の運行を理法化した天道によって予め君主に譴責や褒賞の意志を伝え、天道の指示に従った君主は天賞を受けて災厄を免れ、天道の指示に背いた君主は天災を蒙るとの構図が描かれるようになる。

夏、呉は越を伐ち、始めて師を越に用う。史墨曰く、四十年に及ばずして、越は其れ呉を有たんか。越は歳を得るに而して呉は之を伐つ。必ず其の凶を受けんと。（『左伝』昭公三十二年）

古代中国の占星術では、天界を十二のゾーンに分割し、これを十二星次とか十二分野と呼ぶ。この十二分野には、当時存在した国家が配当される。またそれぞれの分野を代表する二十八の星座を定める。これを二十八宿と呼ぶ。木星や火星・金星などの惑星は、複雑な軌道を描きながら天界を運行して、ある分野から次の分野へ、ある宿から次の宿へと移動する。史官はこうした天体の運行から、戦争の勝敗を占ったり、災害の有無を占ったのである。[5]昭公三十二年の例では、呉が初めて越を攻撃した年、木星（歳星）は十二分野の中、越の分野に当たる星紀の星次に宿っていた。したがってこの年、越は木星の加護を受けていたことになる。呉はこうした天道の指示に背き、越に先制攻撃をかけた。そこで呉は天道の罰を受け、木星が天界を三周する三十六年後に、越に攻め滅ぼされるだろう。これが晋の大史・蔡墨が占星術を用いて行った予言の内容である。この予言通り、前四七三年、越の総攻撃を受けて呉王・夫差は自殺し、呉は滅亡して越に併合される。

すなわち『左伝』『国語』的世界では、人格神である上天・上帝は天道なる媒介手段を用いて自己の意志を伝え、それへの対処の善悪に応じて禍福がもたらされるとの間接的形態を取るのである。したがって『詩経』『書経』的世界では、予兆・予告・予知・予言といった類の思考が稀薄で、天災発生後の事後的対応に力点が置かれていたのに対して、『左伝』『国語』的世界では天道が地上の人間に予兆として作用するため、予兆から上天・上帝の予告を読み取り、将来を予知・予言する行為の側に重点が移行する。そのため『左伝』『国語』的世界では、人格神である上天・上帝は背後に退いて天道と占星術が前面に押し出され、まず天道が予兆としての天象（恒常的運行と突発的異変の二通りある）を示し、それへの対応が不適切であった場合、次に災害が降るとの先後関係を取るのである。

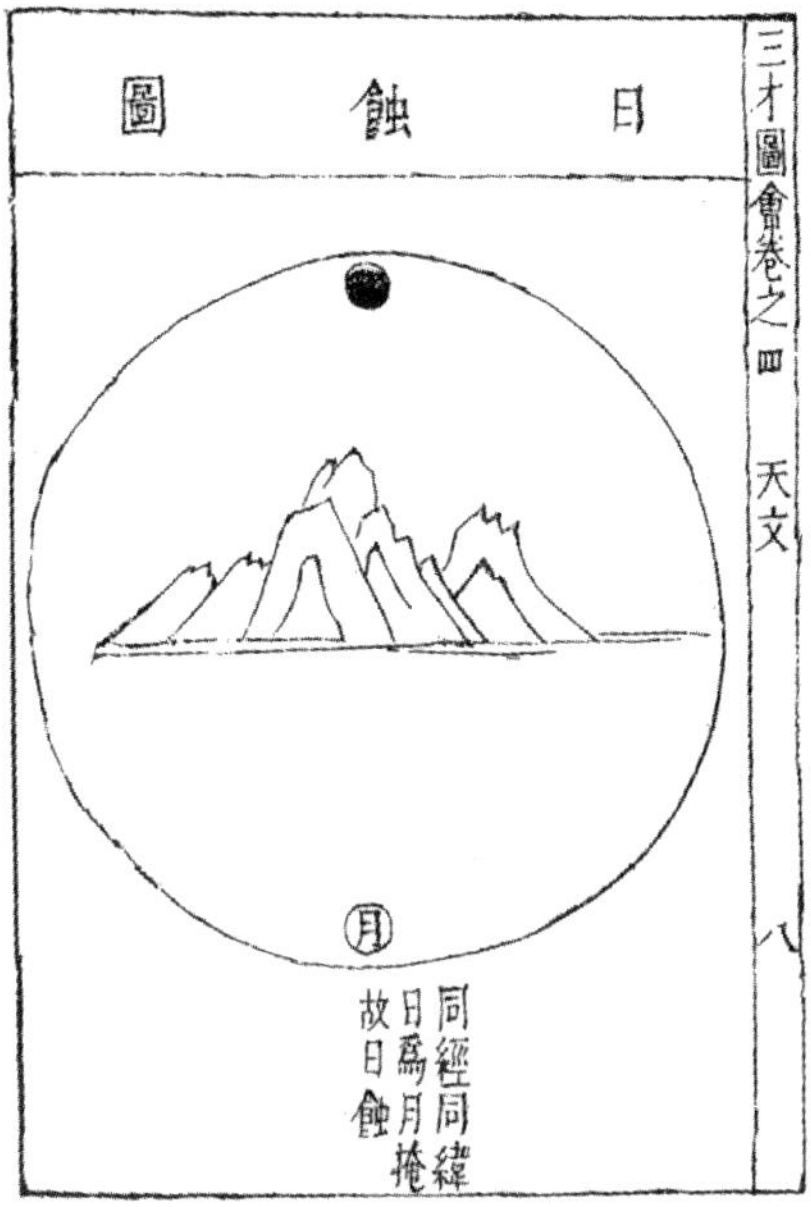

日蝕図（『三才図会』）

こうした思想史の流れを踏まえるとき、『鮑叔牙與隰朋之諫』に見える日食記事の性格は非常に興味深い。日食が桓公の失政を譴責し、悔い改めなければ水害・兵乱・弑逆などの災殃が降る予兆と理解されている点では、『左伝』『国語』の天道思想に近い性格を示している。残存する竹簡の範囲内には、「天道」の語は直接見えないものの、「堪《てんどう》を敦《そし》りて愿に背き、斉邦を疲弊せしむ」との表現も見えることから、その基本的立場は、『詩経』『書経』的世界よりも『左伝』『国語』的世界の側に近いと言える。(6) また桓公が祭祀によって斉に迫る災殃を祓わんとしたのに対し、隰朋がそれを否定している点も興味深い。要するに桓公は、呪術的方法によって日食が予告する災殃を免れんとしたのだが、隰朋は善行を積まずに失政ばかりを重ねてきている以上、呪術的方法には効果がないとして、その有効性を完全に否定している。災厄を免れる手段は、呪術的祭祀ではなくして、善政を布くといった君主の徳にあるというのである。つまり『鮑叔牙與隰朋之諫』は、上天・上帝→天道（予兆）→禍福→君主の為政、といった天人相関思想の枠組みを維持しながらも、呪術的方法の有効性を否定して、無道を排して善行を実践するといった君主の人為的努力の側に問題解決の鍵を求めるのである。これと良く似た構図は、次に掲げる『左伝』の記事にも見受けられる。

斉に彗星有り。斉侯は之を禳《はら》わしめんとす。晏子曰く、益無きなり。祇《かみ》に誣《いつわり》を取らんか。天道は諂《いつわ》らず、其の命を貳とせず。若何ぞ之を禳わん。且つ天の彗星有るは、以て穢を除かんとするなり。君に穢徳無ければ、又た何ぞ禳わん。若し徳の穢ならば、之を禳うも何ぞ損せん。詩に曰く、惟れ此の文王、小心翼々として、昭らかに上帝に事え、聿に多福を懐う。厥の徳は回《よこしま》ならず、以て方国を受くと。君に違徳無ければ、方国将に至らんとす。何ぞ彗を患えん。詩に曰く、我は夏后と商に監みる所無きか。乱の故を用て、民は卒に流亡すと。若し徳回乱ならば、民は将に流亡せんとす。祝史の為も、能く補うこと無きなりと。公は説びて乃ち止む。（昭公二十六年）

前五一六年、斉の上空に突如彗星が出現する。これに怯えた斉の景公は、祝官や史官に祟りを祓わせようとする。だが宰相の晏嬰は、次のように述べて反対する。いくら神を欺こうとしても、天道に偽りはなく、天命に変更はないから、祟りを祓わせることは不可能である。そもそも天に彗星が出現するのは、汚れを掃除するためだから、君主の徳に汚れがなければ、祓わせる必要はなく、君主の徳が汚れていれば、祓おうとしても効果はない。大事なのは君主の徳であって、祝官や史官の呪術など何の効果もない。

やはり晏嬰も、天道の権威自体は承認した上で、祝官や史官の呪術によって天道に作用を及ぼそうとする考え方を排除している。「惟れ此の文王、小心翼々として、昭らかに上帝に事え、聿に多福を懐う」との『詩』の引用が示すように、上天・上帝信仰に基づく天人相関の枠組みを維持しながら、呪術の有効性のみを否定する姿勢で、隰朋と晏嬰の立場は完全に一致するのである。これと同様の思考は、次に掲げる上博楚簡『魯邦大旱』にも見える。

> 魯邦に大旱あり。哀公孔子に謂く、子は我が為に之を図らざるかと。孔子答えて曰く、邦に大旱あるは、乃ち諸を刑と徳とに失うこと毋からんか。唯だ……。【哀公曰く】、……之を【如】何せんやと。孔子曰く、庶民説の事を知るは、視ればなり。刑と徳とを知らず。如し珪璧・幣帛を山川に薆《かく》すこと毋きも、刑と【徳】とを正して……。出でて子貢に遇いて曰く、賜よ、爾巷路の言を聞くに、乃ち丘の答えを謂いて非とすること毋からんかと。子貢曰く、否なり。吾子若《ある》いは其の明を重んずるか。如し夫の刑と徳とを正して、以て上天に事うれば、此れ是なるから。若し夫の珪璧・幣帛を山川に薆すこと毋きも、乃ち不可なること毋し。夫れ山は石以て膚と為し、木以て民と為す。如し天雨ふらさざれば、石は将に焦げんとし、木は将に死せんとす。其の雨を欲すること我より甚だしきもの或り。何ぞ必ずしも明を恃まんや。夫れ川は水以て膚と為し、魚以て民と為す。如し天雨ふらさざれば、水は将に涸れんとし、魚は将に死せんとす。其の雨を欲すること我より甚だしきもの或り。何ぞ必ずしも明を恃まんや。孔子曰く、於呼、……公豈に粱に飽き肉に飫《あ》かざらんや。庶民を如何ともする無しと。

この『魯邦大旱』においても、「珪璧・幣帛を山川に薆す」祭祀（説）によって大旱の災害を祓わんとする魯の哀公に対し、孔子や子貢は「刑と徳とを正す」君主の善政によってのみ天刑を解除できるのであり、「粱に飽き肉に飫く」贅沢三昧を続けながら、神事（明）に頼って災害を解除することなどできないと批判する。(7)

上博楚簡『柬大王泊旱』は楚で著作された文献と考えられるが、そこにも同様の主張が展開される。「柬大王は旱を泊《とど》めんとし、亀尹羅に命じて大夏に貞わしめ、王自ら卜に臨む。王、日に嚮いて立つに、王は滄《さむけ》して、……に至る」と、楚の簡王（在位：前四三一～前四〇八年）は大旱魃が止むよう、漢水と江水が合流する大夏の地で雨乞いの祭祀を行おうとする。だが簡王が太陽に向かって祭祀を始めようとしたとたん、にわかに悪寒に襲われ、重い皮膚病にかかってしまう。王の皮膚病の原因は、祭祀されないのを怨む名山・名渓の祟りだと告げられた簡王は、直ちに該当する神々を祭祀の列に加えて、病気の原因を除去するよう命ずる。

これに対して太宰は、「太宰進みて答うるに、此れ謂う所の旱母なり。帝は将に之に命じ、諸侯の君の治むる能わざる者を修めて、之に刑するに旱を以てせしむ。夫れ旱母しと雖も、百姓は移りて以て邦家を去らん。此れ君為る者の刑なり」と諫言する。上帝は諸侯でありながら国家をきちんと統治できない君主に対し、配下の旱母に命じて旱魃の天刑を降すのだが、今日の事態はまさしくそれだというのである。要は簡王が楚国を統治できていない不始末に対する処罰なのだから、たとえ旱魃が止んだとしても、それで上帝の怒りが解けたわけではなく、民衆が楚国を捨てて他国に移住するとの天刑を受けるだろうと、太宰は簡王に反省を促す。

恐懼した簡王は、「王は天を仰ぎて後、詨《よ》ばわりて太宰に謂う。一人政を治むる能わざれば、而ち百姓以て絶つか」「歳は安くにか熟すと為すや」と、太宰に善後策を尋ねる。これに応じて太宰は、「太宰答うるに、如し君王、郢を修むれば、高方も然るが若く理まらん」と、まず国都の郢をきちんと治めれば、遠隔地もそれに準じて治まるでしょうと提案する。それを受け入れた王は、郢の城郭の修理を命じ、次いで郊外の民情視察に出かける。

すると、「三日にして、王又た埜に逗まる者に吺人《きじん》有るを見る。三日にして大いに雨ふり、邦は之に漫《ひた》る。駐を発

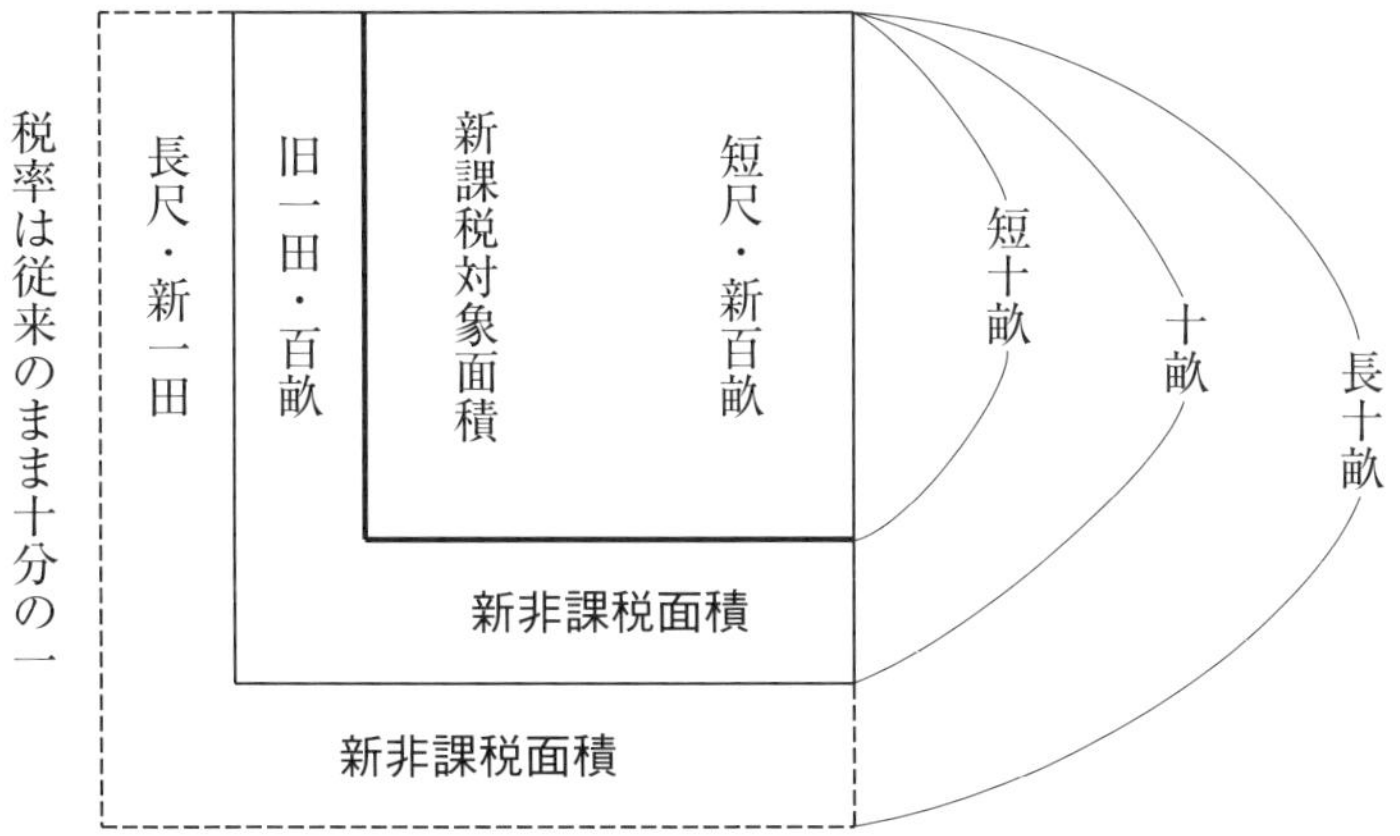

田畝区画改正図

して四疆に蹠《つか》わすに、四疆は皆熟す」と、国政に精勤する簡王の改心ぶりを見て、上帝の怒りも解け、降雨によって国中の旱魃は解消し、駿馬を走らせて四方の辺境を視察させたところ、すべての地方で穀物が実っている状況が確認できたという。このように『柬大王泊旱』の主旨は、旱魃なる天災は君主の失政に対する天刑であるから、祭祀によって災害を祓うことはできず、改心して善政に転換する以外に方策はなく、簡王が反省して統治に精励した結果、天刑が解除されて旱魃が止み、穀物が実るとの福を得たとするところにある[8]。

『鮑叔牙與隰朋之諫』の内容も、これと近似した性格を示す。日食は斉に災害が降りかかる予兆だと告げられた桓公は、祭祀によって災害を祓おうとする。だがその原因が自分の失政にあり、祭祀による祓除は不可能だと指摘された桓公は、ついに反省・改心し、高宗の故事に倣って祭礼の古法を復活させたり、老弱への刑罰を免除したり、耕地面積（田）を拡大する一方、課税対象の面積（畝）を縮小して税を軽減したり、道路や渡し場を営繕したり、率先して精励する方針を指示したりするなどの善政に転換する。その結果、敵軍の侵攻、大雨による浸水、桓公を弑逆せんとする奸臣（豎刁と易牙）の姦詐など、日食が予告した災殃を回避できたというのが、『鮑叔牙與隰朋之諫』の主旨である。[9]

ただし『魯邦大旱』『柬大王泊旱』と『鮑叔牙與隰朋之諫』の間には、重要な違いも存在する。『魯邦大旱』や『柬大王泊旱』の場合は、先に旱魃なる天刑が降り、後に君主の反省と推量による災害の解除が問題となる。『魯邦大旱』の哀公は推量と反省に失敗したとされ、『柬大王泊旱』の簡王はそれに成功したとされる違いはあるものの、上天の災害→君主の推量と反省→善政への転換→天刑の解除、といった時期的先後関係を基本構造とするのであり、この点では『詩経』『書経』と同様の性格を示すのである。これに対して『鮑叔牙與隰朋之諫』の側は、天象の異変→推量による予言と反省→善政への転換→災害の回避、といった時期的先後関係を基本構造とし、上天・上帝には言及しない。この点で『鮑叔牙與隰朋之諫』は、『左伝』『国語』に近い性格を示すのである。

それでは『鮑叔牙與隰朋之諫』と『左伝』『国語』に見える天道思想の性格は、全く一致するのであろうか。実はそうではない。確かに『鮑叔牙與隰朋之諫』は、「日既く」「日の食せるは曷為ぞや」「星変なり」などと、天体に関する異変現象を扱っている。だが『鮑叔牙與隰朋之諫』は、『左伝』『国語』のように直接「天道」の語を用いてはいない。

と同時に、『鮑叔牙與隰朋之諫』の日食記事は、『左伝』や『国語』の占星術とは異なり、天体の周期的運行と十二分野の対応関係によって予兆の意味を読み取るとの思考を伴っていない。『鮑叔牙與隰朋之諫』において皆既日食は、「日の瘥《や》むも亦た災を為さず」と、太陽が罹患・衰弱して姿を消した現象と理解されていて、衰弱・消滅→災害との連想に基づいて、斉と桓公に降りかかる災害が予言されているのである。これは、次々に推移していく惑星と分野・宿との位置関係を予兆とせず、日食なる単発の異変現象を予兆に据えたことに由来するもので、形態上の類似から彗星を地上の汚れを掃除しに来た箒と理解する連想と同類である。

これに類する連想は、上博楚簡『三徳』にも登場する。[10]

天は時を供し、地は財を供し、民は力を供して、明王は思うこと無し。是を三徳と謂う。卉木《きもく》も時を須ちて而る後に奮う。天の悪むところは忻《この》むこと毋れ。平旦には哭すること毋く、晦には歌うこと毋く、弦望には斎宿せよ。是を天の常に順うと謂う。

ここに掲げた『三徳』の冒頭部分では、「平旦には哭すること毋く、晦には歌うこと毋く、弦望には斎宿せよ」との禁忌が示される。「平旦」は朔日の意で、月が生じ始める形象から、死から生が復活する象徴と捉えられている。そのため朔日に哭する行為は、「天の常」に背き、「天の悪むところ」を好む禁忌とされる。「晦」は月が完全に姿を隠す形象から、死の象徴とされる。そこで晦日に歌唱する行為もまた禁忌となる。「弦望」は、弦月からまさに満月にならんとする形象から、絶頂に近づく象徴とされる。そのため、盈満に浮かれぬよう斎戒せよと説かれるのである。これらの訓戒は、いずれも月の満ち欠けの形象から導き出された、単純な連想に基づいており、日食や彗星の形象から導き出される連想と性格が近似する。

『三徳』は、「偽詐を為す毋れ。上帝将に之を憎まんとす。諆《あざむ》かんとするも諆かれず。天は乃ち災を降す。已ましめんとするも已まず。天は乃ち異を降す」とか、「天命孔《はなは》だ明らかなり。如し之に反かば、必ず凶殃に遇わん」などと、上天・上帝の災異を強調し、月の満ち欠けといった天体現象にも言及するのだが、「天道」の語は見えず、惑星の周期的運行と十二星次・二十八宿の位置関係から吉凶を占う占星術的思考も見られない。(11)『三徳』が上天・上帝を頻出させるのに対して、『鮑叔牙與隰朋之諫』の側には上天・上帝が一切登場しないとの重要な違いはあるものの、天体の扱いが形象からくる単純な連想に止まっていて、天道を用いた占星術が見られない点で、両者は似通った性格を示す。

『鮑叔牙與隰朋之諫』や『三徳』とは対照的に馬王堆前漢墓から出土した『経法』『十六経』などの黄帝書には、天道を基軸とする独自の災異思想が展開される。『経法』では、「周遷動作は、天之が稽を為す。天道遠からず。入りて与に処り、出でて与に反る」（四度篇）「日信に出でて信に入り、南北極有るは、度の稽なり。月信に生じ信に死し、進退常有るは、数の稽なり。列星数有りて、其の行を失わざるは、信の稽なり。（中略）明以て正す者は天の道なり」（論篇）とか、「文に始まりて武に卒わるは、天地の道なり。四時度有るは、天地の理なり。日月星辰の数有るは、天地の紀なり。三時功を成し、一時刑殺するは、天地の道なり」（論約篇）「功成るも止めざれば、身危くして殃あり」（国次篇）と、日月星辰や四時の周期的運行を理法化した天道の指示に従って刑と徳を使い分け、天の許容限度を超過して災殃を招かぬようにせよと主張される。『十六経』でも、「天道已に既き、地物乃ち備わる」（観篇）「夫れ天行は正信にして、日月は処らず」（正乱篇）「天道に逆らうこと毋ければ、則ち守る所を失わず」「天道環周すれば、人反りて之れが客と為る」（姓争篇）とか、「天道は寿寿として、下上に播く」（三禁篇）と、同様の思想が説かれている。[12]

だが留意すべきは、黄帝書の災異思想には惑星の周期的運行と十二星次・二十八宿の位置関係から吉凶を占う、『左伝』や『国語』のような占星術的思考が一切見られない点である。「列星数有りて、其の行を失わざるは、信の稽なり」「日月星辰の数有るは、天地の紀なり」と、天体が運行する規則性を強調して置きながら、具体的にいかなる規則性があるのかについては、全く記述されない。「刑徳は皇皇たり。日月は相望み、以て其の当を明らかにす」（『十六経』姓争篇）と、太陽と月の位置関係が刑と徳のいずれを選択すべきかの基準だと言いながら、その具体的基準が示されることも一切ない。

要するに黄帝書の天道思想は、天体の周期的運行の規則性を理法化する点では、『左伝』や『国語』に見られる史官の天道思想の面影を残すものの、その具体的中身を喪失してしまっているのであり、一種の退行現象と言える。したがって占星術としての具体的内容を欠く点では共通していても、『鮑叔牙與隰朋之諫』や『三徳』の天体に対する姿勢と、黄帝書のそれとでは、性格が大きく異なるとしなければならない。

　これまで『鮑叔牙與隰朋之諫』の災異思想を各種の文献と比較してきた。その結果、上天の災害→君主の推量と反省→善政への転換→天刑の解除、といった時期的先後関係を基本構造とする『詩経』『書経』の上天・上帝信仰とは異なって、天象の異変→推量による予言と反省→善政への転換→災害の回避、といった時期的先後関係を基本構造とし、上天・上帝を背後に退かせる点で、『鮑叔牙與隰朋之諫』の災異思想が『左伝』や『国語』の天道思想に近い性格を示すとの結論を得た。また『鮑叔牙與隰朋之諫』の災異思想が、皆既日食なる天体の異変を予兆としながらも、「天道」の語を直接使用せず、『左伝』や『国語』の占星術に見えるような、天体の周期的運行と十二分野・二十八宿の位置関係から予兆の意味を解釈する複雑な体系を持たず、至って単純・素朴な形象上の連想によって成り立っていることも判明した。ただしこれは日食なる突発的異変を扱ったことに由来する現象とも考えられるので、この一事を以て、直ちに『鮑叔牙與隰朋之諫』の災異思想を『左伝』や『国語』の占星術よりも古い形態だと考えるのは危険である。昭公七年や昭公三十一年など、『左伝』にも日食を扱う予言記事が存在する点を考慮した上で、上述の時期的先後関係の側を重視すれば、『鮑叔牙與隰朋之諫』の災異思想は、大枠ではやはり『左伝』や『国語』の天道思想の系統に属すると見るべきであろう。

三　日食の年代

　最後に、第一簡に見える日食記事の年代について考えてみよう。『鮑叔牙與隰朋之諫』は隰朋と鮑叔牙の諫言を聞き入れて、桓公が反省したとの構成を取る説話である。管仲の諫言によって桓公が改心したとする、類似の構成を持つ説話は、『管子』中にも多数収録されている。そもそもこうした説話が作られた目的は、どこにあったのであろうか。『管子』の場合、桓公の覇業を補佐した名宰相・管仲の功績を顕彰せんとするところに、その目的が存したことは明瞭である。と同時に、斉の公族、特に太子を初めとする公族の子弟を教育する教材に用い、桓公と管仲とのやりとりを通じて、斉の君主たるにふさわしい見識を身に付けさせようとする目的もあったと考えられる。そして『鮑叔牙與隰朋之諫』が著作された目的も、ほぼこれと同様だったと思われる。

桓公と管仲（『左伝故事』）

『鮑叔牙與隰朋之諫』がこうした目的で作られた文献であると想定した上で、日食記事の問題を考えてみよう。まず作者の意図が隰朋と鮑叔牙二人の功績の顕彰と、公族の子弟の教育にあったとすれば、『鮑叔牙與隰朋之諫』全体が全くの虚構だった可能性を考えなければならない。作者が前記の目的さえ果たせればそれでよく、説話中に歴史的事実が含まれる必要など全くないと考えた可能性が残るからである。この場合は、日食は話の枕にするための作り話となるから、そもそも『鮑叔牙與隰朋之諫』の記述から日食の年代を詮索しようとする行為自体が無意味となる。次に考えられるのは、日食記事そのものは歴史的事実を踏まえたものであって、桓公と二人の問答部分が虚構だった可能性である。さらに第三の可能性としては、多少の脚色を含むにせよ、日食記事も桓公と二人のやり取りも、おおむね歴史的事実に基づいている可能性である。

この三つの可能性の中、いずれが真実なのかはもとより判別できない。ただし桓公と隰朋・鮑叔牙二人のやり取りを通じて、太子を初めとする公族の子弟に、斉の君主たるにふさわしい見識を身に付けさせようとする目的があった場合、日食の有無からすでに歴史的事実に背いていたならば、大きく説得力を損なったであろう。なぜなら日食の事実は斉国の暦官や史官によって年代記に記録され、斉の朝廷に伝承されていたはずだからである。

そこで以下、日食記事そのものは一応歴史的事実を踏まえているとの前提に立って、『鮑叔牙與隰朋之諫』に見える日食の年代について検討してみよう。斉藤国治・小澤賢二『中国古代の天文記録の検証』（雄山閣出版・一九九二年）第Ⅱ章「『春秋』の中の天文記録」によれば、桓公の在位期間（前六八五～前六四三年）中に該当する『春秋』の日食記事は、次に示すように七回ある。もとよりこれは、魯の都・曲阜における観測記録である。

（1）荘公十八年　（前六七六年）……日入帯食…桓公十年
（2）荘公二十五年（前六六九年）……深食………桓公十七年
（3）荘公二十六年（前六六八年）……半食………桓公十八年
（4）荘公三十年　（前六六四年）……深食………桓公二十二年
（5）僖公五年　　（前六五五年）……深食………桓公三十一年
（6）僖公十二年　（前六四八年）……日入帯食…桓公三十八年
（7）僖公十五年　（前六四五年）……非食………桓公四十一年（管仲・隰朋死去）

このうち深食のみを対象として抽出すれば、（2）（4）（5）の三例となる。また楊伯峻『春秋左伝注』は、荘公十八年、荘公三十年、僖公五年、僖公十二年の四回が「全食」だと言う。そこで可能性の幅を大きく取れば、斉の都・臨淄で「日既」とされた記述に該当する可能性があるのは、（1）（2）（4）（5）（6）の五例となる。それではこの五例の中から、さらに対象となる日食を絞り込めるであろうか。

隰朋と鮑叔牙は桓公の悪行として、「芋明子を進めて以て倪に馳せて廷す。[13] 駆逐して畋弋するに、期度無し。或た豎刁と易牙を以て相と為す」などの行為を挙げている。このうち決め手になり得るのは、桓公が豎刁と易牙の二人を重用し始めた時期である。『史記』斉太公世家は、「管仲病。桓公問曰、羣臣誰可相者」と、病を得た管仲に向かい、桓公が今後誰を国相に任命すべきかを訊ねたと記す。「易牙如何」「開方如何」「豎刁如何」との諮問に対し、管仲は三人の登用に強く反対している。だが「管仲死。而桓公不用管仲言。卒近用三子。三子專權」と、管仲の死後、桓公は易牙・豎刁・開方の三人を重用し、三人は専権を振るったという。こうした『史記』の記述に基づけば、「豎刁と易牙を以て相と為す」との『鮑叔牙與隰朋之諫』の記述は、管仲と隰朋が死去した桓公四十一年（前六四五年）以降のこととなり、該当する日食はそもそも存在しなくなる。

このように『史記』斉太公世家が記す時系列と『鮑叔牙與隰朋之諫』が記す時系列の間には、大きな齟齬が見られる。その原因は、司馬遷が『史記』を撰述する際に用いた原資料にあろう。前に紹介した桓公と管仲のやり取りは、内容が似通っている点から判断して、『管子』小称第三十二・短語六に依拠したものと思われる。ただし『管子』の側は、易牙・豎刁・堂巫・公子開方の四人を排斥するよう管仲が遺言したとするのに対して、『史記』の側は易牙・豎刁・開方の三人を退けるよう遺言したと記すといった相違がある。この両者の間の差異よりもさらに内容の開きが大きいのは、次に示す『管子』戒第二十六・内言九である。

管仲寢疾。桓公往問之曰、仲父之疾甚矣。若不可諱也。不幸而不起此疾、彼政、我將安移之。管仲未對。桓公曰、鮑叔之爲人何如。管仲對曰、鮑叔君子也。千乘之國、不以其道、予之不受也。雖然不可以爲政。其爲人也、好善而惡惡已甚。見一惡終身不忘。桓公曰、然則孰可。管仲對曰、隰朋可。朋之爲人、好上識而下問。臣聽之。以德予人者、謂之仁。以財予人者、謂之良。以善勝人者、未有能服人者也。以善養人者、未有不服人者也。於國有所不知政、於家有所不知事、必隰朋乎。且朋之爲人也、居其家、不忘公門。居公門、不忘其家。事君不二其心。亦不忘其身。擧齊國之幣、握路家五十室、其人不知也。大仁也哉、其朋乎。

これによれば、病床で後任の宰相の人選を問われた管仲は、鮑叔牙はあまりにも潔癖すぎて向かないとして、隰朋を後任に推薦したという。ところが『説苑』復恩篇には、「鮑叔死す。管仲は上袵を挙げて之に哭し、泣下ること雨の如し」と、これと矛盾する記述がある。もし『説苑』の側が正しいとすれば、鮑叔牙は管仲よりも前に死亡しているから、死ぬ間際の管仲が鮑叔牙は自分の後任に向かないと論評する事態は、決してあり得ないこととなる。『管子』戒篇は、「管子遂に卒す。卒すること十月にして隰朋も亦た卒す」と記すから、管仲が隰朋より先に死去したことは確実であろう。しかし鮑叔牙と管仲の死の先後関係については、相反する資料があって判断しがたいのである。このように文献によって記述内容がまちまちで、いずれが正しいのかの判定は不可能である。司馬遷はこうした状況の中で、特定の文献を採用して斉太公世家を記述したのであるから、彼が見なかったか採用しなかった文献と、斉太公世家の記述の間に齟齬が生ずるのは当然としなければならない。

してみれば、桓公が豎刁と易牙の二人を重用し始めた時期に関して、『鮑叔牙與隰朋之諫』と『史記』斉太公世家の間に見られる齟齬についても、いずれが正しいのかを確定できる客観的基準は存在しないとしなければならない。上博楚簡は戦国中期（前三四二～前二八二年）、前三〇〇年頃の写本であり、『鮑叔牙與隰朋之諫』の成立時期は戦国前期（前四〇三～前三四三年）から春秋末まで遡ると考えられる。したがって『史記』よりも『鮑叔牙與隰朋之諫』の側が、古伝承を保存している可能性が残るのである。『書経』高宗肜日、『尚書大伝』、『史記』殷本紀などに見える高宗の故事と、『鮑叔牙與隰朋之諫』が記す高宗の故事がかなり違っている現象なども、その可能性を裏付けるであろう。(14)

それにしても、管仲が宰相として活躍している間に、桓公が豎刁と易牙を国相に任命する事態は想定し難いから、いずれにせよそれは桓公晩年の出来事となる。とすれば前掲の日食のうち、該当する可能性が高いのは、（5）僖公五年・桓公三十一年（前六五五年）の深食か、（6）僖公十二年　桓公三十八年（前六四八年）の日入帯食のどちらかであろう。そして鮑叔牙と隰朋の二人がまだ存命中で、なおかつ管仲の活動が鈍っていた時期との条件により合致するのは、前六四三年に桓公が死去する五年前に起きた（6）の側となる。

ただし日食のまま日没する形態よりは、白昼に皆既日食が生ずる形態の方が、斉に災殃が降る予兆としては効果的である。この点を重視すれば、（5）の側の方が妥当性が高い。この場合は、伝世文献が伝えるところとは異なり、桓公が豎刁と易牙を国相に任命して重用し始めたのは、管仲の死より十数年も早い時期だったということになる。

前掲の『中国古代の天文記録の検証』第Ⅱ章「『春秋』の中の天文記録」は、『春秋』に記載のある日食を検討対象としたものであるが、『春秋』に記載されなかった日食が存在していた可能性も考えられる。今後天文学の専家によって該当する日食が特定されることを期待したい[15]。また『鮑叔牙與隰朋之諫』は冒頭部分が欠損しているが、欠失簡には日食が起きる直前の状況が、導入部分として記されていたと推測される。将来この部分が発見されれば、日食の年代をさらに絞り込める可能性があろう。

注

（1）「競建内之」の四文字について、禤健聡「上博楚簡（五）零札（一）」（簡帛網、二〇〇六年二月二十四日）は、「競建内之」は篇題ではなく、競建なる人物がこの冊書を納入したと記す書き入れであろうと推測する。「競建内之」の字体は、『競建内之』の字体とも『鮑叔牙與隰朋之諫』の字体とも異なる第三者の筆であるから、禤氏の推測は妥当性が高いであろう。

（2）以下に示す釈文は、『上海博物館蔵戦国楚竹書（五）』が収録する『競建内之』と『鮑叔牙與隰朋之諫』の釈文に基づく。陳剣「談談《上博（五）》的竹簡分篇・拼合与編聯問題」「《上博（五）》零札両則」（簡帛網、二〇〇六年二月二十一日）、季

旭昇「上博五芻義（上）」「上博五芻義（下）」（簡帛網、二〇〇六年二月十八日）、林志鵬「上博楚竹書「《競建内之》重編新解」（簡帛網、二〇〇六年二月二十五日）、蘇建洲「《上博（五）》補釈五則」（簡帛網、二〇〇六年三月二十九日）、陳偉「《競建内之》《鮑叔牙與隰朋之諫》零識」（簡帛網、二〇〇六年二月二十二日）「《競建内之》《鮑叔牙與隰朋之諫》零識（続）」（簡帛網、二〇〇六年三月五日）、李天虹「上博五《競》、《鮑》篇校読四則」（簡帛網、二〇〇六年二月十九日）など諸家の説や私見によって、原釈文を改めた箇所が多数存在するが、紙数の都合上逐一の注記を省く。

（3）釈文は「奪」字に解するが、「説」字に隷定して災厄を祓う意に解釈するのがよい。上博楚簡『魯邦大旱』にも、「説」が旱魃の災厄を祓う祭祀の名称として見えている。なおこの点の詳細については、拙稿「上博楚簡『魯邦大旱』における「名」」（『国語教育論叢』一四号・二〇〇五年）、及び「上博楚簡『魯邦大旱』における刑徳論」（『中国研究集刊』三六号・二〇〇四年）参照。

（4）『詩経』大雅・皇矣は「帝謂文王」として上帝の発言を記すが、これは極めて稀な例である。なおこの点については、拙著『古代中国の宇宙論』（岩波書店・二〇〇六年九月）参照。

（5）この点については、拙著『黄老道の成立と展開』（創文社・一九九二年）第一部第十二章「瞽史の官と古代天道思想」・第十三章「古代天道思想と范蠡型思想」参照。

（6）陳佩芬氏の釈文は、「許愼曰、堪、天道也、輿、地道也」とする『文選』揚雄・甘泉賦の李善注を引く。

（7）『魯邦大旱』の詳細については、注（3）の拙稿参照。

（8）『柬大王泊旱』については、本書第二章参照。

（9）巫祝（シャーマン）の呪術を恃む政治から、君主の徳を重視する政治への転換を説き、上天・上帝や天道に働きかけられるのは君主の徳だけだとする形で、もともと最高の巫祝（巫祝王）だった君主に、上天・上帝や天道に対する神通力を回復させ独占させようとする動きは、鄭の子産、晋の叔向、斉の晏嬰など、貴族として君主を補佐する賢人政治家が活躍した春秋時代後半（前五八七～前四〇四年）、前六世紀に興った新たな思潮である。『鮑叔牙與隰朋之諫』の思想的立場は、この流れに沿ったものと言えよう。

（10）『三徳』については、曹峰「《三徳》与《黄帝四経》対比研究札記（一）」（簡帛網、二〇〇六年三月二十二日）「《三徳》中的〝皇后〟為〝黄帝〟論」（『新出楚簡国際学術研討會會議論文集』武漢大学・二〇〇六年六月）、福田一也「上博簡五《三徳》篇中〝天〟的観念」（『新出楚簡国際学術研討會會議論文集』武漢大学・二〇〇六年六月）、陳麗桂「上博五《三徳》的義理」（『中國簡帛學國際論壇２００６會議論文集』武漢大学・二〇〇六年十一月）、顧史考「上博五《三徳》篇與諸子對讀」（『中國簡帛學國際論壇２００６會議論文集』武漢大学・二〇〇六年十一月）、及び本書第三章・第四章等参照。

（11）『三徳』が「天は乃ち異を降す」と言う「異」は、予兆としての異変現象であるよりは、むしろ災害と同義で使用されている。前漢の董仲舒が「國家將有失道之敗、而天乃先出災害以譴告之。不知自省、又出怪異以警懼之。尚不知變、而傷敗乃至」（『漢書』董仲舒伝）と説く災異思想は、異を災害と同義に用いた上で、先に災が降る上天・上帝信仰の形態を第一次の譴告とし、先に異が現れる天道思想の形態を第二次の譴告として、両者を結合したのである。

（12）黄帝書の天道思想については、注（５）の拙著参照。

（13）この箇所は、桓公が宋の附庸国である小邾に侵攻した事件を指すとも解釈できる。桓公が宋や邾と連合して宋に背いた倪に侵攻した記事は、『春秋』荘公十五年（前六七九年）に見えるが、「芋明子」なる人物は伝世文献に見えない。

（14）高宗が肜祭を行っていたところ、雉が舞い降りてきて祭祀に用いる青銅器の前で鳴いたとする故事は、『書経』高宗肜日、『尚書大伝』、『史記』殷本紀などにも見える。だがこれらの書物に記される高宗の故事と『鮑叔牙與隰朋之諫』が記す高宗の故事とでは、以下に示すように趣旨がかなり違っている。

高宗肜日、越有雊雉。祖己曰、惟先格王正厥事。乃訓于王曰、惟天監下民、典厥義。降年有永有不永。非天夭民。民中絶命。民有不若徳、不聽罪、天既孚命正厥徳。乃曰、其如台。嗚呼、王司敬民。罔非天胤典。祀無豊于尼。（『書経』高宗肜日）

武丁祭成湯、有雉飛升鼎耳而雊。祖己曰、雉者野鳥。升於鼎者、欲爲用也。無則遠方將有來朝者。故武丁内反諸己、以思先王之道。三年、編髪重譯來朝者六國。孔子曰、吾於高宗肜日、見徳之有報之疾也。（『尚書大伝』）

帝武丁祭成湯。明日有飛雉、登鼎耳而呴。武丁懼。祖己曰、王勿憂、先修政事。祖己乃訓王曰、唯天監下、典厥義。降年有永有不永。非天夭民。中絶其命。民有不若徳。不聽罪。天既附命正厥徳。乃曰、其奈何。嗚呼、王嗣敬民。罔非天繼常。祀

毋禮于弃道。武丁修政行德。天下咸驩、殷道復興。（『史記』殷本紀）

（15）　小澤賢二「上博楚簡による春秋日食記事の検討」（『歴史的記録と現代科学研究会集録』国立天文台・二〇〇六年六月）は、臨淄の位置を基準に検討し、桓公三十一年の皆既日食か、『春秋』に記載のない桓公三十三年の金環食と推定する。

第十五章　『彭祖』における「長生」の思想

湯浅邦弘

はじめに

上博楚簡『彭祖』は、竹簡八枚からなる小篇である。他の楚簡の多くが儒家系文献であると推定されているのに対し、本書は、伝世の道家系文献や道教伝承の中に登場する「彭祖」が話者となっている点に大きな特色を有する。彭祖は、帝顓頊の曾孫または玄孫で、七百歳あるいは八百歳の長寿を保った人物と伝えられている。

本章では、この新出土資料『彭祖』を取り上げ、その内容を検討するとともに、彭祖伝承における意義についても併せて考察を加えることとしたい。

なお、本書を収録する『上海博物館蔵戦国楚竹書（三）』（馬承源主編、上海古籍出版社、二〇〇三年十二月）によれば、その書誌情報は次の通りである。竹簡全八枚。ほぼ完簡と認められるのは三枚で、簡長は約五十三㎝。他五簡は残簡。簡端は平斉で、三道編綫。総字数は二九一字。篇題はなく、「彭祖」とは内容から命名した仮称である。

竹簡の配列については、第一簡が内容から判断して全体の冒頭部分であると推測され、また、第八簡の文末に墨鉤があり以下留白となっていることから、第八簡が全体の末尾であることは明らかである(1)。竹簡の接続について『上海博物館蔵戦国楚竹書（三）』の釈文（李零氏担当）は、第一簡と第二簡、第七簡と第八簡とを連続するものとして解釈しているが、他の四簡については前後の接続不明であるとしている。つまり、第三簡から第六簡まではあくまで仮に配置されたものである。

一　上博楚簡『彭祖』

本章ではまず李零氏の釈文に沿って内容の解読を行いたい。01・02は竹簡番号、「=」は重文号、「■」は墨釘、「レ」は墨鉤、□は欠損字、【　】内の文字は欠損字を補ったものであることを示す。原文については、李零氏の釈文を参考にしながら、筆者なりに釈読したものを掲載することとし、読解に問題がある場合には、その都度注記することとする。

01耇老問于彭祖曰、「耇氏毅心不忘、受命永長。臣何藝何行、而舉於朕身、而謐于帝常」。彭祖曰、「休哉、乃將多問因由、乃不失度。彼天之道、唯亙……02言、天地與人、若經與緯、若表與裏」。問、「三去亓二、豈若己」。彭祖曰、「吁、汝孳=布問。余告汝人倫。曰、戒之毋驕、慎終保勞。大匡之窶、難易訡欲。余［告汝］

耇老、彭祖に問いて曰く、「耇氏心を至して忘れず、命を受けて永長たり。臣何をか芸とし何をか行いて、而ち朕の身に挙げて、帝の常に謐んぜんや」。彭祖曰く、「休《よ》さかな、乃ち将に因由を問うこと多ければ、乃ち度を失わず。彼の天の道は、唯だ恒に……02言、天地と人とは、経と緯との若く、表と裏との若し」。問う、「三、其の二を去れば、豈に若己《いかん》」。彭祖曰く、「吁《ああ》、汝、孳孳として問いを布く。余、汝に人倫を告げん。曰く、之を戒めて驕る毋かれ、終わりを慎みて労《つと》めを保て。大いに之が婁を匡し、難易訞欲(2)。余汝に告ぐ……(3)

まず本書の基本的な構成として指摘できるのは、「耇老」と「彭祖」の問答体という点である。しかも、耇老は自らを「臣」と称し、彭祖は耇老を「女（汝）」と呼んでいることから明らかなように、両者は臣下と君主という設定になっている。またこのことは、後述のように、第四簡で耇老が彭祖を「君」と呼び、第七簡で耇老が彭祖に「二拝稽首」していることからも裏付けられる。

ここで耇老がまず問うのは、「耇氏」の「永長」である。「耇氏」すなわち耇老一族は、まごころを尽くして忘れることなく(4)、命を受けて永続している。私耇老は、何を才能とし、また何を行動として身につけ(5)、帝王の常道に安んじましょうか(6)、と問う。

この問いは、耇氏一族がかつて帝王から封建領主としての命を受け、それから長期にわたってその領地を保有している、という設定が前提にあることを示しているであろう。耇老は自分の代でそれが断絶しないようにするにはどのような才能を身につけ、いかなる行動を取ればよいかと尋ねているのである。

これに対して、彭祖はまず、「因由を問うこと多ければ、乃ち度を失わず」と、物事の本質や原因を常に追究していけば常軌を逸脱することはない、として耇老の謙虚な姿勢を「休きかな」と褒める。そして、その答えとして「天の道」について解説を始めるわけであるが、残念ながら第一簡はそこで断絶している。続く第二簡は、その答えの最後の部分を記したものと推測され、「天地」と「人」とが表裏一体の関係であるとの総括を述べている。従って、この第二簡と前簡との間に、「天の道」と「地の道」に関する彭祖の言説、あるいは「天の道」「地の道」と「人の道」

に関する彭祖の言説があったと推測される[7]。

この答えに対して、耇老は、「三」から「二」を去ればいかがでしょうかと再び問う。文脈から判断して、「三」とは天・地・人であり、「二」を去るというのは、この内から天・地を去った残り、すなわち「人」について問うというものであろう。

彭祖は、真摯に質問を続ける耇老の姿勢を「吁、汝、孳孳として問いを布く」と評価した後[8]、「人倫」について教えてやろうという。このことも、「三」から「二」を去るというのが、結局は「人」についての問いであったことを裏付けている。彭祖の説く「人倫」とは「之を戒めて驕る毋かれ、終わりを慎みて労めを保て」といった内容であった。

次に、前後の接続不明とされる第三簡に移る。

03……□、不知所終■」。耇老曰、「眊=余朕孳、未則于天、敢問爲人」。彭祖曰……

……□、終わる所を知らず」。耇老曰く、「眊眊たる余朕孳、未だ天に則らず。敢て人為るを問わん」。彭祖曰く……

本書が問答体で構成されていることから考えて、「耇老曰」の直前の「不知所終」は彭祖の言であったと思われるが、竹簡の上端欠損のため内容は未詳である。ただ、「終わる所を知らず」という言は「天の道」に関するものであった可能性が高いであろう。このことは、次の耇老の言からも裏付けられる。耇老は、自己を「眊眊たる余朕孳」と謙遜し[9]、「未だ天に則らず」と、自分の能力では「天」のあり方に準拠できないので、「敢て人為るを問わん」、つまり、より卑近な「人」について問いたいと述べているのである。耇老にとって、「天」は目標が高すぎて適切な指標にならないと思われた、という設定であろう。

とすれば、本簡は、天地人について彭祖が述べたと思われる第一簡・第二簡の間に位置する竹簡であった可能性も残されていると言えよう。また、このことを含めて推測を進めれば、第一簡下端（欠損）から第二簡へ直結するのではなく、両簡の間に、天地人について説いた複数の別簡が入っていた可能性も指摘できるであろう。

次の第四簡も前後の接続が不明である。

04既躋於天、又墜於淵。夫子之悳登矣、何亓崇。故君之愿、良……

既に天に躋《のぼ》り、又た淵に墜つ。夫子の悳の登ること、何ぞ其れ崇きか。故に君の愿、良……

彭祖と耇老が君臣の関係にあることについては既に述べた。この簡には話者が明示されていないが、内容と「君」という表現から、臣である耇老が「君」である彭祖を讃えた部分であると推測される。（彭祖の徳は）天に至り地に満ちている。あなたの徳の至るさまは何と高いことか。耇老はこのように彭祖を絶賛している。少なくとも天地について一定の解説を聞いた後に発せられた感嘆の言と解するべきであろう。また、こうした最大級の賛辞は、彭祖が帝王の一族であるという意識を反映しているとも考えられる。あるいは、長期にわたって永続している彭祖一族の実績に対して、敬意を表明する表現であった可能性もある。

話者について、これとは逆の推測ができるのが、次の第五簡である。

05……父子兄弟。五紀畢周、雖貧必修。五紀不工、雖富必失。余告汝禍【福】……

……父子兄弟。五紀畢く周ければ、貧すと雖も必ず修む。五紀工ならずんば、富むと雖も必ず失う。余、汝に告ぐ、禍福は……

本簡も話者が明示されていないが、後半に「余、汝に告ぐ」とあるので、彭祖の言であることは明らかであろう。内容は、人道・人倫に関する彭祖の言である。

「父子兄弟」の前は竹簡残欠のため不明であるが、直後に「五紀」とあるので、「父子兄弟」、君臣、夫婦、朋友のような人間社会の最も根幹となる道徳秩序について論じた部分と考えられる。(10) また、その「五紀」が完備していれば、今は貧窮していても必ず修復し、(11) 逆に「五紀」に不備があれば、今は裕福であっても必ず失墜すると、道徳秩序と貧富との関係について言及している。ある意味で因果応報的な言説ではあるが、そこに宿命や運命といったものを介在させるのではなく、「五紀」という人倫を重視する点に特色が見られる。

この第五簡と同様に推測できるのが次の第六簡である。

06……忌〃之謀不可行、怵惕之心不可長、遠慮用素、心白身澤。余告汝咎

……の謀は行うべからず、怵惕の心は長ずべからず、遠く素心白身の沢を用うるを慮る[12]。余、汝に告ぐ、咎は

この簡にも話者は明示されていないが、やはり末尾に「余、汝に告ぐ」とあるので、この簡が彭祖の言を記したものであることが分かる。竹簡の上下に欠損があり、読み取れる部分は僅かであるが、「……の謀」は行うことができない、「怵惕の心」は持続しない、としてともに否定されている。ここでは、「……の謀」と「怵惕の心」はともに、人間のことさらな作為を示すものと理解されているのであろう。それゆえ、これに続く後文では、「素心白身」といった飾り気のない素朴な心身のもたらす恵沢を「慮る」べきであると説かれている。

最後の第七簡と第八簡が本書の末尾となる部分である。

07□者不以、多務者多憂、賊者自賊■」。彭祖曰、「一命一修、是謂益愈。一命三修、是謂自厚。三命四修、是謂百姓之主。一命一䑋、是謂遭殃。一命三【䑋】08是謂不長。三命四䑋、是謂絶輟。毋抽富、毋阿賢、毋向梪」。耇老二拝稽首曰、「朕孶不敏、既得聞道、恐弗能守」。

□者は以いず、務むること多き者は憂い多く、賊する者は自から賊う」。彭祖曰く、「一命一修、是れを益愈と謂う。一命三修[13]、是れを自厚と謂う。三命四修、是れを百姓の主と謂う。一命一䑋、是れを遭殃と謂う。一命三【䑋】[14]、是れを不長と謂う。三命四地、是れを絶輟と謂う。抽すること毋ければ富み、阿《おもね》ること毋ければ賢たり、向うこと毋ければ樹《た》つ」[15]。耇老二拝稽首して曰く、「朕孶敏ならず、既に道を聞くを得るも、守る能わざるを恐る」。

まず第七簡の墨釘の後に「彭祖曰」とあるので、その直前までが耇老の言であったと推測される。前簡まで耇老の言は、彭祖への問い掛けや彭祖への賛辞であったが、ここでは、「務むること多き者は憂い多く、賊する者は自から賊う」とあるので、人道・人倫についての彭祖の教えを聞いた上で、耇老なりの理解を敷衍して述べた箇所ではなかったかと推測される。

これに対して彭祖は、次のような論を展開する。「一命一修」を「益愈」と言い、「一命三修」を「自厚」と言い、「三命四修」を「百姓の主」と言う。逆に、「一命一朧」を「遭殃」と言い、「一命三朧」を「不長」と言い、「三命四朧」を「絶輟」と言う、と。この関係を図示すると次のようになる。

一命一修……益愈	一命一朧……遭殃
一命三修……自厚	一命三朧……不長
三命四修……百姓之主	三命四朧……絶輟

この内、「命」については、第一簡に「受命永長」とあるのを重視すれば、帝王から領主として命を受ける（封建される）の意ではないかと推測される。また、「一命」「一命」「三命」と数が不規則に増加している点については、二番目の「一命」が、もう一度の命、つまり「再命」の意であったと考えられる。「三」は具体的に三度目というよりも、何度かの意であろう。これらを踏まえて、当該箇所は次のように理解できる。

ひとたび封建領主としての「命」を受け、それを失わないように自己を慎み修めれば、勢力は次第に向上し、もう一度「命」を受け、繰り返し自己を慎み修めれば、自ずから盤石の体制が整い、重ねて幾度かの「命」を受け、そのたびごとに繰り返し慎み修めれば、「百姓の主」として永続できる。

逆に、封建領主としての「命」を受けたにも関わらず、度を越えて驕慢な態度を取るようであれば、殃《わざわい》に遭い、もう一度「命」を受けたにも関わらず、繰り返し驕り高ぶるようであれば、邦国の継続は難しくなり、重ねて幾度かの「命」を受けたにも関わらず、そのたびごとに繰り返し驕り高ぶるようであれば、その時点で邦国は断絶する。

つまり、前半の「命」と「修」の場合は、「一命一修」「一命三修」「三命四修」の順に良い度合いが上昇して行き、逆に「命」と「讓」の場合は、「一命一讓」「一命三讓」「三命四讓」の順に悪い度合いが増して行くのである。

このように、彭祖は「三命四修」によって「百姓の主」となり続けることを理想として示す一方、それとは逆の態度によって災禍に遭ったり、邦国を持続できなかったり、断絶したりすることを戒めたと考えられる。本書は、こうした彭祖の言に対して、耇老が「二拝稽首」して恐懼するところで閉じられている。

二　彭祖伝承の展開

それでは、こうした内容は、中国古代思想史の上で、どのような意味を持つのであろうか。それを考えるための重要な観点としてあげられるのは、彭祖に関わる伝承であろう。本節では、彭祖伝承に関する従来の諸研究を整理し、考察の視点を探ってみることとしたい。

まず音韻の上から彭祖の実態について言及するのが、御手洗勝『古代中国の神々』（創文社、一九八四年）である。氏は、本論第二部第五章「堯・丹朱・驩兜・傲・長琴について」の注において、『国語』鄭語の記述に注目する。『国語』鄭語には、「彭姓彭祖・豕韋・諸稽、則商滅之矣」とあり、その韋昭注に「大彭、陸終第三子、曰籛、為彭姓、封於大彭、謂之彭祖、彭城是也」「彭祖、大彭也。豕韋・諸稽、其後別封也」とある。

ここから、彭祖は祝融八姓中の一姓、すなわち彭姓に属する一氏族であるとした上で、「彭姓」の彭音は、鼓音にも近く、究極的には「祝融」の祝音に由来するものと推定し、さらに、祝融の八姓号のすべてと、国名（氏族名）との大半は、その始祖神の名である祝融、あるいは祝融の本体である火に由来する、との説を提示するのである。

これは、主として音を手がかりに彭祖の「彭」と祝融との関係を指摘するものであるが、これに対して、彭祖伝承全体を視野に入れて、その展開を考察するのが、坂出祥伸「彭祖伝説と『彭祖経』」（山田慶児編『新発現中国科学史資料の研究　論考編』、京都大学人文科学研究所、一九八五年）である。

氏は、諸文献に見られる彭祖伝承を俯瞰した上で、結論的には、原・彭祖伝説から彭祖長生伝説へ展開したとの見通しを述べる。原・彭祖伝説とは、「彭祖」を、人物名ではなく、夏・殷二王朝に仕えた彭姓、ないしはその侯国を代表する名辞とするものである。その場合の「八百年」とは、彭祖（国）が存続した期間を示す年数となる[16]。ところが、こうした原・彭祖伝説に変化が生じた。氏は、西周から春秋戦国時代にかけての間に、原・彭祖伝説が彭祖長生伝説へ変容したと説く。彭祖長生伝説とは、彭祖が八百歳という驚異的な長寿を保った人物であるとする伝承である。さらに時代が下ると、この長生伝説は神仙思想と結びつき、神仙家・房中家としての彭祖像が形成され、『彭祖経』なる書が成立したと説く。つまり、国名としての彭祖から不老長生を保った神仙的人物としての彭祖へと大きく伝承が展開したとするのである。

これとほぼ同様の見通しを述べるのが、袁珂「彭祖長壽的神話和仙話」（『袁珂神話論集』、四川大学出版社、一九九六年）である。氏は、『国語』において彭祖が祝融の後裔の八姓の一つとされていることを手がかりに、「彭祖」を、「蚩尤」や「夸父」同様、国族あるいは部族の名と捉える。そして、彭祖は堯の時代に興り商の末に滅んだが、後、誤り伝えられて、個人の名となり、彭祖七百歳あるいは八百歳という長寿伝説ができたと説く。

このように、彭祖伝承の展開については、国名または部族名から個人名へという変化、後世における不老長生伝承の付加、という点でおおよその共通理解がなされていると考えてよいであろう。ただ、坂出氏が、「国名から人物名への変化、長生者あるいは神仙であるとの伝説がどのようにして生じたのか。これらの疑問を解き明かす資料はまったくない」と述べるように、その展開の理由や様相は判然としていない。彭祖にまつわる資料は『列仙伝』や『神仙伝』など漢代以降のものが多く、肝心の「変化」「展開」期に該当する資料の乏しい点が考察の支障となっているのである。この点については袁氏も、彭祖が「神話人物」とされるのは、その長寿の他に、異常な誕生譚などにも起因していると述べるに止まり、そもそもそうした長寿伝承や誕生譚が形成される以前の様相や、なぜ個人名に変化したのかについては、説明を加えていない。

さらに、彭祖は後世、「老彭」「彭老」のように老子と連称され、彭祖が老子に匹敵するほどの「道」の体得者として重視されたり、両者が混同されるといった現象も見られるようになる。これは、彭祖が驚異的な長生を保ったとされ、神仙家・房中家と捉えられていったことと関係するように思われる。ただ、彭祖以外にも長生を保ったとされる伝説上の人物は多数いることから、老子と彭祖が結びつけられる要因については、なお慎重な検討を要するように思われる。

三　国家の長生と個人の長生

そこで、こうした先行研究の状況を念頭に置いて、今一度、上博楚簡『彭祖』の内容について検討してみよう。

まず、「彭祖」が国名か個人名かという点については、本書の基本的な構成から明らかであろう。本書においては、彭祖が「君」、耇老が「臣」という役回りで、君臣問答が展開されている。しかも、その会話の内容は、天・地・人のあり方、特に後半では人倫・人道の重要性であった。彭祖が人物として設定されていることは確実である。

では、他の彭祖伝承のように、彭祖は驚異的な長寿を保った人物として描かれているのであろうか。確かに、冒頭の耇老の質問の中には、「受命永長」とあり、一見、「長生」が説かれているようにも思われる。しかし、これはあくまで「耇氏」一族の「永長」を言っているのであって、耇老や彭祖個人の不老長生を述べているのではない。耇老の問いは、「耇氏」一族の「永長」を断絶させないようにはどのようにしたらよいかというものであった。また彭祖の答えも、竹簡の欠落があって確定的なことは言えないものの、おおよそ天地人のあり方をもって答えるという内容で、決して、不老長生や房中養生の術を説いているのではない。特に後半部では、もっぱら「君」の立場から「人倫」の重要性について論じている。

この点を、さらに具体的に指摘してみよう。第二簡では、「彭祖曰く、吁、汝、孳孳として問いを布く。余、汝に人倫を告げん。曰く、之を戒めて驕る毋かれ、終わりを慎みて労めを保て」とあった。ここでは、明らかに「人倫」が主題とされており、しかもその内容は、「之を戒めて驕る毋かれ」といった極めて常識的な発言である。ここには、不老長生術や房中術などは、その片鱗さえも窺うことはできない。

また、第五簡の「……父子兄弟。五紀畢く周ければ、貧すと雖も必ず修む。五紀工ならずんば、富むと雖も必ず失う」も、人倫の基本たる「五紀」について説くものである。そして、この「五紀」の完備・不備が「富」「貧」につながると指摘している。これも、極めて現実的な富貴論であると言えよう。

さらに第七簡では、「百姓の主」となることが最高のランクに位置づけられている。また、「一命三膿」とされる「不長」は、前後との対応から考えて、個人の「不長」ではなく氏族や邦国の「不長」であることが分かる。彭祖は、「君」の立場から、政治世界において「百姓の主」として持続することを理想とし、邦国が持続しなかったり、直ちに断絶したりすることを厳しく否定するのである。

これに続く第八簡も、「抽すること毋ければ富み、阿ること毋ければ賢たり、向うこと毋ければ樹つ」のように、「富（貴）」「賢（知）」「樹（立）」といった通常の人間社会の価値観が肯定されている。総じて、個人の不老長生や房中養生などの要素は皆無であると言えよう。

ところで、同じく「彭祖」と「耇老」が登場する新出資料に、馬王堆漢墓竹簡『十問』がある。そこで、右のような『彭祖』の性格をより明らかにするために、この『十問』との比較を行ってみよう。

『十問』は、長沙馬王堆三号墓から出土した簡牘の中の一つで、竹簡百一枚から構成されている。束になった竹簡群の内側に『十問』、それを取り巻くように外側に竹簡『合陰陽』三十二枚が配置されていたことから、両書はもと同冊だった可能性も指摘されている。『十問』とは十の問答によって構成されていることによる仮称であり、『合陰陽』も、冒頭に「凡将合陰陽之方」とあることによる仮称である。

この『十問』の十の問答の内、彭祖と耇老が登場するのは、各々六番目と七番目であるが、この思想的性格を検討するために、それらを含め、十の問答すべてを次のような表にまとめてみた。

	質問者	回答者	テーマ・キーワード
①	黄帝	天師	万物・草木・日月の生長・運行、「食神氣之道」
②	黄帝	大成	民の特質、顔色、「起死食鳥精之道」
③	黄帝	曹熬	民の死生、壮者の久栄、老者の長生、「接陰治神氣之道」
④	黄帝	容成	死生、夭寿、呼吸、房室生活、「順察天地之道」
⑤	堯	舜	生、「察夫陰陽」「行歳百年」「接陰治神氣之道」
⑥	王子巧父（王子喬、周太子晋）	彭祖	「朘（縮）精」「壽盡在朘」「慎守勿失、長生纍世」「上察於天、下播於地」天地に言及する点は『彭祖』に類似するが、個人の「朘精」、養生・長生という点は『彭祖』と異なる。

⑦	帝盤庚	耇老	接陰、寿長、「接陰食神氣之道」房中術について説く。『彭祖』とは主題が全く異なる。
⑧	禹	師癸	「明耳目之智、以治天下」したことによって「四肢不用、家大亂」をどのように治めるか。「凡治政之紀、必自身始。血氣宜行而不行、此謂款殃、六極之宗也」「禹於是飲乳、以安后姚、家乃復寧」「治神氣之道」
⑨	斉威王	文摯（宋の名医）	睡眠、「道」、「爲道三百編、而臥最爲首」
⑩	秦昭王	王期	食陰、翕氣、「寡人何處而壽可長」「精氣稜建久長」

表は、上から①～⑩の整理番号、質問者、回答者、問答の主題やキーワードである。この表から明らかなように、『十問』の主題は長生であり、具体的には天地の道の体得、飲食、睡眠、呼吸、房中などの重視である。彭祖は六番目の問答で王子巧父（王子喬、周太子晋）の問いに答え、「朘（縮）精」「壽盡在朘」「慎守勿失、長生纍世」「上察於天、下播於地」などと人間の精気や長寿に言及する。また、七番目に登場する耇老も、帝盤庚の問いに答え、「接陰食神氣之道」すなわち房中に言及する。

この傾向は、他の問答においてもほぼ同様に見ることができる。例えば、③の黄帝と曹熬との問答では、「死生」が主題となっており、「接陰治神氣之道」が肝要であるとされる。続く④の黄帝と容成との問答でも、呼吸や房中が「死生」「夭寿」に関わる重大事であると説かれる。さらに⑨では睡眠、⑩では「翕《きゅう》氣（気をあつめる）」の重要性が説かれている。

こうした内容を踏まえて、例えば、『馬王堆漢墓出土房中養生著作釈訳』（羅淵祥ほか審校、海峰出版社・今日中国出版社、一九九〇年）は、『十問』等を「房中養生著作」と位置づけ、『十問』の主題は「預防疾病」「建康長寿」であるとしている。また、『馬王堆医学文化』（周一謀ほか著、文匯出版社、一九九四年）は、『十問』等を「医書」と位置づけるが、『十問』の主題は右の『釈訳』同様、「預防疾病」「建康長寿」であるとし、特に「順察天地之道」、飲食、睡眠が重視されているとする。また同書は、『十問』等と古代房中著作との関係を指摘するが、『十問』と『彭祖経』等との関係について、『十問』には『彭祖経』あるいは『彭祖養性経』の部分的内容が反映されているとし、『彭祖経』や『彭祖養性経』は前漢初期には既にその祖本が成立していたとの推測を示す。

このように、馬王堆漢墓竹簡『十問』における「彭祖」「耇老」は、いずれも王や帝から長生について下問され、それに答える人物として登場している。君臣の問答という構成の面では、上博楚簡『彭祖』に類似しているとも言えるが、その主題は全く異なると言えよう。また、『十問』で特徴的な「神氣」「精氣」「壽」「接陰」などの語も『彭祖』には全く見えない。『十問』が出土状況から『合陰陽』という房中書と同冊であった可能性も加味すれば、その思想的傾向はより明瞭となるであろう。

そして、このことは、上博楚簡『彭祖』の思想的特質について重要な手がかりを与えることになろう。『彭祖』は、彭祖と耇老の君臣問答であった。ただ、そこで議論されているのは、個人の長生ではなく、国家の長生である。彭祖は「君」の立場から邦国の「永長」について説いているのである。とすれば、『彭祖』は、国名から個人名へという彭祖伝承の展開の上で、極めて興味深い位置にあると言えるであろう。「彭祖」自身は明らかに「君」という個人として捉えられる一方、そこで説かれているのは国家の長生だからである。それは、まさに、国名から個人名へという彭祖伝承の転換点にあると推測される。

これに関連して注目されるのは、『荘子』逍遙遊篇の郭慶藩の疏である。逍遙遊篇は、「彭祖乃今以久特聞」と、長生者としての彭祖像を描いているが、郭慶藩はそこに、「彭祖者、姓籛、名鏗、帝顓頊之玄孫也。善養性、能調鼎、進雉羹於堯、堯封於彭城、其道可祖、故謂之彭祖」と注解している。つまり、彭祖に「養性」と「調鼎（為政）」という二つの要素を見出しているのである。確かに、上博楚簡『彭祖』でも、主題は基本的に国家の長生であるが、それを達成するために重要であるとして説かれる君主の心構えは、個人の養生や処世術として応用が利くものも含まれている。またそもそも、話者が「君」「臣」という個人で、主題が国家の永続であるという点は基本的な特色である。国家か個人かという基準に基づけば、『彭祖』は両者の中間点にあり、あるいは両方に展開する可能性を秘めていたと言えるであろう。

仮に上博楚簡『彭祖』に見えるような彭祖像が一定の類型として成立していたとすれば、国名から個人名へという彭祖伝承の展開を促す原動力になったと推測される。国家の長生を「君」たる彭祖が説くという内容は、「疑問を解き明かす資料はまったくない」とされてきた従来の研究史の上に、重要な資料を提供するものであると言えよう。

四　彭祖と老子

最後に、老子と彭祖との関係について附言しておきたい。右に取り上げた『荘子』逍遙遊篇の『経典釈文』では、「彭祖、李云、名鏗。堯臣、封於彭城。歴虞夏至商、年七百歳、故以久壽見聞。世本云、姓籛、名鏗、在商為守藏史、在周為柱下史、年八百歳。籛、音翦。一云、即老子也」と記されている。すなわち、彭祖と老子が同一視または混同されている状況を示しているのである。この現象は、漢代以降、彭祖が不老長生術や房中養生術の達人とされ、神仙化していくことと連動しているであろう。ただ、こうした長生伝説を持つ人物は他にもいることから、彭祖には、これ以外にも、老子と関連づけられる別の理由があったと想定できるのではなかろうか。

こうした観点から、上博楚簡『彭祖』を今一度検討してみよう。『彭祖』における彭祖の発言は、竹簡の残欠もあって、その全体を把握することはできないが、残存部分からは人倫を重視する、むしろ儒家的と言ってもいいような傾向が看取できる。

ただ、僅かな文言の中ではあるが、『老子』との類似性を指摘できる点が存在する。まず、第二簡の「慎終保労」である。この内、「慎終」は、『論語』学而篇に「曾子曰、慎終追遠、民徳帰厚矣」とある。ただ、そこでの意味は、父母の終わり（葬儀）を、まごころを尽くして執り行うというものであり、[17]『彭祖』の文脈の上では唐突な理解となる。一方、『老子』第六十四章に「民之従事、常於幾成而敗之、慎終如始、則無敗事」とある。これは、物事の最後を慎重にして立派になしとげるの意であり、『彭祖』の文脈上、適切な理解となる。「慎終」が当時どの程度の重みを持つ言葉であったかは判然としないが、『老子』を連想させる言葉として注目しておく必要があろう。

次に、第六簡の「……之謀不可行、怵惕之心不可長、遠慮用素心白身澤」も重要な箇所である。ここでは、「謀」や「怵惕之心」が、持続しない作為として否定されている。「怵惕」は、『孟子』公孫丑上篇に「人乍見孺子将入於井、皆有怵惕惻隠之心」とあり、『孟子』においては無論重視される語である。しかし、『彭祖』において、これがことさらな人為として否定されるという点は、むしろ『老子』を連想させる。「素心白身」という素朴な心身のあり方を重視する点も、『老子』の思想傾向に合致していると言えよう。もっとも、『彭祖』と『老子』については、明確な前後関係を想定することは難しいが、「人為」に関して、両者に類似する思想的傾向があることは認めてよいであろう。

またそもそも、「天長地久」という事物の永長を説くのは、『老子』の思想の最大の特質であると言ってよい。[18]それが国家であれ、個人であれ、「長生」「長久」を説くという思想自体が既に両者の接近を約束していたと言えるのではなかろうか。

こうした推測が妥当であるとすれば、彭祖には、長生・房中伝説が付加される以前から、『老子』の思想との関係において、一定の類縁性が認められていたという可能性を指摘できるであろう。両者の思想的共通点も、後に老子と彭祖が一体化されたり、混同されたりする要因の一つになったと推測される。

おわりに

以上、本章では、上博楚簡『彭祖』の内容を検討し、併せて彭祖伝承の上における位置について考察を加えてきた。

彭祖は、古代伝承においては氏族や邦国の名とされていたが、後に、七百歳または八百歳の長寿を保った人物として伝えられるようになった。さらには、不老長生術・房中養生術の達人という神仙的存在として描かれていく。

こうした彭祖伝承の展開の上で、上博楚簡『彭祖』における彭祖像は極めて重要な位置にあった。彭祖は邦国の名ではなく、明らかに一人の「君」として登場し、「臣」である耇老と君臣問答を交わす。その主題は、天地の道や人倫、そして国家の永続であった。一方、彭祖が個人として描かれるにも関わらず、決して個人の長生が説かれることはない。ましてや、世俗を超越する「術」的要素などは全く見られない。国家か個人かという彭祖伝承の指標から見れば、『彭祖』はその中間点に位置していると言えるのである。

このことは、次の孔子の言葉についても、新たな知見を提供する。『論語』述而篇に「子曰、述而不作、信而好古、竊比於我老彭」とある。この「老彭」の理解については諸説があるが、その中で注目されるのは、この「彭」が彭祖のことであり、「老」はそれに冠せられた尊称であるとする理解である。[19]

この場合、孔子が「我が老彭に比す」と親しみを込めて述べたのは、どのような彭祖であったろうか。それは漠然とした邦国としての彭祖ではなく、また不老長生や房中養生に長けた神仙としての彭祖でもなかろう。孔子の念頭にあったのは、まさにこの『彭祖』に見られるような彭祖像であったと思われる。自ら戒めて度を越えることなく、自己を慎み修め、長期にわたって邦国を存続させるという保守的な彭祖の姿が、孔子の心を捉えたのであろう。「述べて作らず、信じて古を好む」ことを理想とした孔子は、そうした彭祖の姿に強い親近感を覚えたのではなかろうか。

このように、上博楚簡『彭祖』は、これまで未詳とされてきた彭祖伝承の展開について極めて重要な手がかりを与えている。と同時に、老子と彭祖、および孔子と彭祖の関係の解明についても、新たな可能性を提示しているのである。

注

(1) 第八簡は上下端がやや欠損しているが、簡長は五十三・一cmで、ほぼ完簡に近い。ところが、文字数は、墨鉤の後を留白にしているため四十字しかない。本来ならあと十余字程度記されていてもよい竹簡である。この墨鉤と留白との意味は、本書の末尾を示すものとして理解しておくべきであろう。戦国楚簡における墨節・墨鉤・墨釘と留白との関係については、拙稿「上博楚簡『従政』の竹簡連接と分節について」（『中国研究集刊』第三十六号、二〇〇四年）参照。なお、本稿は、その後、『竹簡が語る古代中国思想――上博楚簡研究――』（浅野裕一編、汲古書院、二〇〇五年）に採録し、また、中国語に翻訳して、拙著『戰國楚簡與秦簡之思想史研究』（台湾・万巻楼、二〇〇六年）にも収録している。

(2) 文義未詳である。釈文は、『管子』に「大匡」篇（「以大事匡君」の意）があることを指摘する。また、「𧥺」字が『性自命出』第六十二簡に「身欲静而毋𧥺、慮欲淵而毋僞」とあるのを指摘する。そこでの意は「動」。李鋭「《彭祖》補釋」（簡帛研究網）は「存疑」としながらも、「大暑之逝難、易滞欲、舒……」と読む。

(3) 釈文は、簡文の文例から、「告汝」の二字が補えるとし、それを［ ］符号で示すが、第三簡との接続は不明とする。

(4) 「至心」とは、直後に「受命永長」とあるので、かつて封建されたことに対する恩を忘れず、その保持・永続に努める、の意であると推測される。

(5) 「朕身」の「朕」は古代の一人称代名詞。ただ釈文は、第三簡・第八簡により「耇老」の名が「朕孳」の如くであり、ここの「朕」も「朕孳」の略称であると説く。いずれにしても耇老のことを指しているであろう。また、「芸」と「行」については、『周礼』地官司徒・州長に「州長各掌其州之教治政令之法、正月之吉、各屬其州之民而讀法、以攷其徳行道藝而勸之」、『論語』述而篇に「子曰、志於道、據於德、依於仁、遊於藝」、同・雍也篇に「曰、求也藝、於從政乎何有」とある。李零氏の釈文も、「芸」は才能、「行」は徳行を指すと説く。

(6)「帝」は、漠然とした天帝という意味ではなく、かつて彭祖や耇氏一族を封建した帝であると推測される。彭祖伝承の中には、彭祖が堯の臣下であったとするものがある。

(7)『彭祖』の場合、完簡には約五十三字が記されているので、仮に両簡の間に、もう一簡あったとすれば、天地人に関する五十余字の解説があったと推測される。また、後述のように、第二簡(上下端欠損簡で文字数は二十字)がその末尾に該当するものであった可能性もある。

(8)「孳孳」は勤勉して怠らざる意。『書経』泰誓に「孳孳無怠、天將有立父母、民之有政有居」、『孟子』盡心上篇に「雞鳴而起、孳孳為善者、舜之徒也」とある。

(9)釈文は、「眊=」は重文で「昏憒」(みだれる)の意とし、ここは耇老の「謙詞」であると説く。

(10)「五紀」について、釈文は「含義待考」とするが、李鋭「《彭祖》補釈」(簡帛研究網)は『尚書』洪範の「五紀」(五紀、一曰歳、二曰月、三曰日、四曰星辰、五曰曆數)ではなく、『莊子』盜跖篇の中で子張の説く「五紀」、すなわち「子不為行、即將疏戚无倫、貴賤无義、長幼无序。五紀六位、將何以為別乎」であるとし、具体的には、「君臣・父子・兄弟・夫婦・朋友」の五倫であると説く。

(11)原文の「周」「修」字について、趙炳清「上博簡三《彭祖》補釈」(簡帛研究網)は、「周」を「調」または「合」と釈読して「和諧」の意とし、「修」については「美」「善」の意とする。ここでは、意味に大差はないと判断して「周」「修」のまま解釈した。

(12)ここでは、「素心」「白身」の句構成であると判断して解釈したが、注(11)前掲の趙炳清「補釈」は、当該箇所を「遠慮用素、心白身釋」と句読し、「長遠的思慮要出自本性、心地純潔、身体放松」と解釈する。「用素」の箇所の解釈が判然としないが、一つの別解であると思われる。

（13）釈文の隷定は「⿱宀攸」。釈文は「待考」とするが、あるいは「修」かとする。前後の対応関係から「修」の可能性が高いであろう。

（14）「地」字について、釈文は、「⿱宀攸（修）」字の反義とし、「一命三【臁】」と補う。臁は肥える、さかんの意。ここでは、受命した後、度を越える、驕慢な態度を取るの意。

（15）釈文の隷定は「毋敀富、毋⿰可力賢、毋向梪」。ここでは、「毋抽富、毋阿賢、毋向梪」と釈読し、度を越えて浪費しなければ富み、他者に阿ることなく自己を確立すれば賢者となり、他者に刃向かうことなく自己修養すれば基盤を樹立できる、と解釈してみた。なお、注（11）前掲の趙炳清「補釈」は、「毋抽富、毋抲賢、毋向梪」と釈読し、「不要炫耀自己的富有、不要扼殺賢能之人、不尚美食享楽」と訳す。三句のバランスにやや疑問が残るが、一つの別解であると思われる。

（16）これは、孔広森・厳可均の説を踏まえるものである。『列子』力命篇の「彭祖之智不出堯舜之上、而壽八百」について、『列子集釈』を参考にすると、「孔廣森曰、彭祖者、彭姓之祖也。彭姓諸國、大彭・豕韋・諸稽。大彭歴事虞夏、於商為伯、武丁之世滅之、故曰彭祖八百歳、謂彭國八百年而亡、非實籛不死也」とあり、また、「嚴可均曰、鄭語、史伯曰、祝融之後八姓、大彭豕韋為商伯、彭姓・彭祖・豕韋・諸稽、商滅之。韋昭解、「大彭、陸終弟三子曰籛、為彭姓、封於大彭、謂之彭祖」。又解、「彭祖、大彭也」。史記楚世家、「陸終生子六、三曰彭祖」。集解引虞翻曰、「名翦、為彭姓、封於大彭、謂之彭祖」。索隱引世本、「三曰籛鏗、是為彭祖」。周書嘗麥解曰、「皇天哀禹、賜以彭壽、思正夏略」。竹書紀年、「帝啟十五年武觀以西河叛、彭伯壽率師征西河、合而斷之」。知彭祖國名、即大彭、夏商為方伯、古五霸之一、唐虞封國、傳數十世、八百歳、而滅於商、此其事實也。彭祖八百歳猶言夏四百歳、商六百歳、周八百歳也」と説く。これについて馬叙倫も「孔嚴之説是也」と両説を支持し、「莊子逍遙遊云、「而彭祖乃今以久特聞」。似莊子亦誤信彭壽有七八百歳之久。蓋俗有此説、莊子従而言之、荀子亦然。顔淵之才不出衆人之下、而壽十八」と説く。

（17）『論語集解』引く孔安国注に「孔曰、慎終者、喪盡其哀、追遠者、祭盡其敬、君能行此二者」とある。

（18）『老子』第七章に「天長地久。天地所以能長久者、以其不自生。故能長生」とある。また、「長」「久」を重視する言としては、他に「揣而鋭之、不可長保」（第九章）、「自矜不長」（第二十四章）、「脩之郷、其徳乃長」（第五十四章）「莫知其極、可

以有國。有國之母、可以長久、是謂深根固蔕、長生久視之道」(同)、「不失其所者久、死而不亡者壽」(第三十三章)、「知足不辱、知止不殆、可以長久」（第四十四章）などがある。

（19）　皇侃『論語義疏』に、「老彭、彭祖也。年八百歳、故曰老彭也」と説く。

第三部　字体・竹簡形制研究

第十六章　出土古文献復原における字体分析の意義

――上博楚簡の分篇および拼合・編聯を中心として――

福田哲之

はじめに

近年、中国においては簡牘に書写された大量の古文献が出土し、古代史学の諸分野に画期的な進展をもたらしている。出土古文献の多くは、もともと複数の竹簡を横糸で編綴した冊書の形態をもつが、長い年月のうちに横糸が朽ち、各簡がバラバラになった状態で出土する。したがって、出土古文献の研究においては、これらの竹簡をいかにして冊書に復原するかが最も重要な課題の一つとなっているのである。

本章で取り上げる上海博物館蔵戦国楚竹書（上博楚簡）は、上海博物館が一九九四年に香港の文物市場から購得した竹簡一二〇〇余簡からなる八十余種の出土古文献の総称である。これらは湖北省の楚墓から盗掘されたものであり、出土地については明らかにされていないが、書写年代は、炭素十四の測定と秦の白起による抜郢の年から、前三七三年～前二七八年と推定されている。竹簡の図版・釈文を収録した馬承源主編『上海博物館蔵戦国楚竹書』（上海古籍出版社）の刊行が二〇〇一年より開始され、現在第五冊までが刊行されている。上博楚簡には、郭店楚簡や包山楚簡など他の戦国楚簡に比して、残缺した竹簡がきわめて多く、こうした状況は、盗掘とそれに伴う市場流出に起因するものと考えられる。したがって上博楚簡研究においては、大量の残簡を篇ごとに分類する分篇、断裂した残簡をもとの完全な竹簡に復原する拼合、各簡の排列を復原する編聯といった冊書への復原作業が、その基盤として重要な位置を占めているのである。

これら一連の復原作業は、竹簡の形制・字体・語彙・文体・内容などを総合的に踏まえて行われるが、断片的な残簡においては情報量が限定されるため、竹簡の形制・語彙・文体・内容といった面から客観的な指標を得ることが難しく、強いて内容面の関連を優先させると、主観的な解釈に陥る結果となりかねない。こうした危険性を可能な限り回避し、正確な分篇にもとづく拼合・編聯を試みる上で重視されるのが、残簡においてもより客観性の高い指標となり得る字体の分析である。(1)

本章ではこのような意図から、『内礼』附簡、『季康子問於孔子』簡16、『君子為礼』『弟子問』の三つの事例を取り上げ、出土古文献復原における字体分析の意義を明らかにしてみたい。

一　『内礼』附簡

『内礼』（『上海博物館蔵戦国楚竹書（四）』二〇〇四年）は『大戴礼記』曾子立孝篇・曾子事父母篇と共通する内容をもち、孝を中心とした礼にかかわる古佚文献である。篇名は簡1の背面に倒書された篇題「内豊」（「豊」は「禮（礼）」の初文）により、完存する竹簡（完簡）四簡、断裂した残簡十簡の計十四簡が残存する。(2) なおその後、林素清氏・井上亘氏によって、当初、別篇とされた『昔者君老』（『上海博物館蔵戦国楚竹書（二）』二〇〇二年）四簡（完簡三簡、残簡一簡）が、『内礼』の一部であることが指摘されている。[3] 本章も両氏の見解にしたがい『昔者君老』を『内礼』の一部として扱うが、論述の混乱を避けるため各篇の名称は従来のままとした。

『内礼』において注意されるのは、上述の十四簡以外に分篇が留保された附簡一簡が存在する点である。附簡は簡長二十四・五㎝、下段のみの残簡で、釈文は以下の通りである。[4]

〼□亡（無）難。母（毋）忘姑姉妹而遠敬之、則民有豊（禮）、然後奉之以中准（準）

『内礼』の整理・釈読を担当した李朝遠氏は、「『内礼』釈文考釈」（『上海博物館蔵戦国楚竹書（四）』所収）のなかで附簡について「此簡字體與本篇相同。曾將之與第八簡綴接、但文義不洽、且編綫不整。存此備考」と述べ、附簡の字体は本篇と同じであるとし、簡8との接続の可能性を指摘しながら、[5] 文義が合わず、編線も整合しないことから『内礼』への分篇を留保している。その後の研究においても、『内礼』の一部と見なして他の竹簡とともに検討する立場と、保留のまま他の竹簡のみを対象に検討する立場との二つに分かれるが、[6] 未だ附簡の分篇について定論をみるに至っていない。

そこで、あらためて附簡の字体を精査すると、風格面では『内礼』の他の竹簡と類似性が認められるものの、形体面においては［表一］に示したように「亡」「母」「而」「敬」「則」「民」「豊」「中」など、第三欄『内礼』附簡中の多くの文字が、第一欄『内礼』および第二欄『昔者君老』と相違し、附簡の字体は本篇と同じであるとする李朝遠氏の見解は、首肯しがたいことが知られる。さらに上博楚簡の他の諸篇との比較分析を試みた結果、これらの形体はいずれも第四欄『季康子問於孔子』（『上海博物館蔵戦国楚竹書（五）』二〇〇五年）と合致しており、李朝遠氏が疑点とした『内礼』附簡の編線（第二契口・第三契口）も『季康子問於孔子』とほぼ同位置にあることが判明する。すなわち、字体と形制との両面から、『内礼』附簡は『季康子問於孔子』に属することが指摘されるのである。

［表二］⑦

	亡	母	而	敬	則
第一欄『内礼』		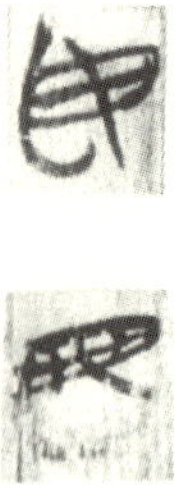	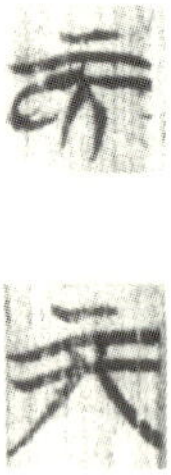	—	
第二欄『昔者君老』			—		—
第三欄『内礼』附簡					
第四欄『季康子問於孔子』					

中	豊	民

—	—	—

それでは、文義の面における両者の関連はどうであろうか。『季康子問於孔子』は、完簡八簡、残簡二十簡と約七割を残簡が占めるため、(8)内容を十分に把握し難い簡も多く、全体にわたる編聯の復原はきわめて困難な状況にある。今のところ『内礼』附簡との間に直接的な拼合を想定し得る残簡は見いだされないが、注目すべきは、以下に示すように附簡と『季康子問於孔子』簡5・簡12との間に「……而……之、則○有……」という共通の構文が認められる点である（傍線部参照）(9)。

・⧄□無難。毋忘姑姉妹而遠敬之、則民有禮。然後奉之以中準【附簡】

・⧄面事皆得。其勸而強之、則邦有幹。動百姓尊之以□□【季5】

・⧄安焉。作而乘之、則邦有獲。先人之所善、亦善之、先人之所使【季12】

こうした構文の共通性は、附簡が『季康子問於孔子』の一部であることを文体の面から示唆するものと言えよう。『季康子問於孔子』における附簡の位置付けについては、これらを踏まえた全体的な検討が必要であるため、詳細な議論は別稿に譲るが[10]、新たに附簡が加わることにより、編聯復原の進展が期待される。

以上本節では、『内礼』附簡について字体・形制・構文の三点から検討を加え、これらはいずれも『季康子問於孔子』との間に緊密な共通性を示すことを指摘し、『内礼』附簡は『季康子問於孔子』に分篇すべきことを明らかにした。

二　『季康子問於孔子』簡16

前節における『内礼』附簡の検討を通して、『内礼』『昔者君老』と『季康子問於孔子』との字体上の相違点が明瞭に把握された結果、新たに『季康子問於孔子』簡16の分篇の問題が指摘される。簡16は簡長十四・八cm、下段のみの残簡で、釈文は以下の通りである[11]。

☐之必敬、如賓客之事也。君曰、薦豊（禮）

［表二］に示したように、第三欄『季康子問於孔子』簡16の「敬」「也」「豊」などの形体が第四欄『季康子問於孔子』の他の竹簡と異なり、第一欄『内礼』および第二欄『昔者君老』と合致する。すなわち『内礼』附簡の場合とは逆に、『季康子問於孔子』簡16は『内礼』『昔者君老』に属することが明らかとなるのである。

この字体分析の結果は、内容面からも明確に裏付けられる。文義・構文の検討により、『季康子問於孔子』簡16は

［表二］[12]

	敬	也	豊
第一欄『内礼』	—		
第二欄『昔者君老』		—	—
第三欄『季康子問於孔子』簡16			
第四欄『季康子問於孔子』		 	

『昔者君老』簡2（簡長二十二・六釐米、上端稍残、下端残缺）に下接し、両者はもともと同一の竹簡であったことが判明する（後掲釈文参照）[13]。なお『昔者君老』簡2と『季康子問於孔子』簡16とを合わせた簡長は三十七・四cm、これに対して『昔者君老』の完簡は簡長四十四・二cmであることから、釈文中に「……」で示したごとく、『昔者君老』簡2と『季康子問於孔子』簡16との間にはなお六・八cmの缺失簡が存在する。

至命於閤門、以告寺人、寺人入告于君。君曰「召之」。太子入見、如祭祀之事［也］【昔2】……之必敬、如賓客

之事也。君曰「薦禮」。【季16】

以上の検討から、『季康子問於孔子』簡16は『内礼』篇において、老君に対する太子朝見の礼を述べた文脈に位置したことが明らかとなり、君主の言葉によって厳粛に進行される礼の次第がより明瞭に把握されるのである。

三　『君子為礼』『弟子問』

『君子為礼』『弟子問』は、『上海博物館蔵戦国楚竹書（五）』において公表された佚書である。『君子為礼』は残存十六簡のうち完簡二簡、残簡十四簡であり、『弟子問』は残存二十五簡のすべてが残簡である。両者はともに孔子や弟子の問答を中心とし、内容面において類似性をもつ。整理・釈読を担当した張光裕氏は、「『君子為礼』釈文考釈」の「説明」のなかで、

本篇與下一篇《弟子問》簡文内容性質相類、多屬孔門弟子與夫子之間問答、兩篇合共四十一簡、然殘闕仍多、彼此之間實在難以依序編連。經仔細分辨、並從竹簡切口位置・文字書寫風格及特徵審視、大致可區分爲兩類、例如「而」「也」「子」「其」「韋」諸字、無論運筆或形體、皆有其獨特寫法。今乃依據上述標準、並結合部分簡文内容、分爲《君子爲禮》及《弟子問》兩篇。

と述べ、「竹簡切口位置」（契口）と「文字書寫風格及特徵」から両篇に区分したことを明らかにし、とくに運筆や形体に特徴のある文字として「而」「也」「子」「其」「韋」を指摘している(14)。

『上海博物館蔵戦国楚竹書（五）』の刊行後、釈読に関する多くの見解がインターネットを中心に提出されているが、とくに注目されるものに、陳剣「談談《上博（五）》的竹簡分篇・拼合与編聯問題」（簡帛網〈http://www.bsm.org.cn/〉二〇〇六年二月十九日）がある。そのなかで陳氏は「三、《君子為礼》」の（三）において、以下のごとき釈文を提示している。

（三）簡11＋15＋13＋16＋14＋12可拼合・連讀、《弟子問》篇的簡22當次於其後。簡文如下、
行子人子羽問於子貢曰、「仲尼與吾子產孰賢」子貢曰「夫子治十室之邑亦樂、治萬室之邦亦樂、然則〼【11】〼矣」「與禹孰賢」子貢曰、「禹治天下之川、【15】□以爲己名。夫【13】子治詩書、【16】亦以己名、然則賢於禹也」「與舜【14】孰賢」子貢曰、「舜君天下、〼【12】〼子聞之、曰「賜不吾知也。夙興夜寐、以求聞【弟子問22】

この陳氏の釈読については、冒頭部分を「行子人」と釈して「子」を衍字とし、「子羽」を鄭の行人子羽（公孫揮）に比定する見解など、いずれも従うべき点が多いが、分篇・編聯の問題から注意を要するのは、簡12の後に『弟子問』簡22を位置付ける点である。その根拠について、陳氏は以下のごとく述べている。

《弟子問》簡22當是孔子在得知子貢與子羽的問答内容後、認爲子貢的回答不妥、子貢並不真正了解自己。《弟子問》簡22的保存状況與前引本篇簡16相近、也有助於説明它們原本在一處。

すなわち『弟子問』簡22は、子羽と子貢との問答を知った孔子が、子貢の回答は不適切であり、子貢は自分（孔子）

を本当に理解していないと述べた内容であるとし、その傍証として『弟子問』簡22の保存状態がその前の『君子為礼』簡16と近く、これらがもともと一箇所にあったと見なされることを指摘するのである。

『君子為礼』で展開される鄭の行人子羽と子貢との問答は、孔子と子産・禹・舜との優劣に関する内容であり、子羽が直接仕えた名宰相の子産、[15]治水に功績があり夏王朝を開いた禹、禹に禅譲した聖天子の舜と累進的に比較が行われている。竹簡の缺失により子産と舜の部分については内容を明確に把握し難いが、禹については天下の河川を治めた禹に対して詩書を治めた孔子の優位が説かれている。子産については優劣を判定した最終部分を缺くが、判定の根拠は「夫子は十室の邑を治めて亦た楽し、万室の邦を治めて亦た楽し」と統治における「楽」が基準としてあげられている。「楽」を最上位に位置付ける思考は、例えば『論語』雍也篇の「子曰く、之を知る者は之を好む者に如かず。之を好む者は之を楽しむ者に如かず」という孔子の発言にも明瞭に示されており、統治を楽しんだ孔子が子産よりも優れているとの結論が導かれていたことは容易に推測される。そしてこうした子産や禹の議論を踏まえれば、舜についても同様に孔子の方が賢であるとの結論であった可能性が高いであろう。[16]

このように、子羽と子貢との一連の問答は、孔子が子産・禹・舜のだれよりも賢であることを説く内容であったと考えられる。ところが、陳剣氏の見解に従い、この後に『弟子問』簡22「……子之を聞きて曰く、賜吾を知らざるなり。夙に興き夜に寐ね、以て求聞……」との孔子の言が存在したとすれば、子貢の主張は孔子自身によって批判されるという構成であったことになり、この章段の意図は子産・禹・舜に対する孔子の優位を説くものではなく、逆に師を誇らんとするあまり不遜な言辞を弄した子貢に対して、孔子の謙譲を示すものであった可能性が生ずる。したがって『弟子問』簡22の拼合は、この章段の内容理解を左右するきわめて重要な意味をもつと言えるのである。

それでは『弟子問』簡22の妥当性について、字体の面から検証してみよう（〔表三〕参照）。まず指摘されるのは、『弟子問』簡22に張光裕氏が『君子為礼』と『弟子問』とを区分する指標とした文字の中の「也」「子」字が見いだされる点である。

このうち「子」字には、第二画の縦画が第一欄『君子為礼』では直線的であるのに対し、第三欄『弟子問』では曲線的であるといった筆法上の傾向性が看取される。第二欄『弟子問』簡22の「子」字はやや不鮮明ながら曲線的な筆画を有しており、『君子為礼』に比して『弟子問』との間に共通性を認めることができる。ただし「子」字については、『君子為礼』と『弟子問』との間に形体上の差異は認められず、個別的にみるとかなり接近した例も見いだされるため、単独では判別基準として十分に機能しがたい面が残ることも考慮しておく必要がある。

これに対して「也」字については、最終の筆画が第一欄『君子為礼』は左斜め下で一旦筆を止めて右上に曲線的に大きく折り返した形体、第三欄『弟子問』はそのまま右斜め下に引き下ろした形体と明瞭な相違が認められ、第二欄『弟子問』簡22は『弟子問』の他の諸簡と合致している。[17]

このように『弟子問』簡22の「子」「也」字はいずれも『弟子問』の他の諸簡と合致し、『君子為礼』と相違することが確認されるわけであるが、ここでさらに両者の分篇に有効な常用字の例として「不」字を指摘しておきたい（［表三］参照）。楚簡文字の「不」字の縦の筆画には通常必要とされない装飾的な一画（点）が付加される例が多見され、この飾画が第一欄『君子為礼』では横画、第三欄『弟子問』では円点と明瞭に相違している。そして第二欄『弟子問』簡22の「不」字も「子」「也」字と同様、『弟子問』の他の諸簡と合致するのである。

「也」「子」「不」字の出現状況を『君子為礼』『弟子問』の簡ごとに整理すると［表四］のごとくであり、他方の筆法・形体が混用される例は一例も見いだされない。こうした複数の文字における筆法・形体の一貫した相違は、『君子為礼』と『弟子問』との書写者が異なることを示唆するものと言えよう。[18]

そしてさらに重要な点は、張光裕氏が指摘するように、これらの字体の相違が完簡および残存簡から計測される契口位置（［表四］「竹簡（残存契口）」欄参照）の相違とも対応している点である。[19] こうした状況は、これらの字体と契口

[表三][20]

	也	子	不
第一欄『君子為礼』		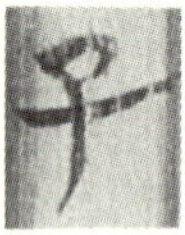	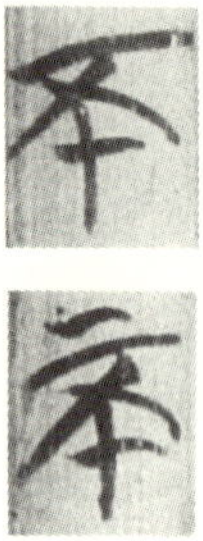
第二欄『弟子問』簡22		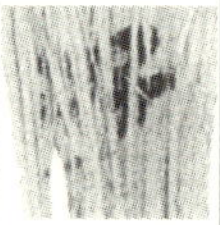	
第三欄『弟子問』	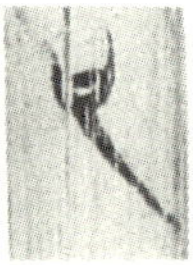		

位置との間に明瞭な対応関係が存在し、それは同じ字体でありながら缺損により契口位置を特定しがたい残簡についても適用し得ることを示している。すなわち、『君子為礼』と『弟子問』とに認められる字体および契口位置の相違は、両篇が筆者を異にした別個の冊書であることを物語っているのである。

以上の検討により、『君子為礼』の子羽と子貢との問答のあとに、孔子が子貢を批判する『弟子問』簡22が接続したとの陳剣氏の見解は、成立しがたいことが明らかとなる。

[表四]

『君子為礼』

	也	子	不	竹簡（残存契口）
簡1	1	3	2	完簡（第一・第二・第三）
簡2	3	0	4	上端平斉、下端残（第一・第二・第三）
簡3	2	3	2	完簡（第一・第二・第三）
簡4	1	1	0	上端残、下端平斉（第三）
簡5	0	0	0	上端平斉、下端残（第一）
簡6	0	0	0	上端残、下端平斉（第二・第三）
簡7	0	0	0	上下端皆残（第一・第二）
簡8	0	0	0	上下端皆残（不明）
簡9	3	0	0	上端平斉、下端残（第一・第二・第三）
簡10	0	0	0	上下端皆残（第一？）
簡11	0	6	0	上端平斉、下端残（第一・第二・第三）
簡12	0	1	0	上端平斉、下端残（第一）
簡13	0	0	0	上下端皆残（不明）
簡14	1	0	0	上端残、下端平斉（第三）
簡15	0	1	0	上下端皆残（第一）
簡16	0	1	0	上下端皆残（不明）

『弟子問』

	也	子	不	竹簡（残存契口）
簡1	1	1	0	上下端皆残（第二・第三）
簡2	1	2	1	上端平斉、下端残（第一）
簡3	0	0	0	上端平斉、下端残（第一）
簡4	3	3	0	上端残、下端平斉（第二・第三）
簡5	1	2	2	上端残、下端平斉（第二・第三）
簡6	0	1	2	上端残、下端平斉（第一・第三）
簡7	0	0	0	上下端皆残（不明）
簡8	1	1	1	上端残、下端平斉（第二・第三）
簡9	2	1	0	上下端皆残（第二）
簡10	1	0	0	上端残、下端平斉（第二・第三）
簡11	1	2	0	上下端皆残（第二）
簡12	2	2	0	上下端皆残（第二）
簡13	0	2	2	上端平斉、下端残（第一）
簡14	0	3	0	上端残、下端平斉（第三）
簡15	0	0	1	上端残、下端平斉（第三）
簡16	0	1	0	上下端皆残（第一または第二）
簡17	0	1	0	上下端皆残（第一）

簡18	0	0	1	上下端皆残（第二または第三）
簡19	2	3	0	上端平斉、下端残（第一）
簡20	0	1	0	上下端皆残（第二）
簡21	0	0	0	上端平斉、下端残（不明）
簡22	1	1	1	上端残、下端平斉（不明）[21]
簡23	0	1	1	上下端皆残（不明）
簡24	1	0	0	上端残、下端平斉（第三）
附簡	1	0	1	上端残、下端平斉（不明）[22]

陳剣氏は、さらに以下のごとく『君子為礼』簡10と『弟子問』簡18との拼合を指摘している。

　另外、本篇簡10也有可能當與《弟子問》篇的簡22[23]相拼合、附記於此、

　〼昔者仲尼緘（?）徒三人、弟徒五人、芫贅之徒【10】者、皆可以爲諸侯相矣。東西南北、不奇□〼【弟子問18】

しかしこの点についても、［表五］に示したごとく、第二欄『弟子問』簡18の「不」字に、上述した第一欄『君子為礼』と相違し第三欄『弟子問』と共通する円点の飾画が見いだされることから、同様に冊書を異にする『君子為礼』簡10[24]との拼合には従いがたい。

［表五］[25]

	不
第一欄『君子為礼』	 
第二欄『弟子問』簡18	
第三欄『弟子問』	

孔子と子産・禹・舜との優劣をめぐる子羽と子貢との問答がいかなる帰結であったかについては、缺失により明らかにし得ないが、この問題に関連して注意されるのは、先に陳剣氏が『弟子問』簡18との接続を指摘した『君子為礼』簡10に「仲尼」の呼称が見いだされる点である。

『君子為礼』の残存十六簡における孔子の呼称をみると、地の文ではすべて「夫子」であり（簡1・簡3）、問答中においても孔門弟子である顔淵（簡3・簡4）、子貢（簡11・簡13＋16）はいずれも「夫子」と称している。すなわち『君子為礼』において「仲尼」の呼称を用いるのは、簡11の子羽の発言と簡10のみに限定されるのである。こうした状況は、逆に簡11の子羽が孔門弟子以外の人物であることを示すものであり、呼称の観点からも子羽を孔門弟子の子羽（澹臺滅明）とする張光裕氏の見解は首肯しがたく、鄭の行人子羽（公孫揮）に比定する陳剣氏の見解の妥当性が裏付けられる。そして簡10についても「仲尼」の呼称の存在から、地の文ではなく孔門弟子以外の人物の発言の一部であるとの推定が可能となる。

ここで簡10を除く『君子為礼』の残存十五簡の内容についてみると、以下のごとく四組に分類される（数字は竹簡番号）。

（Ⅰ）顔淵と孔子との礼の実践にかかわる問答（簡1＋2…＋3墨鉤前）

（Ⅱ）顔淵と孔子との独知・独貴・独富についての問答（簡3墨鉤後＋9A＋…4＋…9B）[26]

（Ⅲ）礼の具体的な実践方法（簡5＋6・簡7A・簡7B＋8）[27]

（Ⅳ）行人子羽と子貢との孔子と子産・禹・舜との優劣についての問答（簡11…＋…15＋13＋16＋14＋12）

このうち（Ⅰ）と（Ⅱ）とは連続するが、全体構成における（Ⅰ）（Ⅱ）と（Ⅲ）と（Ⅳ）との前後関係は不明である。仮に『君子為礼』がこの四組の内容で構成されていたとすれば、現存簡にみえる登場人物で「仲尼」の呼称を用いることができるのは、（Ⅳ）の子羽のみであり、完存する簡11の簡首「行子人子羽問於子貢曰」が（Ⅳ）の冒頭にあたると見なされることから、簡10は子貢の発言に対する子羽のコメントの一部であった可能性が指摘される。ただし『君子為礼』には多くの缺失簡が存在するため、残存する四組以外に別の問答が含まれていたとの推測も成り立つことから、簡10は缺失した問答における孔門弟子以外の人物の発言の一部であった可能性も考慮しておく必要がある。

簡10は文意を把握しがたく、『君子為礼』において他の諸簡との関連や位置づけが明らかにされていない唯一の残簡であるが、上述の検討によって、不十分ながら釈読に一定の方向性を見いだし得るのではないかと思われる。

これまで陳剣氏の見解に対して、張光裕氏の分篇の妥当性を検証してきたわけであるが、最後に『君子為礼』と『弟子問』との分篇の問題について、『弟子問』簡3を取り上げてみたい。

『弟子問』簡3は、簡長十二㎝、上端平斉、下端残の残簡で、釈文は以下の通りである。[28]

毋又（有）柔𡥈（教）、毋又（有）首猷、植〼

このうち『弟子問』簡3と『君子為礼』および『弟子問』の他の諸簡との比較が可能な「毋（母）」「子（偏旁）」「又」「植」の四字について分析を加えてみよう（［表六］参照）。

まず「毋」についてみると、第一欄『君子為礼』には第一画の収筆を右側に顕著に巻き込む特徴をもった例が散見され[29]、第二欄『弟子問』簡3はこれらと合致して第三欄『弟子問』の他の諸簡と異なっている。「子」字の相違についてはすでに上述したとおりであるが、第三欄『弟子問』にみえる「季」字の偏旁の「子」字は『弟子問』の「子」字と同様、第二画の縦画を曲線的に作り、一貫した筆法であることが確認される。ところが、第二欄『弟子問』簡3「𡥈（教）」字の偏旁の「子」字は第二画を直線的に作っており、『弟子問』の「子」字と筆法を異にし、逆に『君子為礼』の「子」字と合致している（「子」字の用例については［表三］［表四］参照）。「又」「植」字については『君子為礼』に用例が見えないため第二欄『弟子問』簡3と第三欄『弟子問』の他の諸簡との比較となるが、『弟子問』簡3の「又」字は、「つ」の角度が水平に近い曲線、収筆が緩やかな曲線となるのに対し、『弟子問』の他の諸簡はいずれも「つ」の角度が直角に近く、収筆がほぼ垂直に下ろされるという顕著な共通性を示し、両者は明確に筆法を異にしている。また「植」字では第二欄『弟子問』簡3が上部「直」字の第一画を横画に作るのに対し、第三欄『弟子問』では円点に作って点画の形体を異にする。この相違は上述した『君子為礼』が「不」字の飾筆を横画に作るのに対し、『弟子問』が円点に作るのと対応しており、間接的ながら『弟子問』簡3と『君子為礼』との共通性を示すものと見なされる。『弟子問』簡3では、明瞭な判別基準となる文字がみられず、三者相互に比較可能な文字（単字）が「毋」字に限られるため、慎重な検討を要するが、上述した諸点を総合的に踏まえることによって、『弟子問』簡3は『君子為礼』中の竹簡であった可能性が指摘される。

［表六］[30]

	母	子（偏旁）	又	植
第一欄『君子為礼』		—	—	—
第二欄『弟子問』簡3		（孚）		
第三欄『弟子問』		（季）		

以上の字体分析の結果は、契口位置の分析から有力な証左を得ることができる。草野友子氏は『弟子問』の頂端から第一契口までの距離が、簡3では十・四㎝であるのに対して、簡13では十五・〇㎝と相違するため、第一契口の位

置を確定し得ないことを指摘している。[31]先の字体分析の結果を踏まえれば、草野氏が指摘する契口位置の相違は、簡3が実は『君子為礼』に属する竹簡であることに起因するものと考えられる。そして『君子為礼』の頂端から第一契口までの距離は十・五㎝であり、『弟子問』簡3の十・四㎝とほぼ同位置にあることから、先の字体分析の結果が裏付けられ、『弟子問』簡3は『君子為礼』中に分篇すべきことが明らかとなる。

さらに文体の面から注目されるのは、『弟子問』簡3には「毋有〇〇」という禁止条項を提示する形式がみられる点である。これと類似した文体は、以下のごとく先に示した『君子為礼』（Ⅲ）の簡5＋6・簡7Aにも認めることができる。[32]

好。凡色、毋憂・毋佻・毋怍・毋謡・毋【5】眄視・毋側睇。凡目、毋遊、定視是求。毋欽毋去、聲之疾徐、稱其衆寡【6】

〼矑而秀。膂毋廢・毋痌、身毋偃・毋靜、行毋眡・毋揺、足毋墜・毋□〼【7A】

『弟子問』簡3の「毋有〇〇」は（Ⅲ）にみえる「毋〇」とやや表現が異なる点を考慮しておく必要があるが、その内容は柔弱な教えや首謀となることを禁ずるものであり、禁止条項の提示という形式面における共通性を踏まえるならば、（Ⅲ）に列挙された礼の実践方法の一部であった可能性が指摘される。

おわりに

以上、『内礼』附簡、『季康子問於孔子』簡16、『君子為礼』『弟子問』の三つの事例を中心に、出土古文献復原における字体分析の意義について考察を加えた。字体分析は出土古文献研究の基盤をなすものであり、とくに断片的な残簡の分篇を検討する際、有効性の高い研究方法のひとつとして位置付けられる。本章の検討を通して、『上海博物館蔵戦国楚竹書』の分篇の妥当性や保留とされた残簡の分篇の究明、さらに新たに提起された拼合・編聯の検証などの諸点で、字体分析が重要な拠り所となることを具体的に提示し得たのではないかと思われる。

二〇〇六年九月六日に上海博物館において濮茅左氏から直接お聞きした情報によれば、当初全六冊の予定であった『上海博物館蔵戦国楚竹書』はさらに冊数が加増され、最終冊にはもっぱら残簡が収録されるとのことである。これらの残簡の精緻な字体分析によって、冊書復原の一層の進展が期待されよう。

注

(1) 同一冊書の編聯復原における字体分析の有効性については、拙稿「『語叢三』の再検討——竹簡の分類と排列——」（浅野裕一編『古代思想史と郭店楚簡』〈第三部、第一章〉汲古書院、二〇〇五年）参照。なおこの論文は補訂を加えて、小著『中國出土古文獻與戰國文字之研究』〈佐藤將之・王綉雯訳〉（萬巻樓圖書股份有限公司、二〇〇五年）に収録した。

(2) 完簡1・2・3・10　残簡4A・4B・5・6A・6B・7A・7B・8A・8B・9（ABは拼合簡を示す）

(3) 林素清「釈「匱」——兼及《内礼》新釈与重編」（「中国文字学的方法与実践国際学術研討会」提出論文、シカゴ大学・二〇〇五年五月二十八日～三十日）・「上博四《内礼》篇重探」（『簡帛』第一輯、上海古籍出版社、二〇〇六年）、井上亘「《内豊》篇与《昔者君老》篇的編聯問題」（簡帛研究網〈http://www.jianbo.org/〉二〇〇五年十月十六日）

(4) 『内礼』附簡の釈文は、李朝遠「『内礼』釈文考釈」（『上海博物館蔵戦国楚竹書（四）』所収）による。

(5) ただし、簡8は上下両段を綴合した完簡であり、附簡は下段のみの残簡であるため、李朝遠氏が指摘するような簡8と附簡との「綴接」は想定し難い。あるいは簡8は、簡9の誤りではないかと思われる。簡9は『内礼』において上段のみを存する唯一の残簡であり、少なくとも竹簡の残存状況という点からすれば、簡9の下に約三㎝の欠失を含んで附簡が接続するとの想定は可能である。

（6）　附簡を『内礼』の一部とみる立場として林素清氏の見解、保留する立場として井上亘氏の見解が挙げられる（前掲注3参照）。なお、林氏は簡9の後に附簡を拼合する（中間に缺失を含む）が、その根拠については明らかにされていない。

（7）　各文字の用例が見える竹簡は以下の通りである（算用数字は竹簡番号、右肩に＊を付した数字は表に掲げた図版の竹簡を示す。また、一字に二つの字体が見える場合は、上に掲げた字体をa、下に掲げた字体をbとして区別した）。

	『内　礼』	『昔者君老』	『内礼』附簡	『季康子問於孔子』
亡	6＊	4＊	／	10＊
母	a 6＊ 7 8 9・b 6＊	1＊	／	a 7＊ 11 19 22・b 17＊
而	a 6＊・b 6＊ 7	—	／	4 12 13 15 17 18 19＊ 23
敬	—	4＊	／	3＊
則	6 10＊	—	／	a 4 8 12＊ 20・b 9＊ 10 13 18 20
民	10＊	—	／	a 3＊ 21・b 4 9＊ 11 15 18 19 23
豊	1＊	—	／	17＊
中	7＊	—	／	a 3＊・b 4 9＊

（8）　濮茅左「『季康子問於孔子』釈文考釈」（『上海博物館蔵戦国楚竹書（五）』所収）の「説明」によれば『季康子問於孔子』本篇の竹簡は二十三簡。完簡八簡（簡1・3・4・7・14・19・21・23）、綴合後完整簡四簡（簡10・15・18・22）、綴合後不完整簡一簡（簡11）、上段缺失（下段残存）簡九簡（簡2・6・8・9・12・13・16・17・21）、中段残存簡一簡（簡5）。

このように濮氏は上下二段の残簡の綴合を試みているが、その中にはなお異論のある簡も含まれているため、ここでは綴合前の状態に復して、完簡・残簡の簡数を示した。

（9）『季康子問於孔子』簡5・簡12の釈文は、濮茅左「『季康子問於孔子』釈文考釈」および李鋭「読《季康子問於孔子》札記」（孔子二〇〇〇網〈http://www.confucius2000.com/〉二〇〇六年二月二十六日）による。ただし簡5については、私見により構文の共通性を踏まえて「動」の後の句点を「幹」の後に移した。

（10）本書第八章の拙稿「『季康子問於孔子』の編聯と構成」参照。

（11）『季康子問於孔子』簡16の釈文は、濮茅左「『季康子問於孔子』釈文考釈」および陳偉「上博五《季康子問于孔子》零識」（簡帛網〈http://www.bsm.org.cn/〉二〇〇六年二月二十日）による。

（12）各文字の用例が見える竹簡は以下の通りである（算用数字は竹簡番号、右肩に＊を付した数字は表に掲げた図版の竹簡を示す。また、一字に二つの字体が見える場合は、上に掲げた字体をa、下に掲げた字体をbとして区別した）。

	『内礼』	『昔者君老』	『季康子問於孔子』簡16	『季康子問於孔子』
敬	—	4＊	／	3＊
也	6＊ 10	—	／	a 10 18＊・b 6＊ 7 8 11
豊	1＊	—	／	17＊

（13）『昔者君老』簡2の釈文は、陳佩芬「『昔者君老』釈文考釈」（『上海博物館蔵戦国楚竹書（二）』所収）による。ただし私見により、『季康子問於孔子』簡16との関連から末尾に「也」字を補入した。

（14）各文字の形体および比較については、草野友子「『上海博物館蔵戦国楚竹書（五）』について——形制一覧と所収文献提要——」（『中国研究集刊』第四十号、二〇〇六年）参照。

（15）『左伝』襄公二十六年には、陳への進攻に対する鄭伯の賞賜（六邑）を辞退し、三邑を受けた子産について「公孫揮曰、子産其将知政矣。襄不失禮」と子羽（公孫揮）が評価した発言が記されており、襄公三十一年には子産の政権における子羽の役割について「子産之従政也、擇能而使之。……公孫揮能知四國之爲、而辨於其大夫之族姓班位貴賤能否、而又善爲辭令。……鄭國將有諸侯之事、子産乃問四國之爲於子羽、且使多爲辭令」との記述が見える。これらによれば子羽は人物評価にすぐれ、諸国の情報通として知られた人物であり、子羽が子貢に孔子の賢者としての度合いを質問するという『君子為礼』の場面設定は、外交にたずさわる子羽の行為として現実感を伴うものであったと推測される。ただし、陳剣氏も指摘するように、子産・子羽は時代的に孔子や子貢に先行するため、この説話を歴史上の事実と見なすことは困難である。おそらく近接した時代であったために、大きな時代錯誤としては認識されなかったのであろう。こうした状況は一方において、この説話の虚構性を端的に示しており、子羽と子貢との時代差に対する認識が稀薄であることを踏まえるならば、その成立は比較的後起に属すると見なすことができよう。

（16）『君子為礼』の内容および思想史的意義については、本書第五章の浅野裕一「『君子為礼』と孔子素王説」参照。

（17）図版によれば『弟子問』簡22は竹簡の損傷が激しく、竹の繊維が解れて浮き上がった状態となっている。そのため「也」字についても右斜め下に引き下ろした墨線の一部が浮き上がって上に折り返したように見えるが、これは実際の点画とは認められない。

（18）さらに『君子為礼』と『弟子問』との間には、前者が比較的肥瘦差の少ない線条的な点画を中心とするのに対し、後者は毛筆の弾力を生かした紡錘型の点画を中心とするといった、書風にかかわる点画構造の相違が認められる。『君子為礼』と『弟子問』との書写者が異なることは、こうした書風の相違からも裏付けられる。

（19）張光裕「『君子為礼』釈文考釈」の「説明」によれば、『君子為礼』の完簡の簡長は五十四・一～五十四・五㎝の間、第一契口から頂端までの距離は十・五㎝、第一契口から第二契口までの距離は十三・二㎝・第二契口から第三契口までの距離は十九・五㎝、第三契口から尾端までの距離は十・三㎝である。一方『弟子問』については、すべてが残簡であるためか、契口位置の数値は示されていない。草野友子氏（前掲注14）によれば、『弟子問』の頂端から第一契口までの距離は簡によって契口の位置にずれがあるため確定し得ないが、第二契口から第三契口までの距離は十八・二㎝、第三契口から尾端までの距離は九・四〜九・五㎝であるという。草野氏の数値は原寸図版にもとづく測定と見なされ、なお若干の誤差を考慮する必要があるが、第二契口および第三契口の数値によって『君子為礼』と『弟子問』とが契口位置を異にする別個の冊書であることは十分に裏付けられる。

(20)［表三］に掲げた各文字の図版の竹簡番号は、以下の通りである。各篇の竹簡全体の用例については［表四］参照。

「也」……『君子為礼』簡3、『弟子問』簡4

「子」……『君子為礼』簡11、『弟子問』簡8

「不」……『君子為礼』簡2（二例）、『弟子問』簡6

(21)『弟子問』簡22は、上端残、下端平斉であるが竹簡の繊維がほぐれて残存状態がよくないため、図版によって契口位置を明瞭に把握することは困難である。

(22)『弟子問』附簡は文字が薄く不鮮明であるが、簡中にみえる「也」字および「不」字はいずれも『弟子問』の字体と合致するようであり、『弟子問』に属する可能性は高いと考えられる。

(23)陳剣氏は「簡22」とするが、その直後に掲げられた釈文から「簡18」の誤りと見なされる。

(24)『君子為礼』簡10の分篇についての異論はみられないが、その妥当性は『君子為礼』簡11にみえる「中尼」の字体が完全に符合する点、点画の構造（書風）が共通する点などによって明確に裏付けられる。

(25)［表五］に掲げた図版の竹簡番号は、以下の通りである。各篇の竹簡全体の用例については［表四］参照。

「不」……『君子為礼』簡2（二例）、『弟子問』簡6

(26)（Ⅱ）の拼合・編聯は、陳剣「談談《上博（五）》的竹簡分篇・拼合与編聯問題」および陳偉「『君子為礼』9号簡的綴合問題」（簡帛網〈http://www.bsm.org.cn/〉二〇〇六年三月六日）による。

(27)（Ⅲ）の拼合は、陳剣「談談《上博（五）》的竹簡分篇・拼合与編聯問題」および劉洪濤「談上海博物館蔵戦国楚竹書《君子為礼》的拼合問題」（簡帛網〈http://www.bsm.org.cn/〉二〇〇六年九月二日）による。

(28)『弟子問』簡3の釈文は、張光裕「『弟子問』釈文考釈」による。

(29) 同様な状況は類似の形体をもつ「女（汝）」字においても指摘される。

(30) 各文字の用例が見える竹簡は以下の通りである（算用数字は竹簡番号、右肩に＊を付した数字は表に掲げた図版の竹簡を示す）。

	『君子為礼』	『弟子問』簡3	『弟子問』
母	2 5 6 7＊	／	7 8＊
子（偏旁）	―	／	1 2＊（季）
又	―	／	4 13 14＊ 20
植	―	／	20＊

(31) 前掲注19参照。なお筆者の分析によれば、附簡を含めた『弟了問』残存二十五簡のうち、上端平斉の竹簡は簡2・簡3・簡13・簡19・簡21の五簡であり、簡21の第一契口の位置は、図版からは明瞭に確認しがたい。草野氏は簡2・簡19の契口については言及していないが、簡2は「民」字と「也」字との間、簡19は「虐（乎）」字と「子」字との間にそれらしき痕跡を認め得るようである。ただし仮にそうであれば、簡2は九・三㎝、簡19は十七・八㎝といずれとも相違し、『弟子問』の第一契口の位置はさらに確定困難となる。『弟子問』の竹簡断裂の状況や他の篇における第一契口の位置の傾向性から、簡2の九・三㎝の可能性が考慮されるが、あくまでも推測の域を出ない。『弟子問』の契口位置については、ぜひとも原簡による精確な数値の提示を望みたい。

(32)『君子為礼』簡5＋6・簡7Aの釈文は、張光裕「『君子為礼』釈文考釈」および劉洪濤「談上海博物館蔵戦国楚竹書《君子為礼》的拼合問題」による。

〔付記〕

本章の第一節・第二節は、拙稿「上博四《内礼》附簡・上博五《季康子問於孔子》第十六簡的帰属問題」（簡帛網〈http://www.bsm.org.cn/〉二〇〇六年三月七日）にもとづく。

第十七章　『曹沫之陳』における竹簡の綴合と契口

竹田健二

はじめに

『上海博物館蔵戦国楚竹書（四）』（上海古籍出版社、二〇〇四年）によって、古佚文献である『曹沫之陳』が公開された。その釈読に関しては、他の戦国楚簡文献と同様、竹簡の排列の復元が問題になるが、それに加えて、上半部・下半部に分断した竹簡の綴合という、竹簡そのものの復元が重要な問題となっている。

本章では、竹簡の契口、すなわち竹簡の編綫部に刻まれた切れ込みを中心に、『曹沫之陳』における竹簡の綴合・復元の問題について検討を加える。

一　『曹沫之陳』における竹簡の綴合

本節では、『曹沫之陳』に属する竹簡そのものの綴合・復元の問題とは何か、確認しておく。『上海博物館蔵戦国楚竹書（四）』において『曹沫之陳』の釈読を担当した李零氏の「説明」によれば、『曹沫之陳』の竹簡数は、「整簡」が四十五本、「殘簡」が二十本の合計六十五本である。但し、李零氏のいう「整簡」とは、欠損した箇所がない「完簡」のことではない。『曹沫之陳』の竹簡は多くが中間部分で折れ、上半部と下半部とに分断しており、完簡はわずか二十本しか存在しない。(1)李零氏は、この分断した竹簡について綴合・復元を行っており、氏のいう「整簡」とは、完簡二十本と、綴合し復元した竹簡二十五本とを合わせたもののことである。

この李零氏の綴合・復元に対して、既に複数の研究者が修正を加える説を唱えている。陳剣氏は、「上博竹書《曹沫之陳》新編釈文（稿）」（簡帛研究網、二〇〇五年二月十二日）において、李零氏の綴合・復元した二十五本の内、第32・37・46・51・53・63簡の六本の綴合には問題があると指摘し、これらについて新たな綴合を試みている。(2)また陳斯鵬氏が「上海博物館蔵楚簡《曹沫之陳》釈文校理稿」（簡帛研究網、二〇〇五年二月二十日）において、更に李鋭氏も「《曹劌之陳》釈文新編」（簡帛研究網、二〇〇五年二月二十二日）において、それぞれ新たな綴合・復元を行っている。

以上のように、上博楚簡『曹沫之陳』の釈読に当たっては、上半部・下半部に分断した竹簡の綴合・復元が、既にいろいろと試みられているのである。今後も更に多くの異説が唱えられるものと推測される。

もとより、『曹沫之陳』の釈読と連動するこの竹簡の綴合・復元案には、折れている部分の状況、具体的にはその箇所の形状や、記されている文字などが根拠となっているものが含まれている。(3)しかし、ほとんどは専ら前後の文字の接続だけを根拠とした、いわば文脈を根拠としたものであると思われる。竹簡の本来の形状や編綴が失われている以上、釈読者が理解した文脈を手がかりとして、竹簡の排列や竹簡そのものの復元を試みるのは当然のことである。しかしながら、復元に際して何らかの客観的な根拠が得られるのであれば、それに従わなければなるまい。

私見では、竹簡の綴合を復元するに当たっての客観的な手がかりとして、竹簡の契口が有効である。契口の位置により、竹簡の綴合・復元の妥当性を確認することができる場合があると考えられるのである。そこで次節では、戦国楚簡における契口とはどのようなものか、検討を加える。

二　竹簡の契口

先ず、『曹沫之陳』の第10簡（完簡）を見てみよう（図一参照）。『曹沫之陳』に属する竹簡は編綫が三道であるが、この第10簡の上端からやや下の第一編綫部と、竹簡の中央やや上の第二編綫部とには、ともに竹簡の文字面に向かって右側に、明らかに楔形の切れ込みが刻み込まれているのが分かる（図二・三参照）。竹簡の下端部からやや上の第三編綫部はやや不鮮明だが、仔細に見ればやはり切れ込みが刻み込まれているのが確認できる（図四参照）。

図一　『曹沫之陳』第10簡（『上海博物館蔵戦国楚竹書（四）』による）

図二　『曹沫之陳』第10簡第一編綫部（『上海博物館蔵戦国楚竹書（四）』による）

図三　『曹沫之陳』第10簡第二編綫部（『上海博物館蔵戦国楚竹書（四）』による）

図四　『曹沫之陳』第10簡第三編綫部（『上海博物館蔵戦国楚竹書（四）』による）

竹簡を編綴し冊書を作成する上で、竹簡を固定するための必要から刻まれたと考えられるこれらの切れ込みのことを、ここでは契口と呼ぶ[4]。この契口には、実は竹簡の文字面に向かって右側に刻まれたもの（以下、右契口と呼ぶ）と、左側に刻まれたもの（以下、左契口と呼ぶ）とが存在する。

本稿執筆の時点で既に公開されている上博楚簡について、『上海博物館蔵戦国楚竹書（一）～（五）』（上海古籍出版社、二〇〇一・二〇〇二・二〇〇三・二〇〇四年・二〇〇五年）に基づき、すべての竹簡の写真を調査したところ、左契口が存在する竹簡は、『曹沫之陳』の第15簡・第59簡・第63b簡・第64b簡の四本と、『鮑叔牙與隰朋之諌』の第2簡との、合計五本だけである。この内『鮑叔牙與隰朋之諌』の第2簡は完簡であるが、『曹沫之陳』の四本は、すべて分断した竹簡の下半部であり、確認できる左契口は、いずれも竹簡の下端からやや上の第三編綫部におけるものである（図五～九参照）。

上博楚簡の中で確認できる契口は、右に挙げた五本以外のものはすべて右契口である。上博楚簡においては、右契口の存在する竹簡が圧倒的に多数なのである。

図五　『曹沫之陳』第15簡（『上海博物館蔵戦国楚竹書（四）』による）

図六　『曹沫之陳』第59簡（『上海博物館蔵戦国楚竹書（四）』による）

図七　『曹沫之陳』第63b簡（『上海博物館蔵戦国楚竹書（四）』による）

図八　『曹沫之陳』第64b簡（『上海博物館蔵戦国楚竹書（四）』による）

図九　『鮑叔牙與隰朋之諫』第2簡（『上海博物館蔵戦国楚竹書（五）』による）

もっとも、だからといって左契口の存在する竹簡が極めて特殊なものであるという訳ではないと考えられる。なぜならば、郭店楚簡においては、左契口の存在する竹簡が、或る程度まとまって存在するからである。

『郭店楚墓竹簡』（文物出版社、一九九八年）に基づき、郭店楚簡の竹簡の中で左契口が存在するものを調査したところ、以下の竹簡において左契口が確認できた。[5]

『六徳』第33・34・36・44簡　計四本

『語叢三』第08・17・18・19・21・23～47・49・52～55・58～68・70～72簡　計四十八本

「附　竹簡殘片」第07・08・09・13簡　計四本[6]

図一〇　『六徳』第33簡（『郭店楚墓竹簡』による）

図一一　『六徳』第34簡（『郭店楚墓竹簡』による）

図一二　『六徳』第36簡（『郭店楚墓竹簡』による）

図一三　『六徳』第44簡（『郭店楚墓竹簡』による）

図一四　『語叢三』第17簡（『郭店楚墓竹簡』による）

図一五　『語叢三』第26簡（『郭店楚墓竹簡』による）

図一六　『語叢三』第28簡（『郭店楚墓竹簡』による）

図一七　『語叢三』第31簡（『郭店楚墓竹簡』による）

図一八　『語叢三』第52簡（『郭店楚墓竹簡』による）

　このように、郭店楚簡中には少なくとも五十本余りもの竹簡に左契口が存在していることから、左契口の存在する竹簡は、右契口の存在する竹簡と較べて少数ではあるものの、決して特殊なものではないと考えられる。

以上、上博楚簡及び郭店楚簡には、右契口の存在する多数の竹簡と、左契口の存在する少数の竹簡とがあることを確認した。続いて、この契口と竹簡の綴合・復元との関連について述べる。

三　契口と竹簡の綴合

私見では、竹簡の綴合を復元するに当たっての客観的な手がかりとして、竹簡の契口が有効である。というのは、これまで公開された上博楚簡及び郭店楚簡の写真を見る限り、それらの中に、或る一本の竹簡上で、左右の契口が混在する現象は確認できない。ここから、上博楚簡及び郭店楚簡においては、或る一本の竹簡上においては、右契口と左契口とが混在することはないと考えられるからである。

もっとも、左契口が確認できる竹簡の中で、『曹沫之陳』の第15・59・63b・64b簡、『語叢三』の第18・21・32・34簡、「附　竹簡殘片」の第07・08・09・13簡は、その竹簡上に契口が一つしか存在していない断簡である。これらの竹簡については、左右の契口が混在するかどうかは、判断できない。

そこで、左契口の存在する郭店楚簡『六徳』及び『語叢三』、上博楚簡『鮑叔牙與隰朋之諫』の完簡について見てみると、同一竹簡上の契口はいずれも左契口であり、右契口は一つも存在しない（図一〇～一八参照）。

ここから、戦国楚簡の或る一本の竹簡上においては、右契口と左契口とが混在することはないと考えられる。或る同一竹簡上に右契口と左契口とが混在しないとするならば、李零氏ほか先行研究による竹簡の綴合・復元の中には、認められないものがある。具体的には、李零氏らによる第63簡及び第64簡の綴合、陳剣氏らによる第57簡と第15簡との綴合、李鋭氏による第48簡と第59簡・第37a簡と第63b簡との綴合である。

第63簡・第64簡のそれぞれ下半部、すなわち第63b簡・第64b簡には、先述の通り第三編綫部に左契口が存在する（図七・八参照）。一方、第63簡・第64簡のそれぞれ上半部、すなわち第63a簡・第64a簡には、第一編綫部と第二編綫部とが存在しており、両編綫部とも、右契口が存在する（図一九・二〇参照）。李零氏の綴合した第63a簡と第63b簡と、第64a簡と第64b簡とがそれぞれ同一竹簡の上半部と下半部とであったとするならば、この二本の竹簡は共に、右契口と左契口とが混在していた竹簡ということになる。

図一九　『曹沫之陳』第63a簡（『上海博物館蔵戦国楚竹書（四）』による）

図二〇　『曹沫之陳』第64a簡（『上海博物館蔵戦国楚竹書（四）』による）

同じことが、第57簡と第15簡・第48簡と第59簡・第37a簡と第63b簡との綴合にも当てはまる。第15・59・63b簡には、いずれも第三編綫部に左契口が存在する（図五・六・七参照）。一方の第57・48・37a簡には、第一編綫部と第二編綫部とが存在しており、両編綫部ともすべて右契口が存在する（図二一・二二・二三）。従って、それぞれを綴合・復元した竹簡は、いずれも右契口と左契口とが混在していたことになる。

図二一　『曹沫之陳』第57簡（『上海博物館蔵戦国楚竹書（四）』による）

図二二　『曹沫之陳』第48簡（『上海博物館蔵戦国楚竹書（四）』による）

図二三　『曹沫之陳』第37a簡（『上海博物館蔵戦国楚竹書（四）』による）

或る同一竹簡上において、右契口と左契口とが混在しないのであるならば、右に挙げた李零氏らによる竹簡の綴合・復元はすべて成り立たず、これらは皆誤った綴合であると考えられる。

四　『曹沫之陳』における竹簡の残欠

『曹沫之陳』において左契口が確認できる第15・59・63b・64b簡の四本は、いずれも中間部で断折した竹簡の下半部である。ところが、『曹沫之陳』の竹簡の中には、左契口の存在する上半部の竹簡は一つも含まれていない。先述の通り、戦国楚簡の或る同一竹簡上においては、右契口と左契口とが混在する現象は存在しないと考えられる。従って、左契口の存在する竹簡の下半部である第15・59・63b・64b簡の四本の竹簡については、いずれも上半部が残欠していると理解すべきであり、他の竹簡と綴合してはならないと考えられる。

そもそも上博楚簡は盗掘されたものであり、考古学的な調査によって出土したものではない。上博楚簡中の或る文献が、仮に副葬された時点では竹簡のすべて揃った完全なものであったとしても、それがそのまま上海博物館に収められ、現在も竹簡がすべて揃っているという可能性は、かなり低いとしなければなるまい。『曹沫之陳』の第15・59・63b・64b簡の四本の竹簡の上半部がすべて残欠しているということは、十分にあり得ることである。『曹沫之陳』の中の、左契口の存在する第15・59・63b・64b簡の四本の竹簡の上半部が残欠して失われてしまっているということは、右契口が存在する他の多数の竹簡の中にも、やはり上半部、或いは下半部が残欠して失われてしまっているものが存在する可能性があることを示すと考えられる。また、そもそも竹簡全体が丸ごと失われてしまっている可能性もかなり高いと推測される。『曹沫之陳』の釈読に当たっては、そうした可能性に十分留意する必要があると考えられる。

おわりに

『曹沫之陳』は、右契口の存在する竹簡と、左契口の存在する竹簡とが混在している文献である訳だが、こうした現象はなぜ起きたのであろうか。

郭店楚簡・上博楚簡においては、圧倒的多数の竹簡の契口が右契口で、少数の竹簡のみが左契口である。このため、戦国楚簡の契口は、基本的には右側に位置するものとされていたと考えられる。但し、このことはそれほど厳密に守られてはいなかった、と理解すべきであろう。

竹簡に記されている内容について見るならば、左契口の竹簡に記されている内容と、右契口の竹簡に記されている内容とが、基本的性格を異にしているといった現象は認められない。このため、左契口の竹簡は、そもそも意図的に作られたものではなかった可能性が高く、左契口の竹簡は、竹簡に文字を記す段階か、或いは竹簡を編綴して冊書を作成する段階か、いずれかの段階において、何らかの不注意によって生じてしまったものと推測される。

もっとも、この問題については、戦国時代において文献の書写と竹簡の編綴との先後関係などについても十分検討する必要である。この点については、今後の課題としたい。

注

（1）李零氏は、釈文の中で第28簡を完簡とするが、『上海博物館蔵戦国楚竹書（四）』十一頁の「図版」写真を見る限り、完簡ではない。また陳剣氏は、第36簡を完簡ではないとするが、写真を見る限り、李零氏が釈文でいうように完簡である。写真の調査に基づき、ここでは第05・09・10・13・14・18・19・20・21・22・33・35・36・38・39・40・50・52・54・65簡の二十本を完簡とする。なお、このうち第52簡は、竹簡の上端部分が一部欠けているが、文字列の残欠が無いため、李零氏の釈文に従い完簡として扱う。

（2）以下、竹簡の番号は、李零氏の釈文における竹簡番号をそのまま用いる。但し、李零氏によって綴合されているものについては、その上半部の竹簡には「a」を、下半部の竹簡には「b」を、それぞれ竹簡番号に付して区別する。

（3）例えば、『曹沫之陳』第01簡の綴合は、上半部・下半部に分断した箇所が、ちょうど「昔」字の上であり、綴合によって「昔」字の字形が復元され、前後の文脈も通る。こうした綴合は、客観的な根拠を有すると見なせよう。

（4）「契口」の語は、『上海博物館蔵戦国楚竹書』において釈読を担当している馬承源氏・陳佩芬氏らが用いているのによった。冨谷至氏は、『木簡・竹簡の語る中国古代——書記の文化史——』（岩波書店、二〇〇三年）において、大英図書館が収蔵する敦煌漢簡の医書簡の簡側に入れられた「楔形の切れ込み」について、「これらは、書物として長期にわたって編綴を保つための装幀の一つであろう」と述べている。

（5）『郭店楚墓竹簡』に収められた写真は小さく、またそのほとんどが白黒写真である。しかも、一部の竹簡の写真には、部分的に修正を加えた痕跡と思われるものも認められる。このため、契口の存在の有無を判断することが難しい場合がある。例えば、郭店楚簡『老子乙』第05簡は、第二編綫部の竹簡左端に黒い影が認められるが、これが契口の存在を示す陰なのか、それとも編綫の痕跡であるのかは判別し難い。『郭店楚墓竹簡・老子乙・丙本』（《簡帛書法選》編集組編、文物出版社、二〇〇二年）に収められている白黒の拡大写真によれば、この陰は左契口ではなく、編綫の痕跡であると考えられるため、ここでは除いた。より正確に判断するには、より精密なカラー写真の入手か、或いは実物の調査が必要である。

（6）郭店楚簡『語叢三』については、福田哲之氏が「『語叢三』の再検討――竹簡の分類と排列――」（浅野裕一編『古代思想史と郭店楚簡』〔汲古書院、二〇〇五年〕所収。初出は、「郭店楚簡『語叢三』の再検討――竹簡の分類と排列――」〔『集刊東洋学』第八六号、二〇〇一年〕及び「郭店楚簡『語叢三』釈文」〔平成十二年度～平成十五年度科学研究費補助金基盤研究（B）（一）研究成果報告書『戦国楚系文字資料の研究』所収、二〇〇四年〕において、句読符号と対応関係が認められる字形・書風の分析を精密に行い、『語叢三』の竹簡を三つに分類している。しかし、福田氏の分類による第一類・第二類・第三類は、いずれも右契口の竹簡と左契口の竹簡とを両方含んでおり、契口の位置と字形・書風との間には、対応関係は認められないと思われる。

［付記］本章は、拙稿「『曹沫之陳』における竹簡の綴合と契口」（『東洋古典学研究』第十九集、二〇〇五年）に基づく。本書への収録に当たり、体裁を一部改め、またその後の知見による補訂を加えたが、全体の論旨については変更していない。

第十八章　上博楚簡『采風曲目』の竹簡の形制について

――契口を中心に――

竹田健二

はじめに

前章で筆者は、上博楚簡『曹沫之陳』の竹簡の契口（竹簡の編綫部に刻まれた切れ込み）について検討を加え、折れた竹簡同士を綴合して一本の竹簡に復元する際、契口の左右の位置が客観的な手がかりとして有効であることを指摘した。

そもそも契口は、竹簡を編綴し冊書を作成する時に、竹簡を固定する必要から刻まれたもので、同一の冊書・同一の文献に属する竹簡であれば、契口から竹簡の上端、或いは竹簡の下端までの長さは概ね等しいと考えられる。(1) このため契口は、竹簡が属する文献の分類や欠損した竹簡の復元を行う上で重要な判断材料となり、或る文献に属する竹簡の形制として大いに注目する必要がある。そこで本章では、『上海博物館蔵戦国楚竹書（四）』（上海古籍出版社、二〇〇五年）所収の『采風曲目』について、その竹簡の形制を、契口の問題を中心に検討を加える。(2)

一　『采風曲目』の竹簡の状況と内容

先ず『采風曲目』の竹簡の状況について確認しておこう。『采風曲目』の釈読を担当した馬承源氏は、『采風曲目』に属する竹簡の数を六簡とする。そこで以下の検討では、各簡を馬承源氏が釈読において付している番号で呼ぶ。但し、簡2は、残欠した箇所がある二本の竹簡を、馬承源氏が綴合したものである。他の五簡については、こうした綴合は行われていない。そこで、綴合された簡2の上半部を簡2a、下半部を簡2bと呼んで区別する。

それぞれの竹簡の簡長や残欠状況、及び文字数について、馬承源氏の釈文に基づいてまとめたのが、左の表である。『采風曲目』のすべて竹簡は上端部分が残欠しており、完全な簡は一本もない。そして、簡2aを除く各簡の下端部はすべて残欠しておらず、平斉である。

表　『采風曲目』の竹簡の状況（馬承源氏による）

	簡長（㎝）	竹簡上端	竹簡下端	文字数	備考
簡1	四六・六	残欠あり	平斉・完整	三五	
簡2a	二三・七	残欠あり	残欠あり	一七	
簡2b	二二・八	残欠あり	平斉・完整	一五	
簡3	五六・一	残欠あり	平斉・完整	三四	
簡4	四六・五	残欠あり	平斉・完整	三四	
簡5	五四・五	残欠あり	平斉・完整	一〇	文字列の下が、竹簡の下端まで留白
簡6	四六・五	残欠あり	平斉・完整	五	文字列の下が、竹簡の下端まで留白

続いて、『采風曲目』の竹簡に刻み込まれた契口について確認しておく。馬承源氏は契口についてまったく言及していないが、『采風曲目』の竹簡の写真からは、各竹簡に刻まれた契口が確認できる。そこで、筆者が写真から確認した各簡の契口を図一に示す。図中、矢印を付した所が、契口が存在すると筆者が判断した箇所である。ちなみに、『采風曲目』において確認できる契口はすべて右契口で、左契口は存在しない(3)。

図一　各竹簡における契口の位置

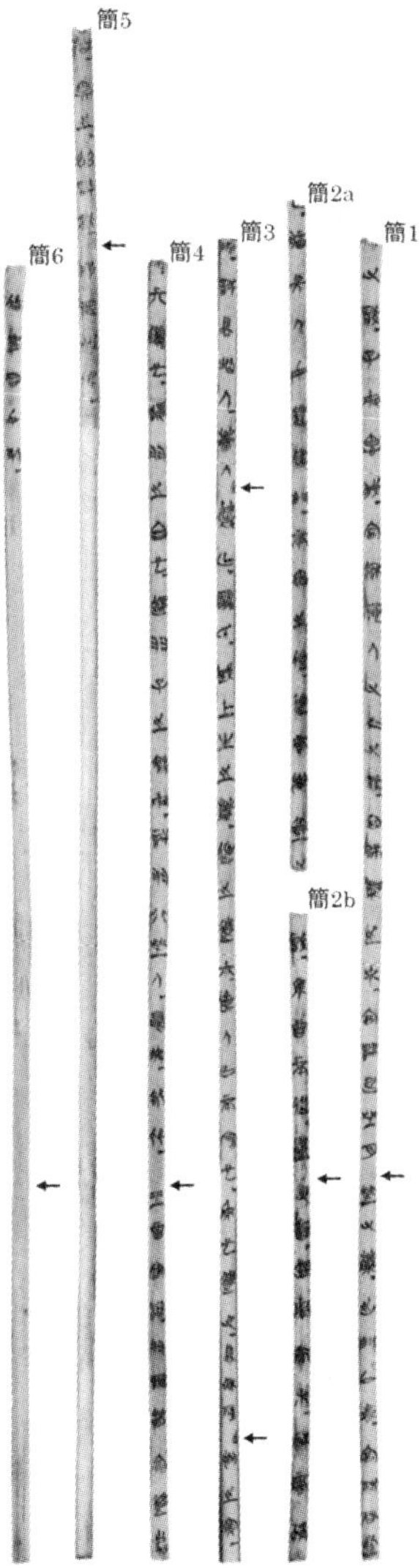

『采風曲目』各竹簡の契口の形状は、図二～八の通りである。図二～六は、それぞれ図の中の文字の右上の部分、図七は図の中の文字の右下の部分、図八は図二～六とほぼ同じ位置に契口が確認できる。いずれの契口も、先ずその下部がほぼ水平に切り込まれ、次いでその切り込みに向かって右上方から削り込まれているように見受けられる。

図二　簡1の契口

図三　簡2bの契口

図四　簡3上部の契口

図五　簡3下部の契口

図六　簡4の契口

図七　簡5の契口

図八　簡6の契口

続いて、『上海博物館蔵戦国楚竹書（四）』の馬承源氏の釈文、及び董珊氏の修正案に基づいて、『采風曲目』の全文を以下に示す。(4)

1又詨■、《子奴思我》■。宮穆、《碩人》、又文又詨■。宮⿰𧾷出（巷）、《喪之末》■。宮訐、《疋笙月》、《埜又莱》■、《出門已（以）東》■。宮杌、《君壽》

2a□》■、《⿰酉四宂（媺）人》、《毋⿺辶北（過）虗（吾）門》■、《不寅之媑》■。逡商、《嬰（要）丘》又

2b詨》■、《奚言不從》■、《豊又酉（酒）》■。趣商、《高木》■。訐商、《⿰犭隹

3□》■。訐峉（徵）、《牧人》■、《昜人》■、《蠶亡》■、《靁氏》■、《城上生之葦》■、《道之遠尔》■、《良人亡不宜也》■、《也遺夬（玦）》■。峉（徵）和、《硜剌之賓》■。

4□》■、《亓（其）繅也》■。《𦐧（鷺）羽之白也》■。趩羽、《子之賤奴》■。訐羽、《北埜人》■、《募虎》■、《咎比》■、《王音深浴（谷）》■。羽譔、《嘉賓逌憙》

5居》■、《思之》■、《兹（茲）信然》■、吅譔、《戋虎》■。

6《狗（苟）虗（吾）君毋死》■。

『采風曲目』は、五声の中の「宮・商・峉（徵）・羽」の四声に属する曲目を、楽調ごとに分類して記したものである。合計三十九の曲目が、ほとんどの場合その後に墨釘を伴って記されている。なお、竹簡に篇題は記されていない。『采風曲目』は、「采風」によって得られた「曲目」の意味で付けられた、仮題である。[5]

簡5・簡6については、文字列の末尾の下が、竹簡の下端まで留白となっている。これは、馬承源氏が「説明」で述べているように、一つの声に分類されている曲目の記述が竹簡の途中で終わった場合、次の声の曲目の記述が、新たな竹簡の冒頭から開始されているためと見られる。[6]

注意しなければならないのは、『采風曲目』においては、簡と簡との連接を確定できるところがなく、竹簡の排列が不明である点である。『采風曲目』はその内容が曲目の羅列であり、論理の展開といったものは存在しない。しかも固有名詞である各曲目に関して、その具体的内容がほとんど分からない。更に加えて、すべての竹簡に残欠があり、脱簡が存在している可能性も考えられる。こうしたことから、竹簡と竹簡との連接を確定する根拠が極めて乏しいのである。馬承源氏は、おそらく「宮・商・角・徵・羽」の五声の順序に基づいて六つの竹簡を排列したと推測されるが、これはあくまでも便宜的な排列に過ぎないと見るべきであろう。

以上、『采風曲目』の竹簡の状況と内容とについて確認した。続いて、『采風曲目』の竹簡の形制に関するいくつかの問題について、順次検討を加える。

二　簡3の簡長の問題

『采風曲目』の竹簡の形制に関して先ず問題となるのは、簡3の簡長である。先の表に示した簡長の数字は、前述の通り馬承源氏の釈文の記述に基づくが、これによれば最長は簡3の五十六・一㎝である。ところが、『上海博物館蔵戦国楚竹書（四）』所収の竹簡の写真を見る限り、『采風曲目』中最長の竹簡は簡3ではなく、五十四・五㎝とされる簡5である（図一参照）。もとより、縮尺が示されていないため、写真から竹簡の長さを割り出すことは不可能であるが、各簡に記されている文字数、文字の大きさ、或いは竹簡の幅などから判断するに、簡3の簡長が五十六・一㎝というのは明らかに誤りである。おそらく簡3の簡長は、簡1・4・6と概ね同じく、四十六㎝余りと推測される。⑺

三　簡3の契口の位置の問題

第二の問題は、簡3において確認できる二つの契口の位置の問題である。

前述の通り、『采風曲目』に属する竹簡は、すべてその上端部分が残欠している。そして、簡2a・簡5を除く簡1・2b・3・4・6の五簡については、竹簡の下端に比較的近い位置に、契口の存在が確認できる。

この簡1・2b・3・4・6の竹簡下部の契口について、残欠していない竹簡の下端から契口までの長さを比較すると、簡3を除く簡1・2b・4・6の四簡はほぼ同じ長さである。ところが、簡3の下部の契口は、明らかに他の四簡と位置が異なり、かなり竹簡の下端に近い箇所に位置している。このため、もしも簡1・2b・3・4・6の五簡を同一の冊書に編綴すれば、竹簡の下部の編綫が水平にはならず、竹簡を十分に固定することができないと推測される。

加えて、簡3の上部の契口についても、その位置に問題がある。簡1・3・4・6の四簡は簡長がほぼ同じである。ところが、簡1・4・6の三簡においては、簡3の上部の契口と同じ位置に相当する箇所には、契口の存在を確認することができないのである。

以上のように、簡1・2b・4・6の四簡は、契口が竹簡下部のほぼ同じ位置に存在しており、従って、同一の冊書に属する竹簡であったと考えられる(8)。これに対して、簡3は、その二つの契口の位置が簡1・2b・4・6の契口の位置と著しく異なっている。このことは、簡3が、簡1・2b・4・6とは異なる冊書に属する竹簡であったことを示していると考えられる。

もっとも、簡1・2b・4・6の四簡と簡3とは、内容的にはいずれも声・楽調ごとに分類された曲目の羅列であり、またその記述の体裁も、概ね各曲目ごとに墨釘が記されている点で共通している。こうした内容や記述の体裁の共通性から見れば、簡1・2b・4・6の四簡と簡3とは、別の冊書ではあっても、まったく無関係の文献であったとは考え難い。詳細は不明だが、両者は、類似した目的で編集されたそれぞれ別の文献に属するものであったか、或いは同一文献の異本に属するものであった可能性が考えられる。

四　簡5の形制の問題

簡5は、わずか十文字しか記されていないが、その内容はやはり曲目の羅列であると考えられ、また曲目ごとに墨釘を記すその記述の体裁も、『采風曲目』の他の竹簡と共通している。(9) しかし、簡5の形制、特に契口の位置に関しては問題がある。

簡5に一箇所存在している契口（図七参照）の位置は、簡3の上部の契口の位置とは明らかに異なっている（図一参照）。また、簡3の下部の契口と同じ位置に相当する箇所には、契口が存在しない。従って、簡5と簡3とが異なる冊書に属していたものであることは確実と考えられる。

問題は、簡5と簡1・2b・4・6の四簡との関係である。先述の通り同一の冊書に属すると考えられる簡1・2b・4・6には、竹簡の下端近くのほぼ同じ位置に契口が確認できた。しかし、簡5においては、それに相当する箇所に契口を確認することができない。従って、単純に考えれば、簡5は、簡3と異なる冊書に属していただけでなく、簡1・2b・4・6とも異なる冊書に属していたということになる。

もっとも、私見では、簡5と簡1・2b・4・6の四簡とが、同一の冊書に属していた可能性も一概には否定できないように思われる。

図一を見れば明らかなように、そもそも簡5において一箇所のみ確認できる契口が、この竹簡の最下部の契口であるとするのは不自然である。簡5の下部の留白となっている部分にも、簡1・2b・4・6の四簡において契口が存在する位置とほぼ同じようなところに、実は別の契口が存在しているとの可能性があると思われる。(10)

また簡5の契口の位置は、概ね簡1・3・4・6の四簡上端の、残欠している部分に概ね相当する箇所にある。前節で述べたように、簡3は簡1・2b・4・6とは異なる冊書に属する竹簡と考えられるため除外すると、簡5の契口の位置が簡1・4・6の上端とほぼ一致していることは、簡1・4・6の上端部分の、簡5の契口にほぼ相当する位置にはもともと契口が存在し、その契口の箇所かその近くで断折が起きた、との可能性が考えられる。

但し、簡5の竹簡下部の契口の存在や、簡1・4・6の上端近くの契口の存在については、あくまでも推測に止まる。簡5と簡1・2b・4・6とが、ほぼ同じ位置に契口が存在する、同一の冊書に属する竹簡であったのか、それとも契口の位置が異なり、従って別の冊書に属していた竹簡であったのかについては、今のところ不明であるとしておく。

五　簡2aと簡2bとの綴合の問題

先述の通り、馬承源氏は簡2aと簡2bとを綴合し、一本の竹簡であったとしている。その見解に従うならば、簡2aは簡1・2b・4・6の四簡と同一の冊書に属するものということになる。竹簡の形制から見て、簡2aと簡2bとの綴合の妥当性を裏付けることが果たしてできるであろうか。

結論から言えば、簡2aと簡2bとの綴合について、竹簡の形制からその妥当性を判断することはできない。簡2aは、上下端とも残欠して竹簡の長さが比較的短い上に、契口が存在していない。このため、その竹簡の形制を判断する十分な材料がなく、従って、簡2aが簡1・2b・4・6の四簡と同一の冊書に属していたのか、それとも簡3と同一の冊書に属していたかを判断することはできないのである。

馬氏は、簡2aと簡2bとの内容が共に「商」に関する曲目の羅列であることから、この二簡を綴合したと推測される。確かに内容からは、この二つの断簡がもともと同一冊書の、しかもかなり近い位置に存在した可能性が十分考えられるが、簡2aの残欠している下端部と、やはり残欠している簡2bの上端部の形状は、同一箇所における断折によって生じたものとは見受けられない。またその断折したとされる部分に、同一箇所における断折を裏付けるような文字や記号が残っている訳でもない。

もとより一度断折した部分が、後に更に破損した可能性もあり得る。このため、現在の竹簡の形状に基づいて単純に判断することはできないが、少なくとも写真から見た現在の竹簡の形状は、簡2aと簡2bとを綴合しなければならないとする積極的な根拠にはならない。

従って、簡2aと簡2bとについては、もともと一本の竹簡であった可能性と、それぞれ別の竹簡の一部であった可能性とを、ともに排除することができないと考えられる。従って、この点についても不明としておく。

六　『采風曲目』の編綫数の問題

最後に、『采風曲目』の編綫の数の問題について検討する。

馬承源氏の釈文並びに「説明」には、編綫の数について何も述べていない。もっとも、竹簡上に刻み込まれた契口は編綫部を示していると考えられるので、基本的には完全な一本の竹簡上の契口の数を確認できれば、その編綫数を知ることができる。しかし、『采風曲目』は、そのすべての竹簡に残欠があり、しかも、複数の契口が確認できる竹簡は簡3の二箇所だけである。このため、単純に契口の数から編綫の数を判断することができない。

そこで先ず、契口が二箇所確認できる簡3の編綫について考察してみよう。この竹簡の編綫が両道であったと仮定するならば、簡3上部の契口が第一編綫部、下部の契口が第二編綫部となる。簡3の残欠している竹簡上端から第一編綫部（上部の契口）までの長さは、竹簡の下端から第二編綫部（下部の契口）までの長さと比較して、約二倍ある。本来の簡3の竹簡上端から第一編綫部までの長さは、残欠して失われた部分の長さを加えたものになるため、この竹簡が両道であったとすれば、上下の編綫の位置のバランスが著しく悪い(11)。こうした編綫の位置の偏りは、両道の文献が多い郭店楚簡においても見られない。

それでは、簡3の編綫が三道であったと仮定すれば、どうなるであろうか。この時、現在簡3の上部に確認できる契口は第二編綫部ということになるが、三道の文献の第二編綫部は、竹簡の全長のおおよそ中間に位置したと推測される。前述の通り、現在の簡3の簡長は、簡1・4・6と概ね同じく、四十六㎝余りと考えられるので、残欠して失われた部分の長さを加えた簡長は、第二編綫部が概ね竹簡の中央であれば七十五㎝程度、第二編綫部が中央よりやや上に位置したとすれば、七十㎝程度ということになる。公開済みの上博楚簡中で簡長が最大なのは、『性情論』の約五十七㎝であるから、七十〜七十五㎝もの簡長はかなり長いが、あり得ない数字ではないと考えられる[12]。

従って、簡3については、両道であった可能性も否定はできないが、三道であった可能性の方が高いと考えられる。

続いて、簡1・2b・4・6の四簡について検討しよう。この四簡は契口が竹簡の下端近くに一箇所だけ確認できるが、前述の通り、簡1・2b・4・6の竹簡上部の残欠部は、実は契口が刻まれていた箇所であり、その箇所で断折が起きた可能性が考えられる。残欠した部分の長さが不明だが、この四簡が両道であった可能性は、十分に考えられる。この時、残欠した部分は比較的長さが短かいと思われる。

これに対して、残欠して失われた部分が長かったならば、その上に別の契口が存在し、編綫が三道であったとも一応は考えられる。しかし、もしそうであったならば、第二編綫部が竹簡の全長のおおよそ中間位置であったとすると、簡長が一メートルを超えてしまうことになる。従って、三道であった可能性はほとんど無いであろう。

なお、簡5及び簡2aについては、その契口の位置について判断できないため、編綫の数は不明としておく。

おわりに

本章では、契口の位置の問題を中心に、『采風曲目』の竹簡の形制に関する検討を行った。その結果、簡1・2b・4・6の四簡は、もともと同一の冊書に属する竹簡であると考えられること、これに対して簡3は、それらとは別の冊書に属する竹簡であると考えられること、加えてこの二つの冊書の編綫は、簡1・2b・4・6の四簡が属するものは両道、簡3が属するものは三道であったと考えられることなどを明らかにした。

出土文献の研究は、最初に発表される釈読が多くの場合出発点となる。しかしながら、資料の残欠が激しい場合、しかもそれが古佚文献であった場合、その正確な釈読は極めて困難である。未知の文献に立ち向かった整理者の最初の釈文が、必ずしも最善のものであるとは限らない以上、後に続く研究者は、出土した資料に関して可能な限り情報を収集し、多角的な検討を加える必要がある。

そうした意味で、『上海博物館蔵戦国楚竹書』の各分冊が、全竹簡の拡大カラー写真を収めていることは、極めて意義深い。しかしながら、契口など竹簡の状態を細かく検討しようとした場合、写真の鮮明度が十分ではなく、判断に苦しむことがあるのは、甚だ遺憾である。正確な情報を研究者が広く共有できる環境の実現が大いに望まれる。

注

（1）　そうでなければ編綫が水平にならず、冊書において竹簡が固定されないと考えられる。

（2）　冊書が作成された時点において、竹簡ごとの契口の位置に若干の誤差は既に存在していたと推測される。また、各竹簡の契口の位置についても、作成された時点と現在とで、その位置がまったく同じとは限らない。二千年以上もの時間の経過や、出土後に加えられた保存処理などにより、竹簡そのものが影響を受け、簡長や契口の位置に若干のズレを生じた可能性が考えられるからである。そこで、本章においては、簡ごとの契口の位置の違いについては、cm単位で著しく異なるものに限定して考える。

（3）　図版はいずれも、『上海博物館蔵戦国楚竹書（四）』所収の写真に基づく。なお、同書には、『采風曲目』全竹簡を並べたカラー写真、各簡ごとの拡大カラー写真、各簡ごとの白黒写真の、合計三種類がある。但し、これらはおそらく、簡上に記された文字や記号の識別のみを念頭に撮影されたものである。このため、契口の存在については判断が難しい場合がある。

（4）董珊「読《上博蔵戦国楚竹書（四）》雑記」《采風曲目》（「簡帛研究」網站、二〇〇五年二月二十日）、及び福田哲之「采風曲目」（戦国楚簡研究会「上博楚簡解題――『上海博物館蔵戦国楚竹書』（三）（四）所収文献――」〔『中国研究集刊』第三八号、二〇〇五年十二月〕所収）参照。

（5）馬承源氏は『采風曲目』の内容に関して、「説明」の中で、五声の中で「角」についての言及がない点、また曲目が、「碩人」を除いて、文献上に記録されていないものである点などに注目している。

（6）馬承源氏は、「説明」の中で、留白を伴う簡5・簡6について、他の竹簡との接合が不明であり、これが『采風曲目』の中で言及がない「角」に関する記述の一部かどうかは分からない、としている。

（7）馬承源氏は、釈文冒頭の「説明」においても、「最長的一支爲五十六・一釐米」と述べているが、それがどの竹簡のことであるかは明言していない。しかし、『采風曲目』中に五十六・一㎝もの簡長をもつものは存在しないと考えられる。

（8）馬承源氏は、「説明」の中で、それぞれ「商」と「羽」に属する曲目を記している簡2（簡2bを指す）と簡4とについて、「商」「羽」の声名の前に、同じく「趨」と「訐」の字を接合しており、しかもその順序も同一であることから、この二つの竹簡には曲目の排列の仕方に共通点があることを指摘している。こうした点も、簡2bと簡4とが同じ冊書に属していたことを示していると考えられる。

（9）馬承源氏は、簡5を含む『采風曲目』中の複数の竹簡の背面に、別の文献と見られる文字が記されているが、それについては別の機会に発表するとしている。『采風曲目』の竹簡の編連等の問題を考える上で、この竹簡背面の文字は貴重な手がかりとなる可能性がある。

（10）竹簡自体の保存状態の問題や撮影や印刷上の問題なのか、それとも更に別の問題によるのかは不明だが、簡5の、特に留白部分については、カラーの拡大写真も釈文の白黒写真も、いずれも鮮明さを欠いている。そのために契口の存在を確認することができないが、実際には契口が存在する可能性もあると思われる。

（11）馬承源氏は「説明」の中で、簡3は上端二字ほどの位置で折れていると述べている。仮に簡3上部の残欠部の長さが短かったとしても、上下の編綫の位置のバランスはかなり悪いと思われる。

（12）駢宇騫・段書安『二十世紀出土簡帛綜述』（文物出版社、二〇〇六年）によれば、包山二号楚墓からは、簡長五十九・六〜七十二・六㎝の竹簡が出土している。

あとがき

我々戦国楚簡研究会は、上博楚簡に関する専著として、すでに『竹簡が語る古代中国思想――上博楚簡研究』（汲古選書）を発表している。今回はそれに続き、第四分冊と第五分冊を中心とした研究をまとめ、科研の研究代表者である湯浅邦弘教授に編者の労を引き受けてもらって、『上博楚簡研究』を刊行する運びとなった。そこで以下に、本書に収録した論考の初出誌一覧を示して置く。

初出誌一覧

（各章の原著者・原タイトル・初出誌・中国語版を以下に列挙する。本書に収録するにあたり、加筆修正を加えたものもあるが、原著の論旨を変更したものはない。）

〈第一部　総論〉

第一章　湯浅邦弘「戦国楚簡と中国古代思想史研究」（『中国史学』第十六巻、二〇〇六年）
中国語版「戰國楚簡與中國古代思想史研究」（『戰國楚簡與秦漢之思想史研究』、台湾・万巻楼、二〇〇六年）

第二章　浅野裕一「新出土資料と諸子百家研究」（『戦国楚簡研究二〇〇五』〈『中国研究集刊』別冊特集第三十八号〉、二〇〇五年）

〈第二部　思想史研究〉

第三章　湯浅邦弘「上博楚簡『三徳』の全体構造と文献的性格」(『戦国楚簡研究二〇〇六』〈『中国研究集刊』別冊特集第四十一号〉、二〇〇六年)

第四章　湯浅邦弘「上博楚簡『三徳』の天人相関思想(『戦国楚簡研究二〇〇六』〈『中国研究集刊』別冊特集第四十一号〉、二〇〇六年)

中国語ダイジェスト版「上博楚簡『三徳』的天人相関思想」(『新出楚簡国際学術研討会会議論文集(上博簡巻)』、武漢大学、二〇〇六年)

第五章　浅野裕一「上博楚簡『君子爲禮』と孔子素王説」(『戦国楚簡研究二〇〇六』〈『中国研究集刊』別冊特集第四十一号〉、二〇〇六年)

中国語版「上博楚簡《君子為禮》與孔子素王説」(『中國簡帛學國際論壇２００６論文集』、武漢大学、二〇〇六年)

第六章　浅野裕一「上博楚簡『相邦之道』の全体構成」(『中国学の十字路』、研文出版、二〇〇六年)

中国語版「上博楚簡《相邦之道》的整體結構」(台湾『清華學報』新三十五巻第二期、二〇〇五年)

第七章　福田哲之「上博楚簡『内礼』の文献的性格――『大戴礼記』曾子立孝篇・曾子事父母篇との比較を中心に――」(『戦国楚簡研究二〇〇五』〈『中国研究集刊』別冊特集第三十八号〉、二〇〇五年)

中国語版「上博楚簡《内禮》的文獻性質――以與《人戴禮記》之《曾子立孝》・《曾子事父母》比較爲中心――」(『簡帛』第一輯、上海古籍出版社、二〇〇六年)

第八章　福田哲之「上博楚簡『季康子問於孔子』の編聯と構成」(『戦国楚簡研究二〇〇六』〈『中国研究集刊』別冊特集第四十一号〉、二〇〇六年)

中国語版「上博五《季康子問於孔子》的編聯与結構」(『新出楚簡国際学術研討会会議論文集(上博簡巻)』、武

漢大学、二〇〇六年）

第九章　菅本大二、初出

第十章　湯浅邦弘「父母の合葬――上博楚簡『昭王毀室』について――」（『東方宗教』第一〇七号、二〇〇六年）

中国語版「〈昭王毀室〉中的父母合葬」（『戰國楚簡與秦簡之思想史研究』、台湾・万巻楼、二〇〇六年）

第十一章　湯浅邦弘「語り継がれる先王の故事――上博楚簡『昭王與龔之脽』の文献的性格――」（『中国研究集刊』第四十号、二〇〇六年）

中国語版「代代相傳的先王故事――『昭王與龔之脽』的文獻性質――」（『戰國楚簡與秦簡之思想史研究』、台湾・万巻楼、二〇〇六年）

第十二章　浅野裕一「上博楚簡『鬼神之明』と『墨子』明鬼論」（『戦国楚簡研究二〇〇六』〈『中国研究集刊』別冊特集第四十一号〉、二〇〇六年）

中国語版「上博楚簡《鬼神之明》与《墨子》明鬼論」（『新出楚簡国際学術研討会会議論文集（上博簡巻）』、武漢大学、二〇〇六年）

第十三章　浅野裕一「上博楚簡『曹沫之陳』の兵学思想」（『戦国楚簡研究二〇〇五』〈『中国研究集刊』別冊特集第三十八号〉、二〇〇五年）

中国語版「上博楚簡《曹沫之陳》的兵学思想」（「簡帛研究」〈http://www.jianbo.org/〉、二〇〇五年九月二十五日）

第十四章　浅野裕一、初出

第十五章　湯浅邦弘「上博楚簡『彭祖』における「長生」の思想」（『中国研究集刊』第三十七号、二〇〇五年）

中国語版「〈彭祖〉中的「長生」思想」（『戰國楚簡與秦簡之思想史研究』、台湾・万巻楼、二〇〇六年）

〈第三部　字体・竹簡形制研究〉

第十六章　福田哲之「出土古文献復原における字体分析の意義」（『戦国楚簡研究二〇〇六』〈『中国研究集刊』別冊特集第四十一号〉、二〇〇六年）

第十七章　竹田健二「『曹沫之陳』における竹簡の綴合と契口」（『東洋古典学研究』第十九集、二〇〇五年）
中国語版「《曹沫之陳》中的竹簡綴合與契口」（『出土簡帛文献与古代学術国際研討会』論文集、台湾・国立政治大学、二〇〇五年）

第十八章　竹田健二「上博楚簡『采風曲目』の竹簡の形制について――契口を中心に――」（『中国学の十字路』、研文出版、二〇〇六年）
中国語版「関于上博楚簡《采風曲目》的竹簡形制――以契口為中心――」（『新出楚簡国際学術研討会会議論文集（上博簡巻）』、武漢大学、二〇〇六年）

本書に収録した十八本の論考は、日本における上博楚簡研究の最先端を示すものと言える。ただしこれらの論考も、あくまで現時点での知見に基づく研究であるから、将来新たな知見が増加するにつれて、修正の必要が生ずるであろうことは容易に想像できる。

我々戦国楚簡研究会は、昨年九月に上海博物館を訪問した。その際、濮茅左先生より伺ったところでは、上博楚簡の公開事業は第九分冊で完了する予定だそうである。濮先生によれば、上博楚簡中にはまだまだ貴重な文献が数多く残っており、それらは第六分冊以降、順次公開されるので期待して欲しいとのことであり、また第九分冊とは別に、残簡だけを集めた別冊が刊行されるとの情報も提供された。この別冊が刊行されれば、どの文献のどこに位置するのか不明とされた残簡について、本来の位置を推定する研究が盛んに進められるであろう。その結果、かなりの文献について、テキストの確定作業がやり直され、テキストの形態が変更される場合も出てくると予想される。

さらに濮先生は、いわゆる上博楚簡とは別ルートで、楚文字の字書を入手している件についても、詳細に説明してくれた。この大部の字書は、楚文字の規範を明示すべく戦国期の楚の王権によって編纂されたもので、従前の『説文』学の常識を根柢から覆す、驚くべき内容を備えている。この字書の公開を俟って、我々は初めて本格的な楚文字研究の段階に進めるのである。

濮茅左先生（右から二人目）との懇談

したがって現段階における上博楚簡の研究は、残簡を集めた別冊や戦国楚字書が公開されたのち、多くの修正を迫られることが予想される。我々戦国楚簡研究会が行ってきた研究も、もとよりその例外ではない。だがこれは、新しい学問分野が開拓されていく途上にあっては、避けがたい局面である。我々はそうした事態を充分念頭に置きながら、なお現段階で可能な限りの研究に従事する覚悟である。我々は、一度書いて発表してしまった以上、梃子でも誤りを認めないといった無謬性にしがみつくつもりはない。本書に収録した十八本の論考それぞれは、戦国楚簡研究を進展させるための微々たる一歩に過ぎず、我々一同は、これからも「学者」本来の意味、学ぶ者であり続けたいと願っている。

二〇〇七年一月八日

戦国楚簡研究会代表　浅　野　裕　一

『上博楚簡研究』著者紹介（五十音順）

浅野裕一（あさのゆういち）
1946年生まれ。東北大学大学院環境科学研究科教授。中国哲学専攻。『黄老道の成立と展開』（創文社、1992）、『孔子神話』（岩波書店、1997）、『古代中国の言語哲学』（岩波書店、2003）、『諸子百家〈再発見〉―掘り起こされる古代中国思想―』（湯浅邦弘氏と共編、岩波書店、2004）、『戦国楚簡研究』（台湾・万巻楼、2004）、『古代中国の宇宙論』（岩波書店、2006）ほか。

菅本大二（すがもとひろつぐ）
1962年生まれ。梅花女子大学文化表現学部教授。中国哲学専攻。「「五十而知天命」小考」（『中国文化』61号、2003）、「天と人との距離」（『諸子百家〈再発見〉』岩波書店、2004）、「中国古代における「天」概念の形成と展開―金文資料を中心として―」（『梅花女子大学文化表現学部紀要』第2号、2005）ほか。

竹田健二（たけだけんじ）
1962年生まれ。島根大学教育学部教授。中国哲学専攻。「郭店楚簡『性自命出』と上海博物館蔵『性情論』との関係」（『日本中国学会報』55集、2003）、「上博楚簡『恆先』における気の思想」（『中国研究集刊』第36号、2004）、『懐徳堂の歴史を読む』（湯浅邦弘氏と共編、大阪大学出版会、2005）ほか。

福田哲之（ふくだてつゆき）
1959年生まれ。島根大学教育学部教授。中国文字学・書法史専攻。『文字の発見が歴史をゆるがす―20世紀中国出土文字資料の証言―』（二玄社、2003）、『説文以前小学書の研究』（創文社、2004）、『中国出土古文献与戦国文字之研究』（台湾・万巻楼、2005）ほか。

湯浅邦弘（ゆあさくにひろ）
1957年生まれ。大阪大学大学院文学研究科教授。中国哲学専攻。『中国古代軍事思想史の研究』（研文出版、1999）、『懐徳堂事典』（大阪大学出版会、2001）、『よみがえる中国の兵法』（大修館書店、2003）、『戦国楚簡与秦簡之思想史研究』（台湾・万巻楼、2006）ほか。

上博楚簡研究

二〇〇七年五月　発行

著　者　湯浅邦弘
発行者　石坂叡志
整版印刷　富士リプロ
発行所　汲古書院
〒102-0072 東京都千代田区飯田橋二-五-四
電　話　〇三（三二六五）九七六四
FAX　〇三（三二二二）一八四五

ISBN978-4-7629-2811-6　C3022
Kunihiro Yuasa ©2007
KYUKO-SHOIN, Co., Ltd. Tokyo.